高等学校工程管理系列经典教材

工程项目管理

（第五版）

齐宝库　主　编
刘光忱　李丽红　白　庶　副主编
刘志杰　主　审

CONSTRUCTION PROJECT MANAGEMENT

大连理工大学出版社

图书在版编目(CIP)数据

工程项目管理 / 齐宝库主编. — 5 版. — 大连 :
大连理工大学出版社，2017.2(2022.2 重印)
高等学校工程管理系列经典教材
ISBN 978-7-5685-0726-4

Ⅰ. ①工… Ⅱ. ①齐… Ⅲ. ①工程项目管理—高等学校—教材 Ⅳ. ①F284

中国版本图书馆 CIP 数据核字(2017)第 028713 号

大连理工大学出版社出版
地址:大连市软件园路 80 号　　邮政编码:116023
发行:0411-84708842　　邮购:0411-84708943　　传真:0411-84701466
E-mail:dutp@dutp.cn　　URL:http://dutp.dlut.edu.cn
大连永盛印业有限公司印刷　　大连理工大学出版社发行

幅面尺寸:180mm×255mm　　印张:21.75　　字数:503 千字
1999 年 7 月第 1 版　　2017 年 2 月第 5 版
2022 年 2 月第 5 次印刷

责任编辑:邵　婉　王　元　　责任校对:千　雨
封面设计:波　朗

ISBN 978-7-5685-0726-4　　定　价:58.00 元

工程管理系列经典教材编委会成员名单

序

新一版“高等学校工程管理系列经典教材”又一次整装出发！

我国工程管理专业自1999年开始招生已经走过了12年，我们的工程管理系列教材自1998年问世也已经走过了13年；2003年第二次做了大规模升级整合，主要选取一批多次再版的优秀精品教材。现在，又一次升级改造的“高等学校工程管理系列经典教材”面世！我们继承原有特色，一套好的教材源于多年教学第一线的淬炼和修改，源于教师多年的点滴积累和心得，更源于专业师生多年的认可和使用；我们发挥专业特点，一套适用的教材首先来自于专业教师“发黄发旧”的讲义或讲稿、来自于基于工程管理“工作过程”的系统分析和实践分工，更来自于我们对卓越的“管理工程师”培养的理解和期许；我们要做得更好，一套高层次的教材不仅融入理论的把握、实践的积淀和教师的辛苦，更需要普遍的共识和认可。新一版“高等学校工程管理系列经典教材”基于我们新的努力和探索，基于沈阳建筑大学工程管理专业作为国家工程管理专业人才培养模式创新实验区、作为国家级教学团队、作为国家级特色专业的建设和成果总结。

我们主要面向建设工程领域，面向就在我们周边热火朝天的城市建设、基础设施建设和房地产开发等领域。人类赖以生存的现代工程建设产品（建筑物、构筑物等）的建成，往往需要消耗大量的人力、物力资源和需要一定的建造时间，更需要专业优化和管理。伴随着社会经济生产的发展和物质文化生活水平的不断提高，人类对工程建设产品的功能和质量要求越来越高，同时又期望工程建设周期尽可能短、投资尽可能少、效益尽可能好，更期望高水平的专业监督和管理。特别是近年来，随着经济体制改革、产业结构升级优化和改善民生的不断深入，我国基本建设投资和工程建设管理体制发生了深刻的变化。工程建设投资主体多元化、投资决策分权化和工程发包方式多样化以及工程建设承包市场国际化的进一步发展，使得工程建设领域对具有合理知识结构、较高业务素质和较强管理能力的高级管理人才的需求越来越大，也使得我们有责任创新工程管理高层次人才培养，满足社会对工程管理专业人才的需要。

我们主要面向应用型高层次专业人才培养，面向高等学校工程管理专业教育的基础和实践。高等学校工程管理学科领域肩负着培养和造就大批具备工程技术、经济与法律的基本知识，掌握现代管理科学理论、方法和手段，能够在现代工程建设领域从事工程项目决策和工程项目全过程及重要节点管理的高级管理人才的艰巨任务。提高高等教育人才培养质量，教材建设是一个绝对基础又十分关键的因素。

本次的全新修订，在大连理工大学出版社的倡导下，由辽宁地区设置工程管理专业的部分高校专家组成了工程管理系列经典教材编委会（简称编委会），由沈阳建筑大学管理学院院长、工程管理专业负责人刘亚臣教授任主任委员。在编委会的精心组织下，通过编委们的辛勤劳动，将陆续出版能够完整涵盖工程管理学科知识体系的系列精品教材。从近 5 年国内许多高校的使用情况反馈来看，该套系列教材的知识体系科学、完整，具有较高的学术理论水平和较强的教学适用性，教材的质量得到广大同行和读者们的充分认可。我们会继续坚持并发展！

正是基于以上的理解和努力，在总结教材编写和使用经验以及采纳各高校师生使用反馈意见和建议的基础上，本编委会决定对“高等学校工程管理系列经典教材”进一步调整升级，形成新的“高等学校工程管理系列经典教材”，共包括：《土木建筑工程概论》《土木工程施工技术》《工程经济学》《工程项目融资》《工程估价》《工程建设法学》《工程招投标与合同管理》《工程项目管理》《国际工程管理》《工程管理信息系统》《工程项目咨询概论》《建筑企业管理》《房地产开发与经营》《工程管理概论》《建设监理概论》《工程伦理学》等 16 本教材。其中部分图书为国家规划教材和省部级精品教材。

新系列教材的作者们，力求最大限度地汲取本学科领域的最新科研成果，强化现代工程建设管理基本理论知识的科学性、系统性和操作技术的针对性、实用性，使其成为我国高等学校工程管理专业人才培养的经典系列教材，为工程管理学科和专业发展，为工程建设领域培养高级管理人才做出贡献。

新系列教材的编写，再次得到大连理工大学出版社和沈阳建筑大学、大连理工大学、辽宁工程技术大学、辽宁大学、辽宁石油化工大学、沈阳工业大学、辽宁工业大学、辽宁省住房和城乡建设厅主管部门及相关企业领导、专家们的大力支持，在此深表谢意。

走过 12 年的工程管理专业在我国仍是一个崭新的学科领域，其学科内涵和理论与实践知识体系尚在不断发展之中，加之时间有限，尽管作者们做出了极大努力，但新系列教材不妥之处仍在所难免，恳请各位同行和读者提出宝贵意见。

工程管理系列经典教材编委会

2011 年 1 月于沈阳建筑大学管理学院

第1版前言

本书编写的目的是为国家教育部新调整确定的“工程管理（本科）专业”提供“工程项目管理”这一主干课程的适用教材，以使学生受到工程项目管理基本理论和基本方法的全面、系统培训，从而具备从事工程项目管理的初步能力。

新中国成立以来，我国基本建设工程项目管理长期采用从苏联引进的“建筑施工组织”模式。该模式在我国计划经济体制下的基本建设管理中曾经起到重要的作用。20世纪80年代以后，随着我国建筑业和基本建设管理体制改革的不断深入，国际工程中的“项目管理”模式又在我国得到推广和应用。“建筑施工组织”模式的核心是对工程项目建设过程进行全面的施工组织计划，强调的是计划性；“项目管理”模式的核心是对工程项目建设过程进行目标管理，强调的是动态控制。

本书以工程项目施工阶段管理（即施工项目管理）为核心，将“建筑施工组织”与“项目管理”的理论、方法与手段融为一体，形成一个完整的“工程项目管理”学科体系。这一学科体系也正是调整后的工程管理专业和其他土建类专业的教学计划对本课程所要求的。

本书的编写既注重了理论知识的系统性、完整性，又注重了工程项目管理的实践性。作者结合多年对工程项目管理的理论研究与教学和工程实践经验，在本书中引入和编写了大量的工程项目管理案例和例题，力求做到理论联系实际、深入浅出、图文并茂和通俗易懂。

本书由沈阳建筑大学齐宝库主编，刘光忱、刘迪任副主编。具体分工如下：齐宝库（第1章、第3章、第8章），刘光忱（第2章、第6章）、闫长俊（第4章），石刚（第5章），刘迪（第9章），郭磊(第 1 章),王苏岩(第 11 章),辽宁建设职工大学刘颖(第 7 章)。参加本书编写和绘图工作的还有沈阳建筑大学黄昌铁、张晓明、刘宁、贺小项等老师。全书由主编统稿和定稿。

本书由北京建筑工程学院丛培经教授主审。

在本书编写过程中,得到主审的指导和审阅,并参考了许多专家的有关书籍和资料,谨此表示诚挚的谢意。

由于水平所限,本书难免有不妥乃至错误之处,敬请各位读者、同行不吝赐教,不胜感激。

齐宝库

1999 年 4 月　于沈阳

第5版前言

“工程项目管理”是工程管理类及相关专业的一门核心课程。该课程以建设工程项目管理理论、方法和手段为研究对象，教学目的是使学生全面了解国内外现行建设工程项目管理模式，我国现行建设工程项目管理体制、制度和政策，系统熟悉和掌握工程项目建设全过程管理的理论知识体系、管理方法和手段；使学生受到工程项目管理基本技能的全面、系统训练，具备解决工程项目管理实际问题的初步能力。

长期以来，沈阳建筑大学“工程项目管理”教学团队不断深化教学模式、方法、手段的改革与创新，在国内高校率先实践了利用校内和校外多方教学资源的“三明治”式教学模式，实现了集知识传授、技能训练和素质教育于一体，成效颇为显著。该课程先后于2006年、2013年被评为辽宁省精品课程和精品资源共享课程。课程教学质量的关键因素之一是教材质量。该团队十分重视教材建设，先后于1999年、2003年、2007年、2012年出版了《工程项目管理》(第1、2、3、4版)。多年来，本书得到广大同行和读者的充分肯定，许多院校选其作为本科相关专业教材和研究生入学考试参考教材。该书先后于2007年、2013年被评为辽宁省精品教材和“十二五”规划教材。

本书(第5版)继承了前几版的编写体例，将我国基本建设工程管理领域长期采用的从苏联引进的“建筑施工组织”模式与国际工程中的“项目管理”模式有机结合起来，以工程项目施工阶段管理为核心，把“建筑施工组织”与“项目管理”的理论、方法与手段融为一体，形成一个完整的“工程项目管理”课程体系。本书(第5版)既注重了理论知识的科学性、系统性、完整性，又注重了工程项目管理的实践性和时代性。同时，作者根据近年来我国工程建设行业颁布和实施的现行法规和规范，结合国内外工程建设领域的发展前沿和作者的科研、教研成果与实践经验，对部分章节的内容做了调整和改写。本书（第5版）充分体现了理论与实践的密切结合，每章均编写了大量工程项目管理案例、思考题和习题，力求做到理论联系实际、深入浅出、图文并茂和通俗易懂。这对于学生准确把握该课程的理论知识体系，全面培养和训练学生的项目管理基本技能很有益处。

本书（第5版）由齐宝库任主编，刘光忱、李丽红、白庶任副主编。编写人员有：齐宝库（编写第1、3章，合编第4、7章）、刘光忱（编写第2章、合编第6章）、李丽红（编写第8章）、白庶（编写第10章）、黄昌铁（编写第5章）、李慧玲（编写第11章）、战松（合编第4章）、赵亮（合编第6、9章）、姚瑞（合编第7章）、赵愈（合编第9章）。全书由主编统稿和定稿。

本书（第5版）仍由刘志杰教授主审。

在本书（第5版）编写过程中，得到主审的指导和审阅，并参考了许多专家的有关资料和相关院校同行们的修改意见与建议，谨此表示衷心感谢。

齐宝库
2017年1月 于沈阳

目　录

第 1 章 工程项目管理概论

1.1 项目与工程项目

1.1.1 项目及其基本特征

1. 项目的概念

项目是指在一定约束条件下，具有特定目标的一次性事业(或任务)。例如，一项开发、一项科研、一项设计、一幢建筑物(或构筑物)的施工等都可称为项目。

2. 项目的基本特征

项目通常具有如下一些基本特征：

(1)项目的一次性

项目的一次性(也称单件性)，是指每个项目完成后，不会再有与其完全相同的项目出现。该特征意味着一旦项目管理工作出现较大失误，其损失具有不可挽回性。因此，为避免工作失误，人们就要研究和把握项目的内在规律，依靠科学管理保证项目的一次成功。

(2)项目的目标性和约束性

任何项目都具有特定目标，同时，这一特定目标的实现总是具有一定约束条件的。当然，项目目标和约束条件也可能在项目实施过程中发生变化，一旦这些变化发生，项目的管理工作就要随之做出相应的调整。

(3)项目的寿命周期性

项目的一次性决定了项目的寿命周期性。在项目寿命周期的不同阶段，所需投入要素的种类和数量都会有所不同，因而管理的形式、内容和方法也会有所不同。

(4)项目的系统性

项目包括人力、物资、技术、时间、空间、信息、管理等各种要素。这些要素为实现项目的目标而相互制约、相互作用，构成一个相对完整的系统。

(5)项目具有众多结合部(或称界面)

项目与外部环境的各种约束之间,项目内部各种要素之间,项目全寿命周期的各个不同阶段之间,存在着众多的结合部,这些结合部往往是项目管理工作的重点和难点。

1.1.2 建设项目

1.建设项目的概念

建设项目是项目中最重要的一类。它是指按一个总体设计组织建设的固定资产投资项目,即基本建设项目。一般来说,一个建设项目建成后就形成了一个独立的企、事业单位。例如,兴建一座工厂、一所学校等就是一个建设项目。

2.建设项目的分类

建设项目可按如下几种方法分类:

(1)按建设性质不同划分

①新建项目,是指从无到有,新开始建设的项目。对原有项目扩建,其新增加的固定资产价值超过原有固定资产价值3倍以上的项目也属于新建项目。

②扩建项目,指企、事业单位为扩大原有产品生产能力和效益,或增加新产品的生产能力和效益而进行的固定资产的增建项目。

③改建项目,指企、事业单位为提高生产效率,改变产品质量或改变产品方向,对原有设备、工艺流程进行技术改造的项目,或为提高综合生产能力,增加一些附属和辅助生产车间或非生产性工程的项目。

④恢复项目,指企、事业单位的固定资产因自然灾害、战争或人为灾害等原因,已全部或部分毁损无法正常使用,而后又投资恢复建设的项目。不论是按原来规模恢复建设,还是在恢复的同时进行扩建,都属于恢复项目。

⑤迁建项目,指原有企、事业单位,由于各种原因迁到另地建设的项目。搬迁到另地建设的项目,不论其建设规模是否维持原来规模,都属于迁建项目。

(2)按投资用途不同划分

①生产性建设项目,指直接用于物质生产或满足物质生产需要的建设项目,包括工业、农业、建筑业、林业、气象、运输、邮电、商业或物资供应、地质勘探等建设项目。

②非生产性建设项目,指用于满足人民物质文化生活需要的建设项目,包括住宅、文教卫生、科学实验、公用事业、行政办公等建设项目。

(3)按资金来源和渠道不同划分

①国家投资项目,指国家预算直接安排的建设项目。

②银行信用筹资项目,指通过银行信用方式提供建设投资的项目。

③自筹资金项目,指各地区、部门、单位按照财政制度提留、管理和自行分配用于建设投资的项目。

④引进外资项目,指利用国外资金建设的项目。

⑤利用资金市场项目,指利用国家债券筹资和社会集资(包括股票、国内债券、国内合

资经营、国内补偿贸易等）的项目。

此外，按建设总规模和投资的多少，建设项目可分为大、中、小型项目。按建设阶段不同，建设项目又可分为筹建项目、在建项目、收尾项目、投产项目等。

3. 建设项目的层次分解

通常一个大中型建设项目可以分解为若干层次。例如，对于房屋建设项目按照国家标准可以分解为单位工程、分部工程、分项工程等层次；而对于诸如水利水电、港口交通、工业生产等城市基础设施和工业建设项目则可分解为单项工程、单位工程、分部工程、分项工程等层次。

（1）单项工程

在城市基础设施和工业建设项目中，对于具有独立生产和使用功能、独立设计文件的一个完整的系统可称为一个单项工程。

（2）单位工程

在房屋建设项目中，一个独立的、单一的建筑物（构筑物）均可称为一个单位工程。例如，一座车间、一幢办公楼、一栋住宅楼等。对于建设规模较大的单位工程，可将其能形成独立使用功能的部分划分为一个子单位工程。室外工程根据专业类别和工程规模，划分为室外建筑环境和室外安装两个单位工程，并又分成附属建筑、室外环境、给排水与采暖和电气子单位工程。

对于不需要划分单项工程的建设项目，单位工程是建设项目的组成部分。对于需要划分单项工程的建设项目，单位工程是单项工程的组成部分。

（3）分部工程

分部工程是单位工程的组成部分，是指按照工程部位、设备种类和型号或主要工种工程不同所做的分类。例如，一般房屋建筑单位工程可划分为地基与基础、主体结构、屋面、装饰装修工程和给排水及采暖、建筑电气、通风与空调、电梯、智能建筑等分部工程。当分部工程较大、较复杂时，可按材料种类、施工特点、施工程序、专业系统及类别等划分为若干子分部工程。

（4）分项工程

分项工程是分部工程的组成部分。一般按照选用的施工方法、使用材料、结构构件规格不同等因素划分。例如，基槽开挖、现浇钢筋混凝土梁、外墙釉面砖等。分项工程可由一个或若干个检验批组成，检验批可根据施工及质量控制和专业验收需要按楼层、施工段、变形缝等进行划分。

1.1.3　工程项目

1. 工程项目的概念

工程项目是指通过投资活动获得满足某种产品生产或人民生活需要的建筑物（或构筑物）的一次性事业。一个完整的工程项目可以是一个建设项目、单项工程或单位工程。

2. 工程项目建设程序

一项工程项目的建成往往需要经过立项、设计、实施和终结等几个阶段。在建设行业，通常将工程项目建设的各个阶段和各项工作的先后顺序称为工程项目建设程序。我国工程项目建设程序参见图 1-1。国外工程项目建设程序参见图 1-2。

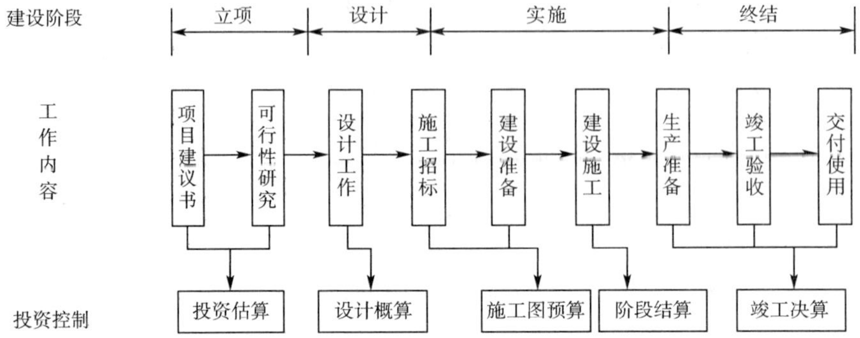

图 1-1　我国工程项目建设程序示意图

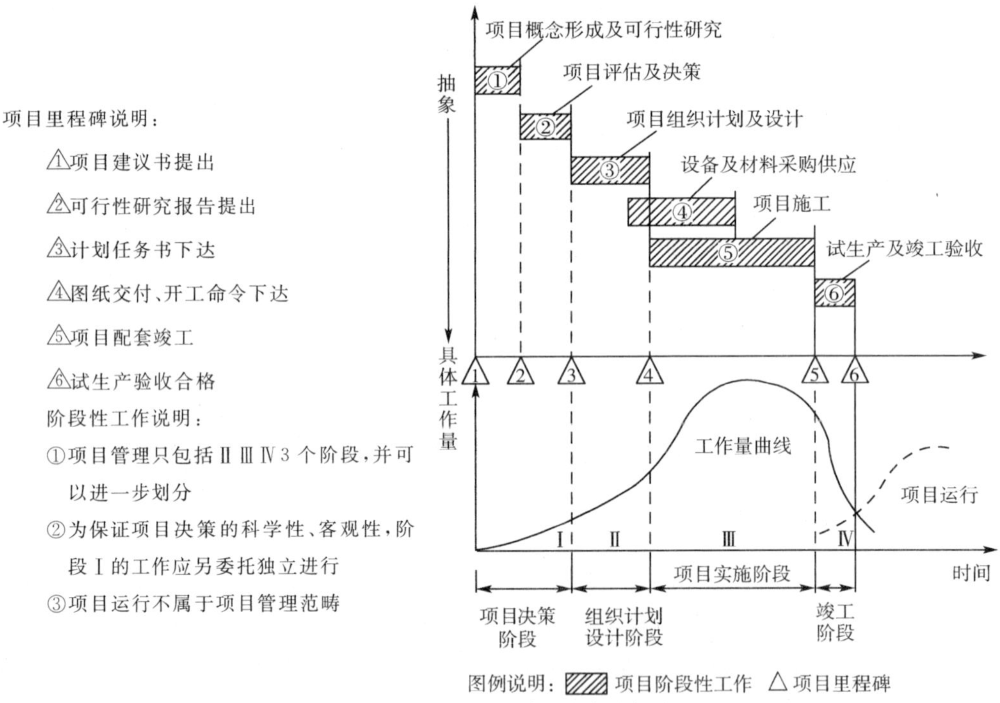

图 1-2　国外工程项目建设程序示意图

3. 施工项目

一项工程项目的建成，往往需要有许多部门、许多单位的参与和配合。不同的参与者从自身角度出发，对同一工程项目的称呼有所不同，例如，投资项目、贷款项目、开发项目、设计项目、施工项目、监理项目、咨询项目等。

施工项目是指施工单位承包工程项目施工的一次性事业。

从工程项目建设程序来看，施工项目属于工程项目建设的实施阶段，是工程项目的核心内容。

1.2　工程项目管理的基本概念与内容

1.2.1　工程项目管理的基本概念

项目管理是以项目为管理对象，在既定的约束条件下，为最优地实现项目目标，根据项目的内在规律，对项目寿命周期全过程进行有效的计划、组织、指挥、控制和协调的系统管理活动。

根据管理主体、管理对象、管理范围的不同，工程项目管理可分为建设项目管理、设计项目管理、施工项目管理、咨询项目管理、监理项目管理等。

1. 建设项目管理

建设项目管理是指由全权代表建设单位（业主）的工程项目经理或以工程项目经理为核心的项目经理部，为实现工程项目目标，对工程项目建设全过程进行的管理。

对于国有单位经营性基本建设大中型项目，国家发改委规定：在建设阶段必须组建项目法人。项目法人可按《中华人民共和国公司法》（以下简称《公司法》）的规定设立有限责任公司（包括国有独资公司）或股份有限公司。实行项目法人责任制。由项目法人对项目的策划、资金筹措、建设实施、生产经营、债务偿还和资产的保值、增值实行全过程管理。

2. 设计项目管理

设计项目管理是指由设计单位，对所参与的工程项目的设计工作进行的管理。

3. 施工项目管理

施工项目管理是指以施工项目经理为核心的项目经理部，对施工项目全过程进行的管理。

4. 咨询项目管理

咨询项目管理是指由专职从事工程咨询的中介单位或组织，对已接受建设单位委托参与的工程建设的全部或部分活动进行的管理，其工作的本质是咨询服务，包括各专业技术咨询和管理咨询（投资咨询、造价咨询、招标咨询、监理咨询等）。

我国于1988年开始试行工程建设监理制，1996年全面推行。这是我国工程建设管理与国际惯例接轨的一项重大举措。

1.2.2　工程项目管理的工作内容

下面重点介绍建设项目管理与施工项目管理的工作内容。

1. 建设项目管理的工作内容

建设项目的建设过程包括决策立项、设计、实施和终结等几个阶段，其管理工作的内容如下：

(1)决策立项阶段的主要工作内容

①项目建议书,是根据投资意向、市场研究和投资主体条件,由建设单位(业主)向国家提出建设某一工程项目的建议文件。在项目建议书中要阐明拟建项目的必要性和可能性,并对拟建项目给出轮廓性描述,提出的拟建项目必须符合国民经济长远规划,符合部门、行业和地区规划的要求。

②可行性研究,是在项目建议书被批准后,对工程项目在技术上和经济上(包括微观效益和宏观效益)是否可行进行的科学分析和论证,是项目决策的依据。可行性研究的主要任务是通过多方案比较,提出评价意见,推荐最佳方案。

③决策立项,是在可行性研究报告被批准后做出的正式立项决定。

(2)设计阶段的主要工作内容

工程项目设计工作一般分两阶段进行,即初步设计和施工图设计。对于技术上比较复杂而又缺乏设计经验的项目,应在初步设计和施工图设计之间增加技术设计(也称扩大初步设计)。

①初步设计,是根据可行性研究报告的要求,对拟建项目进行的实施方案设计,并同时编制项目总概算。

②技术设计,是在初步设计的基础上,根据更详细的调查资料来编制的,是进一步决定如工艺流程、建筑结构等重大技术问题的设计文件,同时要编制项目修正总概算。

③施工图设计,是在初步设计(或技术设计)被批准后,设计和绘制的具体、详细的可据以施工的图纸,并编制出施工图预算。

④编制招标文件,是在施工图设计完成后(或同时)编制招标文件,并要为工程项目施工招标做好各项准备工作。

(3)实施阶段的主要工作内容

①组织项目施工招标。按有关规定,通过招标形式优选施工单位,并与其签订工程承发包合同。

②作好建设准备。建设准备工作内容包括:a. 征地、拆迁和场地平整;b. 完成施工用水、电、道路等工程;c. 由施工单位组织作业队伍、组织设备、材料订货等。具备开工条件后应及时提出开工报告。

③施工监督与控制。在建设施工过程中,严格按合同约定的质量、造价、工期要求监督控制工程项目施工全过程。

④生产准备。工业项目在建设施工的同时,就要进行生产准备,以保证项目一旦建设完毕就可及时投产,尽早发挥投资效益。生产准备工作内容包括:a. 组建管理机构,制定各项规章制度;b. 招收、培训生产人员,并组织生产人员参加设备的安装、调试和工程验收;c. 签订原料、材料、协作产品、燃料、水、电等供应及运输的协议;d. 进行工具、器具、备品、备件等的制造或订货等。

(4)终结阶段的主要工作内容

①竣工验收。工程项目建设完成后,一般首先要经过施工单位自检自评和监理单位

组织的预验收，确认工程质量已达到《建筑工程施工质量验收统一标准》和各专业相关验收规范以及工程合同的有关规定，工业项目经负荷试运转、试生产考核，能够生产出合格产品，符合计划要求与市场需要，非工业项目能够正常使用之后，提出竣工验收申请，再由建设单位组织建设、设计、施工和监理等单位联合检查正式验收，最后由政府主管部门批准。

②编制竣工结(决)算。竣工结算是根据承发包合同中有关工程价款的规定，结清施工合同价款和在施工中发生的工程变更、索赔等事项的调整合同价款的经济文件，一般由施工单位编制，建设单位(或监理单位)审核批准。竣工决算是确定工程项目从筹建到竣工投产全过程的全部实际支出费用的经济文件，包括建筑工程费用、安装工程费用、设备工器具购置费用和其他费用等。

③资产核定。将全部建设投资形成的所有资产，根据其性质划分为固定资产、流动资产、无形资产和其他资产。编制交付使用财产总表和明细表。

④交付使用与后评估。完成全部工程建设工作内容后，将建设项目正式交付给使用单位。对于大型工业建设项目，一次性总验收和交付使用难度较大，可按单项工程组织分期、分批验收和交付使用。并在交付使用后的一定期限内对项目建设目标、项目运行情况、成本效益等各项技术经济指标进行后评估。

2. 施工项目管理的工作内容

施工项目管理是指由施工单位对可能获得和已经获得的施工项目开展的工作。

施工项目管理的全过程包括项目承揽、施工准备、组织施工和竣工验收等几个阶段，各阶段的管理工作内容如下：

(1)项目承揽阶段的工作内容

①获得工程项目信息和招标文件。通过各种公开的和不公开的信息渠道获得工程项目信息后，申请投标，领取(或购买)招标文件。

②研究招标文件，决定是否参加投标竞争。

③决定投标后，深入调查研究，收集资料，包括项目施工图纸，建设地区的自然条件和技术经济条件，施工现场条件，建设单位、设计单位、参与投标的其他施工单位的情况资料等。

④分析施工图纸和各种资料，进行项目施工估价。

⑤决定投标策略，编制投标文件。投标文件通常包括企业的基本概况和资质与能力、商务报价、项目管理规划大纲(或称施工组织设计)等内容。

⑥在规定的时限内投送投标文件。

⑦参加开标会议。

⑧若中标，则进行承包合同签订。

(2)施工准备阶段的工作内容

①编制施工组织设计(或称施工项目管理实施规划)。首先根据项目实际需要和项目管理学原理，组建施工项目组织机构，制定各层次职能人员的工作职责与责任制度，以及

施工项目总目标，然后编制施工组织设计，确定各主要分部分项工程、工种工程的技术方案与组织方案，编制施工进度计划、施工准备工作计划，规划施工现场等。

②优化配置施工项目生产力诸要素。图 1-3 为施工项目生产力要素构成示意图。根据现代管理理论和最优化原理，将人工、材料、机械、资金、技术、时间、空间、管理等各种生产力要素最优化地配置起来，制定出各种资源需用计划。

图 1-3 施工项目生产力要素构成示意图

③施工现场准备。例如，施工机械进场、安装与就位，各种作业场棚和现场办公室、宿舍、食堂、围墙等搭设，现场道路铺设，施工水电管网敷设，测量、观测控制网设置等。

④上述准备工作基本完毕后，提出开工报告。

(3)施工阶段的工作内容

①利用项目管理的组织、指挥、协调等职能，按照施工组织设计组织各专业、各工种工人班组连续、均衡地综合施工。

②加强施工项目生产过程的进度、成本、质量、安全及环境的控制和管理，以保证项目目标的实现。

③作好工程记录和文档管理，如实反映施工项目质量、成本的形成过程和实际进度以及施工过程中出现的各种影响项目进度、质量、成本变化的干扰因素，为工程结算、质量验收和投入使用后的管理、改造等提供可靠依据。

(4)竣工验收阶段的工作内容

①作好扫尾工程和成品保护。项目扫尾工程往往需要大量琐碎、细致的作业，占用工时较多，工业项目还需进行设备试运转。这些工作如不抓紧进行，就有可能拖延项目交工期限。同时在交工前，对已完工的工程部位要加强保护，防止损坏，以避免再次修补。

②整理、装订项目技术档案。项目技术档案分为交工档案和竣工档案两种。前者要递交建设单位和当地建设工程档案管理部门，后者由施工单位存档。

③项目总结。全面总结竣工项目施工过程的各项技术工作和组织管理工作，对项目各项技术经济指标进行分析，评价项目各项目标实现程度，总结经验和教训，以利于不断提高项目管理和企业经营管理水平。

④交工后服务。在交付使用后的项目保修期内，施工单位有责任和义务对项目实施维护和保修。

在竣工验收阶段的竣工结算、质量验收和交付使用等工作内容与建设项目终结阶段的相应工作内容基本相同，不再赘述。

表 1-1 为建设项目与施工项目的阶段划分与管理工作内容对照表。

表 1-1　　建设项目与施工项目阶段划分与管理工作内容对照表

<table>
<tr><th rowspan="2">施工项目阶段</th><th colspan="2">项目各阶段管理工作</th><th rowspan="2">建设项目阶段</th></tr>
<tr><th>施工项目</th><th>建设项目</th></tr>
<tr><td></td><td></td><td>1. 提出项目建议书
2. 可行性研究
3. 决策立项</td><td>立项阶段</td></tr>
<tr><td>承揽阶段</td><td>1. 获得项目信息、招标文件
2. 研究招标文件
3. 项目调查
4. 项目估价
5. 编制投标文件
6. 投标
7. 合同谈判与签订</td><td>1. 项目设计
2. 编制概预算
3. 编制招标文件
4. 施工招标准备</td><td>设计阶段</td></tr>
<tr><td>准备阶段</td><td>1. 编制施工组织设计
2. 配置施工生产力要素
3. 施工现场准备
4. 提出开工报告</td><td rowspan="2">1. 施工招标
2. 建设准备
3. 施工监督、控制
4. 生产准备</td><td rowspan="2">实施阶段</td></tr>
<tr><td>施工阶段</td><td>1. 组织综合施工
2. 进度、成本、质量、安全、环境控制
3. 工程记录、文档管理</td></tr>
<tr><td>竣工验收阶段</td><td>1. 项目扫尾、成品保护
2. 质量评定
3. 竣工结算
4. 文档整理、装订
5. 竣工验收、交付使用
6. 项目总结
7. 交工后服务</td><td>1. 竣工验收
2. 质量评定
3. 竣工结(决)算
4. 资产核定
5. 交付使用
6. 后评估</td><td>终结阶段</td></tr>
</table>

1.3　施工组织设计概述

1.3.1　施工组织设计的概念、任务与作用

施工组织设计是规划和指导施工项目从施工准备到竣工验收全过程的一个综合性的技术经济文件。《建设工程项目管理规范》(GB/T50326－2006)将施工组织设计称为施工项目管理规划。施工项目管理规划又分为施工项目管理规划大纲和施工项目管理实施规划。前者是由参加项目投标的承包企业管理层在投标之前编制，旨在作为投标依据，其内容要满足招标文件及签订合同要求；后者是在项目中标之后、开工之前，由项目经理主持编制，旨在作为指导施工全过程各项工作的依据。施工组织设计既要体现工程项目的

设计和使用要求，又要符合工程施工的客观规律，对施工全过程起战略部署和战术安排的双重作用。

施工组织设计（主要指施工项目管理实施规划）是施工准备工作的重要组成部分，是编制施工预算和施工计划的主要依据，是做好施工准备工作、合理组织施工和加强项目管理的重要措施。

施工组织设计的基本任务是在充分研究工程的客观情况和施工特点的基础上，结合施工企业的技术力量、装配水平，从人力、材料、机械、施工方法和资金等5个基本要素出发进行统筹规划、合理安排；充分利用有限的空间和时间，采用先进的施工技术，选择合理的施工方案，确定科学的施工进度，建立正常的生产秩序，用最少的资源和财力取得质量高、工期短、成本低、效益好、用户满意的工程产品。

施工组织设计的作用主要体现在：①实现项目设计的要求，衡量设计方案施工的可行性和经济合理性；②保证各施工阶段的准备工作及时进行；③使施工按科学的程序进行，建立正常的生产秩序；④协调各施工单位、各工种、各种资源之间的合理关系；⑤明确施工重点，掌握施工关键和控制方法，并提出相应的技术安全措施；⑥为组织物质资源供应提供必要的依据。

1.3.2 施工组织设计的分类

1. 按设计阶段分类

(1)按两个阶段进行设计

施工组织设计分为施工组织总设计和单位工程施工组织设计。

(2)按三个阶段进行设计

施工组织设计分为施工组织条件设计（或称施工组织大纲）、施工组织总设计和单位工程施工组织设计。

2. 按编制对象范围分类

施工组织设计按编制对象和范围不同分为施工组织总设计、单位工程施工组织设计和分部分项工程施工组织设计。

3. 按使用时间长短分类

施工组织设计按使用时间长短分为长期施工组织设计、年度施工组织设计和季度施工组织设计。

4. 按编制内容繁简程度分类

施工组织设计按编制内容的繁简程度不同可分为完整的施工组织设计和简单的施工组织设计。

下面分别介绍施工组织条件设计、施工组织总设计、单位工程施工组织设计和分部分项工程施工组织设计的基本内容。

(1)施工组织条件设计

施工组织条件设计的作用在于对大规模拟建工程，从施工角度分析工程设计的技术可行性与经济合理性，同时做出宏观的轮廓性施工规划，并提出在施工准备阶段首先应进行的工作，以便尽早着手准备。这一设计主要应由建设项目总策划单位或总设计单位负责编制，并作为工程项目初步设计的一个组成部分。

(2)施工组织总设计

施工组织总设计是以整个建设项目或一个建筑群为对象编制的，用以指导全场性施工全过程的各项施工活动的技术、经济和组织的综合性文件。施工组织总设计一般是在初步设计或技术设计被批准后，由建设总承包单位组织编制。

(3)单位工程施工组织设计

单位工程施工组织设计是以一个单位工程(一个建筑物、构筑物或一个交工系统)为对象编制的，用以直接指导施工全过程的各项施工活动的技术、经济和组织的综合性文件。单位工程施工组织设计一般在施工图设计完成后，在拟建工程开工前，由单位工程施工项目技术负责人组织编制。

(4)分部分项工程施工组织设计

分部分项工程施工组织设计是以单位工程中复杂的分部分项工程或处于冬雨期和特殊条件下施工的分部分项工程为对象编制的，用以具体指导其施工作业的技术、经济和组织的综合性文件。分部分项工程施工组织设计的编制工作一般与单位工程施工组织设计同时进行，由单位工程施工项目技术负责人或分部分项工程的分包单位技术负责人组织编制。

施工组织总设计、单位工程施工组织设计、分部分项工程施工组织设计之间有如下关系：施工组织总设计是指导全场性施工活动和控制各个单位工程施工全过程的综合性文件；单位工程施工组织设计是以施工组织总设计和企业施工计划为依据编制的，把施工组织总设计的有关内容在单位工程上具体化；分部分项工程施工组织设计是以施工组织总设计、单位工程施工组织设计和企业施工计划为依据编制的，把单位工程施工组织设计的有关内容在分部分项工程上具体化，是专业工程的作业设计。

1.3.3 施工组织设计的内容

施工组织设计的内容要根据工程对象和工程特点，并结合现有和可能的施工条件，从实际出发来确定。不同的施工组织设计在内容和深度方面不尽相同，不论是哪一类施工组织设计一般都要包括如下几方面主要内容：

1. 工程概况

工程概况中应概要地说明本施工项目性质、规模、建设地点、结构特点、建筑面积、施工期限；本地区气象、地形、地质和水文情况；施工力量、施工条件、劳动力、材料、机械设备等供应条件。

2. 施工方案

施工方案选择是依据工程概况，结合人力、材料、机械设备等条件，全面部署施工任务；安排总的施工顺序，确定主要工种工程的施工方法；对施工项目根据各种可能采用的方案，进行定性、定量的分析，通过技术经济评价，选择最佳施工方案。

3. 施工进度计划

施工进度计划反映了最佳施工方案在时间上的具体安排；采用某种计划方法，使工期、成本、资源等方面，通过计算和调整达到既定的施工项目目标；施工进度计划可采用横道图或网络图的形式编制。在施工进度计划的基础上，可编制出劳动能力和各种资源需要量计划和施工准备工作计划。

4. 施工(总)平面图

施工(总)平面图是施工方案及进度计划在空间上的全面安排。它是把投入的各种资源(如材料、构件、机械、运输道路、水电管网等)和生产、生活设施和活动场地合理地部署在施工现场，使整个工程现场体现出有组织、有计划的文明施工。

5. 主要技术经济指标

主要技术经济指标是对确定的施工方案及施工部署的技术经济效益进行全面评价，用以衡量组织施工的水平。施工组织设计常用的技术经济指标有：①工期指标；②劳动生产率指标；③机械化施工程度指标；④质量、安全指标；⑤降低成本指标；⑥节约“三材”(钢材、木材、水泥)指标等。

1.3.4 施工组织设计的编制依据

施工组织设计的编制依据有以下几方面：

(1)设计资料。包括设计任务书、初步设计(或技术设计)、施工图纸和设计说明书、施工组织条件设计等。

(2)自然条件资料。包括地形、工程地质、水文地质和气象等资料。

(3)技术经济条件资料。包括建设地区的建材工业及其产品、资源、供水、供电、通讯、交通运输、生产、生活基地设施等资料。

(4)工程承发包合同规定的有关指标。包括项目交付使用日期，施工中要求采用的新结构、新技术、新材料及与施工有关的各项规定指标等。

(5)施工企业及相关协作单位可配备的人力、机械设备和技术状况，以及类型相似或近似项目的经验资料。

(6)国家和地方有关现行规范、规程、定额、标准等资料。

1.3.5 施工组织设计的原始资料调查分析

编制施工组织设计所需的原始资料通常包括各种自然条件资料和技术经济条件资料。通过调查、收集和分析研究原始资料，为解决施工组织设计中的实际问题提供科学的实事求是的依据，以便能够获得最佳的施工组织设计方案。

1. 自然条件资料

(1)地形资料

通过地形勘察获得建设区域及建设地点的地形情况，以便充分利用有利条件，合理使用施工场地。地形资料包括：

①建设区域地形图。在图上应标明邻近居民区、工业企业、自来水厂和邻近车站、码头、铁路、公路、上下水道、电力电讯网、河流湖泊位置以及邻近砂石场、建筑材料基地等。建设区域地形图的比例尺一般不小于1∶5 000,等高线高差为5～10m。

②建设工地及相邻地区地形图。本图的比例尺一般为1∶2 000或1∶1 000,等高线高差为0.5～1.0m。图上应标明主要水准点和场地方格网,以便测定各个房屋和构筑物的轴线、标高和计算土方量。此外,还应当标出现有的一切房屋、地上地下管道、线路和构筑物、绿化地带、河流周界线及水面标高、最高洪水位警戒线等。

(2)工程地质资料

通过工程地质勘察,获得建设地区的地质构造、人为的地表破坏现象(如土坑、古墓等)和土壤特征、承载力等资料,作为设计和施工的依据。地质资料的主要内容有:①勘察区域钻孔布置图;②工程地质剖面图,表明土层特征及其厚度;③土壤的物理力学性质,如天然含水率、天然孔隙比等;④土壤压缩试验和关于承载能力的结论等报告文件;⑤有古墓地区还应包括古墓钻探报告等。根据这些资料,可以拟定特殊地基(如黄土、古墓、流沙等)的施工方法和技术措施,复核设计中规定的地基与当地地质情况是否相符,并决定土方开挖的坡度。

(3)水文地质资料

通过水文地质勘察,获得地下水、地面水文资料及其对水质的分析资料。

①地下水文资料。包括:a.地下水位高度及变化范围;b.地下水的流向、流速和流量;c.地下水的水质分析;d.地下水对建筑物下部的冲刷情况等。根据这些资料可以确定土方工程、施工排水、打桩工程的施工方法。

②地面水文资料。包括:a.历年逐月最高、最低及平均水位,山洪情况;b.河流历年的平均流量、逐月的最大及最小流量,湖泊的贮水量等;c.历年逐月最高、最低及平均水温,冰冻期间及最大最小及平均冻结深度等;d.选择水样,进行水质分析,以确定水的透明度、颜色、气味、酸碱度以及所含杂质程度等。这些资料可作为考虑设置升水、蓄水、净水和送水设备时的条件。此外还可作为判断利用水路运输可能性的依据。

(4)气象资料

①气温资料。包括年平均、最高、最低温度及其起止日期和持续天数。根据这些资料制定冬期施工、防暑降温等措施,估计混凝土和砂浆强度增长时间。

②降雨、降雪资料。包括雨期起止日期,年平均降雨、降雪量和日最大降雨、降雪量。根据这些资料可以制定冬雨期施工措施,预先拟定临时排水设施,以免在暴雨后淹没施工场地。

③风的资料。包括常年风向、风速、风力等。风的资料通常绘成风向玫瑰图。根据风的资料确定临时设施的位置,生活区与生产区房屋相互间的位置和高空作业、吊装工程技术措施。

2.技术经济条件资料

(1)地方建筑工业企业情况

通过对这部分资料的调查,了解当地有无采料场,建筑材料、配件和构件的生产企业;

这些单位的分布情况；主要产品名称、规格、生产能力、供应能力、价格等。同时还应当了解这些产品运往项目工地的方式方法、交货价格和运输费用。

(2)地方资源情况

地方资源是可以直接或间接供工程使用的原料或材料。应查明当地有无石灰石、石膏石、黏土等供生产黏结材料和保温材料的资源情况；有无建立采石、采砂场等所需的块石、卵石、河砂、山砂等；这些资源在数量和质量方面能否满足工程施工的要求，并要研究、分析进行开采、运输和使用的可能性及经济合理性。

(3)交通运输条件

为了正确组织交通运输，必须详细调查建设地区的铁路、公路、航运情况，以利于组织运输业务，选择经济合理的运输方式。

(4)建设基地情况

调查建设地区附近有无建筑机械化基地及机械化装备，有无中心修配站及仓库，分析可供建筑工地利用的程度。

(5)劳动力和生活设施情况

调查当地可招工人的数量和素质。工程承包单位在未施工前要对工人宿舍、食堂、文化室、浴室等建筑物的数量、地点、结构特征、面积、交通和设备条件作充分的调查研究。

(6)供水、供电条件

调查当地有无发电站和变压站；查明能否从地区电力网上取得电力，可供工地利用的程度，接线地点及使用的条件；了解供水情况，现有上下水道的管径、埋置深度、管底标高、水头压力；还要了解利用邻近电讯设施的可能性等。

1.4 工程项目控制

1.4.1 工程项目控制的概念

1. 控制的概念

控制是指在实现行为对象目标的过程中，行为主体按预定的计划实施，在实施的过程中会遇到各种因素的干扰，行为主体通过检查，收集到实施状态的信息，将其与原计划作比较，以发现偏差，并采取措施纠正这些偏差，从而保证计划正常实施，达到预定目标的全过程。

2. 工程项目控制

工程项目控制的行为主体是建设单位，控制的行为对象目标是在立项时确定的项目总投资限额，在建设周期内完成符合预期的使用功能要求和工程实体质量标准的工程项目。工程项目的控制目标有质量目标、投资目标和工期目标。

3. 施工项目控制

施工项目控制的行为主体是施工单位，控制的行为对象目标是在施工合同中规定的工期内，完成工程承包任务，工程质量达到预期标准，实际施工成本支出不突破承包成本。

施工项目的控制目标有质量目标、成本目标、进度目标以及安全和环境目标等。

由此可以看出，施工项目的控制目标是以工程项目控制目标为前提的，实质上是工程项目在其实施阶段（施工阶段）的控制目标。不过是由于控制行为主体不同，其控制的着眼点、采取的方法和手段会有所不同。

由于在工程施工过程中需要投入大量的人力、物力资源，影响项目质量、投资、进度的可变因素多而复杂，并且在该阶段一旦出现失控，其损失不仅巨大而且具有不可挽回性，因此工程项目的施工阶段控制（即施工项目控制）是工程项目控制的工作重点。本书在第7章至第10章主要叙述施工项目控制。

1.4.2 质量、投资(成本)、进度控制目标的关系

质量、投资（成本）、进度三大目标控制构成了工程项目的控制目标系统。这三项控制目标存在着既对立又统一的关系，如图1-4所示。

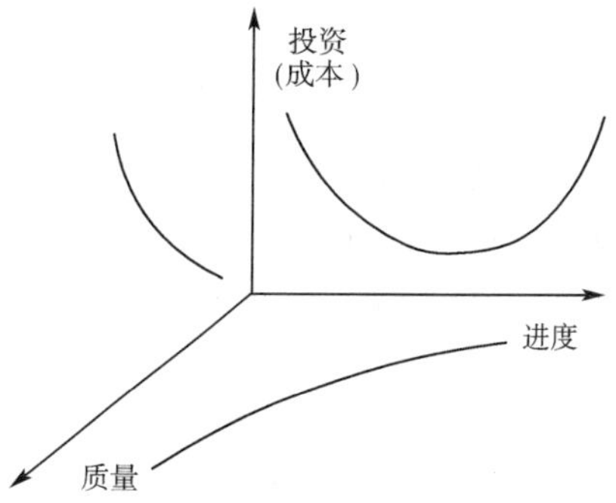

图1-4 质量、投资（成本）、进度的关系

1. 三项控制目标之间的对立关系

工程项目三项控制目标之间首先存在着矛盾和对立的关系。通常情况下，如果业主对工程项目的使用功能、安全、美观等质量方面有较高的要求，那么就要投入较多的资金和较长的建设时间，如果要在尽可能短的时间内完成工程项目，把工期目标定得很高，那么投资就要提高，质量有可能降低，如果要减少投资，势必要考虑降低对工程质量和工期的要求。

2. 三项控制目标之间的统一关系

工程项目三项控制目标之间还存在着统一的关系。适当增加投资，为采取加快进度措施和严格项目质量控制提供条件，就可以加快项目建设速度，缩短工期，早日建成质量有保证的项目，提前投入使用，尽早发挥投资效益，工程项目的全寿命经济效益就会得到提高。适当提高项目使用功能要求和质量标准，虽然会造成一次性投资的增加和工期的延长，但能够节约项目投入使用后的经常费和维修费，降低产品成本，从而获得更好的投资效益。如果项目进度计划制定得既可行又优化，使工程进度具有连续性、均衡性，则不但可以使工期得以缩短，而且有可能获得较好质量和较低费用。

明确了项目质量、投资（成本）、进度三项控制目标之间的相互关系，就能正确地进行工程项目和施工项目的目标控制工作。

1.4.3 工程项目控制程序与措施

1. 工程项目控制程序

工程项目控制是在事先制定的项目计划基础上进行的。在项目开始实施后要按计划

投入人力、材料、机具、设备和方法等生产力要素，随着项目进展，不断获得实际进展情况，并将其与原计划相比，一旦出现偏差，就要采取措施，或对投入要素，或对原计划进行调整后继续实施。工程项目控制程序可用图 1-5 来描述。

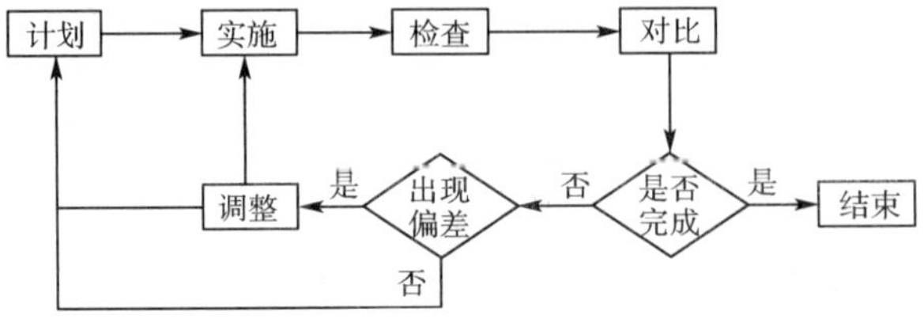

图 1-5　工程项目控制程序

下面将工程项目控制程序中的几个主要环节分述如下：

(1)计划

制定项目计划时，首先要将项目质量、投资(成本)、进度控制的总目标分解为各个阶段各项工作的分目标、子目标，还要详细调查分析项目的内部、外部的约束条件，努力将各种影响目标实现和计划执行的潜在因素揭示出来，在制定计划时对各种风险给予充分考虑，做到计划"留有余地"，并采取科学的计划编制方法，消除那些技术上、经济上、财务上的各种隐患，制定出在时间、空间、人力、物力、财力投入上均佳的计划方案。

(2)实施

在计划实施之前和实施过程中，要充分做好组织工作，把目标控制任务与管理职能落实到适当的部门和人员，使项目各职能部门和人员自觉执行计划，保证及时按计划投入各种生产力要素。

(3)检查

在计划实施过程中，及时跟踪检查，收集能够真实反映工程实际情况的各种数据。

(4)对比

将收集到的各种实际数据进行加工、分类、整理，并与原计划相比较，以确定是否出现偏离。如果出现了偏离，还要进一步分析该偏离值是否超过了允许范围。对于未出现偏离和出现未超过允许范围的偏离，均可视为实施状态正常；而对于出现了超过允许范围的偏离，应确定其是否需要调整偏差。

(5)调整

对于出现了需要调整的偏差，还要进一步分析该偏差能否在原计划不变的情况下，通过调整人力、物力、财力等生产力要素投入的方式和数量，在一定期限内使偏差得到纠正，恢复正常；否则就要根据实际情况调整原计划，甚至当项目原定目标无法实现时，还要修订原目标。

总之，项目控制是一个不断反复循环进行的过程。每一次循环结束，都使项目呈现一种新的状态，直至整个项目全部完成，控制过程才宣告结束。

2. 工程项目控制措施

为了取得目标控制的理想效果，应当从多方面采取措施对项目实施有效控制。通常可以将这些控制措施归纳为组织措施、技术措施、经济措施和合同措施等。

(1)组织措施

项目组织是项目管理工作的载体，是项目目标控制的依托，是控制力的源泉。组织措施在制定目标、协调目标的实现、目标检查等环节中都可以发挥十分活跃的能动作用。

(2)技术措施

工程项目目标控制中所用的技术措施有两类：一类是硬技术，即工艺(作业)技术；另一类是软技术，即管理技术。管理技术在项目目标控制中尤其要引起高度重视。

(3)经济措施

经济措施是项目实施的保证，是目标控制的基础。目标控制中的资源配置和动态管理，劳动力分配和物质激励，都对目标控制产生积极的作用。

(4)合同措施

工程项目建设的设计、施工、材料设备供应单位是根据签订的工程合同参与工程项目建设活动的。在工程合同中明确工程项目的控制目标，对于有效控制工程项目质量、投资、进度是十分重要的。

思考题

1.何谓项目？项目具有哪些基本特征？

2.何谓建设项目？建设项目如何分类？

3.一个大、中型建设项目可以分解为几个层次？何谓单项工程、单位工程、分部工程、分项工程？

4.何谓工程项目、施工项目？简述国内外工程项目建设程序。

5.何谓项目管理？工程项目管理如何分类？

6.工程项目管理的主要工作内容有哪些？

7.何谓施工组织设计？其基本任务是什么？

8.施工组织设计如何分类？其主要内容有哪些？

9.施工组织设计的编制依据有哪些？

10.何谓控制？何谓工程项目控制、施工项目控制？

11.工程质量、投资(成本)、进度控制目标的关系如何？

12.工程项目的控制程序有哪些主要环节？有哪些具体措施？

第 2 章 流水施工原理

2.1 流水施工的基本概念

在所有的生产领域中,流水作业法是组织产品生产的理想方法。流水施工也是项目施工的最有效的科学组织方法。但是由于建筑产品及其生产的特点不同,流水施工的概念、特点和效果与其他产品的流水作业也有所不同。

2.1.1 建筑工程施工组织方式

在组织同类项目或将一个项目分成若干个施工区段进行施工时,可以采用不同的施工组织方式,如依次施工、平行施工、流水施工等组织方式。

1. 依次施工

依次施工组织方式是将拟建工程项目的整个建造过程分解成若干个施工过程,按照一定的施工顺序,前一个施工过程完成后,后一个施工过程开始施工;或前一个工程完成后,后一个工程才开始施工。它是一种最基本、最原始的施工组织方式。

例 2-1 拟兴建 4 幢相同的建筑物,其编号分别为Ⅰ、Ⅱ、Ⅲ、Ⅳ。它们的基础工程量都相等,而且均由挖土方、做垫层、砌基础和回填等 4 个施工过程组成,每个施工过程在每个建筑物中的施工天数均为 5 天。其中,挖土方时,工作队由 8 人组成;做垫层时,工作队由 6 人组成;砌基础时,工作队由 14 人组成;回填土时,工作队由 5 人组成。按照依次施工组织方式,其施工进度计划如表 2-1 中"依次施工栏"所示。

由表 2-1 可以看出,依次施工组织方式具有以下特点:

(1)由于没有充分地利用工作面,所以工期长;

(2)工作队不能实现专业化施工,不利于提高工程质量和劳动生产率;

(3)专业工作队及其生产工人不能连续作业;

(4)单位时间内投入的资源数量比较少,有利于资源供应的组织工作;

(5)施工现场的组织、管理比较简单。

表 2-1 流水施工进度表

工程编号	分项工程名称	工作队人数	施工天数	施工进度/天																										
				80																20				35						
				5	10	15	20	25	30	35	40	45	50	55	60	65	70	75	80	5	10	15	20	5	10	15	20	25	30	35
Ⅰ	挖土方	8	5	—																—				—						
	垫　层	6	5		—																—				—					
	砌基础	14	5			—																—				—				
	回填土	5	5				—																—				—			
Ⅱ	挖土方	8	5					—												—					—					
	垫　层	6	5						—												—					—				
	砌基础	14	5							—												—					—			
	回填土	5	5								—												—					—		
Ⅲ	挖土方	8	5									—								—						—				
	垫　层	6	5										—								—						—			
	砌基础	14	5											—								—						—		
	回填土	5	5												—								—						—	
Ⅳ	挖土方	8	5													—				—							—			
	垫　层	6	5														—				—							—		
	砌基础	14	5															—				—							—	
	回填土	5	5																—				—							—
劳动力动态图				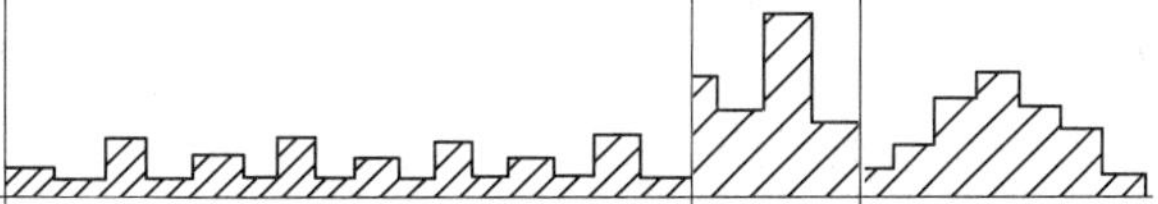																										
施工组织方式				依次施工																平行施工				流水施工						

2. 平行施工

在拟建工程项目任务十分紧迫、工作面允许以及资源能够保证供应的条件下，可以组织几个相同的工作队，在同一时间、不同的空间上进行施工，这样的施工组织方式称为平行施工组织方式。在例 2-1 中，如果采用平行施工组织方式，其施工进度计划如表 2-1 中"平行施工栏"所示。

由表 2-1 可以看出，平行施工组织方式具有以下特点：

(1)充分利用了工作面，争取了时间，缩短了工期；

(2)工作队不能实现专业化生产，不利于提高工程质量和劳动生产率；

(3)专业工作队及其生产工人不能连续作业；

(4)单位时间内投入施工的资源数量大，现场临时设施也相应增加；

(5)施工现场组织、管理复杂。

3. 流水施工

流水施工组织方式是将拟建工程项目的整个建造过程分解成若干个施工过程，也就是划分成若干个工作性质相同的分部、分项工程或工序；同时将拟建工程项目在平面上划分成若干个劳动量大致相等的施工段；在竖向上划分成若干个施工层，按照施工过程分别建立相应的专业工作队；各专业工作队按照一定的施工顺序投入施工，完成第一个施工段上的施工任务后，在专业工作队的人数、使用机具和材料不变的情况下，依次地、连续地投到第二、三……一直到最后一个施工段的施工，在规定的时间内，完成同样的施工任务；不同的专业工作队在工作时间上最大限度地、合理地搭接起来；当第一个施工层各个施工段上的相应施工任务全部完成后，专业工作队依次地、连续地投入到第二、三……施工层，保证拟建工程项目的施工全过程在时间上、空间上，有节奏地、连续、均衡地进行生产，直到完成全部施工任务。

在例2-1中，如果采用流水施工组织方式，其施工进度计划如表2-1中“流水施工栏”所示。

由表2-1可以看出，与依次施工、平行施工相比较，流水施工具有以下特点：

(1)科学地利用了工作面，争取了时间，工期比较短；

(2)工作队及其生产工人实现了专业化施工，可使工人的操作技术熟练，更好地保证工程质量，提高劳动生产率；

(3)专业工作队及其生产工人能够连续作业；

(4)单位时间投入施工的资源较为均衡，有利于资源供应组织工作；

(5)为工程项目的科学管理创造了有利条件。

2.1.2 流水施工的技术经济效果

流水施工在工艺划分、时间排列和空间布置上的统筹安排，必然会带来相应的经济效果。

由于流水施工的连续性，减少了专业工作队的间歇作业时间，达到了缩短工期的目的，可使拟建工程项目尽早竣工，交付使用，发挥投资效益；

有利于劳动组织的改善及操作方法的改进，从而提高了劳动生产率；

专业化的生产可提高生产工人的技术水平，使工程质量相应提高；

工人技术水平和劳动生产率的提高，可减少用工量和施工临时设施的建造量，从而降低工程成本；

可以保证施工机械和劳动力得到充分、合理的利用。

2.1.3 流水施工的分级和表达方式

1. 流水施工的分级

根据流水施工组织的范围不同，流水施工通常可划分为：

(1)分项工程流水施工

分项工程流水施工，也称为细部流水施工，是在一个专业工种内组织起来的流水施工。

(2)分部工程流水施工

分部工程流水施工，也称为综合流水施工，是在一个分部工程内部，各分项工程之间组织起来的流水施工。

(3)单位工程流水施工

单位工程流水施工，也称为综合流水施工，是在一个单位工程内部，各分部工程之间组织起来的流水施工。

(4)群体工程流水施工

群体工程流水施工，也称为大流水施工，是在若干单位工程之间组织起来的流水施工。

上述 4 种流水施工之间的关系如图 2-1 所示。

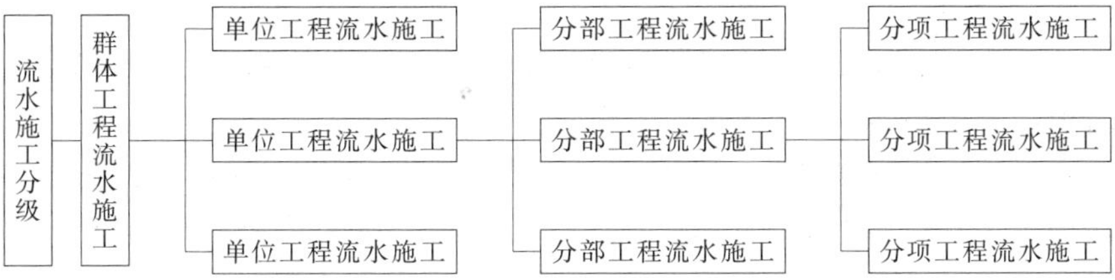

图 2-1　流水施工分级示意图

2. 流水施工的表达方式

流水施工的表达方式，主要有横道图和网络图两种，如图 2-2 所示。

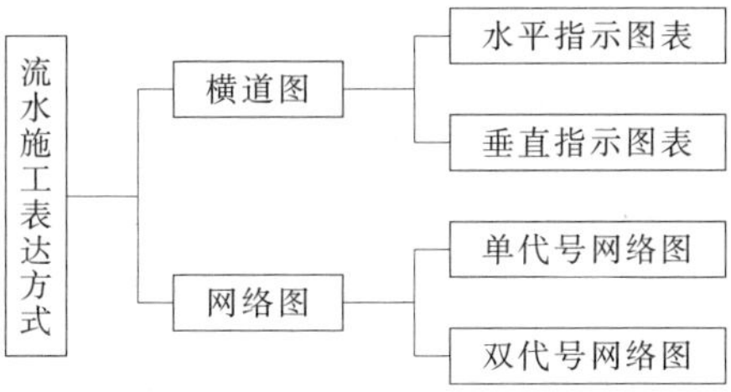

图 2-2　流水施工表达方式示意图

2.2　流水施工的主要参数

在组织拟建工程项目流水施工时，用以表达流水施工在工艺流程、空间布置和时间安排等方面开展状态的参数，称为流水参数。主要包括工艺参数、空间参数和时间参数等 3 类。

2.2.1　工艺参数

1. 工艺参数的概念

在组织流水施工时，用以表达流水施工在施工工艺上开展顺序及其特征的参数称工艺参数。具体地说，工艺参数是指在组织流水施工时，将拟建工程项目的整个建造过程分解为施工过程的种类、性质和数目的总称。

2. 工艺参数的类型

工艺参数通常包括施工过程和流水强度。

(1)施工过程

在工程项目施工中，施工过程所包括的范围可大可小，既可以是分部工程、分项工程，又可以是单位工程、单项工程。它是流水施工的基本参数之一。根据工艺性质不同,它分为制备类施工过程、运输类施工过程和砌筑安装类施工过程等 3 种。施工过程数一般用 n 来表示。

制备类施工过程。它是指为了提高建筑产品的装配化、工厂化、机械化和生产能力而形成的施工过程。如混凝土、砂浆、构配件、制品和门窗等的制备过程。它一般不占有施工对象的空间,不影响项目总工期,因此一般在项目施工进度表上不表示;只有当其占有施工对象的空间要影响项目总工期时,在项目施工进度表上才列入,如在拟建车间、实验室等场地内预制或组装的大型构件等。

运输类施工过程。它是指将建筑材料、构配件、(半)成品、制品和设备等运到项目工地仓库或现场操作使用地点形成的施工过程。它一般不占有施工对象空间,不影响项目总工期,通常也不列入项目施工进度计划中;只有当其占有项目施工的空间要影响项目总工期时,才列入项目施工进度计划中,如结构安装工程中,采取随运随吊方案的运输过程。

砌筑安装类施工过程。它是指在施工对象的空间上,直接进行加工,最终形成建筑产品的过程,如地下主体工程、结构安装工程、屋面工程和装饰工程等施工过程。它占有施工对象的空间,影响工期的长短,因此必须列入项目施工的进度表中,而且是项目施工进度表的主要内容。砌筑安装类施工过程按其在项目生产中的作用、工艺性质和复杂程度等不同可以划分为不同的施工过程,如图 2-3 所示。

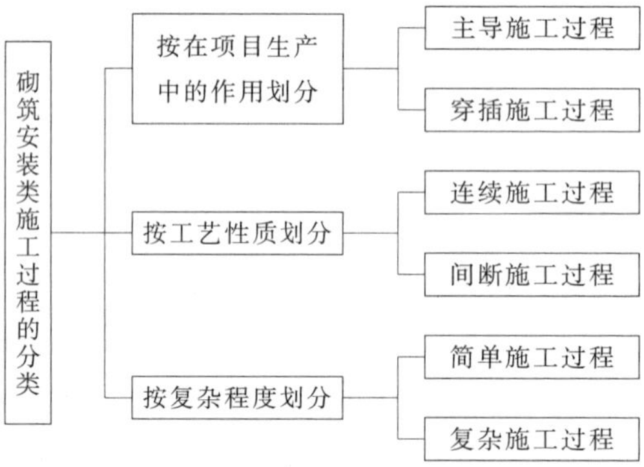

图 2-3　砌筑安装类施工过程分类示意图

(2)流水强度

某施工过程在单位时间内所完成的工程量,称为该施工过程的流水强度。可分为机械操作流水强度和人工操作流水强度。

①机械操作流水强度

$$V_i = \sum_{j=1}^{x} R_{ij} S_{ij} \tag{2-1}$$

式中　V_i—— 某施工过程 i 的机械操作流水强度;

R_{ij}—— 投入施工过程 i 的 j 种施工机械台数;

S_{ij}—— 投入施工过程 i 的 j 种施工机械产量定额;

x—— 投入施工过程 i 的施工机械类数。

② 人工操作流水强度

$$V_i = R_i \cdot S_i \tag{2-2}$$

式中 V_i—— 某施工过程 i 的人工操作流水强度；

R_i—— 投入施工过程 i 的专业工作队工人数；

S_i—— 投入施工过程 i 的专业工作队平均产量定额。

2.2.2 空间参数

1. 空间参数的概念

在组织流水施工时，用以表达流水施工在空间布置上所处状态的参数，称为空间参数。

2. 空间参数的类型

空间参数主要有：工作面、施工段和施工层三种类型。

(1) 工作面

某专业工种的工人在从事建筑产品生产加工过程中，必须具备一定的活动空间，这个活动空间称为工作面。它的大小，是根据相应工种单位时间内的产量定额、建筑安装操作规程和安全规程等的要求确定的。工作面确定的合理与否，直接影响专业工种工人的劳动生产率。因此，必须认真加以对待，合理确定。

主要工种专业的工作面参考数据见表 2-2。

表 2-2　　主要工种工作面参考数据

工作项目	每个技工的工作面		说明
砖基础	7.6	m/人	以 1½ 砖计 2 砖乘以 0.8 3 砖乘以 0.55
砌砖墙	8.5	m/人	以 1 砖计 1½ 砖乘以 0.71 2 砖乘以 0.57
毛石墙基	3	m/人	以 60cm 计
毛石墙	3.3	m/人	以 40cm 计
混凝土柱、墙基础	8	m^2/人	机拌、机捣
混凝土设备基础	7	m^2/人	机拌、机捣
现浇钢筋混凝土柱	2.45	m^2/人	机拌、机捣
现浇钢筋混凝土梁	3.20	m^2/人	机拌、机捣
现浇钢筋混凝土墙	5	m^2/人	机拌、机捣
现浇钢筋混凝土楼板	5.3	m^2/人	机拌、机捣
预制钢筋混凝土柱	3.6	m^2/人	机拌、机捣
预制钢筋混凝土梁	3.6	m^2/人	机拌、机捣
预制钢筋混凝土屋架	2.7	m^2/人	机拌、机捣
预制钢筋混凝土平板、空心板	1.91	m^2/人	机拌、机捣
预制钢筋混凝土大型屋面板	2.62	m^2/人	机拌、机捣
混凝土地坪及面层	40	m^2/人	
外墙抹灰	16	m^2/人	
内墙抹灰	18.5	m^2/人	
卷材屋面	18.5	m^2/人	
防水水泥砂浆屋面	16	m^2/人	
门窗安装	11	m^2/人	

(2) 施工段

为了有效组织流水施工，通常把拟建工程项目在平面上划分成若干个劳动量大致相等的施工段落，这些施工段落称为施工段。施工段的数目，通常用 m 表示。它是流水施工的基本参数之一。

划分施工段的目的和原则。划分施工段是组织流水施工的基础，建筑产品体形庞大的固有特征，又为组织流水施工提供了空间条件。可以把一个体形庞大的“单件产品”划分成具有若干个施工段、施工层的“批量产品”，使其满足流水施工的基本要求；在保证工程质量的前提下，为专业工作队确定合理的空间活动范围，使其按流水施工的原理，集中人力和物力，依次地、连续地完成各施工段的任务，为后续专业工作队尽早地提供工作面，达到缩短工期的目的。施工段的划分，在不同的分部工程中，可以采用相同或不同的划分办法。同一分部工程中最好采用统一的段数，但也不排除特殊情况，如在单层工业厂房的预制工程中，柱和屋架的施工段划分就不一定相同。

施工段数要适当，段数过多，势必要减少工人数而延长工期；段数过少，又会造成资源供应过分集中，不利于组织流水施工。因此，为了使施工段划分得更科学、更合理，通常应遵循以下原则：

① 专业工作队在各个施工段上的劳动量要大致相等。

② 对多层或高层建筑物，施工段的数目要满足合理流水施工组织的要求，即 $m \geqslant n$。

③ 为了充分发挥工人、主导施工机械的生产效率，每个施工段要有足够的工作面，使其所容纳的劳动力人数和机械台数，能满足合理劳动组织的要求。

④ 为了保证拟建工程项目结构整体的完整性，施工段的分界线应尽可能与结构的自然界线(如沉降缝、伸缩缝等)相一致；如果必须将分界线设在墙体中间时，应将其设在对结构整体性影响较小的门窗洞口等部位，以减少留槎，便于修复。

⑤ 对于多层的拟建工程项目，既要划分施工段，又要划分施工层，以保证相应的专业工作队在施工段与施工层之间，组织有节奏、连续、均衡的流水施工。

施工段数(m)与施工过程数(n)之间的关系：

当 $m = n$ 时，各专业工作队可以连续施工，施工段上始终有专业工作队工作，直至全部工作完成。施工段上无停歇时间，是比较理想的流水施工组织方案。

当 $m > n$ 时，各专业工作队仍是连续施工，但在施工段上有停歇，可以组织流水施工。

当 $m < n$ 时，对多层建筑物组织流水施工是不适用的，因专业工作队不能连续施工，有窝工现象。

从上述 3 种情况我们可以看出，要保证专业工作队能够连续作业，施工段数(m)与施工过程数目(n)之间的关系必须满足 $m \geqslant n$ 的要求。

应该指出，当无层间关系或无施工层(如某些单层建筑物、基础工程等)时，则施工段数不受 $m \geqslant n$ 的限制，可按前述划分施工段的原则进行确定。

(3) 施工层

在组织流水施工时，为了满足专业工作队对操作高度和施工工艺的要求，将拟建工程项目在竖向上划分为若干个操作层，这些操作层称为施工层。施工层一般用 r 来表示。施工层的划分，要根据工程项目的具体情况，如建筑物的高度、楼层等来确定。

2.2.3 时间参数

1. 时间参数的概念

在组织流水施工时，用以表达流水施工在时间排序上的参数，称为时间参数。

2. 时间参数的类型

时间参数通常包括流水节拍、流水步距、平行搭接时间、技术间歇时间和组织间歇时间等 5 种类型。

(1) 流水节拍

在组织流水施工时，每个专业工作队在各个施工段上完成相应的施工任务所需的工作延续时间，称为流水节拍，通常用 t_i 来表示。它是流水施工的基本参数之一。

流水节拍的大小，可以反映出流水施工速度的快慢、节奏感的强弱和单位时间内资源消耗量的多少。影响流水节拍数值大小的因素主要有：工程项目施工时所采取的施工方案，各施工段投入的劳动力人数或施工机械台数，工作班次，以及该施工段工程量的多少。为避免专业工作队转移时浪费工时，流水节拍在数值上最好是一个(或半个) 台班的整数倍。其数值的确定，可按以下方法：

① 定额计算法。这是根据各施工段的工程量、能够投入的资源量(工人数、机械台数和材料量等)，按下式进行计算：

$$t_i = \frac{Q_i}{S_i \cdot R_i \cdot N_i} = \frac{P_i}{R_i \cdot N_i} \tag{2-3}$$

或

$$t_i = \frac{Q_i \cdot H_i}{R_i \cdot N_i} = \frac{P_i}{R_i \cdot N_i} \tag{2-4}$$

式中 t_i—— 某专业工作队在第 i 施工段的流水节拍；

Q_i—— 某专业工作队在第 i 施工段要完成的工程量；

S_i—— 某专业工作队的计划产量定额；

H_i—— 某专业工作队的计划时间定额；

P_i—— 某专业工作队在第 i 施工段需要的劳动量或机械台班数量。

$$P_i = \frac{Q_i}{S_i} \quad (\text{或 } P_i = Q_i \cdot H_i) \tag{2-5}$$

式中 R_i—— 某专业工作队投入的工作人数或机械台数；

N_i—— 某专业工作队的工作班次。

② 经验估算法。它是依据以往的施工经验进行估算流水节拍的方法。一般为了提高其准确程度，往往先后估算出该流水节拍的最长、最短和正常(即最可能) 三种时间，然后

据此求出期望时间作为某专业工作队在某施工段上的流水节拍。所以，本法也称为三种时间估算法。其计算公式如下：

$$t_i = \frac{a_i + 4c_i + b_i}{6} \tag{2-6}$$

式中　t_i—— 某施工过程 i 在某施工段上的流水节拍；

a_i—— 某施工过程 i 在某施工段上的最短估算时间；

b_i—— 某施工过程 i 在某施工段上的最长估算时间；

c_i—— 某施工过程 i 在某施工段上的正常估算时间。

这种方法多用于采用新工艺、新方法和新材料等没有定额可循的工程。

③ 工期计算法。对在规定时间必须完成的施工项目，往往采用按工期倒排进度法。具体步骤如下：

a. 根据工期倒排进度，确定某施工过程的工作延续时间；

b. 确定某施工过程在某施工段上的流水节拍。若同一施工过程流水节拍不等，则用估算法。

若流水节拍相等，则用下式计算：

$$t_i = \frac{T_i}{m} \tag{2-7}$$

式中　t_i—— 某施工过程 i 在某施工段上的流水节拍；

T_i—— 某施工过程 i 的工作持续时间；

m—— 某施工过程划分的施工段数。

当施工段数确定后，流水节拍大，则工期相应就长，因此，从理论上讲，总是希望流水节拍越小越好。但实际上由于受工作面的限制，每一施工过程在各施工段上都有最小的流水节拍，其数值可按下式计算：

$$t_{\min} = \frac{A_{\min} \cdot \mu}{S} \tag{2-8}$$

式中　$t_{\min}$—— 某施工过程在某施工段上的最小流水节拍

$A_{\min}$—— 每个工人或每台机械所需最小工作面；

μ—— 单位工作面上的工程量含量；

S —— 产量定额。

通过公式算出的最小流水节拍数值，应取整数（或半个工日）的整倍数；根据工期计算的流水节拍，应大于最小流水节拍。

（2）流水步距

在组织流水施工时，相邻两个专业工作队在保证施工顺序、满足连续施工、最大限度地搭接和保证工程质量要求的条件下，相继投入施工的最小时间间隔，称为流水步距。流水步距用 $K_{j,j+1}$ 来表示，它是流水施工的基本参数之一。

如表 2-3 所示的某基础工程，挖土与垫层相继投入第一施工段开始施工的时间间隔为 2 天，即流水步距 $K=2$（本表 $K_{j,j+1}=K$），其他相邻两个施工过程的流水步距均为 2 天。

表 2-3　　流水步距与工期的关系

施工过程名称	施工进度/天									
	1	2	3	4	5	6	7	8	9	11
挖土		①		②						
垫层		K		①		②				
砌基础				K		①		②		
回填土						K		①	②	

$\sum K=(n-1)K$　　$T_1=\sum mt_i$

工期 $T=\sum K+T_1$

从表 2-3 可知，当施工段确定后，流水步距的大小直接影响着工期的长短。如果施工段不变，流水步距越大，则工期越长，反之工期就越短。

表 2-4 和表 2-5 表示流水步距与流水节拍的关系。表 2-4 表示 A、B 两个施工过程分两段施工，流水节拍均为 2 天的情况，此时 $K=2$；表 2-5 表示在工作面允许条件下，各增加一倍的工人，使流水节拍缩小，流水步距的变化情况。

表 2-4　流水步距与流水节拍的关系(a)

施工过程编号	施工进度/天					
	1	2	3	4	5	6
A	①			②		
B	K			①		②

表 2-5 流水步距与流水节拍的关系(b)

施工过程编号	施工进度/天		
	1	2	3
A	①	②	
B	K	①	②

从表 2-4 和表 2-5 可知：当施工段不变时，流水步距随流水节拍的增大而增大，随流水节拍的缩小而缩小。如果人数不变，增加施工段，使每段人数达到饱和，而该段施工持续时间总和不变，则流水节拍和流水步距都相应地会缩小，但工期拖长了，见表 2-6。

表 2-6　流水步距、节拍与施工段的关系

施工过程编号	施工进度/天				
	1	2	3	4	5
A	①	②	③	④	
B		①	②	③	④

从上述几种情况的分析，我们可以得出确定流水步距应遵循如下几项原则：

① 流水步距要满足相邻两个专业工作队在施工顺序上的相互制约关系；

② 流水步距要保证各专业工作队连续作业；

③ 流水步距要保证相邻两个专业工作队在开始作业的时间上最大限度地、合理地搭接；

④ 流水步距的确定要保证工程质量，满足安全生产。

(3) 平行搭接时间

在组织流水施工时，有时为了缩短工期，在工作面允许的条件下，如果前一个专业工作队完成部分施工任务后，能够提前为后一个专业工作队提供工作面，后者则提前进入前一个施工段，两者在同一施工段上平行搭接施工，这个搭接的时间称为平行搭接时间，通常用 $C_{j,j+1}$ 来表示。

(4) 技术间歇时间

在组织流水施工时，除要考虑相邻专业工作队之间的流水步距外，有时根据建筑材料或现浇构件等的工艺性质，还要考虑合理的工艺等待时间，这个等待时间称为技术间歇时间，常用 $Z_{j,j+1}$ 来表示。

(5) 组织间歇时间

在组织流水施工中由于施工组织的原因，造成的间歇时间称为组织间歇时间。如墙体砌筑前的墙体位置弹线，施工人员、机械设备转移，回填土前地下管道检查验收等等，组织间歇时间用 $G_{j,j+1}$ 来表示。

2.3 流水施工的基本方式

流水施工根据各施工过程时间参数的不同特点，可以分为：等节拍专业流水、异节拍专业流水和无节奏专业流水等几种基本方式。

2.3.1 等节拍专业流水

等节拍专业流水是指在组织流水施工时，如果所有的施工过程在各个施工段上的流水节拍彼此相等，这种流水施工组织方式称为等节拍专业流水，也称固定节拍流水或全等节拍流水或同步距流水。它是一种最理想的流水施工组织方式。

1. 基本特点

(1) 流水节拍彼此相等。

如果有 n 个施工过程，流水节拍为 t_i，则

$$t_1 = t_2 = \cdots = t_i = \cdots = t_{n-1} = t_n = t(\text{常数}) \tag{2-9}$$

(2) 流水步距彼此相等，而且等于流水节拍。

即

$$K_{1,2}=K_{2,3}=\cdots=K_{n-1,n}=\cdots=K=t(\text{常数}) \tag{2-10}$$

(3) 每个专业工作队都能够连续施工,施工段没有空闲。

(4) 专业工作队数(n_1) 等于施工过程数(n)。

2. 组织步骤

(1) 确定施工顺序,分解施工过程。

(2) 确定施工起点流向,划分施工段。

划分施工段时,其数目 m 的确定如下:

无层间关系或无施工层时,可取 $m=n$。

有层间关系或施工层时,施工段数目分下面两种情况确定:

① 无技术和组织间歇时,取 $m=n$。

② 有技术和组织间歇时,为了保证专业工作队能够连续施工,应取 $m>n$。此时,每层施工段空闲数为 $m-n$,一个空闲施工段的时间为 t ,则每层的空闲时间为

$$(m-n)\cdot t=(m-n)\cdot K \tag{2-11}$$

设一个楼层内各施工过程间的技术、组织间歇时间之和为 $\sum Z_1$,楼层间技术、组织间歇时间为 Z_2,如果每层的 $\sum Z_1$ 均相等,Z_2 也相等,而且为了保证连续施工,施工段上除 $\sum Z_1$ 和 Z_2 外无空闲,则

$$(m-n)\cdot K=\sum Z_1+Z_2 \tag{2-12}$$

所以每层的施工段数 m 可按下式确定:

$$m=n+\frac{\sum Z_1}{K}+\frac{Z_2}{K} \tag{2-13}$$

如果每层的 $\sum Z_1$ 不完全相等,Z_2 也不完全相等,应取各层中最大的 $\sum Z_1$ 和 Z_2,并按式(2-14) 确定施工段数:

$$m=n+\frac{\max\sum Z_1}{K}+\frac{\max Z_2}{K} \tag{2-14}$$

(3) 根据等节拍专业流水要求,确定流水节拍 t 的数值。

(4) 确定流水步距 $K=t$。

(5) 计算流水施工的工期。

① 不分施工层时,工期的计算公式为

$$T=(m+n-1)\cdot K+\sum Z_{j,j+1}+\sum G_{j,j+1}-\sum C_{j,j+1} \tag{2-15}$$

式中 T—— 流水施工总工期;

m—— 施工段数;

n—— 施工过程数;

K—— 流水步距；

j—— 施工过程编号，$1 \leqslant j \leqslant n$；

$Z_{j,j+1}$——j 与 $j+1$ 两个施工过程间的技术间歇时间；

$G_{j,j+1}$——j 与 $j+1$ 两个施工过程间的组织间歇时间；

$C_{j,j+1}$——j 与 $j+1$ 两个施工过程间的平行搭接时间。

② 分施工层时，工期的计算公式为

$$T=(m\cdot r+n-1)\cdot K+\sum Z_{j,j+1}^{1}+\sum G_{j,j+1}^{1}-\sum C_{j,j+1} \tag{2-16}$$

式中　r —— 施工层数；

$\sum Z_{j,j+1}^{1}$—— 第一个施工层内各施工过程之间的技术间歇时间之和；

$\sum G_{j,j+1}^{1}$—— 第一个施工层内各施工过程之间的组织间歇时间之和；

其他符号的含义同前。

在公式中，没有二层及二层以上的 $\sum Z_1$ 和 Z_2，是因为它们均已包括在式中的 $m\cdot r\cdot t$ 项内，见表 2-7。

表 2-7　分层并有技术、组织间歇时间的等节拍专业流水进度表

施工层	施工过程编号	施工进度/天															
		1	2	3	4	5	6	7	8	9	10	11	12	13	14	15	16
1	Ⅰ	①	②	③	④	⑤	⑥										
	Ⅱ		①	②	③	④	⑤	⑥									
	Ⅲ			①	②	③	④	⑤	⑥								
	Ⅳ				Z_1	①	②	③	④	⑤	⑥						
2	Ⅰ						Z_2	①	②	③	④	⑤	⑥				
	Ⅱ								①	②	③	④	⑤	⑥			
	Ⅲ									Z_1	①	②	③	④	⑤	⑥	
	Ⅳ											①	②	③	④	⑤	⑥
		$(n-1)K+Z_1$				$m\cdot r\cdot t$											

(6) 绘制流水施工指示图表。

3. 应用举例

例 2-2　某分部工程由四个分项工程所组成，流水节拍均为 2 天，无技术、组织间歇时间。试确定流水步距，计算工期并绘制流水施工进度表。

解　由已知条件 $t_i=t=2$ 天，本分部工程宜组织等节拍专业流水。

(1) 确定流水步距。

由等节拍专业流水特点知：

$$K = t = 2(\text{天})$$

(2) 确定施工段数。

根据题意：$m = n = 4$

(3) 计算工期。

$$T = (m + n - 1) \cdot K + \sum Z_{j,j+1} + \sum G_{j,j+1} - \sum C_{j,j+1}$$

$$T = (4 + 4 - 1) \times 2 + 0 + 0 - 0 = 14(\text{天})$$

(4) 绘制流水施工进度表，见表 2-8。

表 2-8　等节拍专业流水施工进度计划

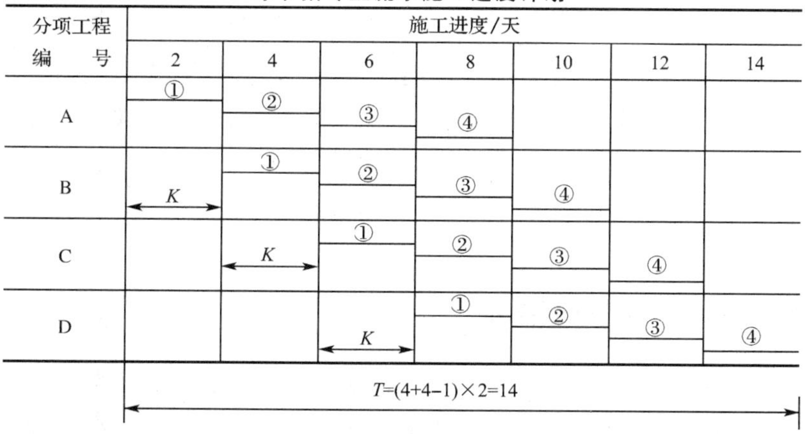

例 2-3　某项目由Ⅰ、Ⅱ、Ⅲ、Ⅳ等四个施工过程所组成。划分两个施工层组织流水施工。施工过程Ⅱ完成后需养护 1 天，下一个施工过程才能施工，层间技术间歇为 1 天，流水节拍均为 1 天。试在保证工作队连续作业的前提下，确定施工段数，计算工期，绘制流水施工进度表。

解　由已知条件 $t_i = t = 1$ 天，本项目宜组织等节拍专业流水。

(1) 确定流水步距。

由等节拍专业流水特点知：

$$K = t = 1(\text{天})$$

(2) 确定施工段数。

因该项目分两层施工，其施工段数确定公式为

$$m = n + \frac{\sum Z_1}{K} + \frac{Z_2}{K} = 4 + \frac{1}{1} + \frac{1}{1} = 6$$

(3) 计算工期。

由公式　$$T = (m \cdot r + n - 1) \cdot K + \sum Z_1 - \sum C_{j,j+1}$$

得　$$T = (6 \times 2 + 4 - 1) \times 1 + 1 - 0 = 16(\text{天})$$

(4) 绘制流水施工进度表，见表 2-9。

表 2-9　　分层并有技术、组织间歇时间的等节拍专业流水进度表

施工层	施工过程编号	施工进度/天															
		1	2	3	4	5	6	7	8	9	10	11	12	13	14	15	16
1	Ⅰ	①	②	③	④	⑤	⑥										
	Ⅱ		①	②	③	④	⑤	⑥									
	Ⅲ				①	②	③	④	⑤	⑥							
	Ⅳ					①	②	③	④	⑤	⑥						
2	Ⅰ							①	②	③	④	⑤	⑥				
	Ⅱ								①	②	③	④	⑤	⑥			
	Ⅲ										①	②	③	④	⑤	⑥	
	Ⅳ											①	②	③	④	⑤	⑥

2.3.2　异节拍专业流水

异节拍专业流水是指在组织流水施工时，如果同一施工过程在各施工段上的流水节拍彼此相等，不同施工过程在同一施工段上的流水节拍彼此不等而且均为某一常数的整数倍的流水施工组织方式，称为成倍节拍专业流水。有时，为了加快流水施工速度，在资源供应满足的前提下，对流水节拍长的施工过程，组织几个同工种的专业工作队来完成同一施工过程在不同施工段上的作业任务，从而就形成了一个工期最短的、类似于等节拍专业流水的等步距的异节拍专业流水施工方案。这里主要讨论等步距的异节拍专业流水。

1. 基本特点

(1) 同一施工过程在各施工段上的流水节拍彼此相等，不同的施工过程在同一施工段上的流水节拍彼此不等，但均为某一常数的整数倍。

(2) 流水步距彼此相等，且等于流水节拍的最大公约数。

(3) 各专业工作队能够保证连续施工，施工段没有空闲。

(4) 专业工作队数大于施工过程数，即 $n_1 > n$。

2. 组织步骤

(1) 确定施工顺序，分解施工过程。

(2) 确定施工起点、流向，划分施工段。

划分施工段时，其数目 m 的确定如下：

① 不分施工层时，可按划分施工段原则确定施工段数目。

② 分施工层时，每层的施工段数可按下式确定：

$$m = n_1 + \frac{\max \sum Z_1}{K_b} + \frac{\max Z_2}{K_b} \tag{2-17}$$

式中 n_1 —— 专业工作队总数；

K_b—— 等步距异节拍专业流水的流水步距；

其他符号含义同前。

(3) 按异节拍专业流水确定流水节拍。

(4) 确定流水步距。

按下式计算：

$$K_b = 最大公约数\{t_1, t_2, \cdots, t_n\} \tag{2-18}$$

(5) 确定专业工作队数。

$$b_j = \frac{t_j}{K_b} \tag{2-19}$$

$$n_1 = \sum_{j=1}^{n} b_j \tag{2-20}$$

式中 t_j —— 施工过程 j 在各施工段上的流水节拍；

b_j —— 施工过程 j 所要组织的专业工作队数；

j—— 施工过程编号，$1 \leqslant j \leqslant n$ 。

(6) 计算总工期。

$$T = (m \cdot r + n_1 - 1) \cdot K_b + \sum Z_1 - \sum C_{j,j+1} \tag{2-21}$$

式中 r —— 施工层数；(不分层时，$r = 1$；分层时，$r =$ 实际施工层数)

其他符号含义同前。

(7) 绘制施工进度表。

3. 应用举例

例 2-4 某项目由 Ⅰ、Ⅱ、Ⅲ 等 3 个施工过程组成，流水节拍分别为 2 天、6 天、4 天，试组织等步距的异节拍专业流水施工。

解 (1) 确定流水步距。

$$K_b = 最大公约数\{2,4,6\} = 2(天)$$

(2) 确定专业工作队数。

$$b_1 = \frac{t_1}{K_b} = \frac{2}{2} = 1(队)$$

$$b_2 = \frac{t_2}{K_b} = \frac{6}{2} = 3(队)$$

$$b_3 = \frac{t_3}{K_b} = \frac{4}{2} = 2(队)$$

$$n_1 = \sum_{j=1}^{3} b_j = 1 + 3 + 2 = 6(队)$$

(3) 确定施工段数。

为了使各专业工作队连续施工，取

$$m = n_1 = 6(段)$$

(4) 计算工期。

$$T = (m \cdot r + n_1 - 1) \cdot K_b + \sum Z_1 - \sum C_{j,j+1}$$
$$= (6 \times 1 + 6 - 1) \times 2 + 0 - 0$$
$$= 22(天)$$

(5) 编制流水施工进度表，见表 2-10。

表 2-10　等步距异节拍专业流水施工进度表

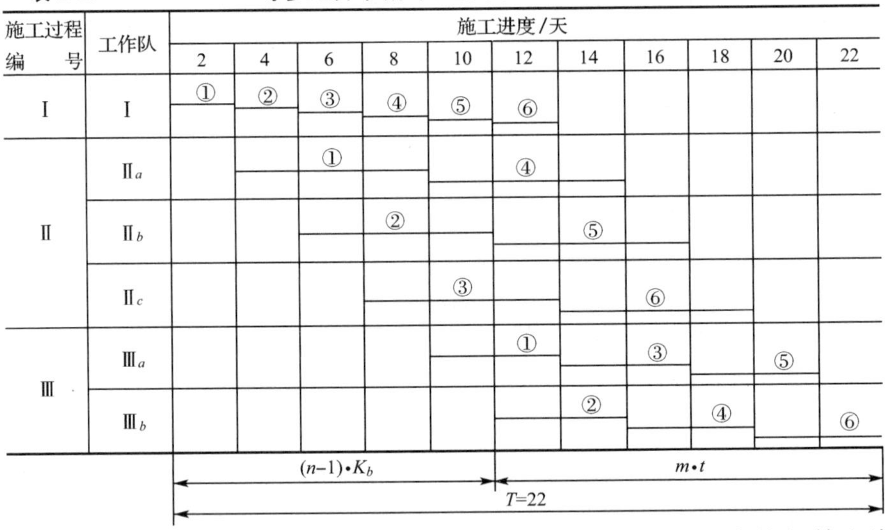

例 2-5　某两层现浇钢筋混凝土工程，施工过程分为安装模板、绑扎钢筋和浇注混凝土。已知每段每层各施工过程流水节拍分别为：$t_{模} = 2$ 天，$t_{扎} = 2$ 天，$t_{混} = 1$ 天。当安装模板专业工作队转移到第二结构层的第一施工段时，需待第一层第一段的混凝土养护 1 天后才能进行。在保证各专业工作队连续施工的条件下，求该工程每层最少的施工段数，并给出流水施工进度图表。

解　根据题意，本工程宜采用等步距异节拍专业流水。

(1) 确定流水步距。

K_b = 最大公约数{2,2,1} = 1(天)

(2) 确定专业工作队数。

$$b_{模} = \frac{t_{模}}{K_b} = \frac{2}{1} = 2(队)$$

$$b_{扎} = \frac{t_{扎}}{K_b} = \frac{2}{1} = 2(队)$$

$$b_{混} = \frac{t_{混}}{K_b} = \frac{1}{1} = 1(队)$$

$$n_1 = \sum_{j=1}^{3} b_j = 2 + 2 + 1 = 5(队)$$

(3) 确定每层的施工段数。

为保证专业工作队连续施工，其施工段数可按下式确定

$$m = n_1 + \frac{Z_2}{K_b} = 5 + \frac{1}{1} = 6(\text{段})$$

(4) 计算工期。

$$\begin{aligned} T &= (m \cdot r + n_1 - 1) \cdot K_b + \sum Z_1 - \sum C_{j,j+1} \\ &= (6 \times 2 + 5 - 1) \times 1 + 0 - 0 \\ &= 16(\text{天}) \end{aligned}$$

(5) 编制流水施工进度表，见表 2-11。

表 2-11　　有两个施工层的流水施工进度表

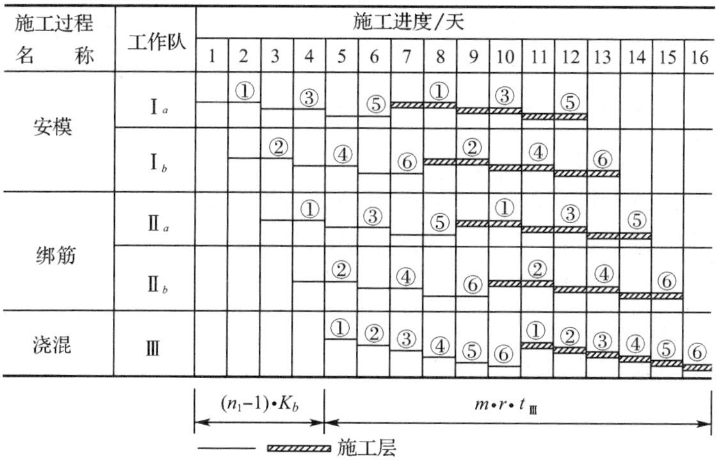

2.3.3 无节奏专业流水

在实际施工中，通常每个施工过程在各个施工段上的工程量彼此不等，各专业工作的生产效率相差较大，导致大多数流水节拍也彼此不相等，不可能组织等节拍专业流水或异节拍专业流水。在这种情况下，往往利用流水施工的基本概念，在保证施工工艺，满足施工顺序要求的前提下，按照一定的计算方法，确定相邻专业工作队之间的流水步距，使其在开工时间上最大限度地、合理地搭接起来，形成每个专业工作队都能够连续作业的流水施工方式，称为无节奏专业流水，也称分别流水，它是流水施工的普遍形式。

1. 基本特点

(1) 每个施工过程在各个施工段上的流水节拍不尽相等。

(2) 在多数情况下，流水步距彼此不相等，而且流水步距与流水节拍二者之间存在着某种函数关系。

(3) 各专业工作队都能够连续施工，个别施工段可能有空闲。

(4) 专业工作队数等于施工过程数，即 $n_1 = m$。

2. 组织步骤

(1) 确定施工顺序，分解施工过程。

(2) 确定施工起点、流向，划分施工段。

(3) 确定各施工过程在各个施工段上的流水节拍。

(4) 确定相邻两个专业工作队的流水步距。

计算流水步距可用“累加数列错位相减取大差法”，由于它是苏联专家潘特考夫斯基提出的，所以又称潘氏方法，现举例如下。

例 2-6 某工程的流水节拍见表 2-12。

表 2-12 **某工程施工的流水节拍**

施工过程	流水节拍 / 天			
	第一施工段	第二施工段	第三施工段	第四施工段
甲	3	3	4	4
乙	5	4	3	3
丙	2	5	4	4

计算流水步距的步骤是：

第一步，累加各施工过程的流水节拍，形成累加数据系列；

第二步，相邻两施工过程的累加数据系列错位相减；

第三步，取差数之大者作为该两个施工过程的流水步距。

根据以上 3 个步骤对本例进行计算。

首先求甲、乙两施工过程流水步距。

$$\begin{array}{rrrrrr} & 3 & 6 & 10 & 14 & 0 \\ -) & 0 & 5 & 9 & 12 & 15 \\ \hline & 3 & 1 & 1 & 2 & -15 \end{array}$$

可见，其最大差值为 3，故甲、乙两施工过程的流水步距取 3 天。

同理可求乙、丙两个施工过程的流水步距。

$$\begin{array}{rrrrrr} & 5 & 9 & 12 & 15 & 0 \\ -) & 0 & 2 & 7 & 11 & 15 \\ \hline & 5 & 7 & 5 & 4 & -15 \end{array}$$

故乙、丙两施工过程的流水步距取 7 天。

(5) 计算流水施工的计划工期。

$$T = \sum_{j=1}^{n-1} K_{j,j+1} + \sum_{i=1}^{m} t_i^{Zh} + \sum Z + \sum G - \sum C_{j,j+1} \tag{2-22}$$

式中 T—— 流水施工计划工期；

$K_{j,j+1}$——j 与 $j+1$ 两专业工作队之间的流水步距；

t_i^{Zh}—— 最后一个施工过程在第 i 个施工段上的流水节拍；

$\sum Z$—— 技术间歇时间总和 $\sum Z = \sum Z_{j,j+1} + \sum Z_{k,k+1}$

$\sum Z_{j,j+1}$—— 相邻两专业工作队 j 与 $j+1$ 之间的技术间歇时间之和(1 ≤

$j \leqslant n-1$）；

$\sum Z_{k,k+1}$—— 相邻两施工层间的技术间歇时间之和（$1 \leqslant k \leqslant r-1$）；

$\sum G$—— 组织间歇时间之和 $\sum G = \sum G_{j,j+1} + \sum G_{k,k+1}$

$\sum G_{j,j+1}$—— 相邻两专业工作队 j 与 $j+1$ 之间的组织间歇时间之和（$1 \leqslant j \leqslant n-1$）；

$\sum G_{k,k+1}$—— 相邻两施工层间的组织间歇时间之和（$1 \leqslant k \leqslant r-1$）；

$\sum C_{j,j+1}$—— 相邻两专业工作队 j 与 $j+1$ 之间的平行搭接时间之和（$1 \leqslant j \leqslant n-1$）。

（6）绘制流水施工进度表。

3. 应用举例

例 2-7 某项目经理部拟承建一工程，该工程包括Ⅰ、Ⅱ、Ⅲ、Ⅳ、Ⅴ五个施工过程。施工时在平面上划分成 4 个施工段，每个施工过程在各个施工段上的流水节拍见表 2-13。规定施工过程Ⅱ完成后，其相应施工段至少要养护 2 天，施工过程Ⅳ完成后，其相应施工段要留有 1 天的准备时间，为了尽早完成，允许施工过程Ⅰ与Ⅱ之间搭接施工 1 天，试编制流水施工方案。

表 2-13 施工过程流水节拍参数表

流水节拍/天 施工过程 / 施工段	Ⅰ	Ⅱ	Ⅲ	Ⅳ	Ⅴ
①	3	1	2	4	3
②	2	3	1	2	4
③	2	5	3	3	2
④	4	3	5	3	1

解 根据题设条件，该工程应能组织无节奏专业流水。

（1）流水节拍累加数列

Ⅰ：3 5 7 11

Ⅱ：1 4 9 12

Ⅲ：2 3 6 11

Ⅳ：4 6 9 12

Ⅴ：3 7 9 10

（2）确定流水步距

①$K_{Ⅰ,Ⅱ}$

	3	5	7	11	0
−)	0	1	4	9	12
	3	4	3	2	−12

所以 $K_{\text{Ⅰ},\text{Ⅱ}}=\max\{3,4,3,3,-12\}=4$(天)

②$K_{\text{Ⅱ},\text{Ⅲ}}$

$$\begin{array}{rrrrrr} & 1 & 4 & 9 & 12 & 0 \\ -) & 0 & 2 & 3 & 6 & 11 \\ \hline & 1 & 2 & 6 & 6 & -11 \end{array}$$

所以 $K_{\text{Ⅱ},\text{Ⅲ}}=\max\{1,2,6,6,-11\}=6$(天)

③$K_{\text{Ⅲ},\text{Ⅳ}}$

$$\begin{array}{rrrrrr} & 2 & 3 & 6 & 11 & 0 \\ -) & 0 & 4 & 6 & 9 & 12 \\ \hline & 2 & -1 & 0 & 2 & -12 \end{array}$$

所以 $K_{\text{Ⅲ},\text{Ⅳ}}=\max\{2,-1,0,2,-1,2\}=2$(天)

④$K_{\text{Ⅳ},\text{Ⅴ}}$

$$\begin{array}{rrrrrr} & 4 & 6 & 9 & 12 & 0 \\ -) & 0 & 3 & 7 & 9 & 10 \\ \hline & 4 & 3 & 2 & 3 & -10 \end{array}$$

所以 $K_{\text{Ⅳ},\text{Ⅴ}}=\max\{4,3,2,3,-10\}=4$(天)

(3) 计算计划工期

$$\begin{aligned} T &= \sum_{j=1}^{n-1}K_{j,j+1}+\sum_{I=1}^{m}t_i^{Zh}+\sum Z+\sum G-\sum C_{j,j+1} \\ &= (4+6+2+4)+(3+4+2+1)+2+1-1 \\ &= 28(\text{天}) \end{aligned}$$

(4) 绘制流水施工进度计划表,见表 2-14。

表 2-14　　流水施工进度计划表

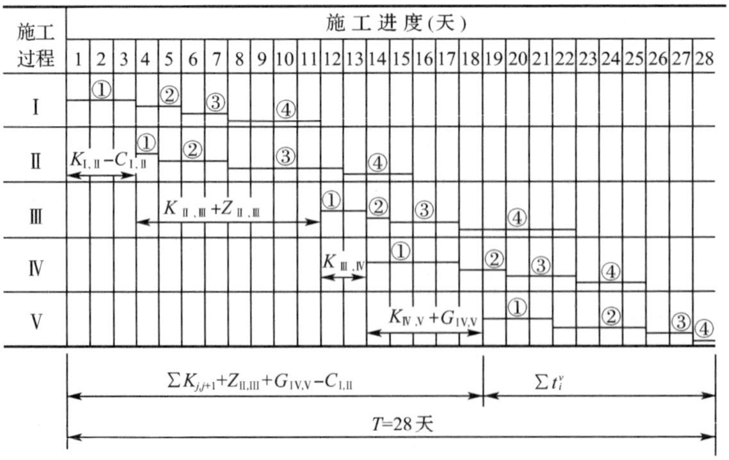

思考题

1. 简述流水施工的概念与特点。
2. 简述流水施工效果。
3. 简述流水施工主要参数的种类。
4. 何谓施工段?划分施工段有哪些原则?
5. 何谓流水节拍?其数值如何确定?
6. 何谓流水步距?其数值的确定应遵循哪些原则?
7. 流水施工的基本方式有哪些?分别具有哪些基本特点?
8. 如何组织等节拍专业流水、异节拍专业流水、无节奏专业流水?

习　题

1. 某工程包括四项施工过程,各施工过程按最合理的流水施工组织确定的流水节拍为:
(1)$t_1 = t_2 = t_3 = t_4 = 2$ 天,并有 $Z_{2,3} = 1$ 天,$C_{3,4} = 1$ 天;
(2)$t_1 = 4$ 天,$t_2 = 2$ 天,$t_3 = 4$ 天,$t_4 = 2$ 天,并有 $Z_{2,3} = 2$ 天。
试分别组织流水施工，绘制出施工进度表。

2. 某工程由 A、B、C 三个分项工程组成,在平面上划分为六个施工段。每个分项工程在各个施工段上的流水节拍均为 4 天。试编制工期最短的流水施工方案。

3. 某工程由 A、B、C 三个分项工程组成,在平面上划分为四个施工段。每个分项工程在各个施工段上的流水节拍均为 3 天。施工过程 B 完成后,其相应施工段至少应有技术间歇时间 2 天。试编制流水施工方案。

4. 某工程项目由三个分项工程组成,划分为六个施工段。各分项工程在各个施工段上的持续时间依次为 6 天、2 天和 4 天。试编制成倍节拍流水施工方案。

5. 试组织某两层框架结构工程的流水施工,并绘制施工进度表。已知:该工程平面尺寸为 17.40×144.14m,沿长度方向每隔 48m 留设伸缩缝一道(缝宽 70mm),已确定的流水节拍分别为 $t_{模} = 4$ 天,$t_{筋} = 2$ 天,$t_{砼} = 2$ 天。第一层砼浇筑后要求养护 2 天,才允许在其上支设模板。

6. 某工程包括四项施工过程,根据工程具体情况,可分为四个施工段组织流水施工,每一施工过程在各施工段上的作业时间见表 2-15,若施工过程 Ⅰ、Ⅱ 之间需 1 天技术间歇时间,施工过程 Ⅲ、Ⅳ 之间允许搭接施工 2 天,试组织流水施工,绘制出施工进度表。

表 2-15　　　　流水施工参数表

施工过程＼施工段	①	②	③	④
Ⅰ	3	4	3	5
Ⅱ	2	2	4	2
Ⅲ	3	4	2	4
Ⅳ	4	2	2	3

第 3 章 工程网络计划技术

3.1 概 述

3.1.1 工程网络计划技术的产生和发展

19 世纪中叶，美国人甘特(Gantt)发明了用横道图(也称甘特图)的形式编排进度计划的方法。这种方法具有简单、直观、容易掌握等优点，在建筑工程界很快得到推广，直到目前仍广泛采用。但它在表现内容上存在许多缺点和不足，例如，不能严格地反映计划任务中各项工作之间的相互依赖、相互制约关系；不能反映出整个计划任务中的关键所在，分不清主次；不便于采用电子计算机计算手段等。尤其对于规模庞大、工作关系复杂的工程项目，横道图计划法很难“尽如人意”。于是，从 20 世纪 50 年代中期开始，人们着手研究新的计划方法。

1956 年，美国杜邦公司在国家通用电子计算机研究中心的协助下，研究出一种新的计划方法——CPM 法(Critical Path Method)，经试用取得了很好的效果。1958 年，美国海军部武器局在编制“北极星导弹”研制计划时，又创造了另一种新的计划方法——PERT 法(Program Evaluation Review Technique)。由于使用了这种方法，使该项研制项目进展十分顺利，最后提前 3 年完成，并节约了大量资金。CPM 法和 PERT 法都是采用由箭线、节点组成的网络图表达进度计划的方法，因此称为网络计划法。

网络计划法产生以后，由于应用效果极为显著，故而引起了世界性轰动，各国广泛应用。许多国家制定有推行和应用网络计划技术的政策法规。继 CPM 法和 PERT 法问世之后，又出现了许多其他网络计划方法，见表 3-1。

20 世纪 60 年代中期，华罗庚教授将网络计划法引入我国。由于网络计划法具有统筹兼顾、合理安排的思想，所以华教授称其为统筹法。在华教授的倡导下，网络计划技术在各行业，尤其是建筑业得到广泛推广和应用。一些大型工程应用网络计划技术取得了良好的效果。80 年代初，全国各地建筑行业相继成立了研究和推广工程网络计划技术的组织机构。

表 3-1　　网络计划技术类型及发明时间

逻辑关系＼持续时间	肯定型	非肯定型
肯定型	关键线路法(CPM)(1956 年) 搭接网络法(1960 年) 流水网络法(1980 年)	计划评审技术(PERT)(1958 年)
非肯定型	决策树型网络法(1960 年) 决策关键线路法(DCPM)(1960 年)	图示评审技术(GERT)(1966 年) 随机网络技术(QERT)(1979 年) 风险型随机网络技术(VERT)(1981 年)

我国先后于 1991 年、1992 年颁发了《工程网络计划技术规程(JGJ1001－91)》和《网络计划技术》国家标准(GB/T13400.1～3－92),1999 年又对《工程网络计划技术规程》进行了修订(编号改为 JGJ/T121－99)。该规程和标准的颁发与实施,使我国进入工程网络计划技术研究与应用领域的世界先进行列。

3.1.2 工程网络计划技术的基础——网络图

工程网络计划技术是采用网络图的形式编制工程进度计划,并在计划实施过程中加以控制,以保证实现预定目标的科学的计划管理技术。

网络图是由箭线和节点组成的有向、有序的网状图形,根据图中箭线和节点所代表的含义不同,可将其分为双代号网络图和单代号网络图。

在双代号网络图中,箭线代表工作(工序、活动或施工过程),通常将工作名称写在箭线的上边(或左侧),将工作的持续时间写在箭线的下边(或右侧),如图 3-1 所示。节点代表工作之间的衔接,在网络图中每个节点都有一个编号。在某一根代表工作的箭线的两端各有一个节点,箭尾节点为工作的开始节点 (i),箭头节点为工作的结束节点(j),可以用开始节点(i) 和结束节点(j) 的编号($i-j$) 作为工作的代号。

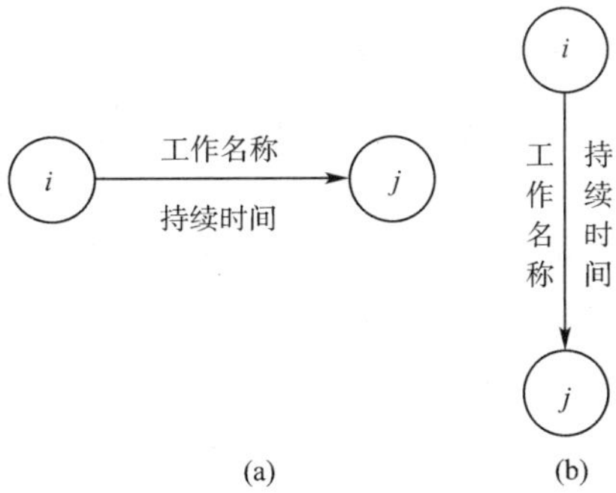

图 3-1　双代号网络图中工作的表示方法

在单代号网络图中，节点代表工作（工序、活动或施工过程）。箭线代表工作之间的衔接关系。工作节点可用圆圈或矩形框表示，如图 3-2 所示。每项工作可以用所在节点的编号（i）作为工作的代号。

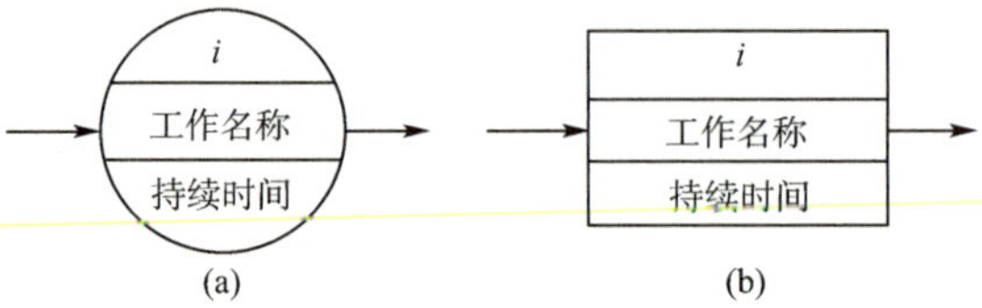

图 3-2　单代号网络图中工作的表示方法

图 3-3 和图 3-4 分别为采用双代号网络图和单代号网络图绘制的同一工程网络进度计划。

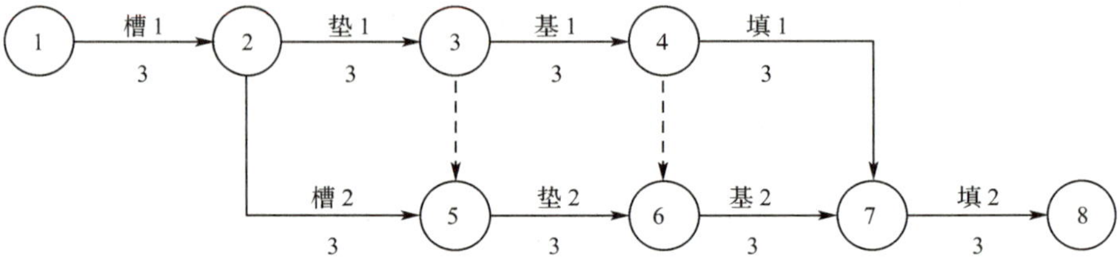

图 3-3　双代号网络进度计划

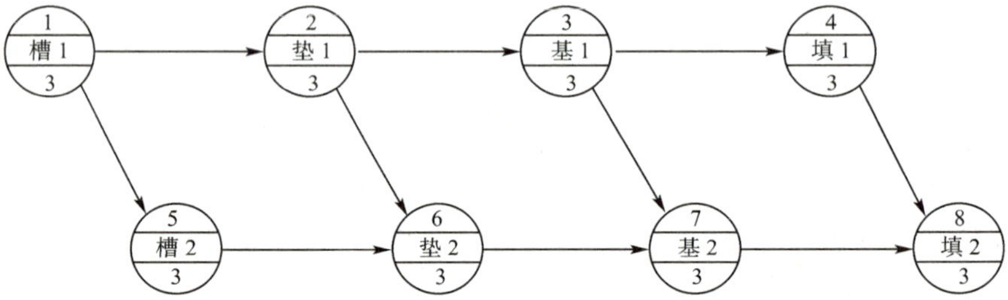

图 3-4　单代号网络进度计划

在网络计划中，各项工作之间的先后顺序关系称为逻辑关系。逻辑关系又分为工艺逻辑关系（简称工艺关系）和组织逻辑关系（简称组织关系）。

工艺关系是由生产工艺客观上决定的各项工作之间的先后顺序关系。如图 3-3 和图 3-4 中的槽 1→垫 1→基 1→填 1，表示在第一个施工段上这四项工作由生产工艺客观上决定的先后顺序关系。这种关系是不能主观上随意改变的。

组织关系是在生产组织安排中，考虑劳动力、机具、材料或工期的影响，在各项工作之间人为主观上安排的先后顺序关系。如图 3-3 和图 3-4 中的槽 1→槽 2，基 1→基 2 等。这种关系是人为安排的，是可以改变的。

在网络图中，相对于某一项工作(称其为本工作)来讲，紧挨在其前边的工作称为紧前工作；紧挨在其后边的工作称为紧后工作；与本工作同时进行的工作称为平行工作；从网络图起点节点开始到达本工作之前为止的所有工作(包括紧前工作)，称为本工作的先行工作；从紧后工作开始到达网络图终点节点的所有工作(包括紧后工作)，称为本工作的后续工作。

从网络图的起点节点开始，到达终点节点的一系列箭线、节点的通路，称为线路。

箭线、节点、线路是构成网络图的三个基本要素。

3.1.3 工程网络计划的分类

工程网络计划可按如下几种方法分类。

1. 按网络计划的编制对象划分

(1)总体网络计划

总体网络计划是以整个建设项目或群体工程项目为对象编制的网络计划，如一座新建工厂、一个建筑群的施工网络计划。

(2)单位工程网络计划

单位工程网络计划是以一个单位工程为对象编制的网络计划，如一幢办公楼、教学楼、住宅楼的施工网络计划。

(3)局部网络计划

局部网络计划是以单位工程中的某一分部工程或某一建设阶段为对象编制的网络计划，如按基础、主体、装饰等不同施工阶段编制或按不同专业编制的网络计划。

2. 按网络计划的性质和作用划分

(1)控制性网络计划

控制性网络计划的工作划分较粗，其主要作用是控制工程建设总体进度，作为决策层领导和上级管理机构指导工作、检查和控制工程进度的依据。

(2)实施性网络计划

实施性网络计划的工作划分较细，其主要作用是具体指导现场施工作业，应以控制性网络计划为依据编制。

3. 按网络计划的时间表达方式划分

(1)无时标网络计划(也称标时网络计划)

这种网络计划中的各项工作的持续时间通常以数字的形式标注在工作箭线(或工作节点)的下边，箭线的长短与持续时间无关。

(2)时标网络计划

这种网络计划是以横坐标为时间坐标，箭线的长度受时间坐标的限制，箭线在时间坐标上的投影长度可直接反映工作的持续时间。

4. 按工作的逻辑关系和持续时间能否肯定划分

(1)肯定型网络计划

逻辑关系肯定型网络计划是指在网络计划中的各项工作肯定要按图示的顺序发生的计划；持续时间肯定型网络计划是指在网络计划中各项工作的持续时间可以根据一定的方法预先明确地计算出来，在计划执行过程中，如果客观条件没有发生较大变化，各项工作是能够按预先计算出的持续时间完成的。

(2)非肯定型网络计划

逻辑关系非肯定型网络计划是指在网络计划中的各项工作不一定按图示的顺序发生的计划；持续时间非肯定型网络计划是指在网络计划中的各项工作的持续时间预先无法明确地计算出来，只能采取某种方法估算(估计)出一个数值，在计划执行过程中，即使实际的客观条件与预先考虑的完全一致，工作的实际完成时间也可能与预先估算(估计)的持续时间不一样。

此外，按网络计划的图形表达和符号所代表的含义可划分为双代号网络计划、单代号网络计划、流水网络计划、时标网络计划等。

3.2 网络图的绘制

3.2.1 双代号网络图的绘制

1. 双代号网络图的绘制规则

(1)正确表达各项工作之间的逻辑关系。

在绘制网络图时，首先要清楚各项工作之间的逻辑关系。用网络形式正确表达出某一项工作必须在哪些工作完成后才能进行，这项工作完成后可以进行哪些工作，哪些工作应与该工作平行进行。绘出的图形必须保证任何一项工作的紧前工作、紧后工作不多、不少。表 3-2 为网络图中常见的逻辑关系表达方法，其中，第(3)栏为双代号网络表达方法，第(4)栏为单代号网络表示方法。

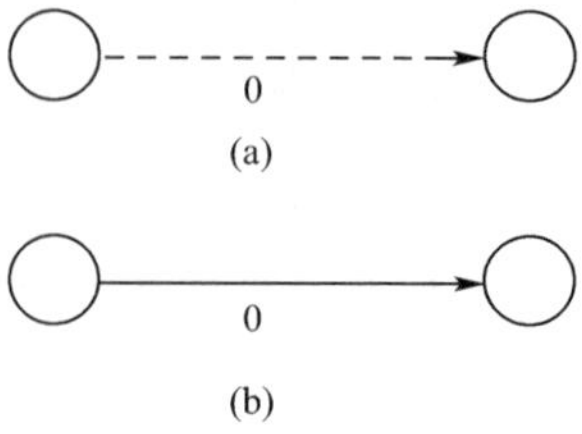

图 3-5　虚工作的表示方法

在绘制双代号网络图时，为了正确地表达各项工作之间的逻辑关系，有时可能需要应用虚工作。虚工作是既无工作内容，也不需要时间和资源，仅仅是为使各项工作之间的逻辑关系得到正确表达而虚设的工作。虚工作一般用虚箭线(或实箭线下边标出持续时间为 0)表示，如图 3-5 所示。在表 3-2 中第 5、6、7 组逻辑关系的双代号网络表达中就应用了虚工作。虚工作在双代号网络图中既可以将应该连接的工作连接起来，又能够将不应该连接的工作断开。如表 3-2 中第 5 组逻辑关系的双代号表达中的虚工作，既连接了工作 A 和工作 D，又断开了工作 B 和工作 C。

表 3-2　　　　　　　　网络图中常见的逻辑关系表达方法

序号	逻辑关系	双代号表达方法	单代号表达方法
(1)	(2)	(3)	(4)
1	A 完成后进行 B B 完成后进行 C	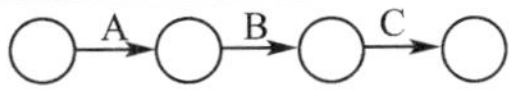	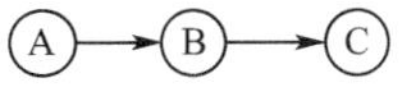
2	A 完成后同时进行 B 和 C	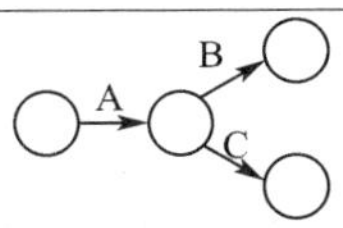	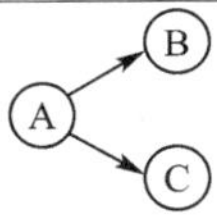
3	A 和 B 都完成后进行 C	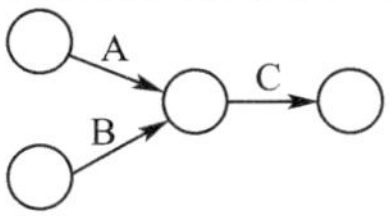	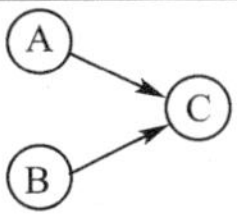
4	A 和 B 都完成后同时进行 C 和 D	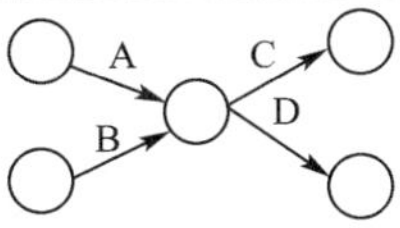	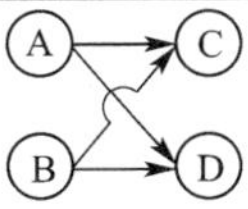
5	A 完成后进行 C A 和 B 完成后进行 D	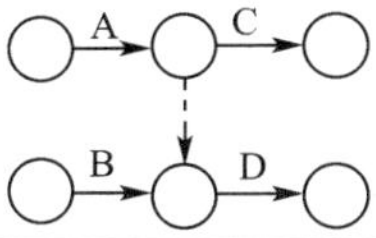	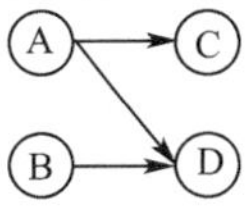
6	H 的紧前工作为 A 和 B M 的紧前工作为 B 和 C	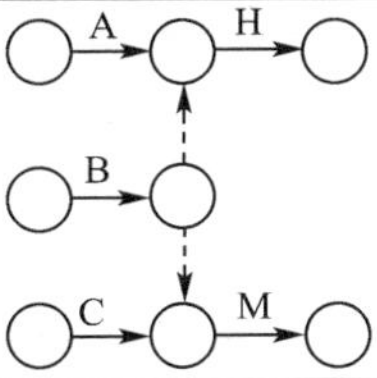	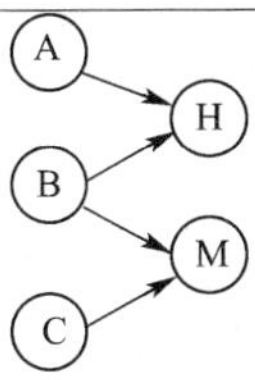
7	M 的紧后工作为 A，B 和 C N 的紧后工作为 B，C 和 D	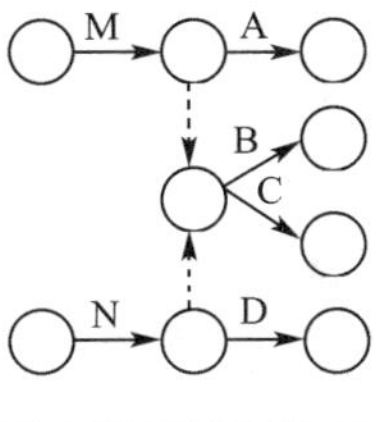	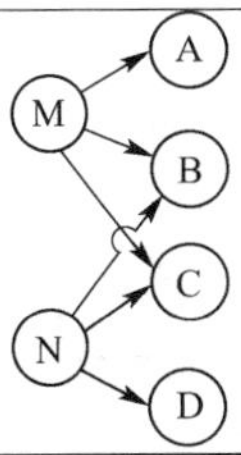

为了说明虚工作的作用，再举一个例子：设某项钢筋混凝土工程包括支模板、绑扎钢筋和浇筑混凝土三项施工过程，根据施工方案决定采取分三个施工段流水作业，试绘制双代号网络进度计划。

首先考虑在每一个施工段上，支模板、绑扎钢筋和浇筑混凝土都应按工艺关系依次作业，逻辑关系表达如图 3-6 所示。

再考虑通过增加竖向虚工作的方法。将支模板、绑扎钢筋、浇筑混凝土这三项施工过程在不同施工段上的组织关系连接起来，图 3-6 将变成如图 3-7 所示的双代号网络图。

在图 3-7 中各项工作的工艺关系、组织关系都已连接起来。但是由于扎 1 与扎 2 之间的虚工作的出现，使得支 3 也变成了扎 1 的紧后工作了，扎 3 与浇 1 的关系也是如此。事实上，支 3 与扎 1 和扎 3 与浇 1 之间既不存在工艺关系，也不存在组织关系，因此图 3-7

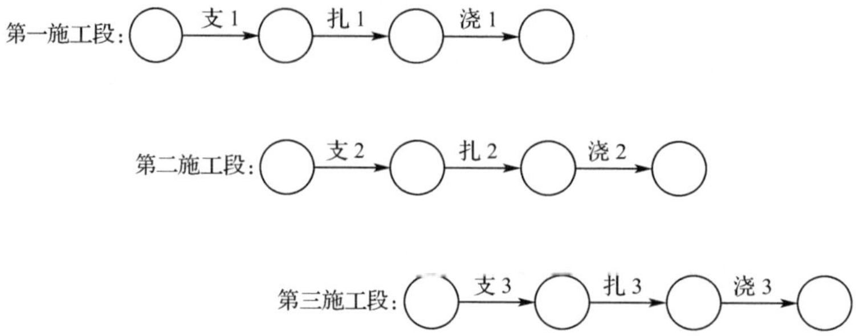

图 3-6　某钢筋混凝土工程各施工段工艺逻辑关系的双代号网络表达

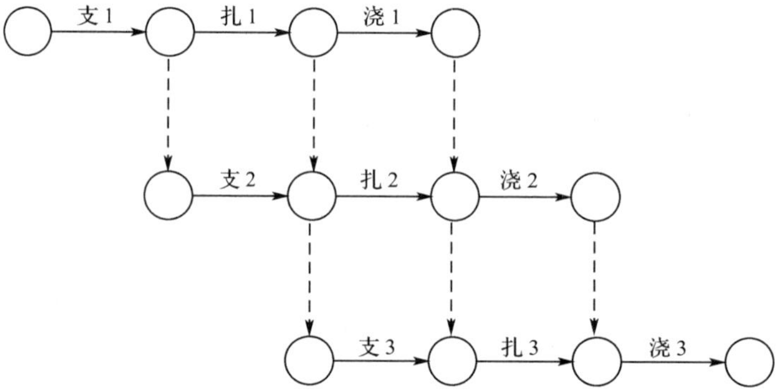

图 3-7　某钢筋混凝土工程双代号施工网络图(逻辑关系表达有错误)

是错误的网络图。应该在支 2、扎 2 和浇 2 之间分别增加横向虚工作，将支 3 与扎 1 和扎 3 与浇 1 的连接断开，再将多余的竖向虚工作去掉，形成正确的网络图，如图 3-8 所示。

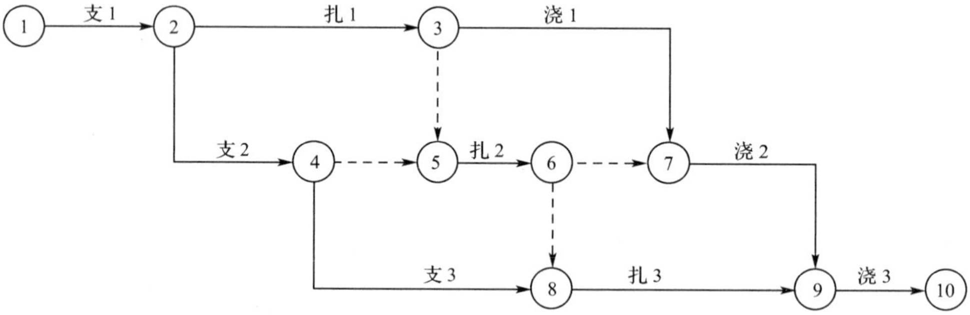

图 3-8　某钢筋混凝土工程双代号施工网络图

(2)网络图中不允许出现循环回路。

如图 3-9 所示的网络图中，从节点②出发经过节点③和节点⑤又回到节点②。形成了循环回路，这在网络图中是不允许的。

(3)在网络图中不允许出现带有双向箭头或无箭头的连线。

如图 3-10 所示，(a)为带有双向箭头的连线；(b)为无箭头的连线。这在网络图中也是不允许的。一根箭线必须且只能带有唯一的一个箭头。

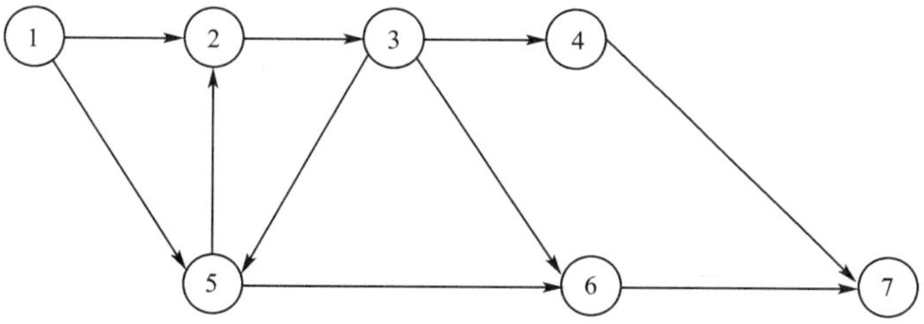

图 3-9 有循环回路的网络图

图 3-10 箭线的错误画法

(4)在网络图中不允许出现没有箭尾节点和没有箭头节点的箭线。

如图 3-11 所示,(a)为没有箭尾节点的箭线;(b)为没有箭头节点的箭线。这样的箭线是没有意义的。

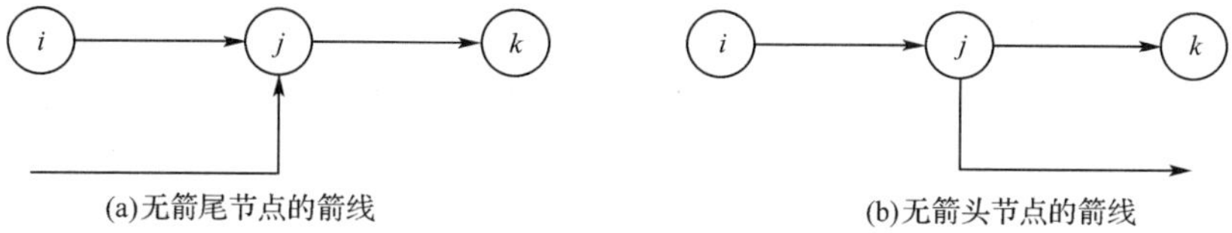

图 3-11 没有箭尾节点和没有箭头节点的箭线

(5)在一张网络图中,一般只允许出现一个起点节点和一个终点节点(特殊计划任务中有部分工作要分期进行的网络计划除外)。

如图 3-12 所示,存在多个起点节点和多个终点节点,这是不允许的。

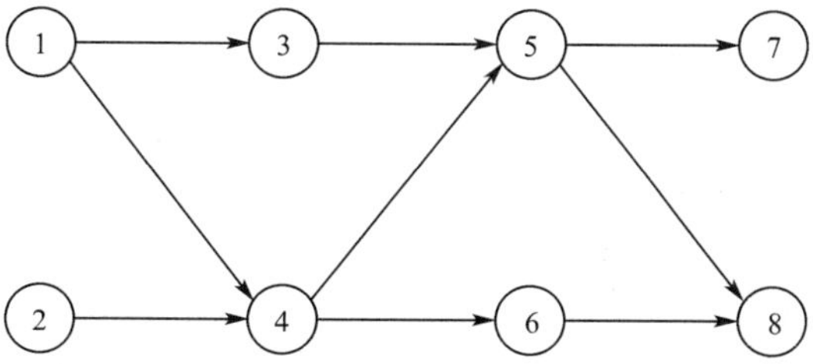

图 3-12 有多个起点节点和多个终点节点的网络图

(6)当网络图的起点节点有多条外向箭线或终点节点有多条内向箭线时,为使图形简洁,可用母线法绘制。

如图 3-13 所示,竖向的母线段宜绘制得粗些。这种方法仅限于无紧前工作的工作和无紧后工作的工作,其他工作是不允许这样绘制的。

(7)在网络图中,不允许出现同样代号的多项工作。

如图 3-14(a)所示,A 和 B 两项工作有同样的代号,这是不允许的。如果它们的所有的紧前工作和所有的紧后工作都一样,可采用增加一项虚工作的方法来处理,如图 3-14(b)所示。这也是虚工作的又一个作用。

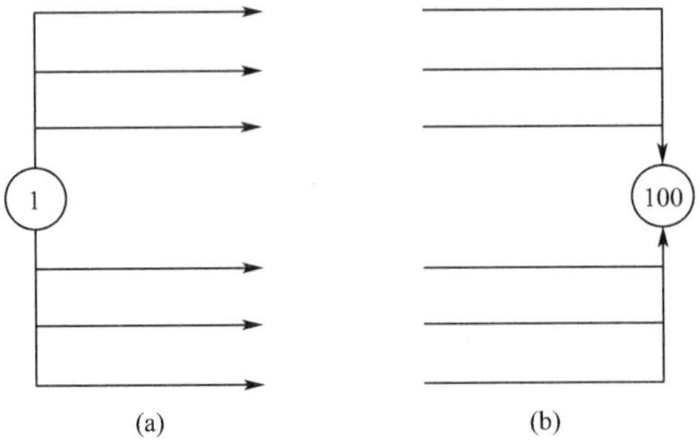

图 3-13　母线画法

图 3-14　同样代号工作的处理方法

(8)在网络图中，应尽量避免箭线交叉。当交叉不可避免时，可采用暗桥法、断线法等方法表示，如图 3-15 所示。

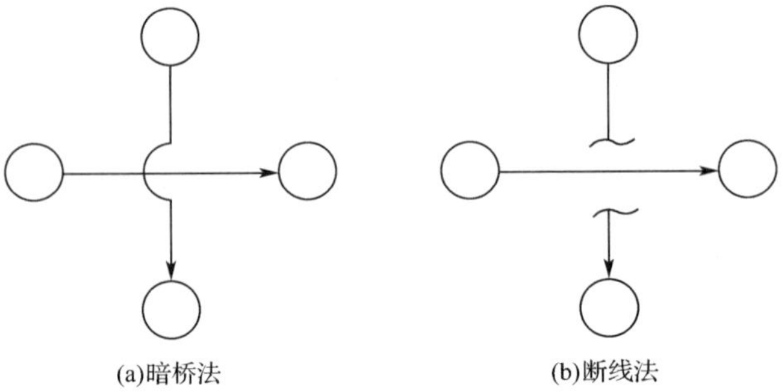

图 3-15　交叉箭线的处理方法

2. 网络图节点编号规则

绘制出完整的网络图之后，要对所有节点进行编号。节点编号原则上来说，只要不重复、不漏编，每根箭线的箭头节点编号大于箭尾节点的编号即可。但一般的编号方法是，网络图的第一个节点编号为 1，其他节点编号按自然数从小到大依次连续编排，最后一个节点的编号就是网络图节点的个数。有时也采取不连续编号的方法以留出备用节点号。

3. 双代号网络图绘制示例

绘制网络图的一般过程是，首先根据绘制规则绘出草图，再进行调整，最后绘制成型，并进行节点编号。绘制草图时，主要注意各项工作之间的逻辑关系的正确表达，要正确应用虚工作，使应该连接的工作一定要连接，不应该连接的工作一定要断开。初步绘出的网络图往往比较凌乱，节点、箭线的位置和形式较难合理，这就需要进行整理，使节点、箭线的位置和形式合理化，保证网络图条理清晰、美观。

例 3-1 已知各项工作之间的逻辑关系见表 3-3,试绘制双代号网络图。

表 3-3 **工作逻辑关系表**

工作	A	B	C	D	E	F	G	I
紧前工作	—	—	A,B	C	C	E	E	D,G

解 (1)根据双代号网络图绘制规则绘制草图,如图 3-16 所示。

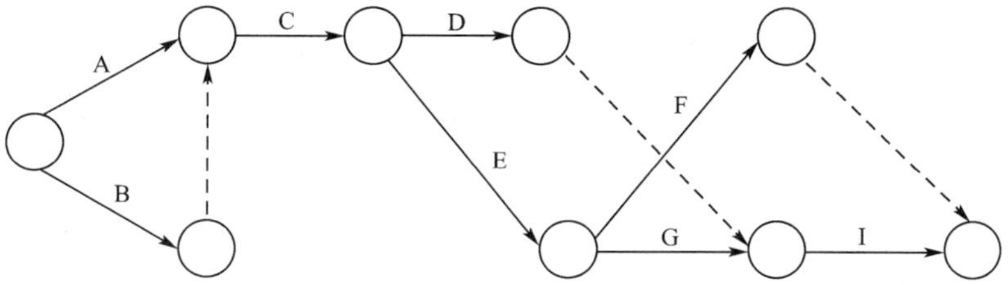

图 3-16 [例 3-1]双代号网络图(草图)

(2)整理成条理清晰、布局合理,无箭线交叉,无多余虚线和多余节点的网络图,如图 3-17 所示。

(3)节点编号,如图 3-17 所示。

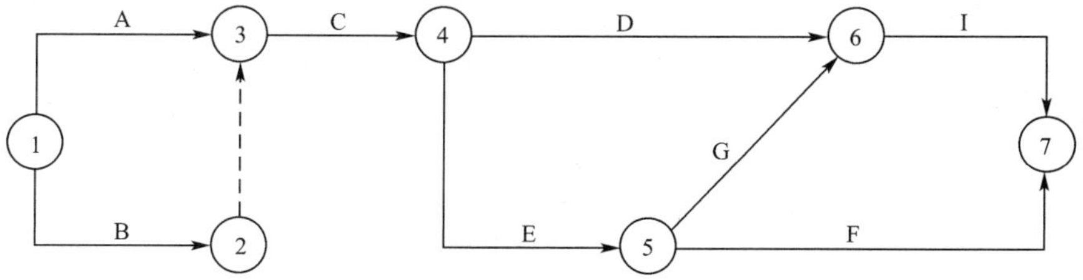

图 3-17 双代号网络图

例 3-2 已知各项工作的逻辑关系见表 3-4,试绘制双代号网络图。

表 3-4 **工作逻辑关系表**

工作	A	B	C	D	E	F	G	H	I	J	K
紧前工作	—	—	B,E	A,C,H	—	B,E	E	F,G	F,G	A,C,I,H	F,G

解 (1)绘制草图,如图 3-18 所示。

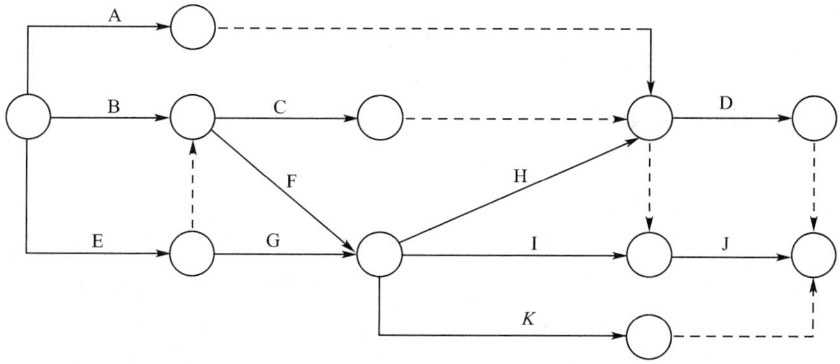

图 3-18 [例 3-2]双代号网络图(草图)

(2)网络图整理并进行节点编号,如图 3-19 所示。

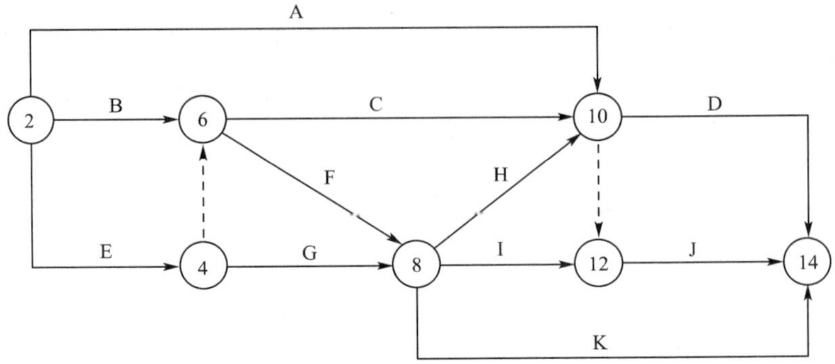

图 3-19 双代号网络图

3.2.2 单代号网络图的绘制

1. 单代号网络图的绘制规则

单代号网络图的绘制规则与双代号网络图基本相同。单代号网络图中工作之间的逻辑关系表达方法见表 3-2。当网络图中出现多项没有紧前工作的工作节点和多项没有紧后工作的工作节点时,应在网络图的两端分别设置虚拟的起点节点和虚拟的终点节点,如图 3-20 所示。虚拟的起点节点和虚拟的终点节点所需时间为零。当只有一项没有紧前工作的工作节点和只有一项没有紧后工作的工作节点时,就不必再设置虚拟的起点节点和虚拟的终点节点。

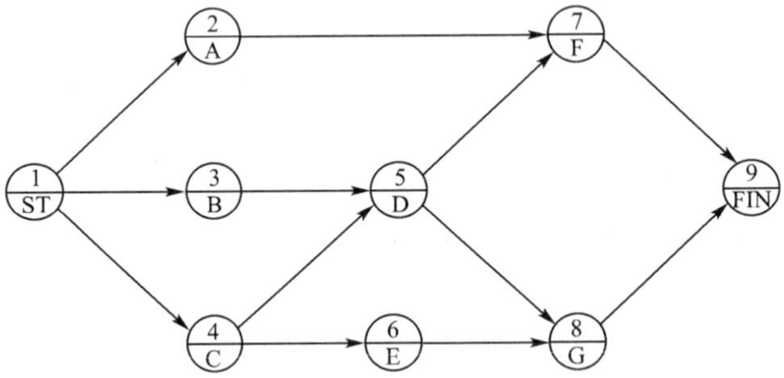

图 3-20 单代号网络图

2. 单代号网络图的节点编号规则

与双代号网络图完全相同,不再赘述。

3. 单代号网络图绘制示例

单代号网络图绘制的一般过程是,首先按照工作展开的先后顺序绘出表示工作的节点,然后根据逻辑关系,将有紧前、紧后关系的工作节点用箭线连接起来。在单代号网络图中无须引人虚箭线。若绘出的网络图出现多项没有紧前工作的工作节点时,设置一项虚拟的起点节点 (ST);若出现多项没有紧后工作的工作节点时,设置一项虚拟的终点节点(FIN)。

例 3-3　已知各项工作的逻辑关系见表 3-3，试绘制单代号网络图。

解　根据表 3-3 所示的各项工作的逻辑关系绘制的单代号网络图，如图 3-21 所示。

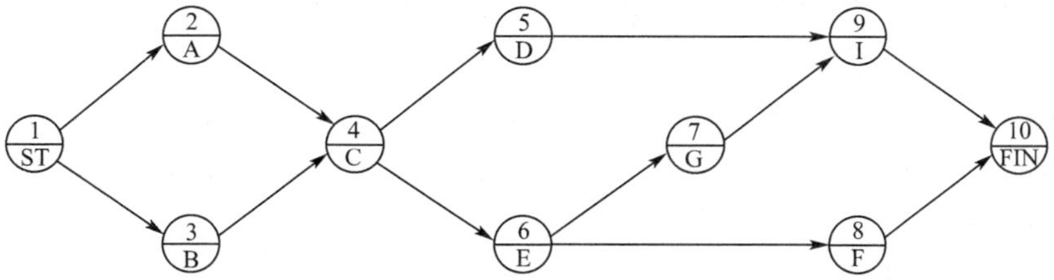

图 3-21　[例 3-3]单代号网络图

例 3-4　已知各项工作的逻辑关系见表 3-5，试绘制单代号网络图。

表 3-5　　[例 3-4]工作逻辑关系表

工作	A	B	C	D	E	F	G	H	I	J
紧前工作	—	A	A	A	B,C	B	C,D	E,F	C,D,F	G

解　根据表 3-5 所示的各项工作的逻辑关系绘制的单代号网络图如图 3-22 所示。

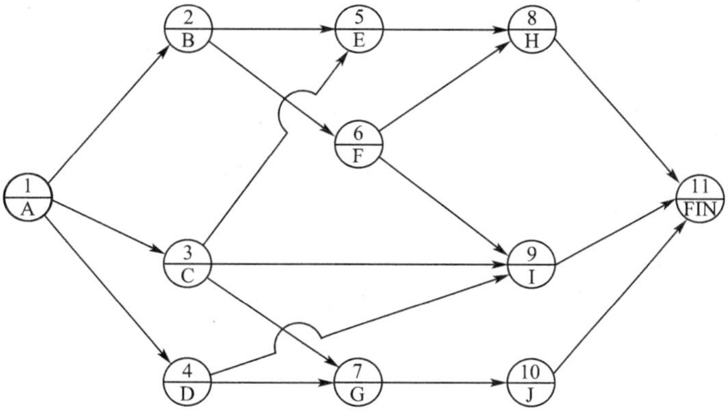

图 3-22　[例 3-4]单代号网络图

3.3　网络计划时间参数计算

3.3.1　双代号网络计划时间参数计算

1. 双代号网络计划时间参数及其含义

双代号网络计划的时间参数分为如下 3 类：

(1)工作的时间参数

① 工作的持续时间(D_{i-j})，指完成该工作所需的工作时间。

② 工作的最早开始时间(ES_{i-j})，指该工作最早可能开始工作的时间。

③ 工作的最早完成时间(EF_{i-j})，指该工作最早可能完成的时间。

④ 工作的最迟开始时间(LF_{i-j})，指在不影响工期的前提下，该工作最迟必须开始工作的时间。

⑤ 工作的最迟完成时间(LF_{i-j})，指在不影响工期的前提下，该工作最迟必须完成的时间。

⑥ 工作的总时差(TF_{i-j})，指在不影响工期的前提下，该工作所具有的最大机动时间。

⑦ 工作的自由时差(FF_{i-j})，指在不影响紧后工作最早开始时间的前提下，该工作所具有的机动时间。

(2) 节点的时间参数

① 节点的最早时间(ET_i)，指节点(也称为事件)的最早可能发生时间。

② 节点的最迟时间(LT_i)，指在不影响工期的前提下，节点的最迟发生时间。

(3) 网络计划的工期

① 计算工期(T_c)，指通过计算求得的网络计划的工期。

② 计划工期(T_p)，指完成网络计划的计划(打算)工期。

③ 要求工期(T_r)，指合同规定或业主要求、企业上级要求的工期。

2. 按工作计算法计算时间参数

(1) 工作时间参数与工期的计算公式

在网络计划中，各项工作的持续时间(D_{i-j})可以通过第 2 章 1.2 节讲述的方法确定。这里讲述的网络计划工作时间参数的计算，是指对每项工作的最早开始时间、最早完成时间、最迟开始时间、最迟完成时间、总时差、自由时差等时间参数的计算。对网络计划工期的计算(确定)是指对计算工期、计划工期的计算(确定)。

① 工作的最早开始时间(ES_{i-j})。对于无紧前工作的工作，通常令其最早开始时间等于零，有紧前工作的工作，其最早开始时间等于所有紧前工作的最早完成时间的最大值，即

当 $i=1$ 时 $$ES_{i-j}=0 \tag{3-1}$$

当 $i\neq 1$ 时 $$ES_{i-j}=\max\{EF_{h-i}\} \tag{3-2}$$

式中，$i=1$ 表示该工作的开始节点为网络计划的起点节点；工作 $h-i$ 代表本工作 $i-j$ 所有的紧前工作(下同)。

② 工作的最早完成时间(EF_{i-j})。工作的最早完成时间等于本工作的最早开始时间与持续时间之和，即

$$EF_{i-j}=ES_{i-j}+D_{i-j} \tag{3-3}$$

③ 网络计划的工期。

a. 计算工期(T_c)。网络计划的计算工期等于所有无紧后工作的工作的最早完成时间的最大值，即

$$T_c=\max\{EF_{i-n}\} \tag{3-4}$$

式中，n 表示网络计划的终点节点(下同)。

b. 计划工期(T_P)。网络计划的计划工期要分两种情况确定，即

当工期无要求时，可令 $$T_p=T_c \tag{3-5}$$

当工期有要求时，令 $$T_p \leqslant T_r \tag{3-6}$$

④ 工作的最迟开始时间（LS_{i-j}）。工作的最迟开始时间等于本工作的最迟完成时间减去本工作的持续时间，即

$$LS_{i-j} = LF_{i-j} - D_{i-j} \tag{3-7}$$

⑤ 工作的最迟完成时间（LF_{i-j}）。工作的最迟完成时间也需要分两种情况计算。对于无紧后工作的工作，其最迟完成时间等于计划工期；而有紧后工作的工作，其最迟完成时间等于所有紧后工作最迟开始时间的最小值，即

当 $j = n$ 时 $$LF_{i-j} = T_p \tag{3-8}$$

当 $j \neq n$ 时 $$LF_{i-j} = \min\{LS_{j-k}\} \tag{3-9}$$

公式中下角标 $j-k$ 是表示本工作 $i-j$ 的所有紧后工作（下同）。

⑥ 工作的总时差（TF_{i-j}）。工作的总时差等于本工作的最迟开始时间与最早开始时间之差，或本工作的最迟完成时间与最早完成时间之差，即

$$TF_{i-j} = LS_{i-j} - ES_{i-j} \tag{3-10}$$

或 $$TF_{i-j} = LF_{i-j} - EF_{i-j} \tag{3-11}$$

⑦ 工作的自由时差（FF_{i-j}）。工作的自由时差也要分两种情况计算。对于无紧后工作的工作，其自由时差等于计划工期减去本工作的最早完成时间；而对于有紧后工作的工作，其自由时差等于所有紧后工作的最早开始时间的最小值减去本工作的最早完成时间，即

当 $j = n$ 时 $$FF_{i-j} = T_p - EF_{i-j} \tag{3-12}$$

当 $j \neq n$ 时 $$FF_{i-j} = \min\{ES_{j-k}\} - EF_{i-j} \tag{3-13}$$

（2）用六时标注法计算时间参数

网络计划时间参数计算的方法有分析计算法、图上计算法、表上计算法、电算法等。本书仅介绍图上计算法。

例 3-5　下面结合图 3-23 所示的网络计划，介绍采用图上计算的六时标注法计算双代号网络计划的时间参数。此法是利用前面介绍的时间参数计算公式，计算每项工作的最早开始时间、最早完成时间、最迟开始时间、最迟完成时间、总时差、自由时差等 6 个时间参数和网络计划的计算工期、计划工期。并且每计算出一个时间参数，就随即将其标注在图上。六时标注法的图上标注方法如图 3-24 所示。

① 工作的最早开始时间和最早完成时间的计算。这两个时间参数的计算是从网络计划的起点节点开始，自左向右顺箭头方向依次计算，计算过程如下：

$ES_{1-2} = 0$

$EF_{1-2} = ES_{1-2} + D_{1-2} = 0 + 3 = 3$

$ES_{1-3} = 0$

$EF_{1-3} = ES_{1-3} + D_{1-3} = 0 + 2 = 2$

$ES_{2-6} = \max\{EF_{1-2}\} = \max\{3\} = 3$

$EF_{2-6} = ES_{2-6} + D_{2-6} = 3 + 8 = 11$

$ES_{4-5} = \max\{EF_{1-2}, EF_{1-3}\} = \max\{3,2\} = 3$

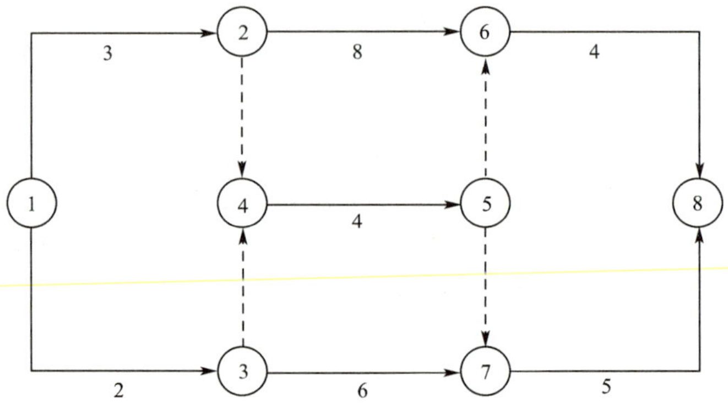

图 3-23　双代号网络计划

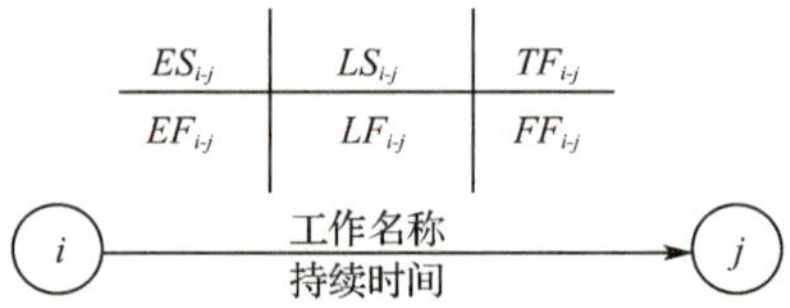

图 3-24　六时标注法的图上标注方法

$EF_{4-5}=ES_{4-5}+D_{4-5}=3+4=7$

$ES_{3-7}=\max\{EF_{1-3}\}=\max\{2\}=2$

$EF_{3-7}=ES_{3-7}+D_{3-7}=2+6=8$

$ES_{6-8}=\max\{EF_{2-6},EF_{4-5}\}=\max\{11,7\}=11$

$EF_{6-8}=ES_{6-8}+D_{6-8}=11+4=15$

$ES_{7-8}=\max\{EF_{4-5},EF_{3-7}\}=\max\{7,8\}=8$

$EF_{7-8}=ES_{7-8}+D_{7-8}=8+5=13$

将上述计算结果标注在每项工作上边的 ES_{i-j}、EF_{i-j} 的位置上。

② 网络计划工期的计算。

$$T_c=\max\{EF_{6-8},EF_{7-8}\}=\max\{15,13\}=15$$

本题无工期要求，令 $T_p=T_c=15$

将计算和确定的工期标注在网络计划结束节点右侧的方框内。

③ 工作的最迟开始时间和最迟完成时间的计算。这两个时间参数的计算是从网络计划的终点节点开始，自右向左逆箭头方向依次计算，计算过程如下：

$LF_{7-8}=T_p=15$

$LS_{7-8}=LF_{7-8}-D_{7-8}=15-5=10$

$LF_{6-8}=T_p=15$

$LS_{6-8}=LF_{6-8}-D_{6-8}=15-4=11$

$LF_{3-7}=\min\{LS_{7-8}\}=\min\{10\}=10$

$LS_{3-7}=LF_{3-7}-D_{3-7}=10-6=4$

$LF_{2-6}=\min\{LS_{6-8}\}=\min\{11\}=11$

$LS_{2-6} = LF_{2-6} - D_{2-6} = 11 - 8 = 3$

$LF_{4-5} = \min\{LS_{6-8}, LS_{7-8}\} = \min\{11, 10\} = 10$

$LS_{4-5} = LF_{4-5} - D_{4-5} = 10 - 4 = 6$

$LF_{1-3} = \min\{LS_{3-7}, LS_{4-5}\} = \min\{4, 6\} = 4$

$LS_{1-3} = LF_{1-3} - D_{1-3} = 4 - 2 = 2$

$LF_{1-2} = \min\{LS_{2-6}, LS_{4-5}\} = \min\{3, 6\} = 3$

$LS_{1-2} = LF_{1-2} - D_{1-2} = 3 - 3 = 0$

将上述计算结果标注在每项工作上边的 LS_{i-j}、LF_{i-j} 的位置上。

④ 工作的总时差的计算。工作的总时差可以从网络计划的任一部位开始，但为了有规律起见，一般采用从网络计划的起点节点开始自左向右依次计算：

$TF_{1-2} = LS_{1-2} - ES_{1-2} = 0 - 0 = 0$

$TF_{1-3} = LS_{1-3} - ES_{1-3} = 2 - 0 = 2$

$TF_{2-6} = LS_{2-6} - ES_{2-6} = 3 - 3 = 0$

$TF_{4-5} = LS_{4-5} - ES_{4-5} = 6 - 3 = 3$

$TF_{3-7} = LS_{3-7} - ES_{3-7} = 4 - 2 = 2$

$TF_{6-8} = LS_{6-8} - ES_{6-8} = 11 - 11 = 0$

$TF_{7-8} = LS_{7-8} - ES_{7-8} = 10 - 8 = 2$

将工作的总时差的计算结果标注在每项工作上边的 TF_{i-j} 的位置上。

⑤ 工作的自由时差的计算。工作的自由时差应从网络计划的终点节点开始自右向左依次计算：

$FF_{7-8} = T_p - EF_{7-8} = 15 - 13 = 2$

$FF_{6-8} = T_p - EF_{6-8} = 15 - 15 = 0$

$FF_{3-7} = \min\{ES_{7-8}\} - EF_{3-7} = \min\{8\} - 8 = 8 - 8 = 0$

$FF_{4-5} = \min\{ES_{7-8}, ES_{6-8}\} - EF_{4-5} = \min\{8, 11\} - 7 = 8 - 7 = 1$

$FF_{2-6} = \min\{ES_{6-8}\} - EF_{2-6} = \min\{11\} - 11 = 11 - 11 = 0$

$FF_{1-3} = \min\{ES_{3-7}, ES_{4-5}\} - EF_{1-3} = \min\{2, 3\} - 2 = 2 - 2 = 0$

$FF_{1-2} = \min\{ES_{2-6}, ES_{4-5}\} - EF_{1-2} = \min\{3, 3\} - 3 = 3 - 3 = 0$

将工作的自由时差的计算结果标注在每项工作上边的 FF_{i-j} 的位置上。

至此，时间参数计算工作结束，结果如图 3-25 所示。

(3) 用四时标注法计算时间参数

① 四时标注法的时间参数计算公式。四时标注法的时间参数计算公式与前述时间参数计算公式基本相同，只是将前述公式中出现的最早完成时间(EF_{i-j})和最迟完成时间(LF_{i-j})分别以($ES_{i-j} + D_{i-j}$)和($LS_{i-j} + D_{i-j}$)代替之。下面按四时标注法的需要，将计算公式整理如下：

a. 工作的最早开始时间(ES_{i-j})

当 $i = 1$ 时 $\qquad ES_{i-j} = 0 \qquad$ (3-14)

当 $i \neq 1$ 时 $\qquad ES_{i-j} = \max\{ES_{h-i} + D_{h-i}\} \qquad$ (3-15)

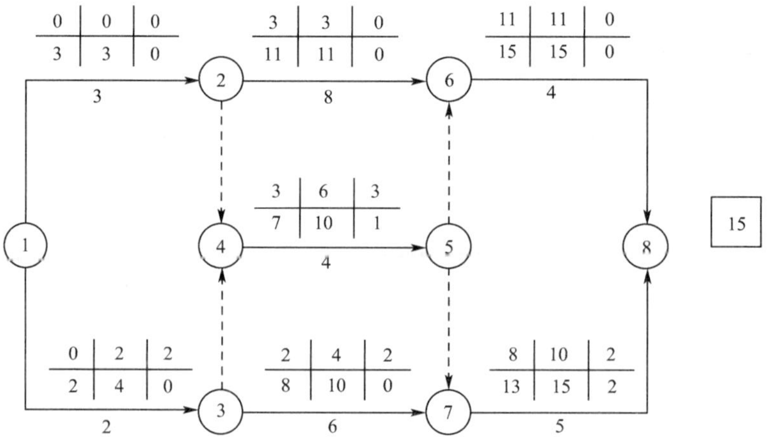

图 3-25　双代号网络计划时间参数计算的六时标注法

式中，i 为网络计划的起点节点编号；$(h-i)$ 表示工作 $(i-j)$ 的所有紧前工作。

b. 网络计划的工期

$$T_c = \max\{ES_{i-n} + D_{i-n}\} \tag{3-16}$$

式中，n 表示网络计划的终点节点。

当工期无要求时，令 $T_p = T_c$　　(3-17)

当工期有要求时，令 $T_p \leqslant T_r$　　(3-18)

c. 工作的最迟开始时间 (LS_{i-j})

当 $j = n$ 时　　$LS_{i-j} = T_p - D_{i-j}$　　(3-19)

当 $j \neq n$ 时　　$LS_{i-j} = \min\{LS_{j-k}\} - D_{i-j}$　　(3-20)

d. 工作的总时差 (TF_{i-j})

$$TF_{i-j} = LS_{i-j} - ES_{i-j} \tag{3-21}$$

e. 工作的自由时差 (FF_{i-j})

当 $j = n$ 时　　$FF_{i-j} = T_p - (ES_{i-j} + D_{i-j})$　　(3-22)

当 $j \neq n$ 时　　$FF_{i-j} = \min\{ES_{j-k}\} - (ES_{i-j} + D_{i-j})$　　(3-23)

② 时间参数计算示例。

例 3-6　下面仍结合图 3-23 所示的网络计划，介绍采用图上计算的四时标注法计算双代号网络计划的时间参数。该方法在图上的表示方法如图 3-26 所示。

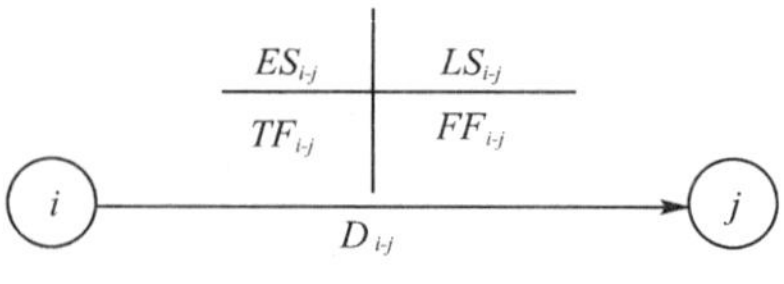

图 3-26　四时标注法的图上表示方法

四时标注法的计算顺序与六时标注法完全相同。

a. 工作的最早开始时间的计算

$ES_{1-2} = 0$

$ES_{1-3} = 0$

$ES_{2-6} = \max\{ES_{1-2} + D_{1-2}\} = \max\{0 + 3\} = 3$

$ES_{3-7} = \max\{ES_{1-3} + D_{1-3}\} = \max\{0 + 2\} = 2$

$ES_{4-5} = \max\{ES_{1-2} + D_{1-2}, ES_{1-3} + D_{1-3}\} = \max\{0 + 3, 0 + 2\} = 3$

$ES_{6-8} = \max\{ES_{2-6} + D_{2-6}, ES_{4-5} + D_{4-5}\} = \max\{3 + 8, 3 + 4\} = 11$

$ES_{7-8} = \max\{ES_{4-5} + D_{4-5}, ES_{3-7} + D_{3-7}\} = \max\{3 + 4, 2 + 6\} = 8$

b. 网络计划的工期的计算

$T_c = \max\{ES_{6-8} + D_{6-8}, ES_{7-8} + D_{7-8}\} = \max\{11 + 4, 8 + 5\} = 15$

本题无工期要求，令 $T_p = T_c = 15$

c. 工作的最迟开始时间的计算

$LS_{7-8} = T_p - D_{7-8} = 15 - 5 = 10$

$LS_{6-8} = T_p - D_{6-8} = 15 - 4 = 11$

$LS_{3-7} = \min\{LS_{7-8}\} - D_{3-7} = \min\{10\} - 6 = 10 - 6 = 4$

$LS_{4-5} = \min\{LS_{7-8}, LS_{6-8}\} - D_{4-5} = \min\{10, 11\} - 4 = 10 - 4 = 6$

$LS_{2-6} = \min\{LS_{6-8}\} - D_{2-6} = \min\{11\} - 8 = 11 - 8 = 3$

$LS_{1-3} = \min\{LS_{4-5}, LS_{3-7}\} - D_{1-3} = \min\{6, 4\} - 2 = 4 - 2 = 2$

$LS_{1-2} = \min\{LS_{2-6}, LS_{4-5}\} - D_{1-2} = \min\{3, 6\} - 3 = 3 - 3 = 0$

d. 工作的总时差的计算

四时标注法的工作总时差的计算与六时标注法完全相同，不再赘述。

e. 工作的自由时差的计算

$FF_{7-8} = T_p - (ES_{7-8} + D_{7-8}) = 15 - (8 + 5) = 15 - 13 = 2$

$FF_{6-8} = T_p - (ES_{6-8} + D_{6-8}) = 15 - (11 + 4) = 15 - 15 = 0$

$FF_{3-7} = \min\{ES_{7-8}\} - (ES_{3-7} + D_{3-7}) = \min\{8\} - (2 + 6) = 8 - 8 = 0$

$FF_{4-5} = \min\{ES_{7-8}, ES_{6-8}\} - (ES_{4-5} + D_{4-5}) = \min\{8, 11\} - (3 + 4) = 8 - 7 = 1$

$FF_{2-6} = \min\{ES_{6-8}\} - (ES_{2-6} + D_{2-6}) = \min\{11\} - (3 + 8) = 11 - 11 = 0$

$FF_{1-3} = \min\{ES_{3-7}, ES_{4-5}\} - (ES_{1-3} + D_{1-3}) = \min\{3, 2\} - (0 + 2) = 2 - 2 = 0$

$FF_{1-2} = \min\{ES_{2-6}, ES_{4-5}\} - (ES_{1-2} + D_{1-2}) = \min\{3, 3\} - (0 + 3) = 3 - 3 = 0$

上述计算结果如图 3-27 所示。

3. 按节点计算法计算时间参数

(1) 时间参数计算公式

① 节点最早时间(ET_i)。通常令无紧前节点的节点最早时间等于零，而有紧前节点的节点最早时间等于所有紧前节点最早时间与由紧前节点到达本节点之间工作的持续时间之和的最大值，即

当 $i = 1$ 时　　$ET_i = 0$　　(3-24)

当 $i \neq 1$ 时　　$ET_i = \max\{ET_h + D_{h-i}\}$　　(3-25)

式中，$i = 1$ 表示该节点为网络计划的起点节点，节点 h 为节点 i 的紧前节点，D_{h-i} 为紧前节点与本节点之间工作的持续时间。

② 网络计划的工期。网络计划的计算工期等于网络计划终点节点的最早时间。当工期无要求时，可令计划工期等于计算工期；当工期有要求时，应令计划工期不超过要求工

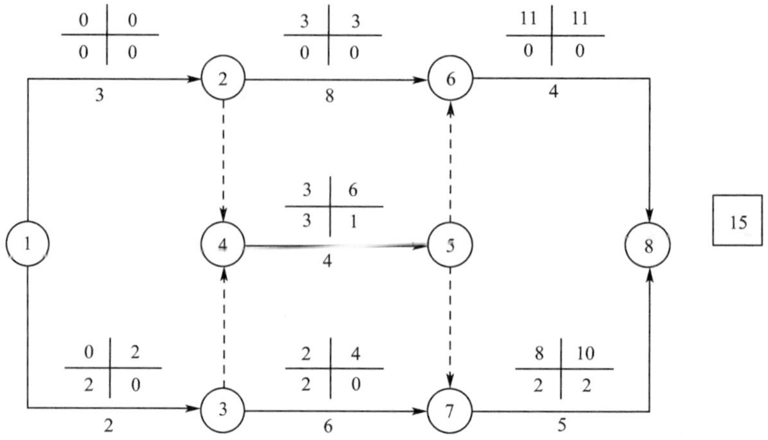

图 3-27　时间参数计算结果

期,即

$$T_c = ET_n \tag{3-26}$$

式中,n 表示网络计划的终点节点(下同)。

当工期无要求时　　$T_p = T_c$　　(3-27)

当工期有要求时　　$T_p \leqslant T_r$　　(3-28)

③ 节点的最迟时间(LT_i)。网络计划终点节点的最迟时间等于计划工期;其他节点的最迟时间等于所有紧后节点的最迟时间减去由本节点与紧后节点之间工作的持续时间之差的最小值,即

当 $i = n$ 时　　$LT_i = T_p$　　(3-29)

当 $i \neq n$ 时　　$LT_i = \min\{LT_j - D_{i-j}\}$　　(3-30)

式中 LT_j 为本节点 i 的紧后节点的最迟时间。

④ 工作最早开始时间、最早完成时间、最迟完成时间、最迟开始时间。

这 4 个工作的时间参数可以通过对节点时间参数分析得出:

a. 工作的最早开始时间等于本工作的开始节点的最早时间,即

$$ES_{i-j} = ET_i \tag{3-31}$$

b. 工作的最早完成时间等于本工作的开始节点最早时间加上本工作的持续时间,即

$$EF_{i-j} = ET_i + D_{i-j} \tag{3-32}$$

c. 工作的最迟完成时间等于本工作的结束节点的最迟时间,即

$$LF_{i-j} = LT_j \tag{3-33}$$

d. 工作的最迟开始时间等于本工作的结束节点的最迟时间减去本工作的持续时间,即

$$LS_{i-j} = LT_j - D_{i-j} \tag{3-34}$$

⑤ 工作的总时差(TF_{i-j})。工作的总时差等于本工作结束节点的最迟时间减去本工作开始节点的最早时间与本工作的持续时间之和的差,即

$$TF_{i-j} = LT_j - (ET_i + D_{i-j}) \tag{3-35}$$

⑥ 工作的自由时差(FF_{i-j})。工作的自由时差等于紧后工作开始节点的最早时间的最小值减去本工作开始节点的最早时间与本工作的持续时间之和的差,即

$$FF_{i-j} = \min\{ET_j\} - (ET_i + D_{i-j}) \tag{3-36}$$

式中,ET_j 为本工作 $i—j$ 的紧后工作开始节点的最早时间。

(2) 时间参数计算示例

例 3-7 仍结合图 3-23 所示的网络计划介绍按节点计算法计算时间参数的过程。在计算过程中,每计算出一个时间参数,随即将其按图 3-28 所示的标注方法标在图上。因为工作的最早开始时间、最早完成时间、最迟开始时间、最迟完成时间很容易通过对节点时间参数的分析得出,故这四个时间参数不再标注在图上。

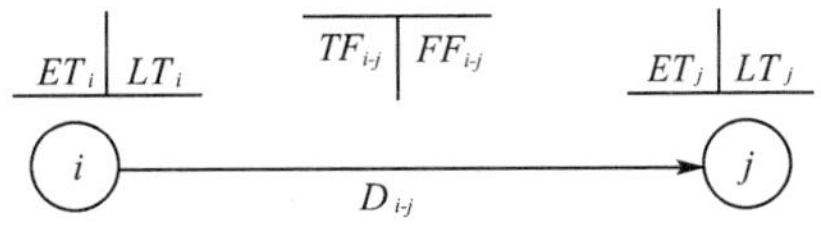

图 3-28 节点计算法的图上表示方法

① 节点的最早时间的计算。节点的最早时间从网络计划的起点节点开始,自左向右依次计算如下:

$ET_T = 0$

$ET_2 = \max\{ET_1 + D_{1-2}\} = \max\{0 + 3\} = 3$

$ET_3 = \max\{ET_1 + D_{1-3}\} = \max\{0 + 2\} = 2$

$ET_4 = \max\{ET_2 + D_{2-4}, ET_3 + D_{3-4}\} = \max\{3 + 0, 2 + 0\} = 3$

$ET_5 = \max\{ET_4 + D_{4-5}\} = \max\{3 + 4\} = 7$

$ET_6 = \max\{ET_2 + D_{2-6}, ET_5 + D_{5-6}\} = \max\{3 + 8, 7 + 0\} = 11$

$ET_7 = \max\{ET_3 + D_{3-7}, ET_5 + D_{5-7}\} = \max\{2 + 6, 7 + 0\} = 8$

$ET_8 = \max\{ET_6 + D_{6-8}, ET_7 + D_{7-8}\} = \max\{11 + 4, 8 + 5\} = 15$

$T_c = ET_8 = 15$

$T_p = T_c = 15$

② 网络计划的工期的计算。

$T_c = ET_8 = 15$

$T_p = T_c = 15$

③ 节点的最迟时间的计算。节点的最迟时间从网络计划的终点节点开始,自右向左依次计算如下:

$LT_8 = T_p = 15$

$LT_7 = \min\{LT_8 - D_{7-8}\} = \min\{15 - 5\} = 10$

$LT_6 = \min\{LT_8 - D_{6-8}\} = \min\{15 - 4\} = 11$

$LT_5 = \min\{LT_7 - D_{5-7}, LT_6 - D_{5-6}\} = \min\{10 - 0, 11 - 0\} = 10$

$LT_4 = \min\{LT_5 - D_{4-5}\} = \min\{10 - 4\} = 6$

$LT_3 = \min\{LT_4 - D_{3-4}, LT_7 - D_{3-7}\} = \min\{6 - 0, 10 - 6\} = 4$

$LT_2 = \min\{LT_4 - D_{2-4}, LT_6 - D_{2-6}\} = \min\{6 - 0, 11 - 8\} = 3$

$LT_1 = \min\{LT_2 - D_{1-2}, LT_3 - D_{1-3}\} = \min\{3-3, 4-2\} = 0$

④ 工作的最早开始时间、最早完成时间、最迟开始时间、最迟完成时间的计算。

$ES_{1-2} = ET_1 = 0 \quad EF_{1-2} = ET_1 + D_{1-2} = 0+3 = 3$

$LF_{1-2} = LT_2 = 3 \quad LS_{1-2} = LT_2 - D_{1-2} = 3-3 = 0$

$ES_{1-3} = ET_1 = 0 \quad EF_{1-3} = ET_1 + D_{1-3} = 0+2 = 2$

$LF_{1-3} = LT_3 = 4 \quad LS_{1-3} = LT_3 - D_{1-3} = 4-2 = 2$

$ES_{2-6} = ET_2 = 3 \quad EF_{2-6} = ET_2 + D_{2-6} = 3+8 = 11$

$LF_{2-6} = LT_6 = 11 \quad LS_{2-6} = LT_6 - D_{2-6} = 11-8 = 3$

$ES_{4-5} = ET_4 = 3 \quad EF_{4-5} = ET_4 + D_{4-5} = 3+4 = 7$

$LF_{4-5} = LT_5 = 10 \quad LS_{4-5} = LT_5 - D_{4-5} = 10-4 = 6$

$ES_{3-7} = ET_3 = 2 \quad EF_{3-7} = ET_3 + D_{3-7} = 2+6 = 8$

$LF_{3-7} = LT_7 = 10 \quad LS_{3-7} = LT_7 - D_{3-7} = 10-6 = 4$

$ES_{6-8} = ET_6 = 11 \quad EF_{6-8} = ET_6 + D_{6-8} = 11+4 = 15$

$LF_{6-8} = LT_6 = 15 \quad LS_{6-8} = LT_8 - D_{6-8} = 15-4 = 11$

$ES_{7-8} = ET_7 = 8 \quad EF_{7-8} = ET_7 + D_{7-8} = 8+5 = 13$

$LF_{7-8} = LT_8 = 15 \quad LS_{7-8} = LT_8 - D_{7-8} = 15-5 = 10$

⑤ 工作的总时差的计算。工作的总时差一般从网络计划的起点节点开始，自左向右依次计算如下：

$TF_{1-2} = LT_2 - (ET_1 + D_{1-2}) = 3-(0+3) = 0$

$TF_{1-3} = LT_3 - (ET_1 + D_{1-3}) = 4-(0+2) = 2$

$TF_{2-6} = LT_6 - (ET_2 + D_{2-6}) = 11-(3+8) = 0$

$TF_{4-5} = LT_5 - (ET_4 + D_{4-5}) = 10-(3+4) = 3$

$TF_{3-7} = LT_7 - (ET_3 + D_{3-7}) = 10-(2+6) = 2$

$TF_{6-8} = LT_8 - (ET_6 + D_{6-8}) = 15-(11+4) = 0$

$TF_{7-8} = LT_8 - (ET_7 + D_{7-8}) = 15-(8+5) = 2$

⑥ 工作的自由时差的计算。工作的自由时差应从网络计划的终点节点开始，自右向左依次计算如下：

$FF_{7-8} = ET_8 - (ET_7 + D_{7-8}) = 15-(8+5) = 2$

$FF_{6-8} = ET_8 - (ET_6 + D_{6-8}) = 15-(11+4) = 0$

$FF_{4-5} = \min\{ET_6, ET_7\} - (ET_4 + D_{4-5}) = \min\{11, 8\} - (3+4) = 1$

$FF_{3-7} = ET_7 - (ET_3 + D_{3-7}) = 8-(2+6) = 0$

$FF_{2-6} = ET_6 - (ET_2 + D_{2-6}) = 11-(3+8) = 0$

$FF_{1-3} = ET_3 - (ET_1 + D_{1-3}) = 2-(0+2) = 2$

$FF_{1-2} = ET_2 - (ET_1 + D_{1-2}) = 3-(0+3) = 0$

上述计算结果如图 3-29 所示。

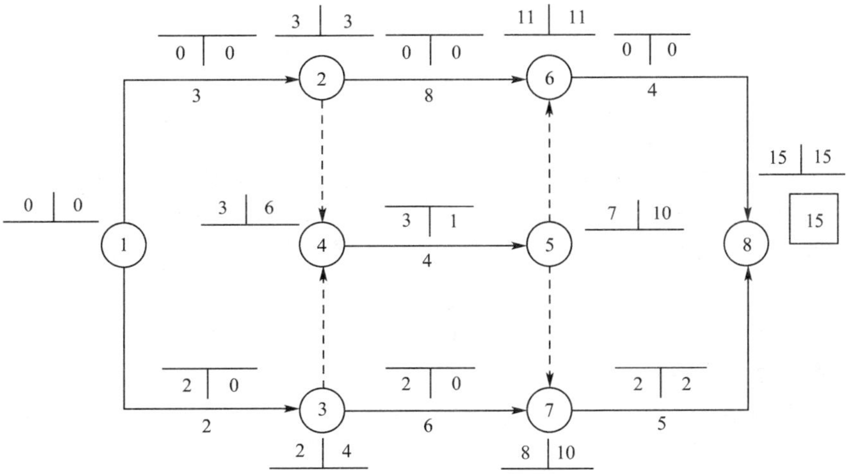

图 3-29　[例 3-7]时间参数计算结果

3.3.2　单代号网络计划时间参数计算

1. 单代号网络计划时间参数计算公式

单代号网络计划时间参数计算公式与双代号网络计划时间参数计算公式基本相同，只是工作的时间参数的下角标由双角标变为单角标。

(1) 工作的最早开始时间(ES_i)

当 $i=1$ 时，通常令　$$ES_i = 0 \tag{3-37}$$

当 $i \neq 1$ 时　$$ES_i = \max\{EF_h\} \tag{3-38}$$

式中，下角标 h 表示本工作的所有紧前工作。

(2) 工作的最早完成时间(EF_i)

$$EF_i = ES_i + D_i \tag{3-39}$$

(3) 网络计划的工期

$$T_c = EF_n \tag{3-40}$$

式中，n 表示网络计划的终点节点。

当工期无要求时　$$T_p = T_c \tag{3-41}$$

当工期有要求时　$$T_p \leqslant T_r \tag{3-42}$$

(4) 工作的最迟开始时间(LS_i)

$$LS_i = LF_i - D_i \tag{3-43}$$

(5) 工作的最迟完成时间(LF_i)

当 $i=n$ 时　$$LF_i = T_p \tag{3-44}$$

当 $i \neq n$ 时　$$LF_i = \min\{LS_j\} \tag{3-45}$$

式中，下角标 j 表示本工作的所有紧后工作。

(6) 工作的总时差(TF_i)

$$TF_i = LS_i - ES_i \tag{3-46}$$

或

$$TF_i = LF_i - EF_i \tag{3-47}$$

(7) 工作的自由时差(FF_i)

工作的自由时差的计算方法是，首先计算相邻两项工作之间的时间间隔($LAG_{i,j}$)，然后取本工作与其所有紧后工作的时间间隔的最小值作为本工作的自由时差。相邻两项工作之间的时间间隔等于紧后工作的最早开始时间与本工作的最早完成时间之差，即

$$LAG_{i,j} = ES_j - EF_i \tag{3-48}$$

$$FF_i = \min\{LAG_{i,j}\} \tag{3-49}$$

2. 时间参数计算示例

例 3-8 下面结合图 3-30 所示的单代号网络计划，介绍其时间参数的计算过程和方法。

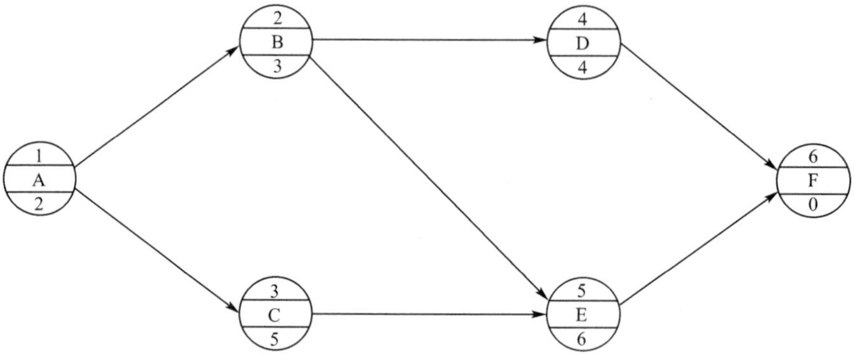

图 3-30 某单代号网络计划

单代号网络计划时间参数和图上标注方法如图 3-31 所示。

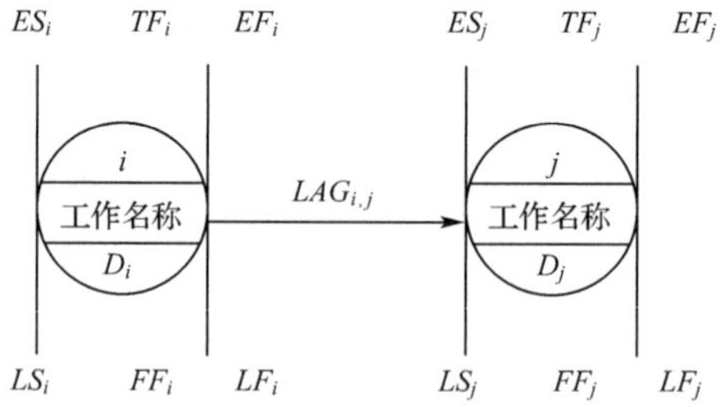

图 3-31 单代号网络计划时间参数图上标注方法之一

(1) 工作的最早开始时间和最早完成时间的计算

这两个时间参数从网络计划的起点节点开始，自左向右依次计算如下：

$ES_1 = 0$

$EF_1 = ES_1 + D_1 = 0 + 2 = 2$

$ES_2 = \max\{EF_1\} = \max\{2\} = 2$

$EF_2 = ES_2 + D_2 = 2 + 3 = 5$

$ES_3 = \max\{EF_1\} = \max\{2\} = 2$　　$EF_3 = ES_3 + D_3 = 2 + 5 = 7$

$ES_4 = \max\{EF_2\} = \max\{5\} = 5$　　$EF_4 = ES_4 + D_4 = 5 + 4 = 9$

$ES_5 = \max\{EF_2, EF_3\} = \max\{5, 7\} = 7$　　$EF_5 = ES_5 + D_5 = 7 + 6 = 13$

$ES_6 = \max\{EF_2, EF_5\} = \max\{9, 13\} = 13$　　$EF_6 = ES_6 + D_6 = 13 + 0 = 13$

(2) 网络计划工期的计算

$T_c = ET_6 = 13$　$T_p = T_c = 13$

(3) 工作的最迟开始时间与最迟完成时间的计算

这两个时间参数从网络计划的终点节点开始，自右向左依次计算如下：

$LF_6 = T_p = 13$　$LS_6 = LF_6 - D_6 = 13 - 0 = 13$

$LF_5 = \min\{LS_6\} = \min\{13\} = 13$　　$LS_5 = LF_5 - D_5 = 13 - 6 = 7$

$LF_4 = \min\{LS_6\} = \min\{13\} = 13$　　$LS_4 = LF_4 - D_4 = 13 - 4 = 9$

$LF_3 = \min\{LS_5\} = \min\{7\} = 7$　　$LS_3 = LF_3 - D_3 = 7 - 5 = 2$

$LF_2 = \min\{LS_4, LS_5\} = \min\{9, 7\} = 7$　　$LS_2 = LF_2 - D_2 = 7 - 3 = 4$

$LF_1 = \min\{LS_2, LS_3\} = \min\{4, 2\} = 2$　　$LS_1 = LF_1 - D_1 = 2 - 2 = 0$

(4) 工作的总时差的计算

工作的总时差一般从网络计划的起点节点开始，自左向右依次计算如下：

$TF_1 = LS_1 - ES_1 = 0 - 0 = 0$　　$TF_2 = LS_2 - ES_2 = 4 - 2 = 2$

$TF_3 = LS_3 - ES_3 = 2 - 2 = 0$　　$TF_4 = LS_4 - ES_4 = 9 - 4 = 5$

$TF_5 = LS_5 - ES_5 = 7 - 7 = 0$　　$TF_6 = LS_6 - ES_6 = 13 - 13 = 0$

(5) 工作的自由时差的计算

从网络计划的终点节点开始，自右向左计算相邻两项工作的时间间隔，当每一项工作与其所有紧后工作的时间间隔计算完毕后，取其最小值为本工作的自由时差，计算过程和方法如下：

$FF_6 = 0$

$LAG_{5,6} = ES_6 - EF_5 = 13 - 13 = 0$

$FF_5 = \min\{LAG_{5,6}\} = \min\{0\} = 0$

$LAG_{4,6} = ES_6 - EF_4 = 13 - 9 = 4$

$FF_4 = \min\{LAG_{4,6}\} = \min\{4\} = 4$

$LAG_{3,5} = ES_5 - EF_3 = 7 - 7 = 0$

$FF_3 = \min\{LAG_{3,5}\} = \min\{0\} = 0$

$LAG_{2,4} = ES_4 - EF_2 = 5 - 5 = 0$

$LAG_{2,5} = ES_5 - EF_2 = 7 - 5 = 2$

$FF_2 = \min\{LAG_{2,4}, LAG_{2,5}\} = \min\{0, 2\} = 0$

$LAG_{1,2} = ES_2 - EF_1 = 2 - 2 = 0$

$LAG_{1,3} = ES_3 - EF_1 = 2 - 2 = 0$

$FF_1 = \min\{LAG_{1,2}, LAG_{1,3}\} = \min\{0, 0\} = 0$

上述计算结果如图 3-32 所示。

单代号网络计划时间参数的图上标注方法也可采用图 3-33 所示的方法(本书从略)。

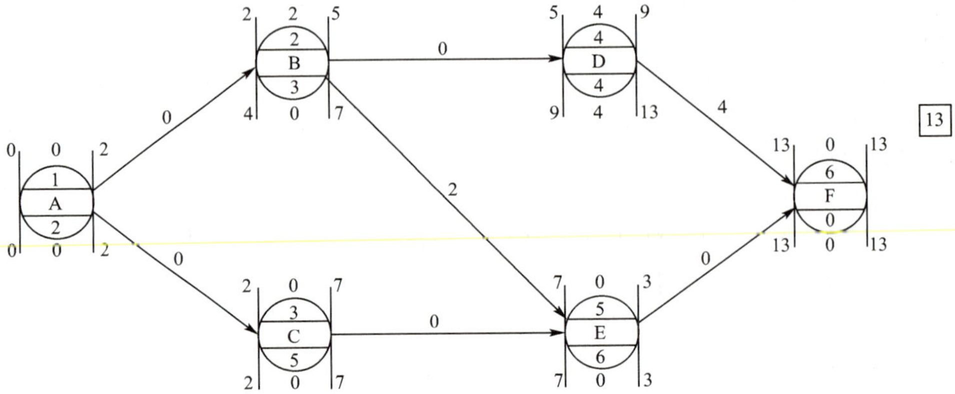

图 3-32 [例 3-8] 时间参数计算结果

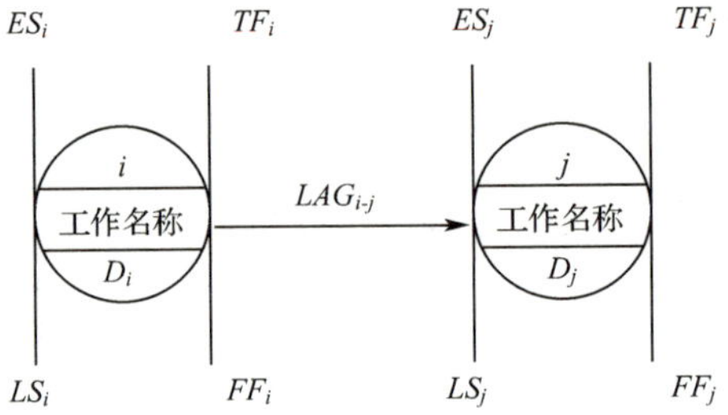

图 3-33 单代号网络计划时间参数图上标注方法之二

3.3.3 关键线路的确定

1. 关键工作与关键线路的概念

在网络计划中总时差最小的工作称为关键工作，当网络计划的计划工期等于计算工期时，总时差等于零的工作（即没有机动时间的工作）就是关键工作。

从网络计划的起点节点开始，经过一系列箭线、节点到达终点节点的通路称为线路。将每条线路所包括的各项工作的持续时间相加，即得每条线路的总持续时间，其中总持续时间最长的线路称为关键线路。

位于关键线路上的工作均为关键工作，或者说，关键线路是由关键工作组成的。在每一个网络计划中，至少存在一条关键线路，也可能存在多条关键线路。关键线路通常应用双线、粗线或彩色线标出。

2. 确定关键线路的方法

确定关键线路的方法有多种，本书介绍如下 3 种：

（1）比较线路长度法

这是根据关键线路的概念寻找关键线路的方法。具体做法是，找出网络计划中的所有线路，并比较各条线路的总持续时间长短，其中总持续时间最长的线路即为关键线路。例如，在图 3-23 中，共有 6 条线路，其中总持续时间最长线路为 ①－②－⑥－⑧，总持续时间（为 15）最长，该条线路即为关键线路。

(2) 计算总时差法

这是通过对网络计划时间参数的计算，找出总时差最小的工作，这些工作为关键工作。由关键工作组成的线路即为关键线路。例如，在图 3-25 中的①—②、②—⑥、⑥—⑧这 3 项工作的总时差最小(均为零)，这 3 项工作为关键工作，由它们组成的线路即为关键线路。

(3) 标号法

这是直接在网络计划图上寻找关键线路的一种方法。具体做法是，从网络计划的起点节点开始，对每个节点用源节点和标号值进行标号，标号完毕后，从网络计划的终点节点开始，自右向左按源节点寻找出关键线路。网络计划的终点节点的标号值即为计算工期。

节点标号值的确定方法如下：

① 设网络计划的起点节点的标号值为零，即

$$b_1 = 0 \tag{3-50}$$

② 其他节点的标号值等于该节点的内向工作的开始节点标号值加上内向工作的持续时间之和的最大值，即：

$$b_i = \max\{b_h + D_{h-i}\} \tag{3-51}$$

式中，h 为节点 i 的所有紧前节点。

例 3-9　下面仍以图 3-23 为例，介绍采用标号法寻找关键线路的方法。

$b_1 = 0$

$b_2 = \max\{b_1 + D_{1-2}\} = \max\{0 + 3\} = 3$

$b_3 = \max\{b_1 + D_{1-3}\} = \max\{0 + 2\} = 2$

$b_4 = \max\{b_2 + D_{2-4}, b_3 + D_{3-4}\} = \max\{3 + 0, 2 + 0\} = 3$

$b_5 = \max\{b_4 + D_{4-5}\} = \max\{3 + 4\} = 7$

$b_6 = \max\{b_2 + D_{2-6}, b_5 + D_{5-6}\} = \max\{3 + 8, 7 + 0\} = 11$

$b_7 = \max\{b_3 + D_{3-7}, b_5 + D_{5-7}\} = \max\{2 + 6, 7 + 0\} = 8$

$b_8 = \max\{b_6 + D_{6-8}, b_7 + D_{7-8}\} = \max\{11 + 4, 8 + 5\} = 15$

上述计算结果如图 3-34 所示。图中每个节点附近的括号内有两个数值，第一个数值为源节点，第二个数值为标号值。网络计划的终点节点的标号值即为计算工期。从网络计划的终点节点开始，按源节点寻找出关键线路，如图中双箭线所示。

3.4　建筑工程网络计划

在建筑业，网络计划的应用十分广泛，本节主要介绍建筑工程施工网络计划。

3.4.1　建筑工程施工网络计划的排列方法

采用恰当的排列方法绘制建筑工程施工网络计划，可以使图形排列简洁，有规律，避免逻辑关系表达错误。建筑工程施工网络计划的排列方法通常有以下几种：

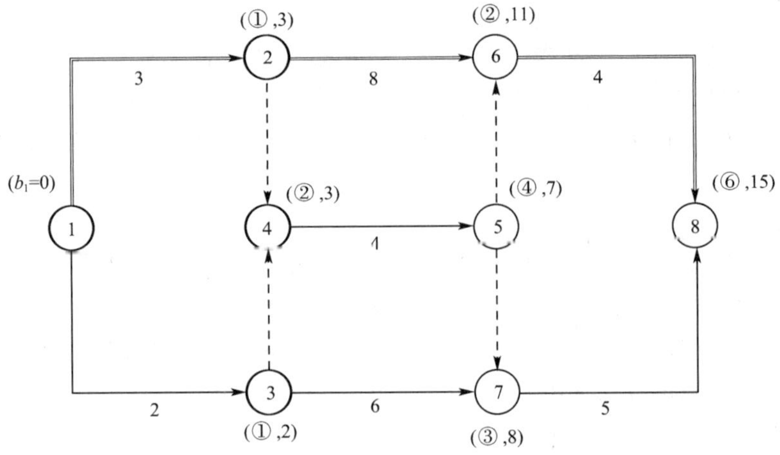

图 3-34 标号法的图上表示方法

1. 按组织逻辑关系排列

这种排列方法是由同一个工作队所从事的工作按工作面的先后顺序关系排列在同一行中，如图 3-35 所示。

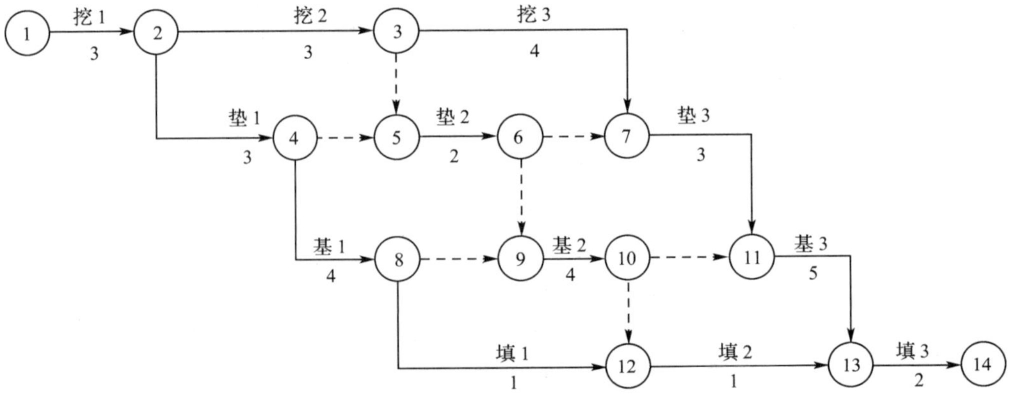

图 3-35 按组织逻辑关系排列的网络计划

2. 按工艺逻辑关系排列

这种排列方法是在同一个作业面的工作按工艺上的先后顺序关系排列在同一行中，如图 3-36 所示。

除上述两种排列方法外，还可根据具体工程项目的特点，采用其他排列方法编制网络计划，如按混合方式排列、按楼层排列、按分部工程排列、按单位工程排列、按施工单位排列等。

3.4.2 单位工程施工网络计划的编制

单位工程施工网络计划的编制步骤如下：

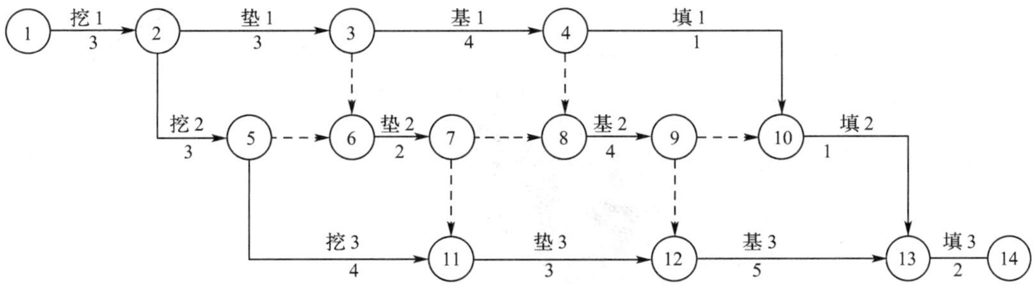

图 3-36 按工艺逻辑关系排列的网络计划

(1) 熟悉图纸，调查研究，分析情况。通过熟悉图纸，弄清设计规模、建筑构造、结构类型及对工程质量的要求等。通过研究，摸清与工程有关的自然、技术和经济条件，了解劳动力、材料及机械设备使用和供应情况。

(2) 制订施工方案，确定施工顺序。在制订施工方案和确定施工顺序时，要求尽量争取时间，充分利用空间，均衡使用各种资源，以保证在合同规定的工期内完工。

(3) 确定工作项目。网络计划中工作划分的粗细程度，根据各级需要不同而定。供上层管理人员掌握的网络计划，工作可划分得粗一些，以使图面简洁，便于抓住关键；供基层管理人员和作业人员使用的网络计划，工作划分要细一些，以便于具体指导施工。

对于大型工程和建筑群施工，网络计划宜分级编制，即先编制总体控制性网络计划，然后按单位工程和分部工程编制较详细的网络计划。

(4) 计算工程量和劳动量。工程量是按施工图纸和有关工程量计算规则计算出的实物量。劳动量则是指完成某项工作所需要的工日数。劳动量的计算方法见第 2 章相关内容。

(5) 确定工作的持续时间。根据计算出的劳动量和现有作业人员数量即可确定出该工作所需的持续时间，若以机械作业为主的工作，应根据机械台班产量和机械台数确定工作的持续时间。

(6) 绘制初始网络计划。首先根据确定出的工作项目名称及其持续时间和逻辑关系，列出工作项目一览表，然后根据网络图的绘制规则绘制出施工网络进度计划。施工网络进度计划的绘制要注意图面布局整齐、清晰、美观。

(7) 计算网络计划时间参数，确定关键线路。关键线路可用粗线、双线或彩色线表示出来。同时根据绘制出的进度计划统计资源需求量，绘制资源需求动态曲线。

(8) 调整与优化网络计划。根据既定目标的要求和现有约束条件，调整网络计划，直至达到满意的效果。具体调整优化方法见本章 3.6 节。

(9) 绘制正式网络计划。将调整优化后的网络进度计划正式绘出，作为指导和控制工程施工的计划文件。

图 3-37 为某单位工程施工网络计划。

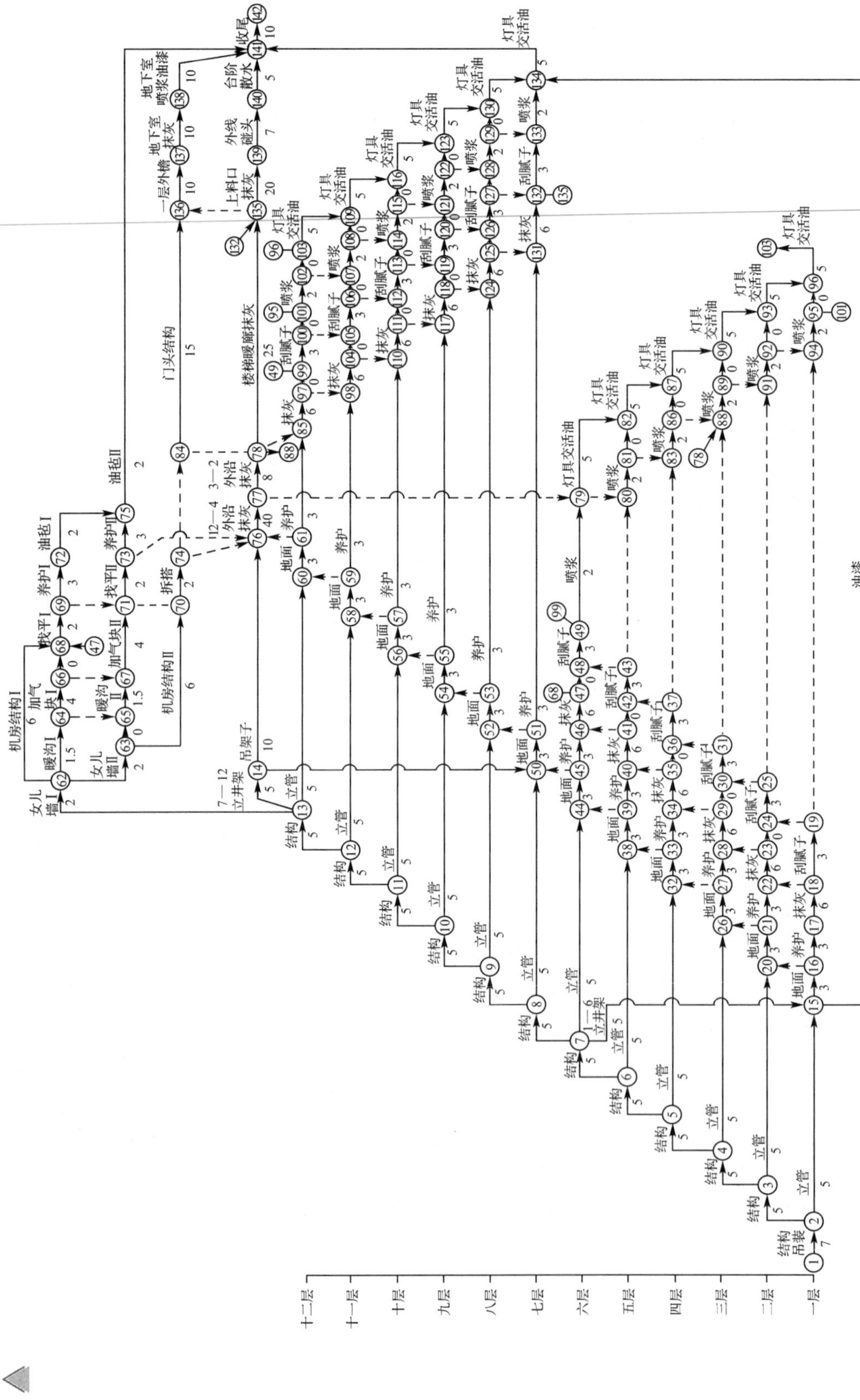

注：图中未考虑地下工程及铺轨安塔

图 3-37 某单位工程施工网络计划

3.4.3 双代号时标网络计划

双代号时标网络计划较好地把横道进度计划的直观、形象等优点吸取到网络进度计划中，可以在图上直接分析出各种时间参数和关键线路，并且便于编制资源需求计划，是建筑工程施工中广泛采用的一种计划表达形式。

1. 时标网络计划的绘制步骤与方法

(1) 绘制时间坐标图表

在图表上，每一格所代表的时间应根据具体计划的需要确定。当计划期较短时，可采用一格代表一天或两天绘制；当计划期较长时，可采用一格代表五天、一周、一旬、一个月等绘制。按自然数(1,2,3,…) 排列的时标称为绝对坐标；按年、月、日排列的时标称为日历坐标；按星期排列的时标称为星期坐标。表 3-6 为建筑工程施工时标网络计划的常用几种时间坐标体系，可根据具体工程需要选择。

表 3-6 常用时间坐标体系示意表

绝对坐标	1	2	3	4	5	6	7	…
日历坐标	6/5	7	8	9	10	11	12	…
星期坐标	三	四	五	六	日	一	二	…

(2) 将网络计划绘制到时标图表上

在绘制时标网络计划之前，一般需要先绘制出不带时标的网络计划，然后将其按下列方法绘制到时标图表上，形成时标网络计划。

① 将网络计划的起点节点定位在时标图表的起始时刻上。

② 按工作持续时间的长短，在时标图表上绘制出以网络计划起点节点为开始节点的工作箭线。

③ 其他工作的开始节点必须在该工作的所有紧前工作箭线都绘出后，定位在这些紧前工作箭线最晚到达的时刻线上，某些工作的箭线长度不足以达到该节点时，用波形线补足，箭头画在波形线与节点连接处。

④ 用上述方法自左向右依次确定其他节点位置，直至网络计划的终点节点定位绘完。网络计划的终点节点是在无紧后工作的工作箭线全部绘出后，定位在最晚到达的时刻线上。

2. 绘制示例

例 3-10 试将图 3-38 所示的双代号无时标网络计划绘制成带有绝对坐标、日历坐标、星期坐标的时标网络计划。假定开工日期为 4 月 11 日(星期三)，根据有关规定，每星期安排 6 个工作日(即星期日休息)。

解 首先按要求绘制时标图表，然后根据前述方法将图 3-38 所示的双代号无时标网络计划绘制到图表上，如图 3-39 所示。

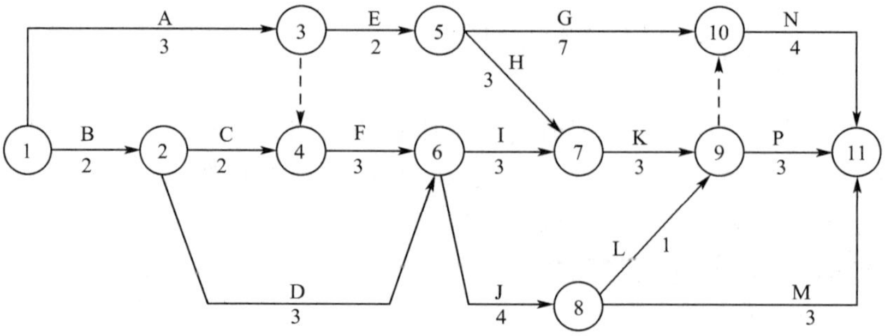

图 3-38　双代号无时标网络计划

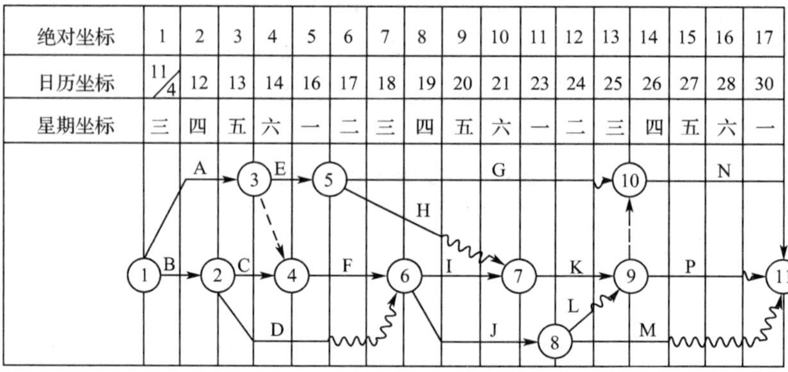

图 3-39　[例 3-10] 双代号时标网络计划

例 3-11　试将图 3-40 所示的双代号无时标网络计划绘制成带有绝对坐标的时标网络计划。

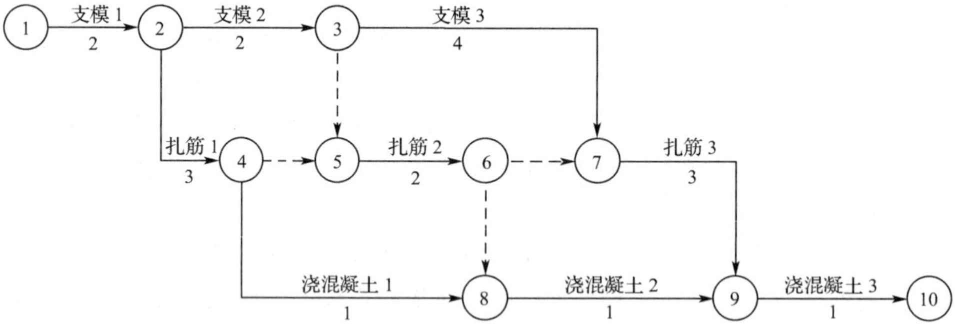

图 3-40　双代号无时标网络计划

解　绘制过程与方法同例 3-10，结果如图 3-41 所示。

3. 时标网络计划的分析

下面结合图 3-41，对时标网络计划进行几点分析：

(1) 虚工作(虚箭线) 分析

在网络计划中，各项(实) 工作之间的逻辑关系有两种，一种是工艺关系，另一种是组

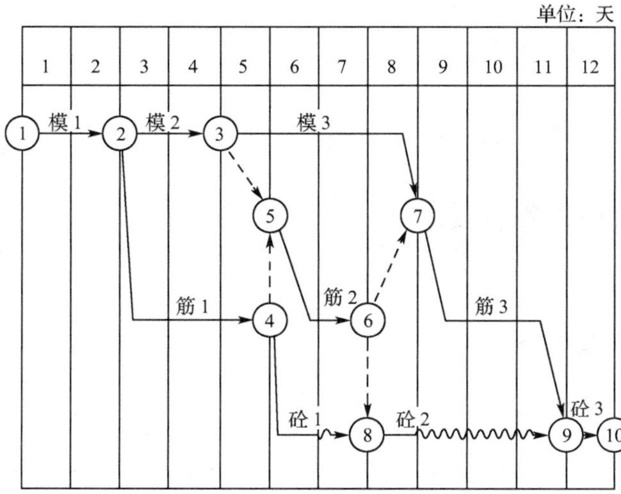

图 3-41 ［例 3-10］双代号时标网络计划绘制结果

织关系。在绘制双代号网络计划过程中，有时需要引用虚工作（虚箭线）表达这两种连接关系。根据前述的虚工作概念，它是不需要时间的，而在时标网络计划中，有的虚工作（虚箭线）却占有了时间长度，如图 3-41 中的虚工作（虚箭线）③－⑤ 和 ⑥－⑦。连接组织关系的虚工作（虚箭线）占有时间长度，意味着该段时间内作业人员出现间歇（可能是窝工）；连接工艺关系的虚工作（虚箭线）占有时间长度，意味着该段时间内工作面发生空闲。在划分工作面（施工段），安排各项工作的持续时间时，应尽量避免这些现象出现。

（2）时间参数分析

① 网络计划的工期。时标网络计划的终点节点到达的时刻即为网络计划的工期，如图 3-41 中的节点 ⑩ 所在的时刻 12，即为工期（即是计划工期，也是计算工期）。

② 节点的时间参数。在按上述绘制方法绘制的双代号时标网络计划中，每个节点的所在时刻即为该节点的最早时间。在不影响工期的前提下，将每个节点最大可能地向右推移（要保持各项工作的持续时间不变，但作业的起止时间可以变化），所能到达的时刻即为该节点的最迟时间，如图 3-41 中，节点 ⑤ 的最早时间为 5，最迟时间为 6。

③ 工作的时间参数。在时标网络计划中，每根箭线的水平长度即为它所代表的工作的持续时间。按上述绘制方法绘制的时标网络计划，称为早时标网络计划（即每项工作箭线均按最早时间绘制）。在早时标网络计划中，每项工作开始节点所在的时刻即为该工作的最早开始时间；每根箭线结束点所在的时刻即为该工作的最早完成时间。每项箭线后面的波形线长度即为该工作的自由时差。在不影响工期的前提下，将每项工作箭线最大可能地向后推移之后，该工作箭线的开始时刻即为该工作的最迟开始时间，工作箭线结束点所到的时刻即为该工作的最迟完成时间，每项工作箭线从最早开始时刻到最迟开始时刻之间的距离就是该工作的总时差。如图 3-41 中，工作 4－8 的最早开始时间为 5，最早完成时间为 6，自由时差为 1，最迟开始时间为 9，最迟完成时间为 10，总时差为 4。

(3) 关键线路分析

在早时标网络计划中，不存在波形线(如果有虚工作的话，虚工作箭线不占时间长度)的线路即为关键线路。如图 3-39 中的 ① — ② — ④ — ⑥ — ⑦ — ⑨ — ⑩ — ⑪ 和图 3-41 中的 ① — ② — ③ — ⑦ — ⑨ — ⑩，即为关键线路。

3.5 搭接网络计划

3.5.1 基本概念

在前述普通双代号、单代号网络计划中，各项工作是按照工艺上、组织上要求的逻辑关系依次进行的。任一项工作必须在其所有紧前工作都完成之后才能进行，但在实际工程中并不都是如此，经常采用平行搭接的方式组织施工。在采用前述的双代号、单代号网络图绘制搭接施工进度计划时，就要将存在搭接关系的每一项工作分解为若干项子工作，这样就会大大增加网络计划的绘制难度。采用搭接网络计划技术绘制搭接施工进度计划就方便得多。但在计算搭接网络计划的时间参数时，由于工作之间搭接关系的存在，计算过程较为复杂。

搭接网络计划有五种基本的工作搭接关系：

(1) 结束到开始的关系(FTS)

相邻两项工作之间的搭接关系用前项工作结束到后项工作开始之间的时距($FTS_{i,j}$)来表达。当时距为零时，表示两项工作之间没有间歇。这就是普通网络计划中的逻辑关系。

(2) 开始到开始的关系(STS)

相邻两项工作之间的搭接关系用其相继开始的时距($STS_{i,j}$)来表达。就是说，前项工作 i 开始后，要经过 $STS_{i,j}$ 时间，后面工作 j 才能开始(可以理解为流水步距的概念)。

(3) 结束到结束的关系(FTF)

相邻两项工作之间的关系用前后工作相继结束的时距($FTF_{i,j}$)来表示。就是说，前项工作 i 结束后，经过 $FTF_{i,j}$ 时间，后项工作 j 才能结束。

(4) 开始到结束的关系(STF)

相邻两项工作之间的关系用前项工作开始到后项工作结束之前的时距($STF_{i,j}$)来表达。就是说，前项工作 i 开始后，经过 $STF_{i,j}$ 时间，后项工作 j 才能结束。

(5) 混合搭接关系

当两项工作之间同时存在上述四种基本关系中的两种及以上关系时，这种具有多重约束的关系，称为“混合搭接关系”。除了常见的 STS 和 FTF 外，还有 STS 和 STF 以及 FTF 和 FTS 两种混合搭接关系。由于混合搭接关系的要求，可能会使某项工作出现间歇作业的情况。

表 3-7 为五种基本搭接关系及其在单代号网络计划中的表达方法。

表 3-7　　五种基本搭接关系及其在单代号网络计划中的表达方法

搭接关系	横道图表达	时距参数	网络图表达
结束到开始	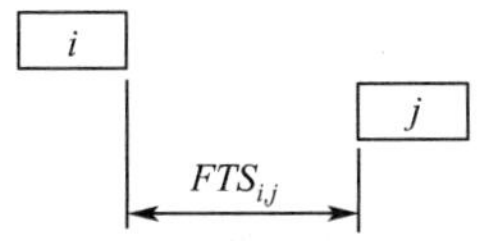	$FTS_{i,j}$	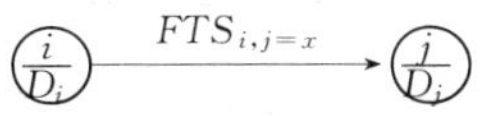
开始到开始	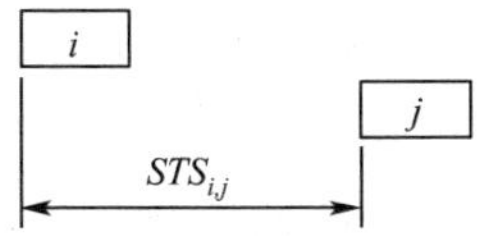	$STS_{i,j}$	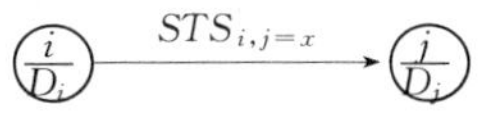
结束到结束	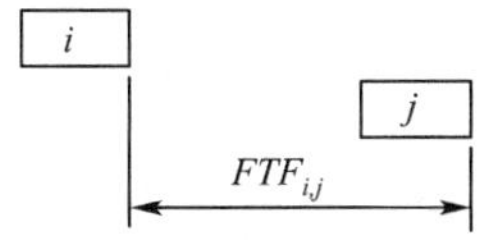	$FTF_{i,j}$	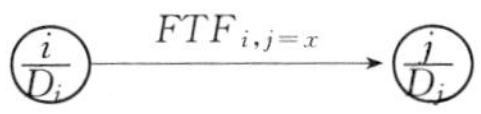
开始到结束	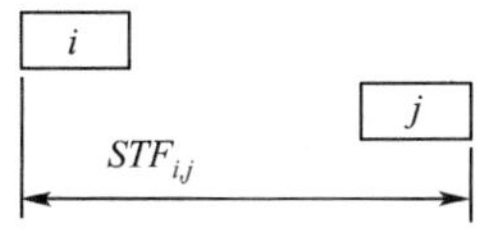	$STF_{i,j}$	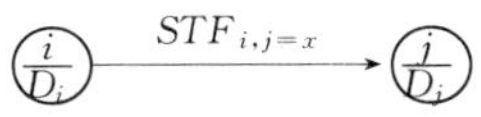
混合(以 STS 和 FTF 为例)	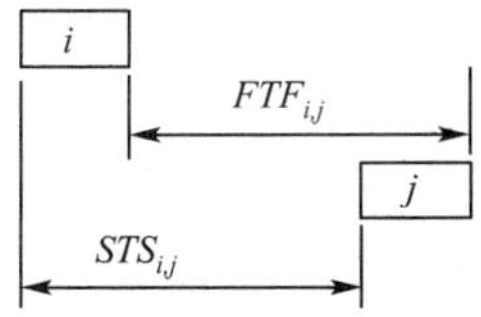	$STS_{i,j}$ $FTF_{i,j}$	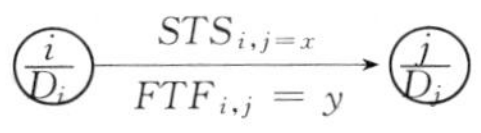

搭接网络计划以单代号网络图的形式表达为多,图 3-42 为某单代号搭接网络计划。

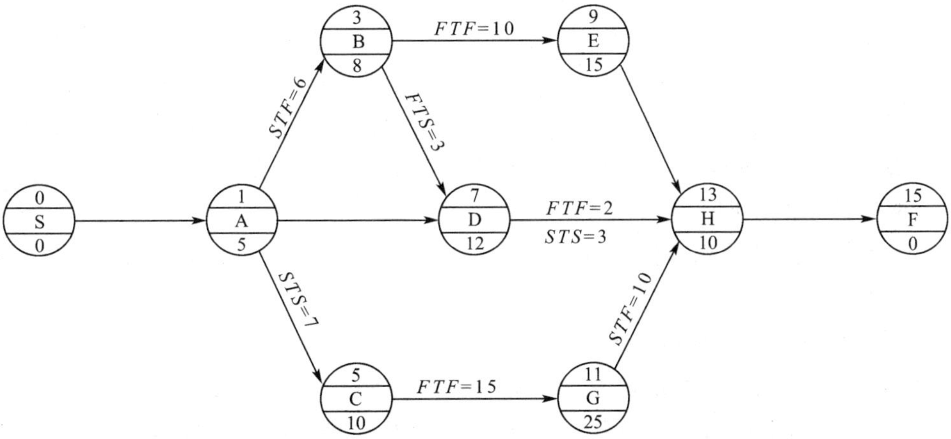

图 3-42　某工程单代号搭接网络计划

单代号搭接网络图的绘制规划与前述普通单代号网络图基本相同,只是要在图上说明搭接关系。一般情况下,均要在网络计划的两端分别设置虚拟的起点节点和虚拟的终点节点。

3.5.2 搭接网络计划时间参数计算

1.时间参数计算方法

(1) 工作的最早开始时间(ES_i)

在搭接网络计划中,各项工作的最早开始时间分两种情况计算。

① 当该工作为虚拟的开始工作(节点)时,一般令其最早开始时间等于零,即

$$ES_s = 0 \tag{3-52}$$

② 当该工作不是虚拟的开始工作时,根据搭接关系,选择式(3-53a) ~ (3-53d) 中的相应公式计算,即

$$ES_j = EF_i + FTS_{i,j} \tag{3-53a}$$

$$ES_j = ES_i + STS_{i,j} \tag{3-53b}$$

$$ES_j = EF_i + FTF_{i,j} - D_j \tag{3-53c}$$

$$ES_j = ES_i + STF_{i,j} - D_j \tag{3-53d}$$

当该工作与紧前工作不存在搭接关系时,是式(3-53a) 在 $FTS_{i,j} = 0$ 情况下的特例。

当该工作与紧前工作存在多种搭接关系时,取分别计算值的最大值。

某项工作由于与紧前工作存在 $STF_{i,j}$ 关系时,利用式(3-53d) 计算的结果,可能出现 ES_i 小于零的情况,这与网络图只有一个起点节点的规划不符,则应令该工作的最早开始时间等于零,且需用虚箭线将该节点与虚拟开始节点连接起来。

(2) 工作的最早完成时间(EF_i)

该时间参数的计算公式与非搭接网络计划相同,即

$$EF_i = ES_i + D_i \tag{3-54}$$

对于搭接网络计划,由于存在比较复杂的搭接关系,特别是存在着 $STS_{i,j}$ 和 $STF_{i,j}$ 搭接关系时,可能会出现按式(3-54) 计算的某些工作的 EF_i 大于虚拟终点节点的最早完成时间的情况。当出现这种情况时,应令虚拟终点节点的最早开始时间等于网络计划中各项工作的最早完成时间的最大值,并需用虚箭线将该节点与终点节点连接起来。

(3) 网络计划的工期

搭接网络计划的计算工期与计划工期计算和确定方法与前述普通单代号网络计划相同,不再赘述。

(4) 工作的最迟完成时间(LF_i)

搭接网络计划工作最迟完成时间分两种情况计算。

① 当该工作为虚拟的终点节点时,其最迟完成时间等于计划工期,即

$$LF_F = T_P \tag{3-55}$$

② 当该工作不是虚拟的终点节点时,根据搭接关系,选择式(3-56a) ~ 式(3-56d) 中的相应公式计算, 即

$$LF_i = LS_j - FTS_{i,j} \tag{3-56a}$$

$$LF_i = LS_j + D_i - STS_{i,j} \tag{3-56b}$$

$$LF_i = LF_j - FTF_{i,j} \tag{3-56c}$$

$$LF_i = LF_j + D_i - STF_{i,j} \tag{3-56d}$$

当该工作与紧后工作不存在搭接关系时，是式(3-56a) 在 $FTS_{i,j} = 0$ 情况下的特例。

当该工作与紧后工作存在多种搭接关系时，取分别计算值的最小值。

由于存在搭接关系，可能会出现某项工作的 LF_i 大于虚拟的终点节点的 LF_i 的情况，这又与网络图只有一个终点节点的规则不符。当出现这种情况时，应令该项工作的 LF_i 等于终点节点的 LF_i，并需用虚箭线将该节点与虚拟的终点节点连接起来。

(5) 工作的最迟开始时间(LS_i)

与普通单代号网络计划相同，即

$$LS_i = LF_i - D_i \tag{3-57}$$

(6) 相邻两项工作之间的时间间隔($LAG_{i,j}$)

在搭接网络计划中，相邻两项工作之间的时间间隔要根据搭接关系选择式(3-58a)～式(3-58d) 中的相应公式计算，即

$$LAG_{i,j} = ES_j - EF_i - FTS_{i,j} \tag{3-58a}$$

$$LAG_{i,j} = ES_j - ES_i - STS_{i,j} \tag{3-58b}$$

$$LAG_{i,j} = EF_j - EF_i - FTF_{i,j} \tag{3-58c}$$

$$LAG_{i,j} = EF_j - ES_i - STF_{i,j} \tag{3-58d}$$

当相邻两项工作不存在搭接关系时，是式(3-58a) 在 $FTS_{i,j} = 0$ 情况下的特例。

当相邻两项工作存在混合搭接关系时则取分别计算值的最小值。

(7) 工作的自由时差(FF_i) 和总时差(TF_i)

搭接网络计划中各项工作的自由时差和总时差的计算方法与普通单代号网络计划相同，不再赘述。

2. 时间参数计算示例

例 3-12　下面结合图 3-42 所示的单代号搭接网络计划，说明时间参数计算过程。

解　单代号搭接网络计划时间参数计算顺序与普通单代号网络计划基本相同。

(1) 工作的最早开始时间、最早完成时间的计算

$ES_S = 0 \quad EF_S = ES_S + D_S = 0 + 0 = 0$

$ES_1 = EF_S = 0 \quad EF_1 = ES_1 + D_1 = 0 + 5 = 5$

$ES_3 = ES_1 + STF_{1,3} - D_3 = 0 + 6 - 8 = -2 < 0$　取 $ES_3 = 0$

将工作 B 与虚拟开始节点 S 用虚箭线连接起来(如图 3-43 所示)。

$EF_3 = ES_3 + D_3 = 0 + 8 = 8$

$ES_5 = ES_1 + STS_{1,5} = 0 + 7 = 7$

$EF_5 = ES_5 + D_5 = 7 + 10 = 17$

$ES_7 = \max\{EF_1, EF_3 + FTS_{3,7}\} = \max\{5, 8 + 3\} = 11$

$EF_7 = ES_7 + D_7 = 11 + 12 = 23$

$ES_9 = EF_3 + FTF_{3,9} - D_9 = 8 + 10 - 15 = 3$

$EF_9 = ES_9 + D_9 = 3 + 15 = 18$

$ES_{11} = EF_5 + FTF_{5,11} - D_{11} = 17 + 15 - 25 = 7$

$EF_{11} = ES_{11} + D_{11} = 7 + 25 = 32$

$ES_{13} = \max\{EF_9, ES_7 + STS_{7,13}, EF_7 + FTF_{7,13} - D_{13}, ES_{11} + STS_{11,13} - D_{13}\}$

$= \max\{18, 11 + 4, 23 + 2 - 10, 7 + 10 - 10\} = 18$

$EF_{13} = ES_{13} + D_{13} = 18 + 10 = 28$

$ES_F = EF_{13} = 28 \quad EF_F = ES_F + D_F = 28 + 0 = 28$

各项工作的最早开始时间、最早完成时间计算完毕后，发现工作 G 的最早完成时间大于虚拟终点节点的最早开始时间，故取终点节点 F 的最早开始时间为 32，则其最早完成时间亦为 32。用虚箭线将该两个节点连接起来。

(2) 网络计划工期的计算

计算工期 $T_C = EF_F = 32$

令计划工期 $T_P = T_C = 32$

(3) 工作的最迟开始时间、最迟完成时间的计算

$LF_F = T_P = 32 \quad LS_F = LF_F - D_F = 32 - 0 = 32$

$LF_{13} = LS_F = 32 \quad LS_{13} = LF_{13} - D_{13} = 32 - 10 = 22$

$LF_{11} = \min\{LS_F, LF_{13} + D_{11} - STF_{11,13}\} = \min\{32, 32 + 15 - 10\} = 32$

$LS_{11} = LF_{11} - D_{11} = 32 - 25 = 7$

$LF_9 = LS_{13} = 22 \quad LS_9 = LF_9 - D_9 = 22 - 15 = 7$

$LF_7 = \min\{LF_{13} - FTF_{7,13}, LS_{13} + D_7 - STS_{7,13}\} = \min\{32 - 2, 22 + 12 - 3\} = 30$

$LS_7 = LF_7 - D_7 = 30 - 12 = 18$

$LF_5 = LF_{11} - FTF_{5,11} = 32 - 15 = 17$

$LS_5 = LF_5 - D_5 = 17 - 10 = 7$

$LF_3 = \min\{LF_9 - FTF_{3,9}, LS_7 - FTS_{3,7}\} = \min\{22 - 10, 18 - 3\} = 12$

$LS_3 = LF_3 - D_3 = 12 - 8 = 4$

$LF_1 = \min\{LF_3 + D_1 - STF_{1,3}, LS_7, LS_5 + D_1 - STS_{1,5}\}$

$= \min\{15 + 5 - 6, 18, 7 + 5 - 7\} = 5$

$LS_1 = LF_1 - D_1 = 5 - 5 = 0$

$LF_S = \min\{LS_3, LS_1\} = \min\{4, 0\} = 0$

$LS_S = LF_S - D_S = 0 - 0 = 0$

(4) 相邻两项工作的时间间隔的计算

$LAG_{S,1} = ES_1 - EF_S = 0 - 0 = 0$

$LAG_{S,3} = ES_3 - EF_S = 0 - 0 = 0$

$LAG_{1,3} = EF_3 - ES_1 - STF_{1,3} = 8 - 0 - 6 = 2$

$LAG_{1,5} = ES_5 - ES_1 - STS_{1,5} = 7 - 0 - 7 = 0$

$LAG_{1,7} = ES_7 - EF_1 = 11 - 5 = 6$

$LAG_{3,7} = ES_7 - EF_3 - FTS_{3,7} = 11 - 8 - 3 = 0$

$LAG_{3,9} = EF_9 - EF_3 - FTF_{3,9} = 18 - 8 - 10 = 0$

$LAG_{5,11} = EF_{11} - EF_5 - FTF_{5,11} = 32 - 17 - 15 = 0$

$$LAG_{7,13} = \min\{ES_{13} - ES_7 - STS_{7,13}, EF_{13} - EF_7 - FTF_{7,13}\}$$
$$= \min\{18 - 11 - 3, 28 - 23 - 2\} = 3$$

$LAG_{9,13} = ES_{13} - EF_9 = 18 - 18 = 0$

$LAG_{11,13} = EF_{13} - ES_{11} - STF_{11,13} = 28 - 7 - 10 = 11$

$LAG_{11,15} = ES_{15} - EF_{11} = 32 - 32 = 0$

$LAG_{13,15} = ES_{15} - EF_{13} = 32 - 32 = 0$

(5) 工作的自由时差与总时差计算

计算过程从略，计算结果如图 3-43 所示。关键线路的确定方法与普通网络计划相同，如图 3-43 中双箭线所示。

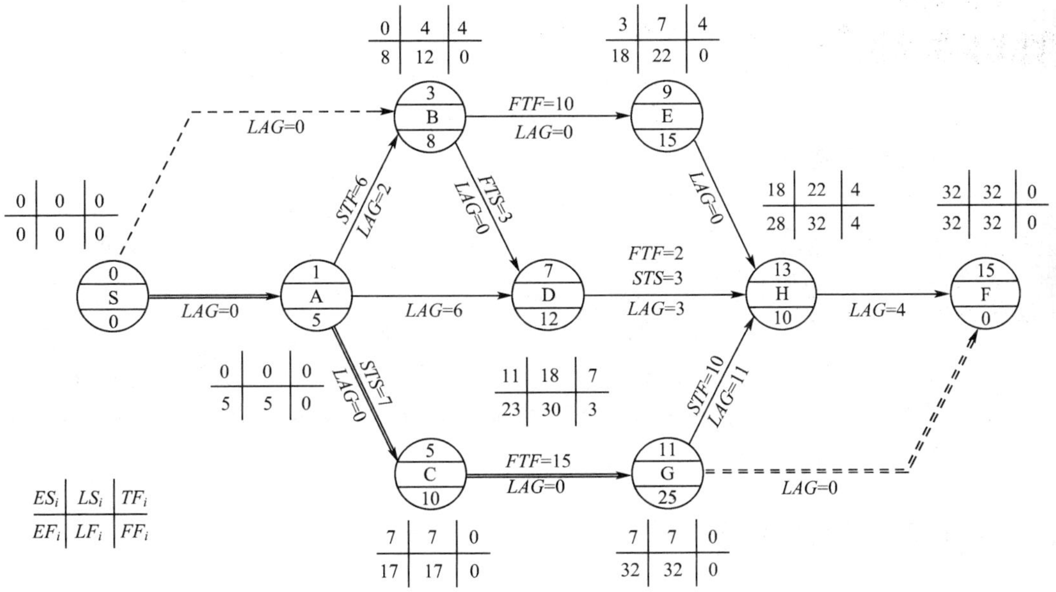

图 3-43 搭接网络计划时间参数计算结果

3.6 工程网络计划的优化

工程网络计划的优化是指在一定约束条件下，按既定目标对工程网络计划进行不断调整，直到寻找出满意结果为止的过程。

工程网络计划优化的目标一般包括工期目标、费用目标和资源目标。根据既定目标，工程网络计划优化的内容分为工期优化、费用优化和资源优化 3 个方面。

3.6.1 工期优化

1. 工期优化的概念

根据工程施工方案，按照计划中各项工作的逻辑关系编制的网络计划，其计算工期与既定的工期目标相比，如果计算工期长于工期目标（要求工期），就要对计算工期进行调整。工期优化就是通过压缩计算工期，以达到既定工期目标，或在一定约束条件下，使工期最短的过程。

工期优化一般是通过压缩关键线路的持续时间来满足工期要求的。在优化过程中要注意不能将关键线路压缩成非关键线路，当出现多条关键线路时，必须将各条关键线路的持续时间压缩同一数值，否则不能有效地将工期缩短。

2. 工期优化的步骤与方法

工期优化的步骤与方法如下：

（1）找出网络计划中的关键线路，并求出计算工期。

（2）按要求工期计算出应缩短的时间。

（3）根据下列诸因素选择应优先缩短持续时间的关键工作。

① 缩短持续时间对工程质量和安全影响不大的工作；

② 有充足储备资源的工作；

③ 缩短持续时间所需增加的费用最少的工作。

（4）将应优先缩短的工作缩短至最短持续时间，并找出关键线路，若被压缩的工作变成了非关键工作，则应将其持续时间适当延长至刚好恢复为关键工作。

（5）重复上述过程直至满足工期要求或工期无法再缩短为止。

当采用上述步骤和方法后，工期仍不能缩短至要求工期则应采用加快施工的技术、组织措施来调整原施工方案，重新编制进度计划。如果属于工期要求不合理，无法满足时，应重新确定要求的工期目标。

3.6.2 费用优化

1. 费用优化的概念

一项工程的总费用包括直接费用和间接费用两部分。在一定范围内，直接费用随工期的延长而减少，而间接费用则随工期的延长而增加，如图 3-44 所示的直接费用和间接费用曲线。将该两条曲线叠加，就形成了总费用曲线。总费用曲线上的最低点所对应的工期（T^Q）就是费用优化所要追求的最优工期。因此，费用优化也可称为工期-费用优化（或工期-成本优化）。

由图 3-44 不难看出，要想求得总费用最低的工期方案，必须首先研究直接费用、间接费用与工期的关系，求出这两条曲线。

间接费用是指计划执行过程中，用于工程经营管理方面的费用。间接费用的多少与施

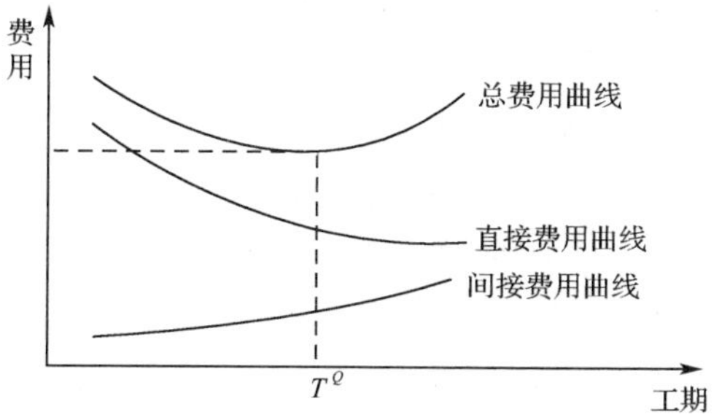

图 3-44 工程费用与工期关系示意图

工单位的施工条件、施工组织管理水平有关。在优化过程中，通常因该曲线的曲率不大，为简化计算将其视为一条直线。该直线的斜率表示在单位时间内（每一天、每一周、每一月等）间接费用支出的数值（即间接费率）。

直接费用是指计划执行过程中，用于支付每项工作的人工费、材料费、机械台班使用费等费用。每一项工程计划都是由许多项工作组成的，这些工作都有着各自的施工方法、施工机械、材料及持续时间等，而且这些因素是可以变化的。一般情况下，通常考虑采用使每项工作的直接费用支出最少的施工方法，工作的持续时间可能要长些。在考虑加快施工时，对某些工作就要考虑采用较短（甚至是最短）的持续时间的施工方法，其直接费用支出就要增加。每项工作在缩短单位时间后所需增加的费用，称为该工作的直接费率。一般情况下，工作的直接费率可用公式(3-58)计算：

$$e_{i-j}=\frac{C_{i-j}^{C}-C_{i-j}^{N}}{D_{i-j}^{N}-D_{i-j}^{C}} \tag{3-59}$$

式中 e_{i-j}—— 工作 $i-j$ 的直接费率；

D_{i-j}^{C}, C_{i-j}^{C}—— 分别为工作 $i-j$ 的最短持续时间及相应的直接费用；

D_{i-j}^{N}, C_{i-j}^{N}—— 分别为工作 $i-j$ 的正常持续时间及相应的直接费用。

在实际工程中，有的工作在不同的持续时间范围内，具有不同的费率；有的工作可能只有唯一的一种施工方法，其持续时间和费用均不发生变化。这些情况均要根据具体工作而定。

2. 费用优化的步骤和方法

(1) 计算正常作业条件下工程网络计划的工期、关键线路和总直接费、总间接费及总费用。工期和关键线路的计算和确定方法见本章第 3.3 节。将所有工作在正常持续时间条件下的直接费用相加即得总直接费；用工程的间接费率乘以工期即得总间接费；将总直接费与总间接费相加即得总费用。

(2) 计算各项工作的直接费率，按公式(3-58)计算。对于仅有一种施工方法，其持续时间和费用不变的工作可设其直接费率为无穷大。

(3) 在关键线路上，选择直接费率最小并且不超过工程间接费率的工作作为被压缩对象。当网络计划存在多条关键线路时，选择组合直接费率最少并且不超过工程间接费率的若干项工作（工作数目根据关键线路数目而定）作为被压缩对象。

(4) 将被压缩对象压缩至最短，当被压缩对象为一组工作时，将该组工作压缩同一数值(该值为该组工作可压缩的最大幅度)，并找出关键线路，如果被压缩对象变成了非关键工作，则需适当延长其持续时间，使其刚好恢复为关键工作为止。

(5) 重新计算和确定网络计划的工期、关键线路和总直接费、总间接费、总费用。

(6) 重复上述第(3) 至第(5) 步骤，直至找不到直接费率或组合直接费率不超过工程间接费率的压缩对象为止。此时的工期即为总费用最低的最优工期。

(7) 绘制出优化后的网络计划。在每项工作上注明优化的持续时间和相应的直接费用。

上述优化过程可采用表 3-8 描述。

表 3-8　　费用优化过程表

压缩次数	压缩对象	直接费率或组合直接费率	费率差	缩短时间	工期	总费用	备注
(1)	(2)	(3)	(4)	(5)	(6)	(7)	(8)

注：费率差 = 直接费率(或组合直接费率)— 间接费率，当费率差出现正值时优化结束。

3. 优化示例

例 3-13　已知某工程网络计划如图 3-45 所示。图中箭线下方括号外数值为正常持续时间，括号内数值为最短持续时间；箭线上方括号外数值为正常持续时间的直接费用，括号内数值为最短持续时间的直接费用。工程间接费率为 0.8 千元 / 天，试对其进行费用优化。

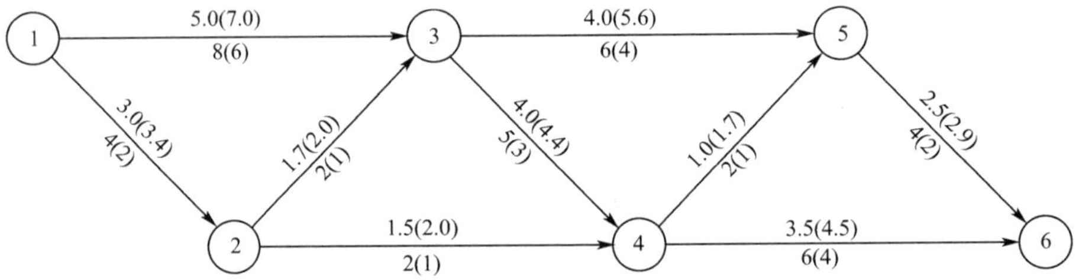

图 3-45　例 3-13 网络图

解　(1) 计算和确定正常作业条件下的网络计划工期、关键线路和总直接费、总间接费、总费用

① 工期为 19 天，关键线路如图 3-46 中双线所示。

② 总直接费为每项工作箭线上方括号外的数值相加得 26.2(千元)；

总间接费：0.8 × 19 = 15.2(千元)；

总费用：26.2 + 15.2 = 41.4(千元)。

(2) 计算各项工作的直接费率

$$e_{1-2} = \frac{C_{1-2}^{C} - C_{1-2}^{N}}{D_{1-2}^{N} - D_{1-2}^{C}} = \frac{3.4 - 3.0}{4 - 2} = 0.2(\text{千元} / \text{天})$$

$$e_{1-3}=\frac{C_{1-3}^{C}-C_{1-3}^{N}}{D_{1-3}^{N}-D_{1-3}^{C}}=\frac{7.0-5.0}{8-6}=1.0(\text{千元}/\text{天})$$

$$e_{2-3}=\frac{C_{2-3}^{C}-C_{2-3}^{N}}{D_{2-3}^{N}-D_{2-3}^{C}}=\frac{2.0-1.7}{2-1}=0.3(\text{千元}/\text{天})$$

同理可得 $e_{2-4}=0.5$(千元/天);$e_{3-4}=0.2$(千元/天);$e_{3-5}=0.8$(千元/天);$e_{4-5}=0.7$(千元/天);$e_{4-6}=0.5$(千元/天);$e_{5-6}=0.2$(千元/天)。

将计算结果标于每项工作箭线的上方,如图 3-46 所示。

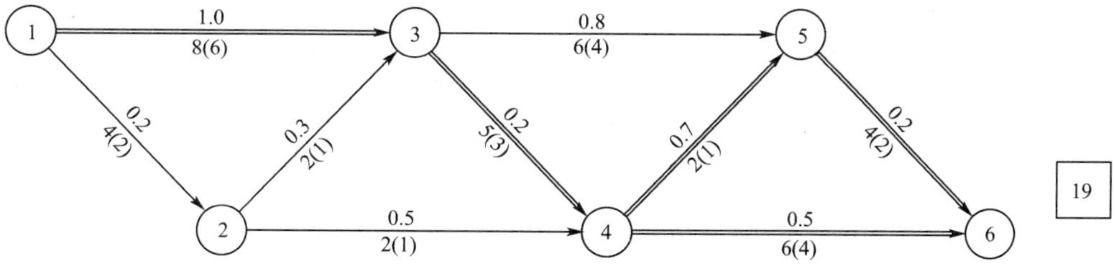

图 3-46　初始网络计划的工期、关键线路、直接费率

(3) 第一次压缩

在关键线路上选择直接费率最低的工作 3—4($e_{3-4}=0.2$ 千元/天 < 0.8 千元/天)作为被压缩对象。先将工作 3—4 压缩至最短持续时间,找出关键线路,则此时关键线路发生了变化,如图 3-47 中双箭线所示,工期为 18 天。

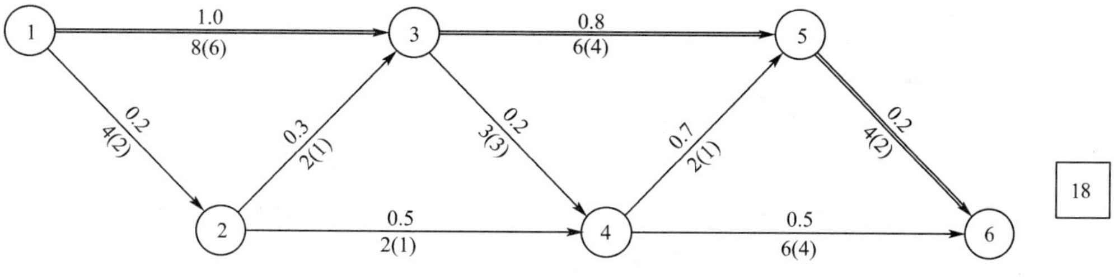

图 3-47　将 3—4 压缩至最短后网络计划

将工作 3—4 的持续时间由最短的 3 天延长至 4 天,使其恢复为关键工作,如图 3-48 所示。至此,第一次压缩结束。

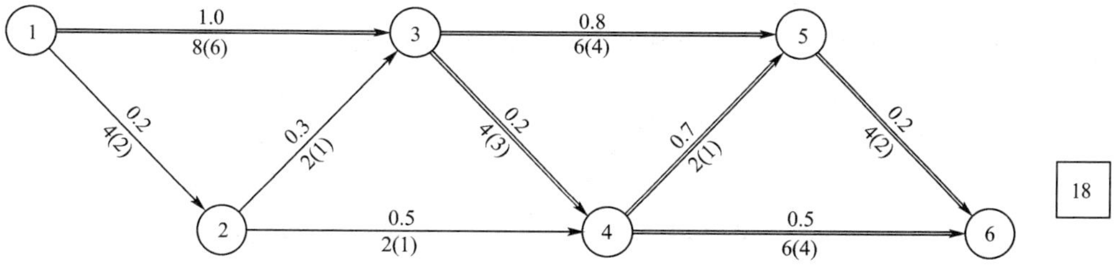

图 3-48　第一次压缩后网络计划

重新计算网络计划的总直接费、总间接费、总费用。

总直接费:$26.2+1\times0.2=26.4$(千元);

总间接费:$0.8\times18=14.4$(千元);

总费用:26.4 + 14.4 = 40.8(千元)。

(4) 第二次压缩

有 5 个可压缩方案,其中同时压缩工作 3—4 和工作 5—6 的组合直接费率最小(e_{3-4} + e_{5-6} = 0.2+0.2 = 0.4 千元/天 < 0.8 千元/天),将其作为被压缩对象。将这两项工作压缩相同的天数(1 天)。第二次压缩后的网络计划如图 3-49 所示。

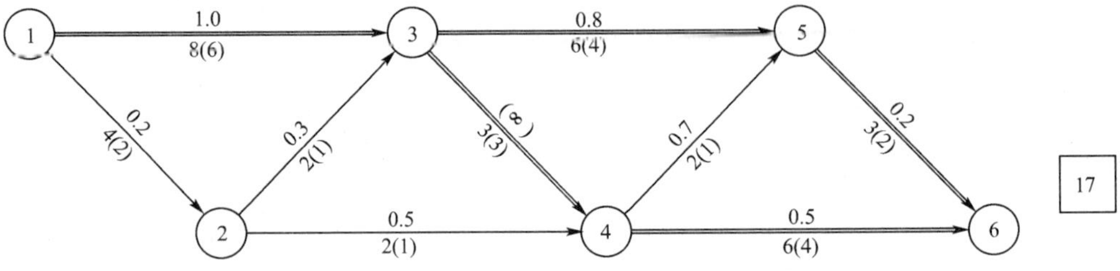

图 3-49　第二次压缩后网络计划

第二次压缩后,网络计划的工期为 17 天;工作 3—4 已压缩至最短持续时间,将其直接费率改写为无穷大;工作 4—5 未经压缩却因其他工作的压缩使其变成了非关键工作,这种情况是允许的。重新计算网络计划的总直接费、总间接费、总费用。

总直接费:26.4 + (0.2 + 0.2) × 1 = 26.8(千元);

总间接费:0.8 × 17 = 13.6(千元);

总费用:26.8 + 13.6 = 40.4(千元)。

(5) 第三次压缩

有 3 个可压缩方案,但只有同时压缩工作 4—6 和工作 5—6 的组合直接费率(e_{4-6} + e_{5-6} = 0.5+0.2 = 0.7 千元/天 < 0.8 千元/天),故选择工作 4—6 和工作 5—6 作为被压缩对象。这两项工作可同时压缩 1 天。该次压缩后的总直接费、总间接费、总费用如下。

总直接费:26.8 + 0.7 × 1 = 27.5(千元);

总间接费:0.8 × 16 = 12.8(千元);

总费用:27.5 + 12.8 = 40.3(千元)。

第三次压缩的网络计划如图 3-50 所示。

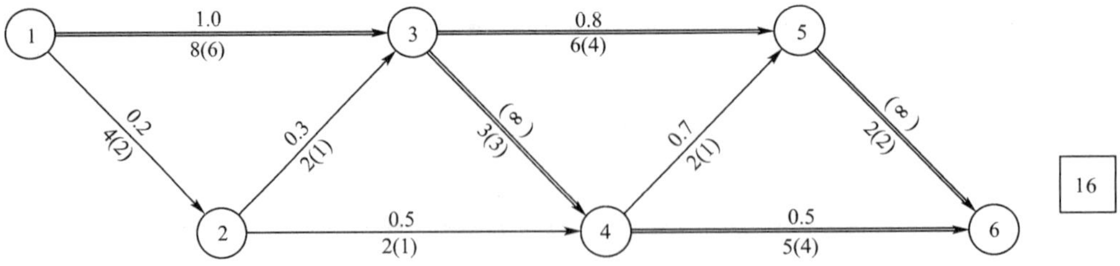

图 3-50　优化后的网络计划

至此优化结束,优化过程见表 3-9。

表 3-9 [例 3-13] 优化过程表

压缩次数	压缩对象	直接费率或组合直接费率	费率差（千元 / 天）	缩短时间 天	工期 天	总费用 千元
(1)	(2)	(3)	(4)	(5)	(6)	(7)
0	—	—	—	—	19	41.4
1	3－4	0.2	－0.6	1	18	40.8
2	3－4 5－6	0.4	－0.4	1	17	40.4
3	4－6 5－6	0.7	－0.1	1	16	40.3
4	1－3	1.0	＋0.2	—	—	—

假设该工程的优化目标是以尽可能低的费用实现最短工期，该优化过程应继续进行。

3.6.3 资源优化

在计划执行过程中，所需的人力、材料、机械设备和资金等统称为资源。完成一项工程计划所需的资源总量是不变的。资源优化的目标不是减少资源总量，而是通过调整计划中某些工作投入作业的开始时间，使资源分布满足某种要求。

在资源优化中，通常将某项工作在单位时间内所需某种资源数量称为资源强度（用 r_{i-j} 表示）；将整个计划在某单位时间内所需某种资源数量称为资源需用量（用 Q_t 表示）；将在单位时间内可供使用的某种资源的最大数量称为资源限量（用 Q_a 表示）。

资源优化的内容有“资源有限-工期最短优化”和“工期固定-资源均衡优化”两个方面。

1. 资源有限-工期最短优化

在实施计划过程中，可供使用的某种资源的数量总是有限的。资源有限-工期最短优化的目标就是在满足有限资源的条件下，通过调整某些工作的投入作业的开始时间，使工期不延误或最少延误。

(1) 资源有限-工期最短优化的步骤与方法

① 绘制时标网络计划，逐时段计算资源需用量 $Q_t(t=1,\cdots,T)$。

② 逐时段检查资源需用量是否超过资源限量，若有超过者进入第 3 步，否则检查下一时段。

③ 对于超过的时段，按总时差从小到大累计该时段中的各项工作的资源强度，累计到不超过资源限量的最大值，其余的工作推移到下一时段（在各项工作不允许间断作业的假定条件下，在前一时段已经开始的工作应优先累计）。

④ 重复上述步骤，直至所有时段的资源需用量均不超过资源限量为止。

(2) 优化示例

例 3-14 已知网络计划如图 3-51 所示。图中箭线上方数据为资源强度，下方数据为持续时间。若资源限量为 12，试对其进行资源有限-工期最短优化。

解 ① 绘制时标网络计划，计算每天资源需用量，如图 3-52 所示。

② 逐时段将资源需用量与资源限量对比，发现 0—2，2—4，4—5 三个时段的资源需用

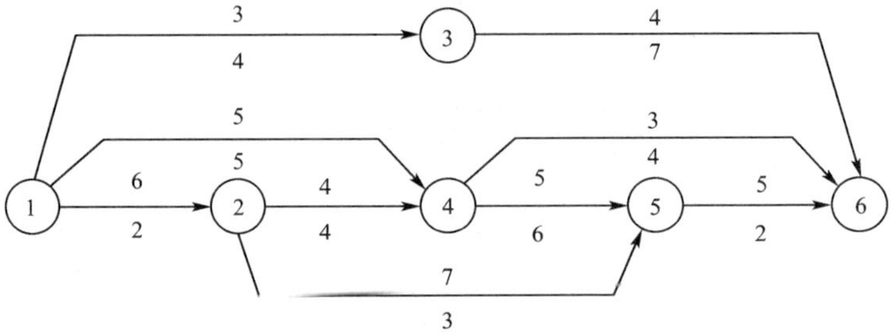

图 3-51　某工程网络计划

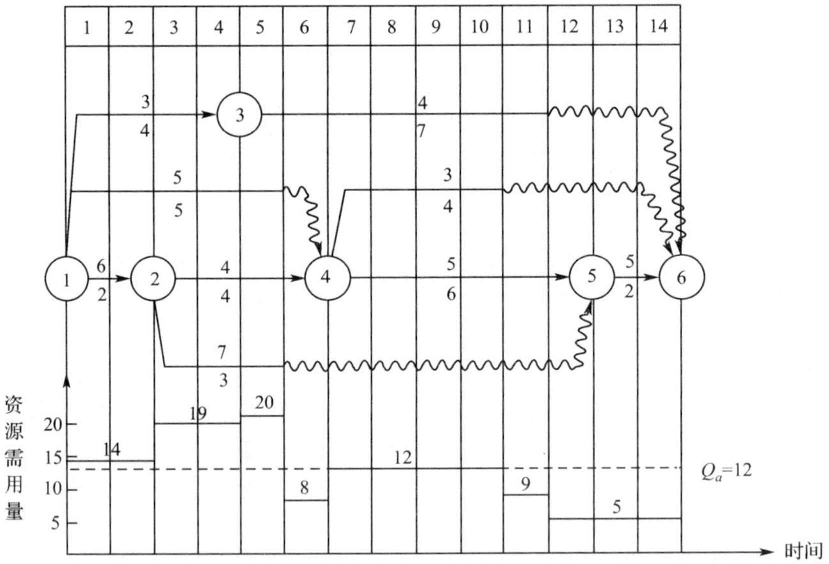

图 3-52　时标网络计划与资源曲线图

量均超过资源限量，需要调整。

③ 首先调整 0—2 时段，将该时段同时进行的工作按总时差从小到大对资源强度进行累计，累计到不超过资源限量($Q_a = 12$) 的最大值，即 $r_{1-2} + r_{1-4} = 6 + 5 = 11 < 12$，将工作 1 — 3 推移至下一时段，调整结果如图 3-53 所示。

④ 从图 3-53 中看出，0—2 时段的资源需用量已不超过资源限量，2—5 时段仍超出，需要调整。资源强度累计：$r_{1-4} + r_{2-4} + r_{1-3} = 5 + 4 + 3 = 12$，将工作 2—5 推移至下一时段，调整结果如图 3-54 所示。

⑤ 从图 3-54 中看出，0—2、2—5 时段已满足资源限量要求，5—6、6—8 时段仍超出，需要调整，调整过程从略。

该网络计划的资源有限-工期最短优化的最后结果如图 3-55 所示。

2. 工期固定-资源均衡优化

在工期不变的条件下，尽量使资源需用量均衡，既有利于工程施工组织与管理，又有利于降低工程施工费用。

(1) 衡量资源均衡程度的指标

衡量资源需用量均衡程度的指标有三个，分别为不均衡系数、极差值、均方差值。这些

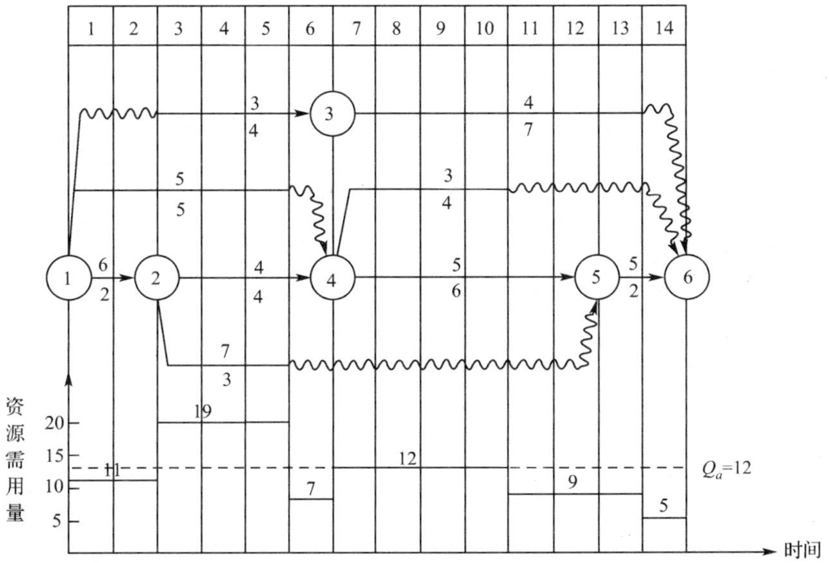

图 3-53　0—2 时段调整后的网络计划与资源曲线图

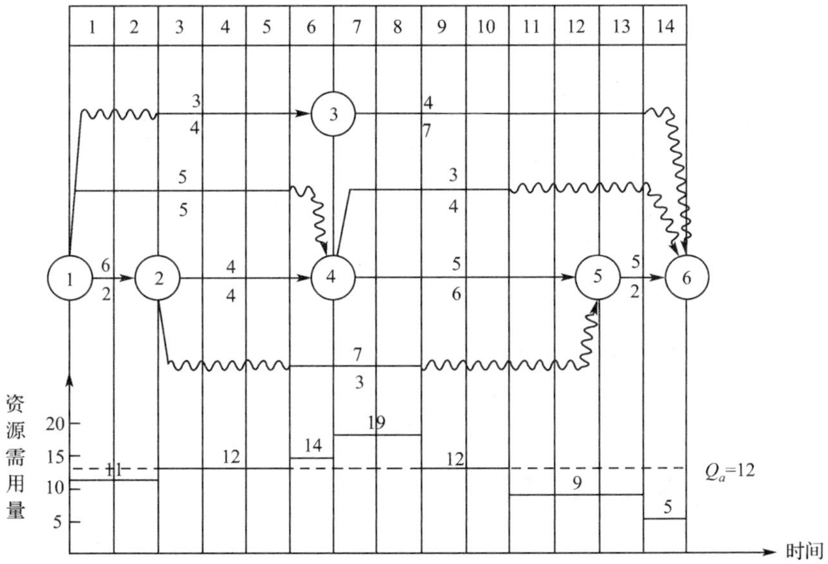

图 3-54　2—5 时段调整后的网络计划与资源曲线图

指标值愈小说明资源均衡程度愈好。

① 不均衡系数 K

$$K=\frac{Q_{\max}}{Q_m} \tag{3-60}$$

式中　$Q_{\max}$—— 资源需用量最大值；

Q_m—— 资源需用量平均值。

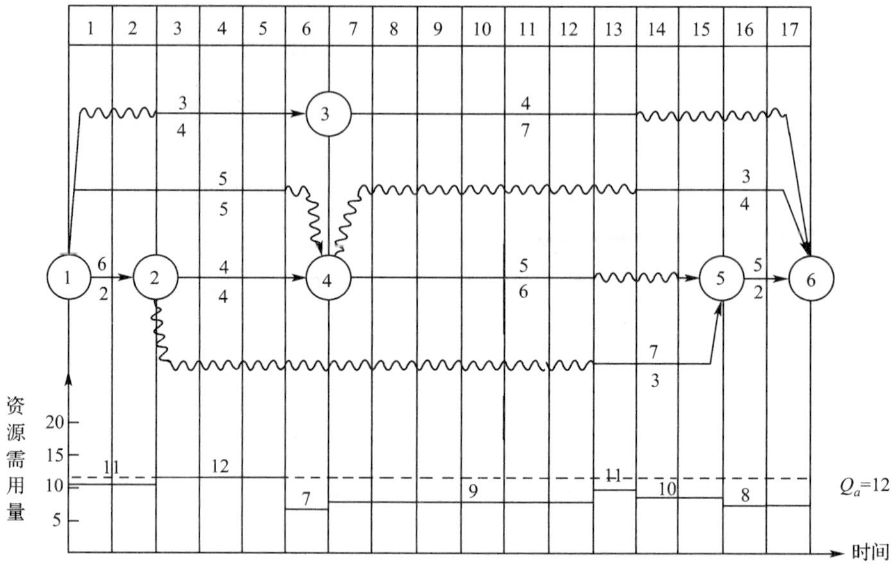

图 3-55　优化后网络计划与资源曲线

$$Q_m = \frac{1}{T}(Q_1 + Q_2 + \cdots + Q_T) = \frac{1}{T}\sum_{t=1}^{T} Q_t \tag{3-61}$$

式中　T—— 网络计划工期(天)；

Q_t—— 第 t 天资源需用量。

② 极差值 ΔQ

$$\Delta Q = \max\{|Q_t - Q_m|\} \tag{3-62}$$

③ 均方差值 σ^2

$$\sigma^2 = \frac{1}{T}\sum_{t=1}^{T}(Q_t - Q_m)^2 \tag{3-63}$$

为简化计算,式(3-62) 可变换为

$$\sigma^2 = \frac{1}{T}\sum_{t=1}^{T} Q_t^2 - Q_m^2 \tag{3-64}$$

若 σ^2 最小,需使 $\sum_{t=1}^{T} Q_t^2 = Q_1^2 + Q_2^2 + \cdots + Q_T^2$ 最小。

(2) 优化步骤与方法

工期固定-资源均衡优化步骤与方法如下：

① 绘制时标网络计划,计算资源需用量。

② 计算资源均衡性指标,本书主要使用均方差值来衡量资源均衡程度。

③ 从网络计划的终点节点开始,按非关键工作最早开始时间的后先顺序进行调整(关键工作不得调整)。

对于任一项工作 $k-l$,设其在第 i 天开始,第 j 天结束,资源强度为 r_{k-l}。若工作 $k-l$ 向右移一天,那么第 i 天资源需用量减少 r_{k-l},第 $j+1$ 天资源需用量增加 r_{k-l},$\sum_{t=1}^{T} Q_t^2 = Q_1^2 + Q_2^2 + \cdots + Q_T^2$ 的变化值 Δ 为

$$\Delta = [(Q_{j+1} + r_{k-l})^2 - Q_{j+1}^2] - [Q_i^2 - (Q_i - r_{k-l})^2]$$

整理得：

$$\Delta = 2r_{k-l}[Q_{j+1} - (Q_i - r_{k-l})] \tag{3-65}$$

若将工作 $k-l$ 向右移 1 天使 $\Delta < 0$，说明移动后的资源均衡性好于移动前，就应将其向右移动 1 天。在此基础上再考虑工作 $k-l$ 能否再向后移动，直至不能移动为止。

若将工作 $k-l$ 向右移 1 天使 $\Delta > 0$，说明移动后的资源均衡性差于移动前，不应移动。但如果工作 $k-l$ 还有自由时差则应继续考虑能否向右移 2 天、3 天 …… 直至不能移动为止。

在具体计算过程中，通常仅利用(3-65) 式中右端方括号中的表达式，即调整判别式为

$$\Delta' = Q_{j+1} - (Q_i - r_{k-l}) \tag{3-66}$$

如果将工作 $k-l$ 向右移动使 $\Delta' < 0$，就应移动。

再从网络计划的终点节点开始，自右向左调整一次后，还要第二次、第三次 …… 调整，直至所有的工作均不能移动为止。

④ 绘制调整后的网络计划。

(3) 优化示例

例 3-15 仍以图 3-51 所示的网络计划为例，说明工期固定-资源均衡优化的步骤和方法。

解 ① 绘制时标网络计划，计算资源需用量，如图 3-52 所示。

② 计算资源均衡性指标，本例仅计算均方差值。

$$\sigma_0^2 = \frac{1}{T}\sum_{t=1}^{T} Q_t^2 - Q_m^2$$

式中

$$Q_m = \frac{1}{T}\sum_{t=1}^{T} Q_t = \frac{1}{14}(14 \times 2 + 19 \times 2 + 20 \times 1 + 8 \times 1 + 12 \times 4 + 9 \times 1 + 5 \times 3)$$
$$= 11.86$$

$$\frac{1}{T}\sum_{t=1}^{T} Q_t^2 = \frac{1}{14}(14^2 \times 2 + 19^2 \times 2 + 20^2 \times 1 + 8^2 \times 1 + 12^2 \times 4 + 9^2 \times 1 + 5^2 \times 3)$$
$$= 165.00$$

所以

$$\sigma_0^2 = 165.00 - 11.86^2 = 24.34$$

③ 优化调整。

a. 第一次调整

i. 调整以终节点 6 为结束节点的工作。

首先调整工作 4—6，利用判别式(3-63)' 判别能否向右移动。

$Q_{11} - (Q_7 - r_{4-6}) = 9 - (12 - 3) = 0$ 可右移 1 天，$ES_{4-6} = 7$

$Q_{12} - (Q_8 - r_{4-6}) = 5 - (12 - 3) = -4 < 0$ 可右移 2 天，$ES_{4-6} = 8$

$Q_{13} - (Q_9 - r_{4-6}) = 5 - (12 - 3) = -4 < 0$ 可右移 3 天，$ES_{4-6} = 9$

$Q_{14} - (Q_{10} - r_{4-6}) = 5 - (12 - 3) = -4 < 0$ 可右移 4 天，$ES_{4-6} = 10$

至此工作 4—6 调整完毕(此图略)，在此基础上考虑调整工作 3—6。

$Q_{12} - (Q_5 - r_{3-6}) = 8 - (20 - 4) = -8 < 0$ 可右移 1 天，$ES_{3-6} = 5$

$Q_{13} - (Q_6 - r_{3-6}) = 8 - (8 - 4) = 4 > 0$ 不能右移 2 天

$Q_{14}-(Q_7-r_{3-6})=8-(9-4)=3>0$　不能右移 3 天

因此工作 3—6 只能向右移动 1 天。

工作 4—6 和工作 3—6 调整完毕后的网络计划如图 3-56 所示。

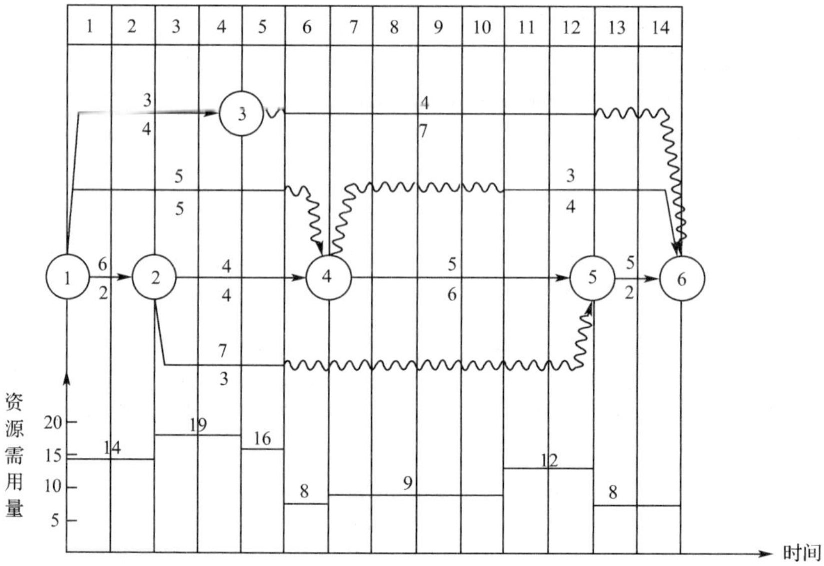

图 3-56　工作 4—6 和 3—6 调整后的网络计划

ii. 调整以节点 5 为结束节点的工作。

根据图 3-56，只有工作 2—5 可考虑调整

$Q_6-(Q_3-r_{2-5})=8-(19-7)=-4<0$　可右移 1 天，$ES_{2-5}=3$

$Q_7-(Q_4-r_{2-5})=9-(19-7)=-3<0$　可右移 2 天，$ES_{2-5}=4$

$Q_8-(Q_5-r_{2-5})=9-(17-7)=0$　可右移 3 天，$ES_{2-5}=5$

$Q_9-(Q_6-r_{2-5})=9-(15-7)=1>0$　不能右移 4 天

$Q_{10}-(Q_7-r_{2-5})=9-(16-7)=0$　不能右移 5 天

$Q_{11}-(Q_8-r_{2-5})=12-(15-7)=4>0$　不能右移 6 天

$Q_{12}-(Q_9-r_{2-5})=12-(16-7)=3>0$　不能右移 7 天

因此工作 2—5 只能向右移动 3 天。

iii. 调整以节点 4 为结束节点的工作。

只能考虑调整工作 1—4，通过计算不能调整。

iv. 调整以节点 3 为结束节点的工作。

只有工作 1—3 可考虑调整。

$Q_5-(Q_1-r_{1-3})=9-(14-3)=-2<0$　可右移 1 天，$ES_{1-3}=1$

至此，第一次调整完毕。调整后的网络计划如图 3-57 所示。

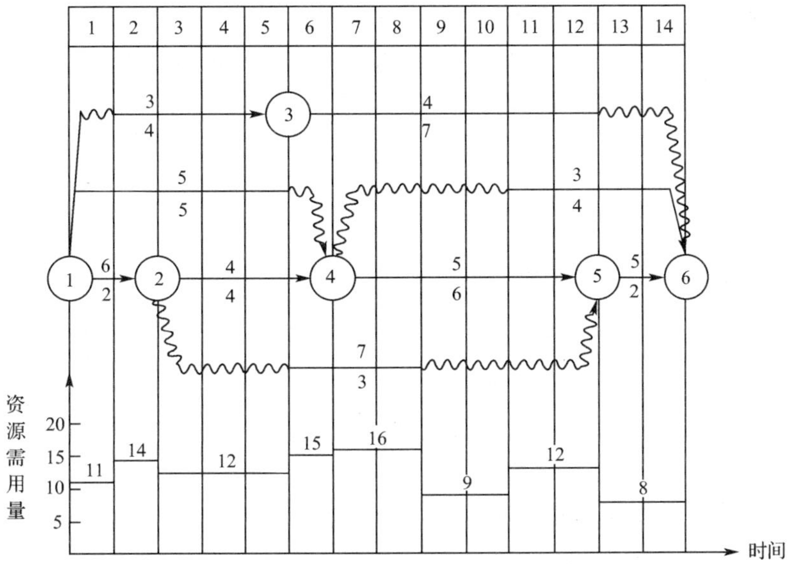

图 3-57 第一次调整后的网络计划

b. 第二次调整

在图 3-57 的基础上，再次自右向左调整。

i. 调整以终节点 6 为结束节点的工作。

只有工作 3—6 可考虑调整。

$Q_{13}-(Q_6-r_{3-6})=8-(15-4)=-3<0$ 可右移 1 天，$ES_{3-6}=6$

$Q_{14}-(Q_7-r_{3-6})=8-(16-4)=-4<0$ 可右移 2 天，$ES_{3-6}=7$

工作 3—6 再次右移后的网络计划如图 3-58 所示。

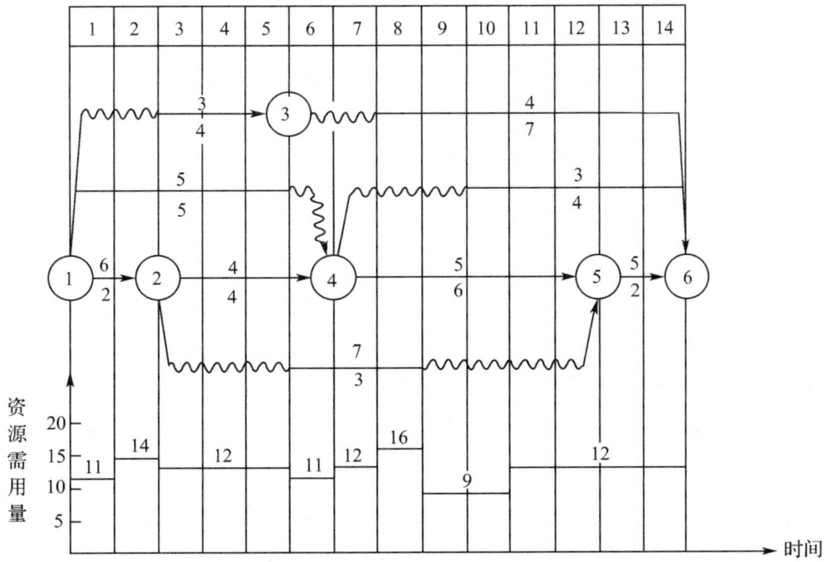

图 3-58 工作 3—6 再次右移后的网络计划

ⅱ. 分别调整以节点 5,4,3,2,为结束节点的非关键工作,均不能再右移。

至此优化结束。图 3-58 即为工期固定-资源均衡优化的最终结果。

(4) 计算优化后的资源均衡性指标

$$\sigma^2 = \frac{1}{14}(11^2 \times 1 + 14^2 \times 1 + 12^2 \times 3 + 11^2 \times 1 + 12^2 \times 1 + 16^2 \times 1 + 9^2 \times 2 + 12^2 \times 4) - 11.82^2 = 2.77 < \sigma_0^2 = 24.34$$

σ^2 降低百分率:

$$\frac{24.34 - 2.77}{24.34} \times 100\% = 88.62\%$$

思考题

1. 何谓网络图?网络图的基本要素有哪些?
2. 何谓工程网络计划技术?如何分类?
3. 双代号、单代号网络图的绘制规则有哪些?
4. 何谓虚工作?如何正确使用?
5. 网络图的节点如何编号?
6. 双代号网络计划的时间参数有哪些?如何计算?
7. 单代号网络计划的时间参数有哪些?如何计算?
8. 何谓关键线路?如何确定?
9. 建筑工程施工网络计划的排列方法有哪些?
10. 何谓时标网络计划?如何绘制?如何分析时标网络计划时间参数?
11. 何谓工程网络计划优化?有哪些内容?
12. 何谓工期优化、费用优化、资源优化?衡量网络计划优劣程度的指标有哪些?

习 题

1. 用双代号网络图的形式表达下列工作之间的逻辑关系:

(1)A、B 的紧前工作为 C;B 的紧前工作为 D。

(2)H 的紧后工作为 A、B;F 的紧后工作为 B、C。

(3)A、B、C 完成后进行 D;B、C 完成后进行 E。

(4)A、B 完成后进行 H;B、C 完成后进行 F;C、D 完成后进行 G。

(5)A 的紧后工作为 B、C、D;B、C、D 的紧后工作为 E;C、D 的紧后工作为 F。

(6)A 的紧后工作为 M、N;B 的紧后工作为 N、P;C 的紧后工作为 N、P。

(7)H 的紧前工作为 A、B、C;F 的紧前工作为 B、C、D;G 的紧前工作为 C、D、E。

2. 根据表 3-10～表 3-12 中的工作之间逻辑关系，绘制双代号、单代号网络图。

表 3-10 逻辑关系(1)

工作	A	B	C	D	E	G	H	I	J	K
紧前工作	—	A	A	A	B	C. D	D	B	E. H. G	G

表 3-11 逻辑关系(2)

工作	A	B	C	D	E	G	H	I	J	K
紧前工作	—	A	A	B	B	D	G	E. G	C. E. G	H. I

表 3-12 逻辑关系(3)

紧前工作	工作	持续时间	紧后工作
—	A	3	Y. B. U
A	B	7	C
B. V	C	5	D. X
A	U	2	V
U	V	8	E. C
V	E	6	X
C. Y	D	4	—
A	Y	1	Z. D
E. C	X	10	—
Y	Z	5	—

3. 按工作计算法计算图 3-59 所示某工程网络计划的时间参数，并指出关键线路。

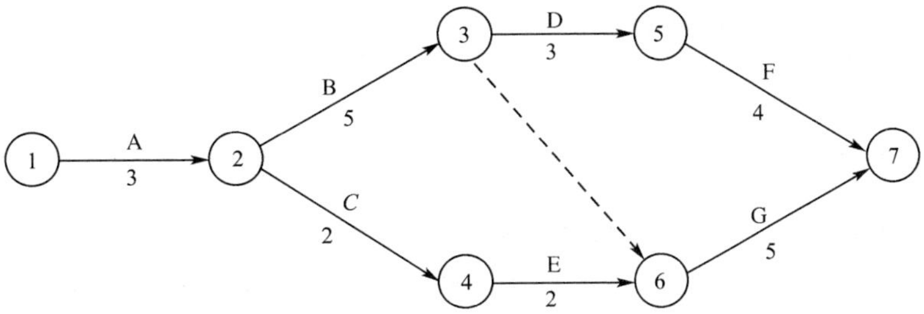

图 3-59 某工程网络计划

4. 已知某单位工程各项工作之间逻辑关系见表 3-13，试绘制双代号施工网络进度计划，并指出关键线路。

表 3-13　　某单位工程施工逻辑关系

序号	工作名称	持续时间	紧前工作	序号	工作名称	持续时间	紧前工作
1	挖土 1	6	—	26	管道二	4	管道一、浇砼三
2	挖土 2	6	挖土 1	27	管道三	4	管道二、浇砼四
3	垫层 1	1	挖土 1	28	管道四	4	管道三
4	垫层 2	1	垫层 1、挖土 2	29	地面一	5	管道一
5	基础 1	5	垫层 1	30	地面二	5	管道二、地面一
6	基础 2	5	基础 1、垫层 2	31	地面三	5	管道三、地面二
7	回填 1	5	基础 1	32	地面四	5	屋面、管道四、隔墙四、地面三
8	回填 2	5	回填 1、基础 2	33	磨光一	7	地面一
9	预制 1	5	回填 1	34	磨光二	7	地面二、磨光一
10	预制 2	7	预制 1、回填 2	35	磨光三	7	地面三、磨光二
11	养护 1	7	预制 1	36	磨光四	7	地面四、磨光三
12	养护 2	7	预制 2	37	内抹一	6	磨光一
13	吊装	20	养护 1、养护 2	38	内抹二	6	磨光二、内抹一
14	砌墙一	8	吊装	39	内抹三	6	磨光三、内抹二
15	砌墙二	6	砌墙一	40	内抹四	6	磨光四、内抹三
16	砌墙三	6	砌墙二	41	门窗一	4	内抹一
17	砌墙四	6	砌墙三	42	门窗二	4	内抹二、门窗一
18	屋面	8	砌墙四	43	门窗三	4	内抹三、门窗二
19	外装修	15	屋面	44	门窗四	4	内抹四、门窗三
20	浇砼一	4	砌墙一	45	油漆一	5	门窗一
21	浇砼二	5	砌墙二、浇砼一	46	油漆二	5	门窗二、油漆一
22	浇砼三	5	砌墙三、浇砼二	47	油漆三	5	门窗三、油漆二
23	浇砼四	5	砌墙四、浇砼三	48	油漆四	5	门窗四、油漆三
24	隔墙四	4	砌墙四	49	结尾工程	5	外装修、油漆四
25	管道一	4	浇砼二	50			

5. 已知网络计划各工作之间的逻辑关系和持续时间见表 3-14。如果该计划拟于 6 月 24 日(星期二)开始(每星期日休息),试绘制带有绝对坐标、日历坐标和星期坐标的双代号时标网络计划。

表 3-14　　某单位工程施工逻辑关系

工作	A	B	C	D	E	F	G	H	I
紧前工作	—	—	A	A	C	E	D. E	B. D. E	F. G
持续时间	2	4	2	3	3	2	3	6	2

6. 试在图 3-60 单代号搭接网络图上计算各项工作的时间参数，并确定关键线路和工期。

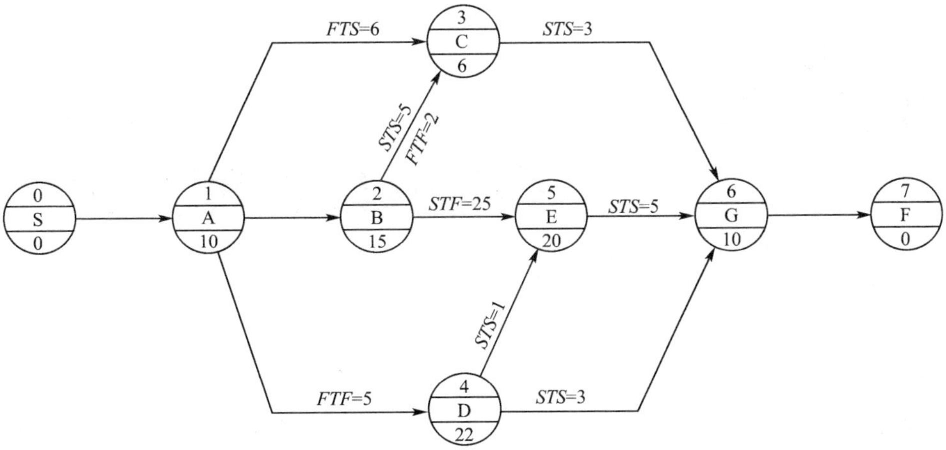

图 3-60 某工程单代号搭接网络图

7. 已知网络计划如图 3-61 所示。图中箭线下方括号外数据为正常持续时间，括号内数据为最短持续时间，箭线上方括号内数据为优先压缩系数。要求目标工期为 12 天，试对其进行工期优化。

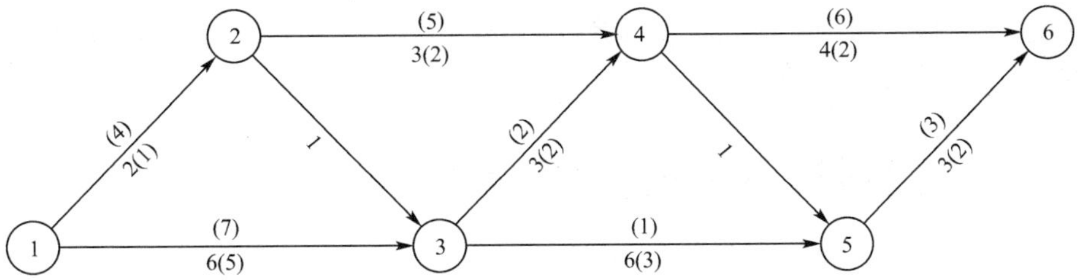

图 3-61 某工程网络计划图

8. 已知网络计划如图 3-62 所示。图中箭线下方括号外数据为正常持续时间，括号内数据为最短持续时间；箭线上方括号外数据为正常持续时间下的直接费，括号内数据为最短持续时间下的直接费。费用单位为千元，时间单位为天，若间接费率为 0.8 千元/天，试对其进行费用优化。

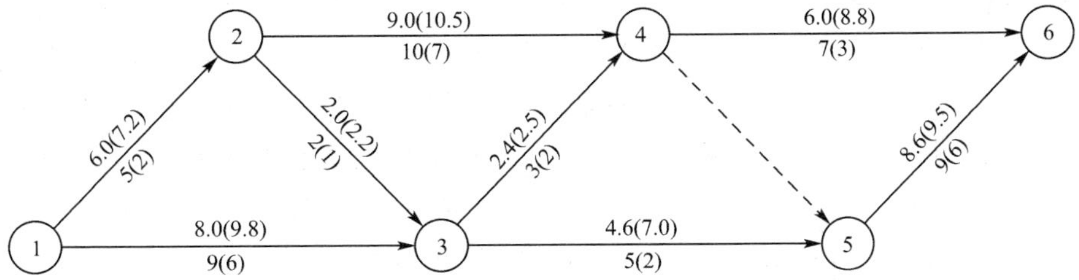

图 3-62 某工程网络计划图

第 4 章

工程项目管理组织

“组织”一词有组织机构和组织行为两层含义。前者侧重于组织机构的建立；后者侧重于通过组织机构的活动与运行，为实现预定目标而合理配置资源，妥善处理人、物、事之间的各种关系。从广义上说，组织是指由诸多要素按照一定方式相互联系起来的系统。从狭义上说，组织就是指人们为实现一定的目标，互相协作结合而成的集体或团体，如党团组织、工会组织、企业、军事组织等等。狭义的组织专门指人群而言，运用于社会管理之中。在现代社会生活中，组织是人们按照一定的目的、任务和形式编制起来的社会集团，组织不仅是社会的细胞、社会的基本单位，而且可以说是社会的基础。

工程项目管理组织则应包括为了实施工程项目管理的组织职能，针对组织系统而进行的机构建立、组织运行、管理协调 3 个方面。

4.1 工程项目管理的组织形式

4.1.1 工程项目管理组织机构的设置

设置工程项目管理的组织机构时，一般应包括确立目标、工作划分、确定机构及职责、确定人员及职权、检查与反馈以及未来的机构运行等环节。其具体情况如图 4-1 所示。

在按照图 4-1 的基本程序设置工程项目管理的组织机构时，一般应当遵循以下原则：

(1)目的性原则。即根据工程项目的规模、特点及要求，明确工程项目管理的最终目标。

(2)精干高效原则。即在履行必要职能的前提下，尽量简化机构、因事设人、以责定权。

(3)管理跨度适中原则，即有效管理幅度原则。管理幅度是指一个主管能够直接有效地指挥下属的数目，一个主管能够直接有效地指挥下属的人数是有限的，既不是愈多愈好，也不是愈少愈好。一个主管直接领导的下属人员数量应当适中，一般可参照著名的邱格纳斯公式。公式中工作接触次数 C 与管理跨度 N 的关系为 $C = N(2^{N-1} + N - 1)$。如果直接领导的下属人员数量过多可能会造成主管人员应接不暇，工作效率下降。

(4)分工协作原则。即根据员工的素质及项目的特点，做到分工合理、协作明确。

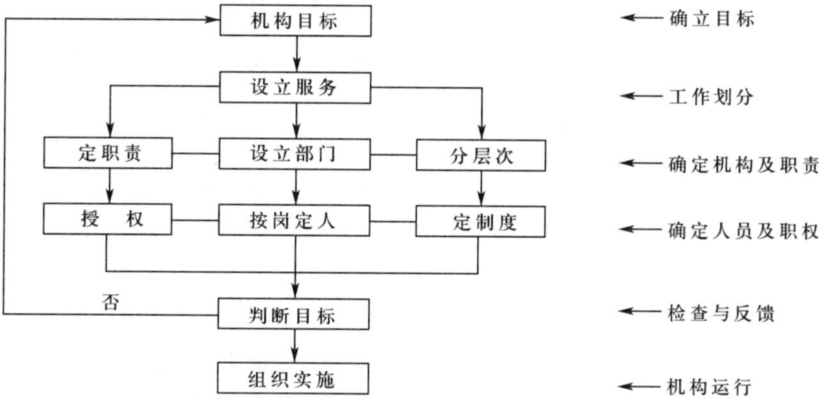

图 4-1　工程项目管理组织机构设置程序

(5)分层统一原则。即建立一条连续的等级链,实现命令统一。

(6)责、权、利相结合原则。即有职有责、责任明确、权力恰当、利益合理。

(7)弹性与流动性原则。既要注意机构稳定,还需根据项目内部、外部环境条件的变化,按照弹性、流动性的要求适时调整工程项目管理的组织机构。

(8)执行与监督分设原则。即工程项目管理机构除接受企业(母公司)的监督外,其内部的质量监督、安全监督等应与施工部门分开设置。

4.1.2　建设项目管理的组织形式

建设单位(业主)在实施工程项目管理过程中,可能采用的组织形式主要有以下 5 种。

1. 建设单位自管

建设单位是指建筑工程合同的投资方,对建筑工程拥有产权。建设单位也称为业主单位或项目业主,指建设工程项目的投资主体或投资者,它也是建设项目管理的主体。主要履行提出建设规划和提供建设用地及建设资金的责任。建设单位自管是建设单位自己组建项目管理机构,负责建设资金的使用,办理前期手续,组织勘察设计、材料设备采购、工程施工的招标与管理及工程竣工验收等全部工作,有的建设单位还自行组织工程设计、施工等。其组织形式如图 4-2 所示。

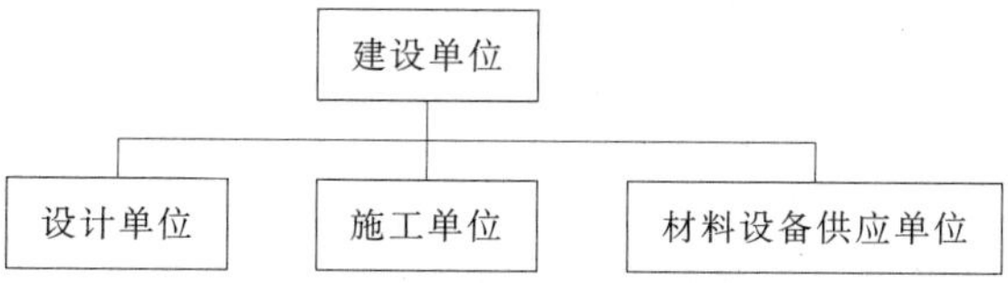

图 4-2　建设单位自管形式

在建设单位自管形式中,项目管理与建设单位是一套班子,可以统一领导。但组织管理机构往往因其为临时机构都不健全,管理人员一般因是非专职从事项目管理人员而经验不足,不利于实现项目管理的专业化、社会化。这种方式主要适用于小规模的工程项目。

2. 工程指挥部

工程指挥部由参与工程项目建设有关各方的代表组成。它不是一个经济实体，通常与政府主管部门或建设单位实行投资（预算）包干。其组织形式如图 4-3 所示。

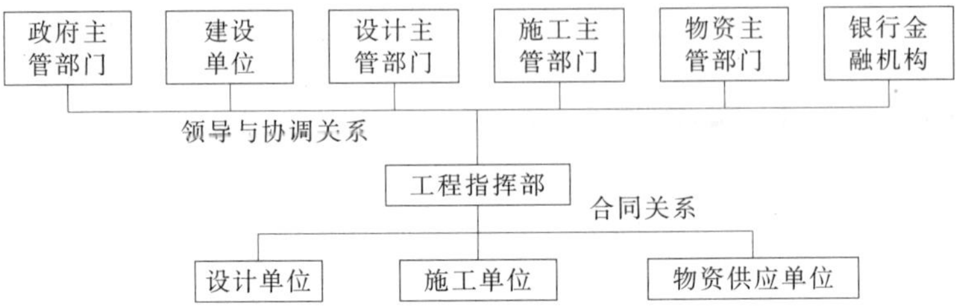

图 4-3　工程指挥部形式

工程指挥部形式可以较好地发挥参建各方的积极作用。但其机构松散、缺乏层次、责任不清、信息渠道不畅。常用于重点工程或政府项目。

3. 工程监理（咨询）

建设单位与工程监理（咨询）单位签订委托合同，由监理（咨询）单位代表建设单位对项目建设实施管理。其组织形式如图 4-4 所示。

工程监理（咨询）单位作为独立的第三方，接受建设单位的委托，对工程项目实施监督、管理、协调、控制。工程监理（咨询）形式实现了项目的所有权与管理权相分离，建设单位只需要对项目制定目标，提出要求，并负责最后的验收。它是国际工程中流行的项目管理形式之一。

4. 项目总承包

项目总承包，也称工程总承包，是由建设单位将工程项目的勘察设计、设备采购、工程施工等全部建设活动委托给一家具有相应资质的总承包单位负责组织实施，工程竣工验收合格后建设单位可以直接使用。其组织形式如图 4-5 所示。

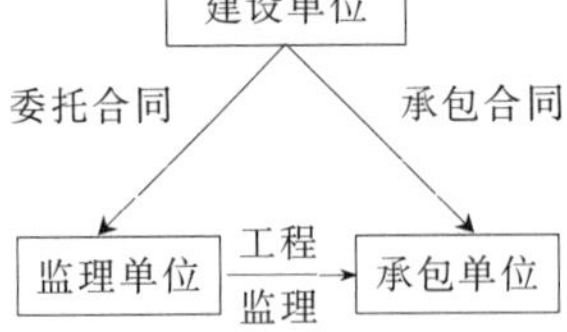

图 4-4　工程监理形式图

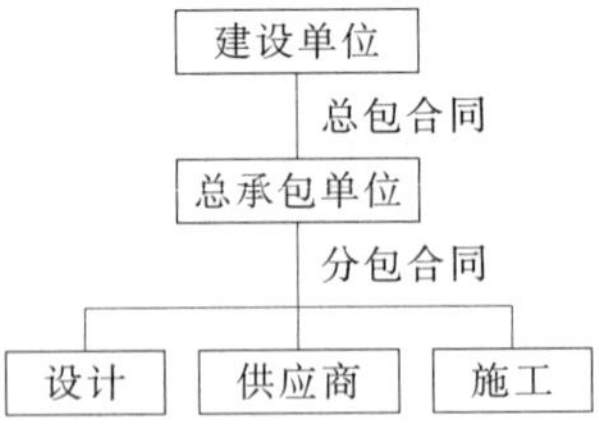

图 4-5　项目总承包形式

一般情况下，建设单位仅与总承包单位发生直接（合同）关系，双方职责明确，便于对工程项目实施有效的管理。项目总承包的具体方式又分为：①设计、采购、施工总承包（EPC）；②交钥匙总承包；③设计-施工总承包（D—B）；④设计-采购总承包（E—P）；⑤采购-施工总承包（P—C）；⑥特许经营总承包（BOT/PFI）等方式。

项目总承包是国内外建设工程中较为普遍的项目管理形式。

5. 项目托管

项目托管形式，又称工程项目代建制，是由建设单位将整个工程项目的全部工作（或者部分工作）委托给专门的项目管理公司，由项目管理公司代替业主从事工程项目建设管理。其组织形式如图 4-6 所示。

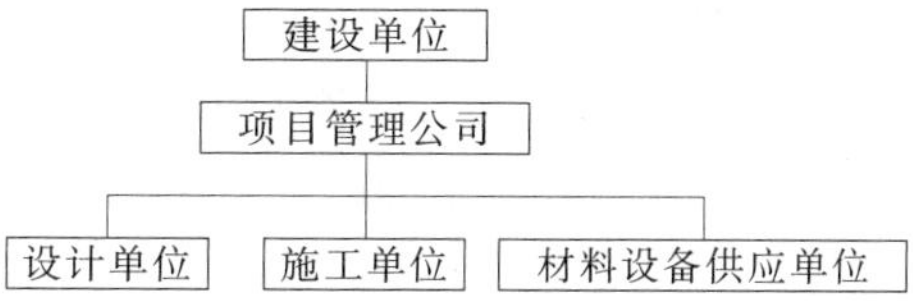

图 4-6　项目托管形式

项目托管的具体方式又分为：①项目管理服务（PM）；②项目管理承包（PMC）等方式。

项目托管与工程监理（咨询）、项目总承包有些相似，但项目管理公司主要负责管理工作，而且，工程设计、施工单位也可以把他们承担任务范围内的组织管理工作委托给专门的项目管理公司去做。这种管理组织形式较好地发挥了专门从事项目管理机构及其人员的作用，是国际上通行的项目管理方式之一。

4.1.3　施工项目管理的组织形式

施工单位在实施工程项目管理过程中，可能采用的组织形式主要有以下 5 种。

1. 直线式组织形式

直线式组织形式是最古老的组织结构形式。所谓的“直线”是指在这种组织结构下，职权直接从高层开始向下“流动”（传递、分解），经过若干个管理层次达到组织最低层。其特点是：

（1）组织中每一位主管人员对其直接下属拥有直接职权。

（2）组织中的每一个人只对他的直接上级负责或报告工作。

（3）主管人员在其管辖范围内，拥有绝对职权或完全职权。即主管人员对所管辖的部门的所有业务活动行使决策权、指挥权和监督权。

项目管理组织中的各种职能均按直线排列，项目经理直接进行单线垂直领导，任何一个下级只接受唯一上级的指令。其组织形式如图 4-7 所示。

这种组织结构形式的优点是权力集中，职权和职责分明、命令统一，信息沟通简捷方便，便于统一指挥，集中管理。不过这种组织结构显著缺点是，各级行政首脑必须熟悉与本部门业务相关的各种活动（尤其是最高行政首脑，必须是全能管理者）；缺乏横向的协调关系，没有职能机构作为行政首脑的助手，容易使行政首脑忙乱。所以，一旦企业规模扩大，管理工作复杂化，行政首脑可能由于经验、精力不及而顾此失彼，难以进行有效的管理。因此，比较适合于中小型项目。

2. 职能式组织形式

职能式组织形式是当今世界上最为普遍的组织形式。这是一个标准的金字塔形的结构，高层管理者位于金字塔的顶部，中层和低层管理者则沿着塔顶向下分布。企业的生产要素按诸如设计、生产、营销、财务等职能划分为部门。

所谓项目管理的职能式组织形式，通常是指项目任务是以企业中现有的职能部门作为承担任务的主体来完成的。一个项目可能是由某一个职能部门负责完成，也可能是由多个职能部门共同完成，在这种情况下，各职能部门之间与项目相关的协调工作需在职能部门主管这一层次上进行。

项目管理组织中设置若干职能部门，并且各个职能部门在其职能范围内有权直接指挥下级。其组织形式如图 4-8 所示。

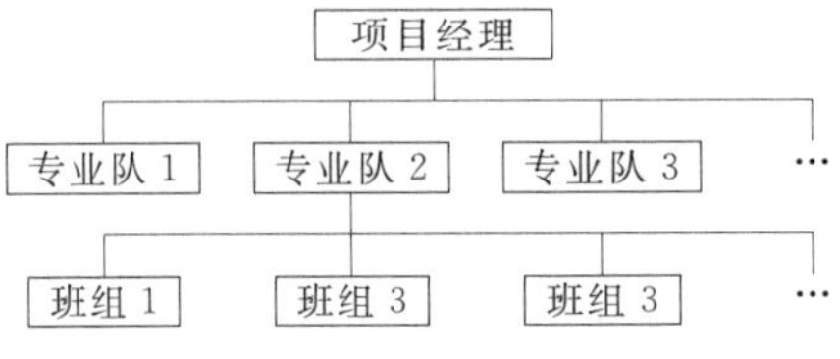

图 4-7　直线式组织形式

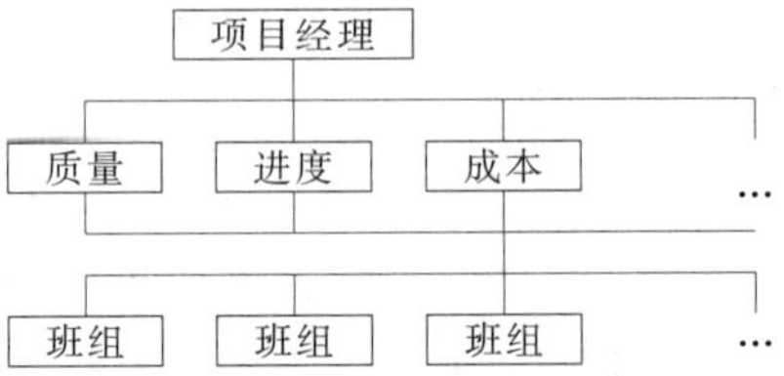

图 4-8　职能式组织形式

职能式组织结构的优点是：

(1)政策、工作程序和职责规范十分明确；

(2)垂直型权责结构，能实现很好的工作控制；

(3)在已有的专业化生产上容易采取大规模生产；

(4)管理权力高度集中，便于最高领导层对整个企业实施严格的控制。

3. 直线职能式组织形式

项目管理组织呈直线状，并且设有职能部门或职能人员，其组织形式如图 4-9 所示。图中的实线为领导关系；虚线为指导关系。

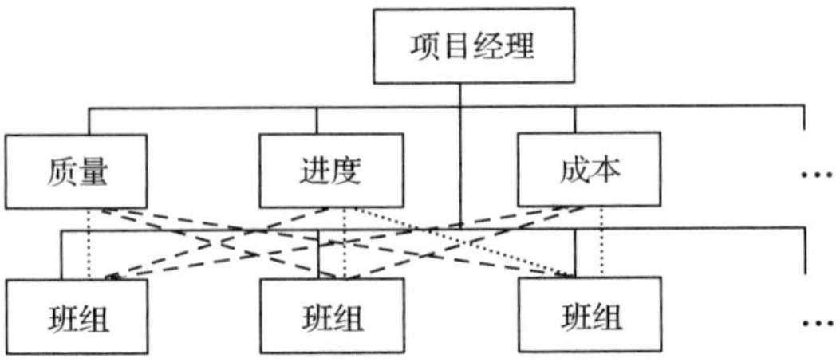

图 4-9　直线职能式组织形式

直线职能式组织形式既保持了直线式的统一指挥、职责明确等优点，又体现了职能式的目标管理专业化等优点。但职能部门可能与指挥部门产生矛盾，信息传递线路较长。主要适用于中小型项目。

4. 矩阵式组织形式

矩阵式组织形式是在直线职能制垂直形态组织系统的基础上，再增加一种横向的领导系统。矩阵式组织也可以称为非长期固定性组织。矩阵式组织是综合利用各种标准的一个范例。这是一种横纵两套系统交叉形成的复合结构组织。纵向是职能系统，横向是为完成某项专门任务而组成的项目系统。项目系统没有固定的工作人员，而是随着任务的进度，根据工作的需要，从各职能部门抽人参加，这些人员完成了与自己有关的工作后，仍回到原来的职能部门。项目管理组织由公司职能、项目两套系统组成，并呈矩阵状。其中的项目管理人员由企业有关职能部门派出并进行业务指导，接受项目经理直接领导。其组织形式如图 4-10 所示。

矩阵式组织形式的独特之处在于事业部式与职能式组织形式特征的同时实现。这种组织形式除了具有高度的弹性外,同时可以使在各地区的全球主管接触到有关各地的大量资讯。它为全球主管提供了许多面对面沟通的机会,有助于公司的规范与价值转移,因而可以促进全球企业文化的建设。

矩阵式组织形式的优点是:①加强了横向联系,专业设备和人员得到了充分利用;②具有较大的机动性;③促进各种专业人员互相帮助,互相激发,相得益彰。矩阵式组织形式的缺点是:①成员位置不固定,有临时观念,有时责任心不够强;②人员受双重领导,有时不易分清责任。

矩阵式组织形式加强了各职能部门的横向联系,体现了职能原则与对象原则的有机结合,组织具有弹性,应变能力强。但纵向、横向的协调工作量大,可能产生矛盾指令,对于管理人员的素质要求较高。因此,主要适用于大型复杂项目或多个同时进行的项目。

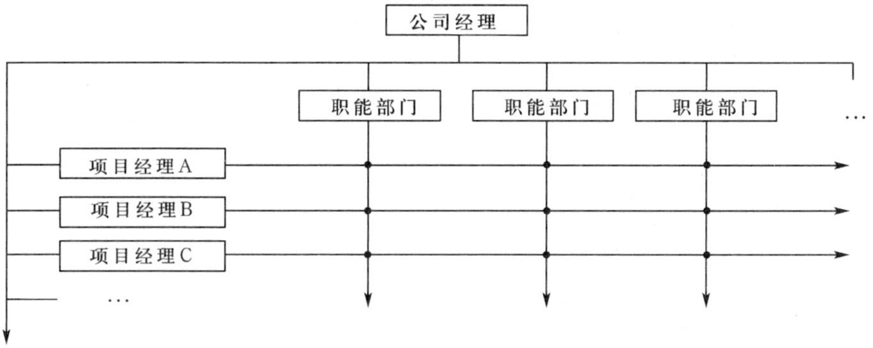

图 4-10　矩阵式组织形式

5. 事业部式组织形式

事业部式组织形式是指以某个产品、地区或顾客为依据,将相关的研究开发、采购、生产、销售等部门结合成一个相对独立的单位的组织结构形式。它表现为,在总公司领导下设立多个事业部,各事业部有各自独立的产品或市场,在经营管理上有很强的自主性,实行独立核算,是一种分权式管理结构。事业部式组织形式又称 M 型组织结构,即多单位企业、分权组织,或部门化结构。

在企业内部按地区或工程类型而设立事业部,对内是一个部门,对外则是一个具有法人资格的项目管理组织。其组织形式如图 4-11 所示。

事业部式组织形式有利于延伸企业的经营职能,提高企业应变能力。但要求企业具有较强的约束机制和综合管理能力。因此,主要适用于大型施工企业在一个地区有长期的市场或拥有多种专业施工能力。

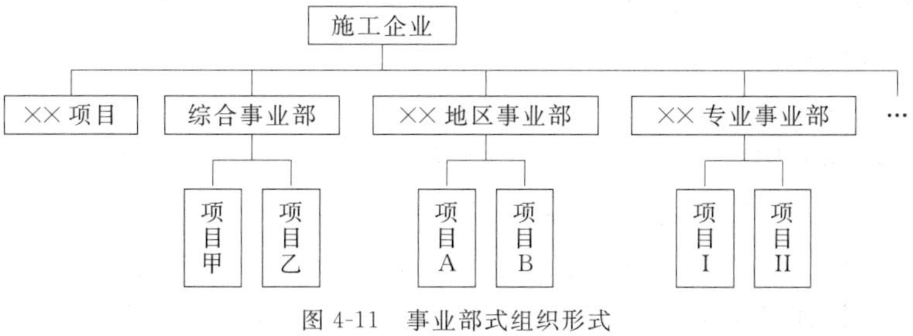

图 4-11　事业部式组织形式

4.1.4 施工项目管理组织形式的选择

一般来讲，施工项目的管理组织通常具有以下特点：一次性，即项目竣工，则机构解体；责任、目标的明确性；系统性，以便完成项目所有的工作；弹性和可变性，即随着项目的进展与变化而适时调整；内外部关系的复杂性；组织形式的多样性等。

施工企业在选择项目管理的组织形式时，应考虑项目的规模、业务范围、复杂性等因素，分析建设单位对项目的要求、标准规范、合同条件等情况。而且，必须结合企业的类型、员工的素质、管理水平以及企业的任务、环境条件、工作基础等，选择最适宜的项目管理组织形式。

一般来讲，施工企业可以按照下列思路选择项目管理组织形式：

(1)人员素质高，管理基础强，可以承担复杂项目的大型综合企业，宜采用矩阵式、事业部式组织形式。

(2)简单项目、小型项目、承包内容单一的项目，宜采用直线职能式或直线式组织形式。

(3)在同一企业内部，可以根据具体情况将几种不同的组织形式结合使用，如事业部式与矩阵式、直线职能式与事业部式，但不能将职能式与矩阵式混用，以免造成混乱。

4.2 项目经理

项目经理是企业法定代表人在建设工程项目上的委托代理人。我国项目经理管理制度主要涉及的是施工项目经理。施工项目经理是工程项目施工承包单位的法定代表人在施工项目上的委托代理人，作为一种职业性岗位，项目经理应根据企业法定代表人通过《项目管理目标责任书》授权的范围、时间和内容，对施工项目自开工准备至竣工验收，实施全过程、全面管理。《建筑施工企业项目经理资质管理办法》(建[1995]1号)、《建设工程项目管理规范》(GB/T50326—2006)等，对此都有所规定。

4.2.1 项目经理的任务

项目管理目标责任书是企业法定代表人与项目经理根据施工合同和经营管理目标要求而签订的，明确规定项目经理部应当达到的成本、质量、进度和安全等控制目标的管理责任文件。它一般包括以下内容：

(1)企业各业务职能部门与项目经理部之间的关系。

(2)项目经理部使用作业队伍的方式，项目所需材料、机械设备的供应方式。

(3)项目应达到的进度目标、质量目标、安全目标和成本目标等。

(4)在企业制度规定以外的、由法定代表人向项目经理委托的事项。

(5)企业对项目经理部人员进行奖惩的依据、标准、办法及应承担的风险。

(6)项目经理解职和项目经理部解体的条件及方法。

项目经理的任务因项目管理目标责任书中的项目管理目标而异。但是,一般应当包括以下内容:

(1)确定项目管理组织机构并配备相应人员,组建项目经理部。

(2)制定岗位责任制等各项规章制度,以有序地组织项目、开展工作。

(3)制定项目管理总目标、阶段性目标以及总体控制计划,并实施控制,保证项目管理目标的全面实现。

(4)及时准确地做出项目管理决策,严格管理,保证合同的顺利实施。

(5)协调项目组织内部及外部各方面关系,并代表企业法人在授权范围内进行有关签证。

(6)建立完善的内部和外部信息管理系统,确保信息畅通无阻,工作高效进行。

4.2.2 项目经理的素质

1. 品德素质

项目经理应当遵守国家的法律法规,服从企业的领导和监督;具有高度的事业心和责任感,坚忍不拔,开拓进取;具有良好的道德品质和团队意识,诚实守信,公道正直,以身作则,正确处理各方利益关系等。

2. 能力素质

项目经理应具有符合施工项目管理要求的能力素质,包括基本能力、领导能力两个方面。前者包括观察能力、记忆能力、整体能力、思维能力、预见能力等;后者包括策划决策能力、组织协调能力、人际交往能力、灵活应变能力、发展创新能力等。

3. 知识素质

项目经理应当接受过良好的教育,具有大中专或以上学历及相应的执业和岗位资格证书,并在工作中注意更新知识、不断提高。进而,具有承担施工项目管理任务所必需的专业技术、经济、管理、法律法规、合同、造价、财会、电子商务等基本知识。

4. 身体素质

工程项目现场繁重的管理任务、艰苦的工作与生活条件,要求项目经理必须具有健康的身体、充沛的精力、宽阔的心胸、坚强的意志。

5. 实践经验

项目管理过程中存在大量的不确定性因素,以及可能遇到的各种实际、复杂问题,要求项目经理必须具有相应的施工项目管理经验以及必要的业绩。

6. 交流能力

交流能力也就是有效倾听、劝告和理解他人行为的能力。强势领导必将制约企业的发展。项目经理只有具备足够的交流能力才能与下属、上级进行平等的交流,特别是与下属的交流更显重要。因为群众的声音是来自最基层、最原始的声音,特别是群众的反对声音,一个项目经理如果没有对下属职工的意见进行足够的分析、理解,那他的管理必然是强权管理,也必将引起职工的不满,其后果也必将重蹈我国历史上那些“忠言逆耳”的覆辙。

7. 号召力

号召力也就是调动下属工作积极性的能力。人是社会上的人，每个人都有自己的个性，而一般情况下项目经理部的成员是从企业内部各个部门调来后组合而成的，因此每个成员的素质、能力和思想境界均或多或少地存在不同之处。每个人从其他部门到项目部上班也都带有不同的目的，有的人是为了钱，有的人是为了学点技术和技能，而有的人是为了混日子。也因此每个人的工作积极性均会有所不同，为了钱的人如果没有得到他期望的工资，就会有厌倦情绪；为了学技术和技能的人如果认为该项目没有他要学的技术和技能或认为岗位不对口学不到技术和技能也会生产厌倦情绪；为了混日子的人，则是做一天和尚撞一天钟——得过且过。因此，项目经理应具有足够的号召力才能激发各种成员的工作积极性。

4.2.3 项目经理的责、权、利

根据均衡、对等的原则，确定项目经理的责、权、利，是为了确定其职责，并为其履行职责、获得利益创造必要的条件。

1. 项目经理的责任

一般来讲，项目经理应当履行下列职责：

(1)代表企业实施施工项目管理，贯彻执行国家法律、法规、方针、政策和强制性标准，执行企业的管理制度，维护企业的合法权益。

(2)履行“项目管理目标责任书”规定的任务。

(3)组织编制项目管理实施规划。

(4)对进入现场的生产要素进行优化配置和动态管理。

(5)建立质量管理、安全和环境管理体系并组织实施。

(6)在授权范围内负责与企业管理层、劳务作业层、各协作单位、发包人、分包人和监理工程师等的协调，解决项目中出现的问题。

(7)按“项目管理目标责任书”处理项目经理部与国家、企业、分包单位以及职工之间的利益分配。

(8)进行现场文明施工管理，发现和处理突发事件。

(9)参与工程竣工验收，准备结算资料和分析总结，接受审计。

(10)处理项目经理部的善后工作。

(11)协助企业进行项目检查、鉴定和评奖申报。

2. 项目经理的权利

施工企业对于项目经理的授权，应当根据管理的需要、项目的地域与环境、项目经理的综合素质与能力，实行有限授权。

一般来讲，项目经理应当具有下列权限：

(1)参与企业进行的施工项目投标和签订施工合同。

(2)经授权组建项目经理部，确定项目经理部的组织结构，选择、聘任管理人员，确定管理人员的职责，并定期进行考核、评价和奖惩。

(3)在企业财务制度规定的范围内,根据企业法定代表人授权和施工项目管理的需要,决定资金的投入和使用,决定项目经理部各类人员的计酬办法。

(4)在授权范围内,按物资采购程序性文件的规定,行使采购权。

(5)根据企业法定代表人授权或按照企业的规定,选择、使用作业队伍。

(6)主持项目经理部工作,组织制定施工项目的各项管理制度。

(7)根据企业法定代表人授权,协调、处理与施工项目管理有关的内部与外部事项。

3. 项目经理的利益

施工企业应当确立、维护项目经理的地位和正当权利,并做到分配合理、奖惩得当。一般来讲,项目经理应当享有以下利益:

(1)获得基本工资、岗位工资和绩效工资。

(2)除按“项目管理目标责任书”可获得物质奖励外,还可获得表彰、记功、优秀项目经理等荣誉称号。

(3)经考核和审计,未完成“项目管理目标责任书”确定的项目管理责任目标或造成亏损的,应按其中有关条款承担责任,并接受经济或行政处罚。

4.2.4　项目经理的选配

世界各国对于项目经理(建造师)的任职条件要求虽然有所不同,但却普遍实行着持证上岗制度,并主要控制其知识和经验两个方面。

1. 项目经理的申请与考核

根据《建筑施工企业项目经理资质管理办法》的有关规定,我国项目经理的资质分为一、二、三、四级,其申请条件如下:

一级项目经理:担任过一个一级建筑施工企业资质标准要求的工程项目,或两个二级建筑施工企业资质标准要求的工程项目施工管理工作的主要负责人,并已取得国家认可的高级或中级专业技术职称者。

二级项目经理:担任过两个工程项目,其中至少一个为二级建筑施工企业资质标准要求的工程项目施工管理工作的主要负责人,并已取得国家认可的中级或初级专业技术职称者。

三级项目经理:担任过两个工程项目,其中至少一个为三级建筑施工企业资质标准要求的工程项目施工管理工作的主要负责人,并已取得国家认可的中级或初级专业技术职称者。

四级项目经理:担任过两个工程项目,其中至少一个为四级建筑施工企业资质标准要求的工程项目施工管理工作的主要负责人,并已取得国家认可的初级专业技术职称者。

项目经理经过培训,考试合格后发给项目经理培训合格证。再经过项目经理岗位工作实践后,达到项目经理资质申请条件者,由本人提出申请,经企业法定代表人签署意见,参加相应级别的项目经理资质考核。资质考核完成后,发给相应等级的《建筑施工企业项目经理资质证书》。

2. 建造师执业资格制度

根据人事部、建设部《建造师执业资格制度暂行规定》(人发[2002]111 号)的有关规定,国家对建设工程项目总承包和施工管理关键岗位的专业技术人员实行执业资格制度,纳入全国专业技术人员执业资格制度统一规划。建造师分为一级建造师和二级建造师,并主要担任建设工程项目施工的项目经理或从事其他施工活动的管理工作。

按规定,凡遵守国家法律、法规,具备下列条件之一者,可以申请参加一级建造师执业资格考试:

(1)取得工程类或工程经济类大学专科学历,工作满 6 年,其中从事建设工程项目施工管理工作满 4 年。

(2)取得工程类或工程经济类大学本科学历,工作满 4 年,其中从事建设工程项目施工管理工作满 3 年。

(3)取得工程类或工程经济类双学士学位或研究生班毕业,工作满 3 年,其中从事建设工程项目施工管理工作满 2 年。

(4)取得工程类或工程经济类硕士学位,工作满 2 年,其中从事建设工程项目施工管理工作满 1 年。

(5)取得工程类或工程经济类博士学位,从事建设工程项目施工管理工作满 1 年。

申请注册建造师资格的人员,必须同时具备以下条件:

①取得建造师执业资格证书。

②无犯罪记录。

③身体健康,能坚持在建造师岗位上工作。

④经所在单位考核合格。

其中,对于一级建造师的执业技术能力要求应当包括:

①具有一定的工程技术、工程管理理论和相关经济理论水平,并具有丰富的施工管理专业知识。

②能够熟练掌握和运用与施工管理业务相关的法律、法规、工程建设强制性标准和行业管理的各项规定。

③具有丰富的施工管理实践经验和资历,有较强的施工组织能力,能保证工程质量和安全生产。

④具有一定的外语水平。

3. 英国皇家特许建造师执业资格制度

英国皇家特许建造师学会(CIOB)是一个主要由从事建筑管理的专业人员组织起来的社会团体,是一个涉及项目建设全过程管理的专业学会。其会员依次有学生会员、助理会员、准会员、正式会员(MCIOB)、资深会员(FCIOB)等 5 个层次,其中的后两个层次被称为"皇家特许建造师"。

申请皇家特许建造师资格会有一定的手续和不同的途径,但始终是围绕着建筑管理理论知识和工作实践方面进行的。CIOB 认为,要成为一名合格的特许建造师,应满足基础知识、核心知识和不同方向所要求的专业知识，其公布的教育大纲中设置的主要课程如下：

(1)基础课程。例如，设计与技术、建筑材料、建筑科学、测量、工程环境、信息与决策、结构等。

(2)核心课程。例如，设计与技术、工程环境、法律法规、管理、建筑生产管理、建筑设备(给排水、暖通等)、合同管理、项目评估等。

(3)专业方向。例如，物业管理方向的业务环境管理、对资产的战略管理、项目评价、建筑评价管理、组织与实施、合同过程等；企业管理方向的计划、成本、控制，预算与投标，成本管理系统，承包过程等；施工管理方向的建筑生产管理，合同过程，计划、进度与生产，现场管理等；设计管理方向的建筑学原理、建筑设备、生产设计管理、组织与实施、建筑物生命周期与保护、结构设计等。

4. 我国项目经理的选配

我国将从 2008 年开始，正式实施建造师执业资格制度，只有获得建造师执业资格的人，才能受聘到项目经理岗位。

项目经理只宜担任一个施工项目的管理工作，当其负责管理的施工项目临近竣工阶段且经建设单位同意，可以兼任一项工程的项目管理工作。因此，企业应当有一支具备相应素质的项目经理队伍。而且，对于项目经理进行科学的选拔和培训，进行工程技术、经济、管理、法律和职业道德等方面的继续教育和能力培训，是施工企业的长期任务。

从长远看，应当将项目管理作为一个专业，在国民教育系列中进行有计划地培养，以改变目前项目管理人员匮乏的局面。就目前而言，可以从实际工作岗位选派具有潜在素质和培养前途的项目管理人员在高等院校或其他培训机构进行培训，并提供相应的锻炼机会。

目前，我国选配项目经理的方式主要有以下 3 种：

(1)竞争聘任制

本着先内后外的原则，面向社会进行招聘。其程序是：个人自荐、组织审查、答辩讲演、择优选聘。这种方式既可择优，又可增强项目经理的竞争与责任意识。

(2)经理委任制

委任的范围一般限于企业内部的管理人员。其程序是：经理提名、组织人事部门考察、经理办公会议决定。这种方式对于企业经理以及组织人事部门具有较高的要求。

(3)基层推荐、内部协商制

企业各基层施工队或劳务作业队向公司推荐若干人选，然后由组织人事部门汇总各方意见进行严格考核后，提出拟聘用人选，报经理办公会议决定。

项目经理一经任命产生，在施工项目从开工到竣工期间，企业不得随意撤换项目经理。当施工项目发生重大安全、质量事故或项目经理违法、违纪时，企业才可撤换项目经理，并应征得建设单位同意。

5. 美国项目经理的选拔与培训

美国项目经理的选拔与培训程序如图 4-12 所示。

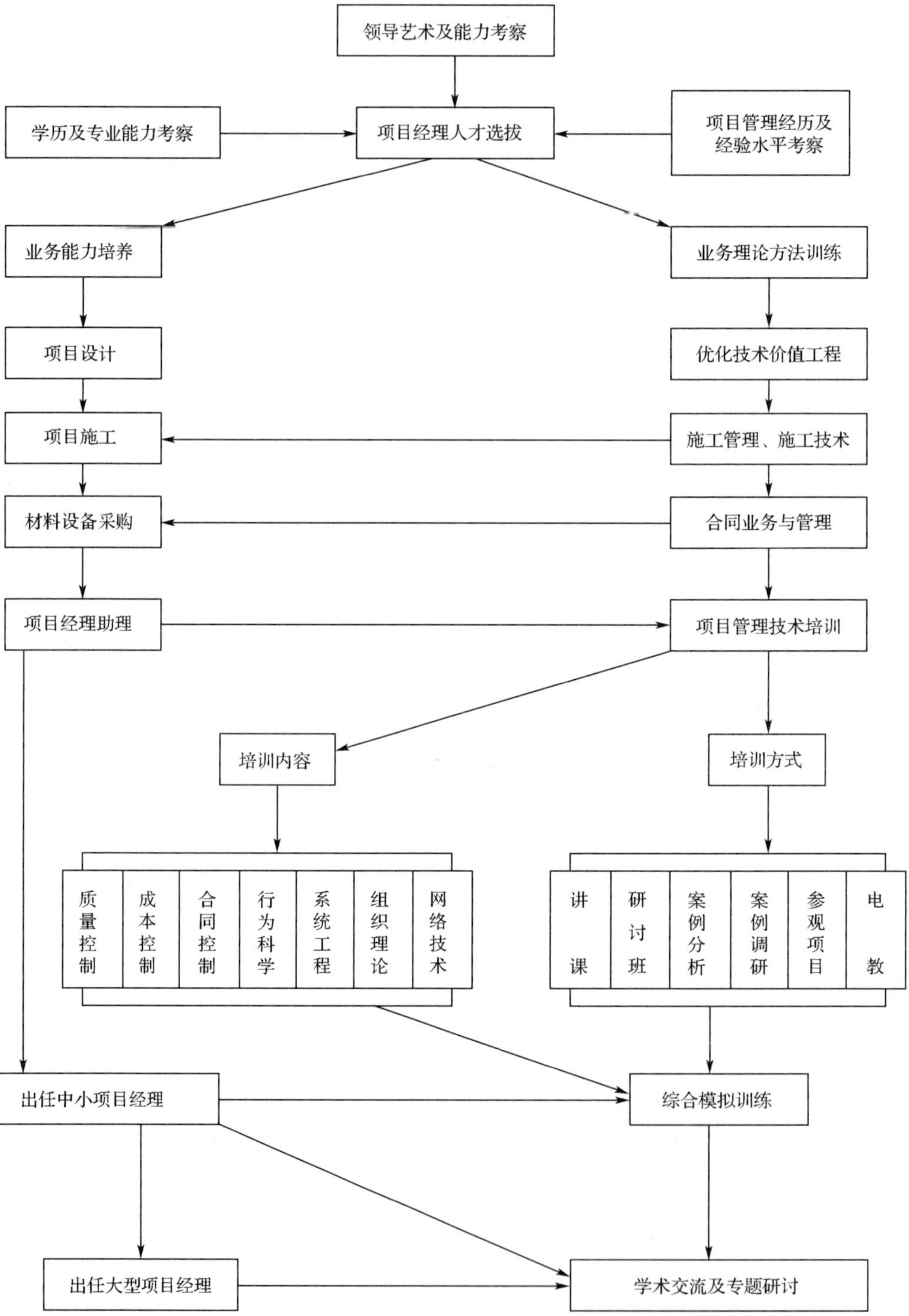

图 4-12　美国项目经理的选拔与培训

4.2.5　项目经理责任制

1. 项目经理责任制的主体和重点

项目经理责任制是以项目经理为责任主体的施工项目管理目标责任制度。其制度构成一般包括，项目经理在企业中的地位定位，项目经理部在企业中的管理定位，项目经理应具备的条件，项目经理部的管理运作机制，项目经理的责任、权限和利益定位，项目管理目标责任书的内容构成等，并应在企业的项目管理制度中予以明确。项目经理责任制的实施，有利于强化项目管理，明确施工企业、项目经理部以及职工的责、权、利关系，进而提高经济效益与社会效益。

项目经理责任制的主体是项目经理个人全面负责，项目经理部集体承包。其中个人负责是指在施工项目管理活动中，由项目经理代表项目经理部统一指挥，并承担主要的责任；集体承包是指项目管理班子根据工作分工，承担相应的责任并享受相应的利益。

项目经理责任制的重点是管理。企业的承包是经营承包，而施工项目的承包则属于管理（目标）承包。因此，项目经理责任制的重点是遵循科学规律，注重管理的内涵与运用，通过强化项目管理，全面实现项目管理目标责任书的内容与要求。

2. 项目经理责任制的特点

与其他责任制度或承包制度相比，项目经理责任制具有以下特点：

（1）对象的终一性。项目经理责任制以施工项目为对象，实行建筑产品形成过程的一次性全额承包。它不同于其他行政单位实行的年度或阶段性承包。

（2）主体的直接性。项目经理责任制强调项目经理的主要责任，属于“经理负责、全员管理、集体承包、风险抵押、单独核算、自负盈亏”的目标管理制度。它不同于一般的集体承包或个人承包。

（3）内容的全面性。根据项目管理目标责任书的内容或管理责任，项目经理责任制不仅包括降低成本，而且涉及提高质量、确保进度、安全文明施工等控制目标。它不同于简单的利润或其他单项指标的承包。

（4）责任的风险性。项目经理责任制充分地体现了“目标突出、责任明确、利益直接、考核严格”的基本要求，而且考核结果与项目管理人员，尤其是项目经理的利益、奖惩、资质复查等直接挂钩。

3. 施行项目经理责任制的条件

施行项目经理责任制，必须坚持管理层与作业层相分离的原则，完善企业内部市场，实行人、财、物等各种资源的优化组合，在发挥管理系统职能，使项目管理向专业化、科学化发展的同时，赋予项目经理相应的权力，促使施工项目高速、优质、低耗地进行。

具体地说，实行项目经理责任制应当具备以下条件：

（1）项目任务落实，开工手续齐全，具有切实可行的施工组织设计。

（2）各种工程技术资料、施工图纸、劳动力配备、主要材料等已经落实，可以保证按计划供应。

(3)拥有相当数量的懂技术、会管理、敢负责并具有施工项目管理经验的人才,可以组织一个精干、得力、高效的项目管理班子。

(4)实现企业业务工作系统化管理,形成良好的内外部环境,具有为项目经理部提供劳务、材料、机械设备及生活设施等服务的功能。

4.项目经理责任制的考核评价

项目经理责任制的考核评价,是指由项目考核评价主体(派出项目经理的单位)依据项目管理目标责任书,对于考核评价客体(项目经理部,尤其是项目经理)的项目管理行为、水平及成果进行全面考核并做出评价的过程。其目的在于,通过全面的考核和评价,规范项目管理行为,鉴定项目管理水平,确认项目管理成果。

(1)考核评价的方式

具体的方式主要包括:按年度或按工程进度进行阶段性考核评价和全面的终结性考核评价。对于工期超过2年以上的大型项目,实行年度考核;使用网络计划时,实行按网络进度计划的关键节点考核;工程项目完工后,对其进行全面的终结性考核。

工程竣工验收合格后,进行终结性考核前,应给项目经理部预留一段时间,以便其整理资料、遣散人员、退还机械、清理场地、结清账目等。

(2)考核评价的内容

阶段性考核内容一般包括:完成工程施工合同、经济效益、回收工程款、执行承包人各项管理制度、各种资料归档等情况,以及"项目管理目标责任书"中其他要求内容的完成情况。终结性考核的内容应包括确认阶段性考核的结果,确认项目管理的最终结果,确认该项目经理部是否具备"解体"的条件。

只有经考核评价后,才能兑现"项目管理目标责任书"确定的奖励和处罚。

(3)考核评价的程序

一般来讲,考核评价可按下列程序进行:

①组织考核评价委员会。一般应由企业的主管领导和有关业务部门从事项目管理工作的人员组成,必要时也可聘请社团组织或大专院校的专家、学者参加。

②制订考核评价方案,经企业法定代表人审批后施行。

③听取项目经理部汇报,查看项目经理部的有关资料,对项目的管理层和劳务作业层进行调查。

④考察已完工程。

⑤对项目管理的实际运作水平进行考核评价。

⑥提出考核评价报告。报告内容一般应包括考核评价的方案与程序,考核评价的指标、计分办法及有关说明,考核评价的依据,考核评价的结果等内容。

⑦向被考核评价的项目经理部公布评价意见。

(4)考核评价的指标

考核评价的定量指标一般应包括:工程质量情况,工程成本降低率,工期及其提前率,安全考核指标等。定量指标体现了四大控制目标的完成情况,其具体计算方法应由考核评价委员会选择,并注意项目管理目标责任书中的对比标准。

考核评价的定性指标一般应包括:执行企业各项制度的情况,项目管理资料的收集、整理情况,思想工作方法与效果,发包人及用户的评价,在项目管理中应用的新技术、新材料、新设备、新工艺,在项目管理中采用的现代化管理方法和手段,环境保护等。定性指标反映了项目管理的多方面水平,应较定量指标占有更大的权重,并应制定合理、可行的计分方法。

4.3 项目经理部

项目经理部是由项目经理在施工企业的支持下组建的项目管理组织机构。它隶属项目经理的领导,接受企业业务部门指导、监督、检查和考核,负责施工项目从开工到竣工的全过程管理工作,是履行施工合同的主体机构。

4.3.1 项目经理部的设立

施工现场设置项目经理部,有利于各项管理工作的顺利进行。因此,大中型施工项目,承包人必须在施工现场设立项目经理部,并根据目标控制和管理的需要设立专业职能部门;小型施工项目,一般也应设立项目经理部,但可简化;如果企业法定代表人决定由其他项目经理部兼管本项目,也可以不单独设立项目经理部,但委托兼管应征得项目发包人同意,并不得削弱兼管者的项目管理责任。

1. 项目经理部的设立原则

设立施工项目经理部时,一般应遵循以下原则:

(1)根据管理组织形式进行设置。即根据施工企业的管理方式和对项目经理部的授权,以及项目经理部的力量、人员素质、管理职责等加以选择。

(2)根据项目的规模、复杂程度和专业特点进行设置。例如,大中型项目宜采用矩阵式,远离企业管理层的大中型项目宜采用事业部式,中小型项目则宜按直线式、直线职能形式设置施工项目经理部。

(3)建立有弹性的一次性组织机构。项目经理部应随着工程的进展而适时地做出调整,并在工程完工、审计后解体。

(4)人员的配备要满足施工现场管理的需要。即面向施工现场,满足计划、调配、技术、质量、成本核算、资源管理、信息管理、安全与文明施工等需要。

2. 项目经理部的设立程序

设立施工项目经理部时,一般应按以下程序进行:

(1)根据企业批准的“项目管理规划大纲”,确定项目经理部的管理任务和组织形式。

(2)确定项目经理部的层次,设立职能部门与工作岗位。

(3)确定人员及其职责、权限。

(4)由项目经理根据“项目管理目标责任书”进行目标分解。

(5)组织有关人员制定规章制度和目标责任考核、奖惩制度;

(6)项目经理部经企业的法定代表人批准后正式成立,并以书面形式通知发包人和项目监理机构。

3. 项目经理部的职能部门

项目经理部的职能部门及其人员配置,应当满足施工项目管理工作中进度控制、质量控制、安全控制、成本控制、人力资源管理、材料管理、机械设备管理、技术管理、资金管理、合同管理、信息管理、现场管理,以及项目的组织协调、竣工验收、考核评价、回访保修等各项管理内容的需要。

因此,为了具有计划、组织、控制、指挥、协调等职能,施工项目经理部通常应设置以下几个部门:

(1)经营核算部门。主要负责预算、合同、索赔、资金收支、成本核算、劳动力的配置与分配等工作。

(2)工程技术部门。主要负责生产调度、文明施工、技术管理、施工组织设计、计划统计等工作。

(3)物资设备部门。主要负责材料的询价、采购、计划供应与管理,以及运输工具管理、机械设备的租赁配套使用等工作。

(4)监控管理部门。主要负责工程质量、安全管理、消防保卫、环境保护等工作。

(5)测试计量部门。主要负责计量、测量、试验等工作。

项目经理部职能部门及管理岗位的设置,必须贯彻因事设岗、有岗有责和目标管理的原则,明确各岗位的责、权、利和考核指标,并对管理人员的责任目标进行检查、考核与奖惩。其中,大型项目的项目经理必须具有一级项目经理(一级建造师)的资质,管理人员中具有高级职称人员的比例不应低于10%。

4.3.2 项目经理部的管理制度

管理制度是为保证组织任务的完成和目标的实现,关于例行性活动应当遵循的方法、程序、要求及标准所作出的规定。它是完善施工项目组织关系、保证组织机构正常运行的基本手段。

施工项目管理制度的种类较多,按颁发单位不同可以有企业制度和项目经理部制度,按约束力不同可以有责任制度和规章制度,等等。就施工项目经理部的管理制度而言,围绕着计划、责任、核算、奖惩等方面,一般应包括以下内容:

(1)项目管理人员岗位责任制度。

(2)项目技术管理制度。

(3)项目质量管理制度。

(4)项目安全管理制度。

(5)项目计划、统计与进度管理制度。

(6)项目成本核算制度。

(7)项目材料、机械设备管理制度。

(8)项目现场管理制度。

(9)项目分配与奖励制度。

(10)项目例会及施工日志制度。

(11)项目分包及劳务管理制度。

(12)项目组织协调制度。

(13)项目信息管理制度。

4.3.3 项目经理部的解体

施工项目经理部是一次性的具有弹性的现场生产组织机构。在工程项目竣工且审计完成后,其使命便告结束,可按规定程序予以解体。因此,必须高度重视项目经理部的解体和善后工作。

1.项目经理部的解体条件

一般来讲,项目经理部解体时,应当具备下列条件:

(1)工程已经通过竣工验收。

(2)与各分包单位已经结算完毕。

(3)已协助企业管理层与发包人签订了“工程质量保修书”。

(4)“项目管理目标责任书”已经履行完成,并经企业管理层审计合格。

(5)已与企业管理层办理了有关手续。

(6)现场最后清理完毕。

2.项目经理部的解体程序和善后工作

(1)在施工项目通过竣工验收之日起15日内,项目经理应向企业工程管理部门提交项目经理部解体的申请报告。同时,向企业的各个职能管理部门提出本部善后留用和解除合同人员的名单与时间,经有关部门审核、批准后执行。

(2)项目经理部在解体前,应成立以项目经理为首的善后工作小组,其留守人员一般应由主任工程师,技术、预算、财务、材料管理等方面各一人组成。善后工作组主要负责剩余材料的处理,工程款项的回收,财务账目的结算与移交,以及解决与建设单位有关的遗留事宜。其工作期限一般为3个月。

(3)项目经理部在解聘业务人员时,应提前发给解聘人员两个月的岗位效益工资,并给予有关待遇,以使其在人才劳务市场上获得回旋的余地。从解聘后的第3个月起,解聘人员的工资福利待遇从新单位领取。

(4)妥善处理施工项目的保修问题。对于仍属质量保修期限以内的竣工项目,项目经理部应与企业的经营和工程管理部门根据竣工时间、质量标准等确定工程保修费用的预留比例,并将保修费用交公司管理部门统一包干使用。

施工企业的工程管理部门是项目经理部组建的处理善后工作的主管部门。它应设立保修经费的专项账户,并主要负责因质量问题造成的返修与维修、剩余工程款项的结算与回收等工作。项目经理部应向其提交项目管理的文件资料、核算账册、现场办公设备以及公章保管、领借的工器具及劳防用品、项目管理人员的业绩考核评价材料等。

3. 项目经理部的效益审计评估和债权债务处理

(1)项目经理部剩余的材料,原则上应处理给企业的物资设备部门,材料价格按新旧情况以质论价,双方协商。在对外销售材料时,必须经过企业主管部门批准。

(2)项目经理部根据工作需要购买的通讯、办公等固定资产,必须如实建账、以质论价、移交企业。

(3)项目经理部的工程成本盈亏审计,应以该项目的实际成本和工程款项结算回收数额为依据,由审计部门牵头,预算财务、工程管理等部门参加,并于项目经理部解体后第4个月完成审计评价报告,提交企业经理办公会议审批。

(4)项目经理部的工程款项结算、回收以及加工订货等债权债务的处理,由项目经理部的留守善后工作小组在3个月内全部完成。如果逾期未能收回又未办理任何合法有效的手续,其差额部分按项目经理部的亏损计算。

(5)通过项目综合效益的审计评估,确认已经完成"项目管理目标责任书"规定的成本、质量、进度和安全等控制目标时,应按规定的办法奖励项目经理部;未能完成"项目管理目标责任书"的规定时,一律由项目经理负责;当数额巨大、性质严重时,企业有权追究项目经理的法律责任。

(6)项目经理部解体善后工作结束后,项目经理离任重新投标或聘任前,必须按上述规定做到"人走账清"。

4. 项目经理部解体时有关纠纷的处理

所有纠纷的仲裁、处理,必须依据相关合同的规定进行。项目经理部与企业的有关职能部门发生矛盾时,由企业经理办公会议裁决。项目经理部与分包单位、作业队伍或内部人员发生矛盾时,按业务分工由企业的工程管理、经营或劳动人事部门裁决。

4.4 项目的组织协调

4.4.1 组织协调概述

1. 组织协调的概念

协调就是联结、联合、调和所有的活动和力量。协调工作应贯穿于施工项目管理的全过程,以排除障碍、解决矛盾、保证项目目标的顺利实现。

协调或协调管理,在美国的项目管理中称为"界面管理",是指主动协调相互作用的子系统之间的能量、物质、信息交流,以实现系统目标的活动。

施工项目管理的组织协调一般包括三大类:一是"人员/人员界面";二是"系统/系统界面";三是"系统/环境界面"。

2. 组织协调的范围和层次

根据系统的观点,协调的范围和层次可以分为系统(承包企业及项目经理部)内部关系协调和系统外部关系协调。系统外部关系协调又可分为近外层关系协调和远外层关系协调。近外层关系协调是指承包企业(项目经理部)与同发包单位签有合同的单位之间的关系协调;远外层关系协调是指承包企业(项目经理部)与和项目管理工作有关但没有合同约束的单位之间的关系协调。

3. 组织协调的工作内容

组织协调应坚持动态工作原则,根据施工项目运行的不同阶段所出现的主要矛盾作动态调整。例如,项目进行的初期主要是供求关系的协调,项目进行的后期主要是合同和法律、法规约束关系的协调。

一般来讲,组织协调的常见内容有:

(1)人际关系

包括施工项目组织内部、施工项目组织与关联单位人际关系的协调,以处理相关工作结合部中人与人之间在管理工作中的联系和矛盾。

(2)组织机构关系

包括协调项目经理部与企业管理层及劳务作业层之间的关系,以实现合理分工、有效协作。

(3)供求关系

包括协调企业物资供应部门与项目经理部及生产要素供需单位之间的关系,以保证人力、材料、机械设备、技术、资金等各项生产要素供应的优质、优价、适时、适量。

(4)协作配合关系

包括近外层关系的配合,以及内部各部门、上下级、管理层与劳务作业层之间关系的协调。

(5)约束关系

包括法律法规约束关系、合同约束关系,主要通过提示、教育、监督、检查等手段防范矛盾,并及时、有效地解决矛盾。

4. 组织协调的方法

项目经理及其他管理人员实施组织协调的常用方法有:

(1)会议协调法。包括召开工地例会、专题会议等。

(2)交谈协调法。包括面对面交谈、电话交谈等。

(3)书面协调法。包括信函、数据电文等。

(4)访问协调法。包括走访、邀请,主要用于系统外部协调。

(5)情况介绍法。通常结合其他方法,共同使用。

4.4.2 内部关系的组织协调

企业内部关系的组织协调,一般应包括以下内容:

1. 内部人际关系协调

主要依据各项规章制度,通过做好思想工作,加强教育培训,提高人员素质等方法实现。

2. 项目经理部与企业管理层关系协调

主要依靠严格执行"项目管理目标责任书"等方法实现。

3. 项目经理部与劳务作业层关系协调

主要依靠履行劳务合同，以及执行"施工项目管理实施规划"等方法实现。

4. 内部供求关系协调

内部供求关系的涉及面广、协调工作量大，并存在随机性。因此，项目经理部应认真做好供需计划的编制、平衡、执行工作，并充分发挥调度系统和调度人员的作用，加强调度工作，排除障碍。

4.4.3 近外层关系的组织协调

外层关系属于对法人的关系，因此，项目经理部进行近外层关系和远外层关系的组织协调时，必须在企业法定代表人的授权范围内实施，否则，项目经理部无权处理对外事务。

1. 项目经理部与发包人的关系

项目经理部与发包人之间的关系协调，应贯穿于施工项目管理的全过程。协调的目的是搞好协作，协调的有效方法是执行合同，协调的重点是资金、质量和进度问题。

项目经理部要求发包人在施工准备阶段，按规定的时间履行合同约定的责任，保证工程顺利开工。发包人一般应完成以下工作：

(1)取得政府主管部门对该项建设项目的批准文件。

(2)取得地质勘探资料及施工许可证。

(3)取得施工用地范围及施工用地许可证。

(4)取得施工现场附近的铁路支线可供使用的许可证。

(5)取得施工区域内地上、地下原有建筑物及管线资料。

(6)取得在施工区域内进行爆破的许可证。

(7)施工区域内征地、青苗补偿及居民迁移工作。

(8)施工区域内地面、地下原有建筑物及管线、坟墓、树木、杂物等障碍的拆迁、清理、平整工作。

(9)将水源、电源、道路接通至施工区域。

(10)向所在地区市容办公室申请办理施工临时占地手续，负责缴纳应由发包人承担的费用。

(11)确定建筑物标高和坐标控制点及道路、管线的定位标桩。

(12)对国外提供的设计图纸，应组织相关人员按本地区的施工图标准及使用习惯进行翻译、放样及绘制。

(13)向项目经理部交送全部施工图纸及有关技术资料，并组织有关单位进行技术交底。

(14)向项目经理部提供应由发包人供应的设备、材料、成品、半成品加工订货单。

(15)会审、签认项目经理部提出的施工项目管理实施规划或施工组织设计。

(16)向建设银行提交开户、拨款所需文件。

(17)指派工地代表并明确负责人，书面通知项目经理部。

(18)负责将双方签订的“施工准备合同”交送合同管理机关签证。

项目经理部应在规定时间内承担合同约定的责任，为开工后连续施工创造条件。在施工准备阶段，项目经理部应完成的工作包括：

(1)编制项目管理实施计划。

(2)根据施工平面图的设计，搭建施工用临时设施。

(3)组织有关人员学习、会审施工图纸和有关技术文件，参加发包人组织的施工图交底与会审。

(4)根据出图情况，组织有关人员及时编制施工预算。

(5)向发包人提交应由发包人采购、加工、供应的材料、设备、成品、半成品的数量、规格清单，并确定进场时间。

(6)负责办理属于项目经理部供应的材料、成品、半成品的加工订货手续。

(7)特殊工程需由发包人在开工前预拨资金和钢材指标时，将钢材规格、数量、金额、拨付时间、抵扣办法等，在合同中加以明确。

项目经理部应及时向发包人提供有关的生产计划、统计资料、工程事故报告等。发包人应按规定时间向项目经理部提供以下技术资料：

(1)单位工程施工图纸。

(2)设备的技术资料。

(3)承担外商设计的工程应提供原文图纸及有关技术资料。

(4)如要求按外商设计规范施工时，发包人应向项目经理部提供翻译成中文的国外施工规范。

(5)与项目有关的生产计划、统计资料、工程事故报告等。

2. 项目经理部与监理单位的关系

项目经理部提供的是工程产品，而监理单位(项目监理机构)则是针对工程项目提供监理服务。两者地位平等，只是分工不同而已。

项目经理部应按《建设工程项目管理规范》《建设工程监理规范》的规定和施工合同的要求，接受项目监理机构的监督和管理，并按照相互信任、相互支持、相互尊重、共同负责的原则，搞好协作配合，确保项目实施质量。例如，项目经理部有义务向项目监理机构报送有关方案、文件，应当接受项目监理机构的指令等。

3. 项目经理部与设计单位的关系

承包单位与设计单位的工作联系原则上应通过建设单位进行，并需按图施工。项目经理部要领会设计文件的意图，取得设计单位的理解和支持。设计单位要对设计文件进行技术交底。

项目经理部应在设计交底、图纸会审、设计洽商变更、地基处理、隐蔽工程验收和交工验收等环节中与设计单位密切配合，同时接受发包人和项目监理机构对于双方进行的协调。

4. 项目经理部与材料供应单位的关系

项目经理部与材料供应人应依据供应合同，充分运用市场的价格机制、竞争机制和供求机制搞好协作配合。

5. 项目经理部与公用部门的关系

公用部门是指与项目施工有直接关系的社会公用性单位。例如，供水、供电、供气等单位。项目经理部与公用部门有关单位的关系，应通过加强计划性，以及通过发包人或项目监理机构进行协调。

6. 项目经理部与分包单位的关系

项目经理部与分包单位关系的协调应严格执行分包合同，正确处理技术关系、经济关系，正确处理项目进度控制、质量控制、成本控制、安全控制、生产要素管理和现场管理中的协作关系。同时，项目经理部还应对分包单位的工作进行监督和支持。

4.4.4 远外层关系的组织协调

项目经理部处理远外层关系时，必须严格守法，遵守公共道德，并充分利用中介组织和社会管理机构的力量。

项目经理部对于远外层关系的协调，应按下列要求办理：

(1)项目经理部应要求分包和劳务作业队伍到建设行政主管部门办理分包队伍施工许可证，到劳动管理部门办理劳务人员就业证。

(2)隶属于项目经理部的安全监察部门应办理企业安全资格认可证、安全施工许可证、项目经理安全生产资格证等手续。

(3)隶属于项目经理部的安全保卫部门应办理施工现场消防安全资格许可证，到交通管理部门办理通行证。

(4)项目经理部应到当地户籍管理部门办理劳务人员暂住手续。

(5)项目经理部应到当地城市管理部门办理街道临建审批手续。

(6)项目经理部应到当地政府质量监督部门办理建设工程质量监督手续。

(7)项目经理部应到市容监察部门审批运输不遗洒、污水不外流、垃圾清运、场容与场貌达标的保证措施方案和通行路线图。

(8)项目经理部应配合环保部门做好施工现场的噪音检测工作，及时报送有关厕所、化粪池、道路等的现场平面布置图、管理措施及方案。

(9)项目经理部因建设需要砍伐树木时必须提出申请，报市园林主管部门审批。

(10)现有城市公共绿地和城市总体规划中确定的城市绿地及道路两侧的绿化带，如特殊原因确需临时占用时，需经城市园林部门、城市规划管理部门及公安部门同意并报当地政府批准。

(11)大型项目施工或者在文物较密集地区进行施工，项目经理部应事先与省文物部门联系，在开工范围内有可能埋藏文物的地方进行文物调查或者勘探工作。若发现文物，应共同商定处理办法。在开挖基坑、管沟或其他挖掘中，如果发现古墓葬、古遗址和其他文物，应立即停止作业，保护好现场，并立即报告当地政府文物管理机关。

(12)项目经理部持建设项目批准文件、地形图、建筑总平面图、用电量资料等到城市供电管理部门办理施工用电报装手续。委托供电部门进行方案设计的应办理书面委托手续。

(13)供电方案经城市规划管理部门批准后即可进行供电施工设计。外部供电图一般由供电部门设计，内部供电设计主要指变配电室和开闭间的设计，既可由供电部门设计，也可由有资格的设计人设计，并报供电管理部门审批。

(14)项目经理部在建设地点确定并对项目的用水量进行计算后，即应委托自来水管理部门进行供水方案设计，同时应提供项目批准文件、标明建设红线和建筑物位置的地形图、建设地点周围自来水管网情况、建设项目的用水量等资料。

(15)自来水供水方案经城市规划管理部门审查通过后，应在自来水管理部门办理报装手续，并委托其进行相关的施工图设计。同时应准备建设用地许可证、地形图、总平面图、钉桩坐标成果通知单、施工许可证、供水方案批准文件等资料。由其他设计人员进行的自来水工程施工图设计，应送自来水管理部门审查批准。

思考题

1. 工程项目管理组织机构设置的基本程序包括哪些环节？
2. 项目管理组织机构的设置原则有哪些？
3. 我国建设项目管理的组织形式主要有哪几种？
4. 我国施工项目管理的组织形式主要有哪几种？
5. 项目经理的知识结构应包括哪几个方面？
6. 项目经理应具备哪些基本素质？
7. 项目经理的责权利体现在哪些方面？
8. 施工项目管理与施工企业管理的关系如何？
9. 试阐述施工项目经理与建造师的关系，如何使自己尽快成为一名合格的建造师？

习题

1. 某施工企业的某项目经理部承包了 50 公里高等级公路工程施工任务。该工程包括路基、路面、桥梁、隧道等施工内容。项目经理部分别将桥梁工程、隧道工程和路基路面工程分包给 3 个专业承包队。试选择该施工项目管理的组织形式，绘制出组织机构示意图，并说明其工作职责。

2. 某施工企业承包了某小区的 4 幢住宅楼工程项目施工。该企业将其分包给 4 个项目经理部。试按矩阵式组织形式设计该施工项目的组织机构(绘制出组织机构示意图)，并确定各部门的工作职责。

第 5 章

施工组织总设计

5.1 概　述

施工组织总设计是以整个建设项目(或若干个相互联系的单位工程)为对象,根据初步设计或扩大初步设计图纸以及其他有关资料和现场施工条件编制,用以指导全工地各项施工准备和施工活动的技术经济文件。一般由建设总承包单位或建设主管部门领导下的工程建设组织部门负责编制。

建筑工程施工涉及面广、工程量大、影响因素复杂,为了使施工组织总设计真正发挥作用,编制前必须详细了解与该工程的类型、性质以及建设地区有关的情况,掌握各种有关资料和数据。施工组织总设计编制的依据,一般包含以下三方面内容:

(1)计划文件及设计文件资料。主要有批准的设计文件、扩大初步设计图纸及说明、工程合同协议书等。

(2)有关现行规范、规程、定额等。如概算指标、扩大结构定额、万元指标和各单位积累的类似工程的消耗指标等。

(3)建设地区的调查资料。包括自然条件资料和技术经济条件资料。自然条件资料包括地形、工程地质、水文地质、气象资料等;技术经济条件资料包括地方资源情况和地方建筑企业情况,供电、供水、供热、交通情况等。

施工组织总设计的内容主要包括:工程概况、施工部署和主要工程项目施工方案、施工总进度计划、施工资源需要量计划、施工总平面图和技术经济指标等。

5.1.1　工程概况

工程概况是对整个建设项目的总说明、总分析,一般应包括以下内容:

(1)工程项目、工程性质、建设地点、建设规模、总期限、分期分批投入使用的项目和工期、总占地面积、建筑面积、主要工种工程量;设备安装及其吨数;总投资;建筑安装工程量、工厂区和生活区的工作量;生产流程和工艺特点;建筑结构类型、新技术、新材料和复杂程序的应用情况。

(2)建设地区的自然条件和技术经济条件。如气象、水文、地质和地形情况;能为该项目服务的施工单位及人力和机械设备情况;工程的材料来源、供应情况;建筑构件的生产能力;交通运输及其能够提供给工程施工用的劳动力、水、电和建筑物等情况。

(3)建设单位和承包合同对施工单位的要求、企业的施工能力、技术装备水平、管理水平和完成各项经济指标的情况等。

(4)施工单位对施工项目经理部的要求。

5.1.2 技术经济指标

施工组织总设计中的技术经济指标主要有:

(1)施工周期(天、月、年)

从建设项目开工到全部竣工、投产使用的时间。

(2)全员劳动生产率(元/人·年)

全员劳动生产率=本年度建安工程总值(合同金额)÷(全部在册职工人数+合同工、临时工人数)

(3)劳动力不均衡系数

劳动力不均衡系数=施工期高峰人数÷施工期平均人数

(4)临时工程费用比

临时工程费用比=全部临时工程费÷建安工程总值

(5)综合机械化程度

综合机械化程度=机械化施工完成的工作量÷建安工程总工作量×100%

(6)单位面积造价

技术经济指标主要从技术、经济两个方面定量地分析与评价施工组织总设计。每个建设项目一般都有几个可行的施工规划方案,通过对每个施工规划方案进行技术经济分析,可以在它们之间选出一个技术可行、经济合理的最优方案。此外,技术经济指标也反映了该施工企业的生产能力、技术及管理水平,以及与同行业相比,本企业所具有的优势及存在的差距与不足等。

5.2 施工部署

施工部署是对整个建设项目从全局上作出的统筹规划和全面安排,它主要解决影响建设项目全局的重大战略问题。

施工部署的内容和侧重点根据建设项目的性质、规模和客观条件不同而有所不同,一般应包括确定工程开展程序、拟订主要工程项目的施工方案、明确施工任务划分与组织安排、编制施工准备工作计划等内容。

5.2.1 确定工程开展程序

根据建设项目总目标的要求，确定合理的工程建设分期分批开展的程序。有些大型工业企业项目，如冶金联合企业、化工联合企业、火力发电厂等都是由许多工厂或车间组成的，在确定施工开展程序时，主要应考虑以下几点：

(1)在保证工期的前提下，实行分期分批建设。既可使各具体项目迅速建成，尽早投入使用，又可在全局上实现施工的连续性和均衡性，减少暂设工程数量，降低工程成本，充分发挥国家基本建设投资的效果。一般大中型工业建设项目都应该在保证工期的前提下分期分批建设。至于分几期施工，各期工程包含哪些项目，则要根据生产工艺要求、工程规模大小、施工难易程度、技术资源情况来确定。

(2)统筹安排各类项目施工，保证重点，兼顾其他，确保工程项目按期投产。按照各工程项目的重要程序，应优先安排的工程项目是：

①按生产工艺要求，需先期投入生产或起主导作用的工程项目。

②工程量大、施工难度大、工期长的项目。

③运输系统、动力系统。如厂区内外道路、铁路和变电站等。

④生产上需先期使用的机修车间、办公楼及部分家属宿舍等。

⑤供施工使用的工程项目。如采砂(石)场、木材加工厂、各种构件加工厂、混凝土搅拌站等施工附属企业及其他为施工服务的临时设施。

对于建设项目中工程量小、施工难度不大、周期较短而又不急于使用的辅助项目，可以考虑与主体工程相配合，作为平衡项目穿插在主体工程的施工中进行。

(3)所有工程项目均应按照先地下、后地上，先深后浅，先干线后支线的原则进行安排。如地下管线和修筑道路的程序，应该先铺设管线，后在管线上修筑道路。

(4)考虑季节对施工的影响。例如包括大规模土方工程的深基础施工，最好避开雨季。寒冷地区入冬以后最好封闭房屋并转入室内作业。

对于大中型民用建设项目(如居民小区)，一般应按年度分批建设。除考虑住宅以外，还应考虑幼儿园、学校、商店和其他公共设施的建设，以便交付使用后能保证居民的正常生活。

5.2.2 拟订主要项目的施工方案

施工组织总设计中要拟订一些主要工程项目的施工方案。这些项目通常是建设项目中工程量大、施工难度大、工期长，对整个建设项目的建成起关键性作用的建筑物(或构筑物)，以及全场范围内工程量大、影响全局的特殊分项工程。拟订主要工程项目的施工方案的目的是为了进行技术和资源的准备工作，同时也为了施工顺利开展和现场的合理布置。其内容包括施工方法、施工工艺流程、施工机械设备等。施工方法的确定要兼顾技术的先进性和经济上的合理性；对施工机械的选择，应使主导机械的性能既能满足工程的需要，又能发挥其效能，在各个工程上能够实现综合流水作业，减少其拆、装、运的次数；对于辅助配套机械，其性能应与主导施工机械相适应，以充分发挥主导施工机械的工作效率。

在施工部署中，重点工程的施工方案只需提出方案性问题（详细的施工方案和措施在编制单位工程施工规划时再行拟订），如哪些构件采用现浇，哪些构件采用预制，是现场就地预制还是由预制厂生产，构件的吊装采用什么机械，采用什么新材料、新工艺、新技术等。也就是对涉及全局性的问题作原则性的考虑。

5.2.3 明确施工任务划分与组织安排

在明确施工项目管理体制、机构的前提下，划分各参与施工单位的工作任务，明确总包与分包的关系，建立施工现场统一的组织领导机构及职能部门，确定综合和专业化的施工队伍，明确各单位之间的分工协作关系，划分施工阶段，确定各单位分期分批的主攻项目和穿插项目。

5.2.4 编制施工准备工作计划

根据施工开展程序和主要工程项目方案，编制好施工项目全场性的施工准备工作计划。主要内容包括：

(1)安排好场内外运输、施工用主干道、水电气来源及其引入方案。

(2)安排场地平整方案和全场性排水、防洪。

(3)安排好生产和生活基地建设。包括商品混凝土搅拌站，预制构件厂，钢筋、木材加工厂，金属结构制作加工厂，机修等厂以及职工生活设施等。

(4)安排建筑材料、成品、半成品的货源和运输、储存方式。

(5)安排现场区域内的测量工作，设置永久性测量标志，为放线定位做好准备。

(6)编制新技术、新材料、新工艺、新结构的试验计划和职工技术培训计划。

(7)冬、雨季施工所需要的特殊准备工作。

5.3 施工总进度计划及资源供应计划

5.3.1 施工总进度计划

施工总进度计划是施工现场各项施工活动在时间上的体现。编制的基本依据是施工部署中的施工方案和工程项目的开展程序。其作用在于确定各个建筑物及其主要工种、工程、准备工作和全工地性工程的施工期限及其开工和竣工的日期，从而确定建筑施工现场上劳动力、材料、成品、半成品、施工机械的需要数量和调配情况，以及现场临时设施的数量、水电供应数量和能源、交通的需要数量等。

编制施工总进度计划的基本要求是：保证拟建工程在规定的期限内完成；迅速发挥投

资效益;保证施工的连续性和均衡性;节约施工费用。

编制施工总进度计划时,应根据施工部署中建设工程分期分批投产顺序,将每个交工系统的各项工程分别列出,在控制的期限内进行各项工程的具体安排。在建设项目的规模不太大,各交工系统工程项目不很多时,亦可不按分期分批投产顺序安排,而直接安排总进度计划。

1. 列出工程项目一览表并计算工程量

施工总进度计划主要起控制总工期的作用,因此项目划分不宜过细。通常按照分期分批投产顺序和工程开展顺序列出,并突出每个交工系统中的主要工程项目。一些附属项目及民用建筑、临时设施可以合并列出。

在工程项目一览表的基础上,按工程的开展顺序和单位工程计算主要实物工程量。此时计算工程量的目的是为了确定施工方案和主要施工、运输机械,初步规划主要施工过程的流水施工,估算各项目的完成时间,计算劳动力和技术物资的需要量等。因此,工程量只需粗略地计算即可。

计算工程量,可按初步(或扩大初步)设计图纸并根据各种定额手册进行计算。常用的定额资料有以下几种:

(1)每万元或每 10 万元投资工程量、劳动力及材料消耗扩大指标。这种定额规定了某一种结构类型建筑,每万元或每 10 万元投资中劳动力、主要材料等消耗数量。根据设计图纸中的结构类型,即可估算出拟建工程各分项工程需要的劳动力和主要材料的消耗数量。

(2)概算指标或扩大结构定额。这两种定额都是预算定额的进一步扩大。概算指标是以建筑物每 100m,体积为单位;扩大结构定额则以每 100m,建筑面积为单位。查定额时,首先查找与本建筑物结构类型、跨度、高度相类似的部分,然后查出这种建筑物按定额单位所需要的劳动力和各项主要材料的消耗量,从而推算出拟计算项目所需要的劳动力和材料的消耗数量。

(3)标准设计或已建房屋、构筑物的资料。可采用标准设计或已建成的类似房屋实际消耗的劳动力及材料加以类比,按比例估算。但是,由于和拟建工程完全相同的已建工程是极为少见的,因此在利用已建工程资料时,一般都要进行调整。

除房屋外,还必须计算主要的全工地性工程的工程量,如场地平整、铁路及道路和地下管线的长度等,这些可以根据建筑总平面图来计算。

将按上述方法计算出的工程量填入统一的工程量汇总表中。

2. 确定各单位工程的施工期限

由于各施工单位的施工技术与施工管理水平、机械化程度、劳动力和材料供应情况等不同,而且差别较大。因此应根据各施工单位的具体条件,并考虑建筑物的建筑结构类型、体积大小和现场地形地质、施工条件环境等因素来确定建筑物的施工期限。此外,也可参考有关的工期定额来确定各单位工程的施工期限。

3. 确定各单位工程的竣工时间和相互搭接关系

在施工部署中已确定了总的施工程序和各系统的控制期限及搭接时间，但对每一建筑物何时开工，何时竣工尚未确定。在解决这一问题时，主要考虑下述诸因素：

(1)在同一时期的开工项目不宜过多，避免人力、物力的分散。

(2)尽量使劳动力和技术物资消耗量在全工程上均衡。

(3)做到土建施工、设备安装和试生产之间展开顺序和时间比较合理，每个单位工程项目和整个建设项目的安排比较合理。

(4)确定一些次要工程作为后备项目，用以调剂主要项目的施工进度。

4. 编制总进度计划

总进度计划以表格形式表示。目前表格形式并不统一，项目和进度的划分也不一致。从总进度计划的目的、作用来看，过细没有必要，总进度计划主要起控制总工期的作用，计划过细不利于调整。对于跨年度工程，通常第一年进度按月划分，第二年及以后各年按季划分。一般总进度计划的表格形式见表 5-1。

表 5-1　　施工总进度计划表

序号	工程名称	建筑面积/m^2	结构形式	总劳动量/工日	进度计划								
					2009 年	2010 年				2011 年			
					四季度	一季度	二季度	三季度	四季度	一季度	二季度	三季度	四季度
1	合成压缩厂房	1 600	装配式钢筋混凝土										
2	尿素工艺厂房	3 000	现浇钢筋混凝土										
n	宿舍	10 000	砖混										

5.3.2　资源供应计划

根据施工部署及施工总进度计划，确定各个系统及其主要工程、准备工程和全工地性工程所需劳动力、材料、成品、半成品以及施工机具的数量，进行生产准备及调配。

1. 综合劳动力及主要工种劳动力计划

这是组织劳动力和规划临时设施所需要的。按计算出来的各建筑物分工种的工程量，查预算定额或有关资料可得该工种的单位工程量所需劳动力数量，与工程量相乘就得到该工种所需劳动力数量。经汇总后，可得到综合劳动力需要量。劳动力综合一览表格式见表 5-2。

表 5-2 劳动力综合一览表

序号	工种名称	工业建筑及全工地性工程							居住建筑		临时建筑		2009年	2010 年				2011 年			
		主厂房	辅助厂房	附属厂房	道路	上下水	电气工程	其他	永久性	临时性	仓库	加工厂	四季度	一季度	二季度	三季度	四季度	一季度	二季度	三季度	四季度
1	力工																				
2	木工																				
3	钢筋工																				
4	混凝土工																				

2. 构件、半成品及主要建筑材料需用量计划

查找定额或有关资料即可得出各建筑物所需的建筑材料、半成品及成品的需要量，再根据总进度计划，估算出各个时期的需要量。表格形式见表 5-3。

表 5-3 构件、半成品及主要建筑材料需用量计划

序号	类别	构件、半成品及主要材料名称	单位	总计	运输线路	上下水工程	电气工程	工业建筑	居住建筑		其他临时工程	需用量计划								
												2009 年	2010 年				2011 年			
									永久性	临时性		四季度	一季度	二季度	三季度	四季度	一季度	二季度	三季度	四季度
1	构件及半成品	钢筋混凝土构件	m^3																	
2		木结构构件	m^3																	
3		钢结构	t																	
…		…																		
1	主要建筑材料	钢筋	t																	
2		模板	t																	
3		水泥	t																	
4		木材	m^3																	
…		…																		

3. 主要机具需要量计划

根据施工部署和主要建筑物施工方案、技术措施以及总进度计划的要求，即可提出必需的主要施工机具的数量及使用时间。主要机具需要量计划形式一般见表 5-4。

表 5-4 主要机具需要量计划

序号	机具名称	简要说明（型号）	单位	电动机功率/kW	2009 年	2010 年				2011 年				解决办法
					四季度	一季度	二季度	三季度	四季度	一季度	二季度	三季度	四季度	
1														
2														
3														
4														

4. 施工准备工作进度计划

为保证施工阶段的顺利进行，准备阶段的工作具有十分重要的意义，有必要单独编制施工准备工作进度计划，表格形式见表 5-5。

表 5-5　　施工准备工作进度计划

序号	施工准备工作项目	工程量		负责队组或人	进度									…
					2009 年	2010 年				2011 年				
		单位	数量		四季度	一季度	二季度	三季度	四季度	一季度	二季度	三季度	四季度	

5.4 施工总平面图设计

施工总平面图是整个建筑工地全部工程的一切临时房屋及设施等的现场总布置图。它按照施工部署和施工进度的要求，对施工现场的道路交通、材料仓库、附属企业、临时房屋、临时水电管线等做出合理规划布置，从而正确处理工地施工期间所需各项设施和永久建筑以及工程之间的空间关系和平面关系。比例一般为 1∶1 000 或 1∶2 000。

5.4.1 施工总平面图设计的内容

(1)建设项目施工总平面图上一切地上、地下已有的和拟建的建筑物、构筑物以及其他设施的位置和尺寸。

(2)行政管理及生活福利用临时房屋的布置。

(3)各种材料、工具堆放场地和仓库的布置。

(4)临时给排水管线、电力线、动力线布置。

(5)工地运输路线及临时道路的布置。

(6)永久性测量放线标桩位置，各种机械设备的设置和工作范围、工艺路线的布置。

5.4.2 施工总平面图设计的原则

(1)尽量减少施工用地，平面布置紧凑合理。

(2)合理组织运输，减少运输费用，保证运输方便通畅，尽量减少二次搬运。

(3)施工区域的划分和场地的确定，应符合施工流程要求，尽量减少专业工种和其他各工种之间的干扰。

(4)临时设施工程在满足使用的前提下，应充分利用各种永久性建筑物、构筑物，降低临时设施费用。

(5)各种生产、生活设施应便于生产和生活需要。

(6)符合安全消防、环境保护、劳动保护、市容卫生等有关规定和法规。

5.4.3 施工总平面图设计的依据

施工总平面图的设计与施工现场的实际情况相符，才能真正起到指导现场施工的作用。因此，在布置平面图之前，应对施工现场做深入细致的调查研究，并对所依据的原始资料进行周密的分析。施工总平面图设计主要依据包括：

(1)各种设计资料。包括建筑总平面图、施工图、地形图、区域规划图、有关的一切已有和拟建的各种设施位置。

(2)建设地区的自然条件和技术经济条件。

(3)已有的和拟建的地下、地上各类管线的位置。

(4)建设项目的概况、施工进度计划和主要施工部署。

(5)各种建筑材料、半成品、构件、施工机械需要量一览表。

(6)各类临时设施的性质、形式、面积和尺寸。

(7)水源、电源及建筑区域的竖向布置，临时水电供应的有关设计资料。

5.4.4 施工总平面图设计的方法与步骤

设计全工地性的施工总平面图时，首先应从大宗材料、成品、半成品等进入工地的运输方式入手。当材料等由公路运入工地时，由于汽车线路可以灵活布置，因此，亦可先布置场内仓库和加工厂，然后再布置场外交通道路的引入。

1. 运输路线的布置

主要材料进入工地的方式不外乎铁路、公路和水路。当由铁路运输时则需根据建筑总平面图中永久性铁路专用线，布置主要运输干线，引入时应注意铁路的转弯半径和竖向设计。当由水路运输时，应考虑码头的吞吐能力，码头数量一般不少于两个，其宽度应大于2.5m。

公路运输的规划应先抓干线的修建，布置道路时，应注意下列问题：

(1)注意临时道路与地下管网的施工程序及其合理布置

永久性道路的路基应先修好，作为施工中临时道路以节约费用。应将临时道路尽量布置在无地下管网或扩建工程范围内。

(2)注意保证运输通畅

进出工地应布置两个以上出入口，主要道路应采用双车道，宽度在 6m 以上，次要道路可采用单车道，宽度不小于 3.5m。

(3)注意施工机械行驶路线的设置

在道路干线路肩上设宽约 4m 的施工机械行走的道路，以保护道路干线的路面不受破坏。大型土方工程机械运输应考虑另行安排专门线路。

2. 仓库的布置

材料若由铁路运入工地时，仓库可沿铁路线布置，但应有足够的卸货场地。

材料若由汽车运入工地时，仓库布置较灵活，此时应考虑尽量利用永久性仓库。仓库位置距各使用地点要比较适中，以使运输吨公里尽可能小。

一般仓库应邻近公路和施工地区布置。钢筋、木材仓库应布置在其加工厂附近；水泥库、砂石场则布置在搅拌站附近；油库、氧气站、危险品库宜布置在僻静、安全之处。

3. 加工厂的布置

一般建设工程设有混凝土、木材、钢筋和金属结构等加工厂。布置这些加工厂时，主要考虑使原材料运至工厂和成品、半成品运往使用地点的总运输费用最小，还应使加工厂的生产和工程施工互不干扰。大多数情况，应把加工厂集中在一个地区，布置在工地的边缘。这样，既便于管理，又能降低铺设道路、动力管线及给排水管道的费用。

(1)混凝土搅拌站和砂浆搅拌站，可采用集中与分散相结合的方式。集中布置可提高混凝土生产率，保证混凝土质量，保证重点工程和大型建筑物的施工需要。但集中布置时，如果运距较远，需备有足够的翻斗汽车，而且同一时间供应几种强度等级的混凝土较难调度，所以最好采取集中与分散相结合的布置方式。

根据建设项目中各单位工程分布的情况，适当设计若干临时搅拌站，分散布置在各单位工程施工场地附近，使其与集中搅拌站有机配合，满足施工中各项要求。

砂浆搅拌站适宜分散布置，随拌随用。

(2)钢筋加工厂。对需进行冷加工、对焊、点焊的钢筋骨架和大片钢筋网，宜设置中心加工厂集中加工，这样可充分发挥加工设备的效能，满足全工地需要，保证加工质量，降低加工成本。而小型加工件，利用简单机具成型的钢筋加工则可在分散的临时钢筋加工棚内进行。

(3)木材联合加工厂。锯材、标准模板等加工量较大时，设置集中的木材加工厂比较好。至于非标准件的加工及模板修理等工作，则最好在工地上设若干个临时作业棚。

(4)临时房屋的布置。临时房屋布置前，应先利用已有的和拟建的永久性房屋，生活区与生产区应分开，行政管理用房应布置在工地进出口附近。

4. 工地供水的布置

工地上临时供水包括三方面，生产用水、生活用水及消防用水。布置时应尽量利用永久性给水系统。工地上给水系统有明管与暗管两种，一般采用暗管，暗管布置应与场地平整统一规划。

临时水池应设在地势较高处，临时排水干管沿主要干道布置。布置方式通常有环形和树枝状两种。究竟用何种方式，主要由单位工程使用点的情况及供水需要而定。

过冬的临时管道，要加设防冻保温措施。

消防站一般布置在工地的出入口附近，沿道路设置消火栓，间距不应大于120m，距路边缘不应大于2m。

5. 工地供电的布置

关于电源，应尽量利用施工现场附近原有变电所。如在新辟地区施工，则应考虑临时供电设施。

如工地附近现有电源满足要求，则仅需在建筑工地上设立变电所和变压器，将外来之高压电降低为低压电。另外，由于受供电半径的限制，在大型工地上，往往需设多个变电所。临时输电干线沿主要干道布置成环形线路。

应当指出，上述布置并不能截然分开，而应相互结合，统一考虑，反复修正，直到合理为止。当有几个布置方案时，尚应进行方案比较，从中择优。

5.5 建筑工地业务组织

为了使建筑工程能够顺利地进行施工，在工程正式开工前，应按施工准备工作计划及时完成各项大型暂设工程。

全工地性业务组织主要包括：临时仓库、办公生活用房、加工车间及生产用房布置，临时供水、供电、供气和工地运输路线布置。

5.5.1 建筑工地运输组织

1. 确定运输量

在工地上需要运输的主要建筑材料、半成品和构件有：砂、石、水泥、砖、钢材、木材、金属构件、钢筋混凝土构件以及木制品等。这些物品占总货运量的75%～80%，对运输方式的选择起着决定性的影响。此外，工艺设备、燃料和废料的运输也不容忽视，通常按上述总货运量的10%～15%计算。

货运量由下式计算：

$$q=\frac{\sum Q_i \cdot L_i}{T}\cdot K \tag{5-1}$$

式中 q—— 每昼夜货运量(t·km)；

Q_i—— 各种货物的年度需要量(t)；

L_i—— 各种货物从发货地点到储存地点的距离(km)；

T—— 工程年度运输工作日数；

K—— 运输工作不均衡系数，铁路运输可取1.5；汽车运输取1.2；设备搬运取1.5～1.8。

2. 运输方式的选择

可供选择的运输方式有铁路运输、公路运输、水路运输等。一般当货运量较大，并距标准轨铁路较近，应采用铁路运输；短距离运输、地势复杂等，应采用汽车运输；有水运条件时，可以选择水路运输。

3. 运输工具需要量的计算

在一定时间内(即每班)所需的运输工具数量可以用下式计算：

$$N=\frac{Q\cdot K_1}{q\cdot T\cdot C\cdot K_2} \tag{5-2}$$

式中 N—— 运输工具所需台数(台)；

Q—— 最大年(季)度运输量(m^3 或 t);

K_1—— 货物运输不均衡系数;

q—— 运输工具的台班生产率(m^3/台班,t/台班);

T—— 全年(或全季)的工作天数(天);

C—— 每昼夜工作班数(班);

K_2—— 车辆供应系数(包括修理停歇等时间)。对于 1.5 ～ 2t 汽车运输取 0.6 ～ 0.65;3 ～ 5t 汽车运输取 0.7 ～ 0.8;拖拉机运输取 0.65。

5.5.2　临时仓库

按材料保管方式有下列几种仓库:

(1) 库房(密封式)。用于存放易受大气侵蚀变质的建筑材料、贵重材料以及细巧容易损坏或散失的材料。如水泥、石灰、石膏、五金零件以及贵重设备等。

(2) 库棚。用于存放防止雨雪阳光直接侵蚀的材料。如油毡、沥青等。

(3) 露天仓库。用于堆放不因自然气候影响而损坏质量的材料。如砂石、砖瓦、混凝土制品、木材等。

1. 建筑材料储备量的确定

确定储备量可按储备期计算:

$$P = T_H \cdot \frac{Q \cdot K}{T_1} \tag{5-3}$$

式中　P—— 某种材料的储备量(t 或 m^3);

T_H—— 材料储备天数(天);

Q—— 某种材料年度或季度需要量(t 或 m^3),可根据材料需用量计划表求得;

K—— 某种材料需要量不均匀系数;

T_1—— 有关施工项目的施工总工作日(天)。

2. 仓库面积的确定

求得某种材料的储备量后,便可根据该种材料的储备定额,用下式计算其所需仓库面积。

$$A = \frac{P}{q \cdot K'} \tag{5-4}$$

式中　A—— 某种材料所需的仓库总面积(m^2);

q—— 分库存放材料的储料定额(t/m^2);

K'—— 仓库面积利用系数。装有货架的密闭仓库,K' 取 0.35 ～ 0.4;储存桶装、袋装和其他包装的密闭仓库,K' 取 0.4 ～ 0.6;木材露天仓库,K' 取 0.4 ～ 0.5;散装材料露天仓库,K' 取 0.6 ～ 0.7;储存水泥和其他胶结材料用的圆仓式仓库,K' 取 0.8 ～ 0.85。

仓库面积的另一种计算方法称为系数计算法:

$$A = \varphi \cdot m \tag{5-5}$$

式中　φ—— 系数(m^2/人,m^2/万元),见表 5-6;

m—— 计算基础数(生产工人数,全年计划工作量)。

表 5-6　　按系数计算仓库面积

序号	名称	计算基础数(m)	单位	系数(φ)
1	仓库(综合)	按工地全员	m^2/人	0.7～0.8
2	水泥库	按当年水泥用量的 40%～50%	m^2/t	0.7
3	其他仓库	按当年工作量	m^2/万元	2～3
4	土建工具库	按高峰年(季)平均人数	m^2/人	0.10～0.20
5	水暖器材库	按年在建建筑面积	$m^2/100m^2$	0.20～0.40
6	化工油漆仓库	按年建安工作量	m^2/万元	0.1～0.15
7	(跳板、脚手、模板)仓库	按年建安工作量	m^2/万元	0.5～1

5.5.3　办公生活用房

1. 确定使用人数

(1) 建筑工地人员具体包括:

① 直接参加施工的基本工人(包括建筑、安装工人,装卸运输工人等)。

② 辅助生产工人(包括机械维修、运输、仓库管理、动力设施管理、附属企业的工人及冬季的附加工人等)。

③ 行政及技术管理人员。

(2) 上述各类人员数的计算如下:

① 直接参加施工的基本工人

$$\text{年(季)度平均在册基本工人} = \frac{\text{年(季)度总工日} \times (1 + \text{缺勤率})}{\text{年(季)度有效工作日}}$$

年(季)度高峰在册基本工人 = 年(季)度平均在册基本工人 × 年(季)度施工不均衡系数

② 辅助生产工人

年(季)度平均在册辅助工人 = 年(季)度平均在册基本工人 × 辅助工人系数

年(季)度高峰在册辅助工人 = 年(季)度高峰在册基本工人 × 辅助工人系数

③ 行政及技术管理人员

管理人员数 = (年度平均在册基本工人 + 年度平均在册辅助工人) × 管理人员系数

2. 确定临时房屋面积

各类人员数确定后,即可按现行的定额或实际经验数值,计算出各类人员需要的临时房屋的面积。计算公式如下:

$$A = N \cdot P \tag{5-6}$$

式中　A—— 建筑面积(m^2);

N—— 人数;

P—— 建筑面积定额,见表 5-7。

表 5-7 行政、生活、福利临时建筑物面积参考表

序号	临时房屋名称	单位	面积定额	备注
1	办公室	m^2/人	3～4	
2	宿舍			
	单层通铺	m^2/人	2.5～3	
	双层床	m^2/人	2.0～2.5	
	单层床	m^2/人	3.5～4	
3	食堂	m^2/人	0.5～0.8	
4	食堂兼礼堂	m^2/人	0.6～0.9	
5	其他			
	医务室	m^2/人	0.05～0.07	
	浴室	m^2/人	0.07～0.1	
	理发	m^2/人	0.01～0.03	
	浴室兼理发	m^2/人	0.08～0.1	
	俱乐部	m^2/人	0.1	
	小卖部	m^2/人	0.03	
	招待所	m^2/人	0.06	
	托儿所	m^2/人	0.03～0.06	
6	现场小型设施			
	开水房	m^2/人	10～40	
	厕所	m^2/人	0.02～0.07	
	工人休息室	m^2/人	0.15	

3. 生活区及食堂的布置

临时建筑尽量利用施工现场及其附近原有的或拟建的永久性建筑物，不足部分再行修建。对于建设年限在 3～5 年以上的工地，应当设置永久性基建生活基地，如有必要，还可搭建部分简易房屋或活动性房屋。

食堂宜建在生活区内，以各基层施工队伍或项目部为单位，人数以不超过 500 人为宜，不宜过大。

5.5.4 建筑工地临时给水

在建筑工地上必须有足够的水量及水头，以满足生产、生活及消防用水的需要。

建筑工地临时供水的设计，包括确定用水量、水源选择、设计临时给水系统三部分。

1. 确定用水量

(1) 一般施工用水 q_1

$$q_1 = \frac{1.1 \times \sum Q_1 N_1 K_1}{t \times 8 \times 3\,600} \tag{5-7}$$

式中 q_1—— 施工用水量(L/s)；

Q_1—— 最大年度(或季度、月度) 工程量(m^3、m^2、t…)，可由总进度计划及主要工种工程量求得；

N_1—— 各项工种工程的施工用水定额(L/m^3、L/m^2…)，见表 5-8；

K_1—— 每班用水不均衡系数；

t—— 与 Q_1 相应的工作延续时间(天数)，按每天一班计；

1.1—— 未考虑到的用水量修正系数。

(2) 施工机械用水 q_2

$$q_2 = \frac{1.1 \times \sum Q_2 N_2 K_2}{8 \times 3\ 600} \tag{5-8}$$

式中　q_2—— 施工机械用水量(L/s)；

Q_2—— 同一种机械台数(台)；

N_2—— 施工机械台班用水定额(L/ 台班)；

K_2—— 施工机械用水不均衡系数；

1.1—— 未考虑到的用水量修正系数。

(3) 生活用水 q_3

施工现场和生活福利区的生活用水应分别计算。

施工现场的生活用水量按下式计算：

$$q_3' = \frac{1.1 \times P_1 N_3' K_3}{b \times 8 \times 3\ 600} \tag{5-9}$$

式中　K_3—— 施工现场生活用水不均衡系数；

q_3'—— 施工现场生活用水量；

P_1—— 施工现场高峰人数；

N_3'—— 施工现场生活用水定额，通常采用 10L/(人·班)；

b—— 每天工作班数。

表 5-8　　施工用水定额

序号	用水对象	单位	耗水量	备注
1	灌筑混凝土全部用水	m^3	1 700 ～ 2 400	
2	搅拌普通混凝土	m^3	250	实测数据
3	搅拌轻质混凝土	m^3	300 ～ 350	
4	搅拌泡沫混凝土	m^3	300 ～ 400	
5	搅拌热混凝土	m^3	300 ～ 350	
6	混凝土养护(自然养护)	m^3	200 ～ 400	
7	混凝土养护(蒸汽养护)	m^3	500 ～ 700	
8	冲洗模板	m^3	5	
9	清洗搅拌机	台班	600	实测数据
10	人工冲洗石子	m^3	1 000	
11	机械冲洗石子	m^3	600	
12	洗砂	m^3	1 000	
13	砌砖工程全部用水		150 ～ 250	
14	砌石工程全部用水	m^3	50 ～ 80	
15	粉刷工程全部用水	m^3	30	
16	砌耐火砖砌体	m^3	100 ～ 150	包括砂浆搅拌
17	浇砖	万块	2 000 ～ 2 500	
18	浇硅酸盐砌块	m^3	300 ～ 350	
19	抹面	m^2	4 ～ 6	不含调制用水
20	楼地面	m^2	190	找平层同
21	搅拌砂浆	m^3	300	
22	石灰消化	t	3 000	

生活区生活用水量按下式计算：

$$q_3'' = \frac{1.1 \times PN_3'' K_3}{24 \times 3\ 600} \tag{5-10}$$

式中　q_3''——生活区生活用水量(L/s)；

P——生活区居民人数；

N_3''——生活区生活用水定额；

K_3——生活区用水不均衡系数。

生活总用水量为

$$q_3 = q_3' + q_3'' \tag{5-11}$$

表 5-9　　用水不均衡系数

序号	K 值	用水对象	系数
1 2	K_1	施工工程用水 附属生产企业用水	1.5 1.25
3 4	K_2	施工机械运输机具用水 动力设备用水	2.0 1.05～1.1
5 6	K_3	工地生活用水 居住区生活用水	1.3～1.5 2.0～2.5

表 5-10　　机械用水定额

序号	用水对象	单位	耗水量 N_2/L	备注
1	内燃挖土机	m^3·台班	200～300	以斗容量 m^3 计
2	内燃起重机	t·台班	15～18	以起重吨数计
3	蒸汽起重机	t·台班	100～400	以起重吨数计
4	蒸汽打桩机	t·台班	1 000～1 200	以锤重 t 数计
5	蒸汽压路机	t·台班	100～150	以压路机 t 数计
6	内燃压路机	t·台班	12～15	以压路机 t 数计
7	拖拉机	台·昼夜	200～300	
8	汽车	台·昼夜	400～700	
9	标准轨蒸汽机车	台·昼夜	10 000～20 000	
10	窄机蒸汽机车	台·昼夜	4 000～7 000	
11	空气压缩机	m^3/min 台班	40～80	以压缩空气 m^3/min 计(实测数据)
12	内燃机动力装置(直流水)	马力·台班	120～300	
13	内燃机动力装置(循环水)	马力·台班	25～40	
14	锅驼机	马力·台班	80～160	不利用凝结水
15	锅炉	t·h	1000	以小时蒸发量计
16	锅炉	m^2/h	15～30	以受热面积计
17	点焊机 25 型	h	100	实测数据
	点焊机 50 型	h	150～200	实测数据
	点焊机 75 型	h	250～350	实测数据
18	对焊机	h	300	
19	冷拔机	h	300	
20	凿岩机 01-30(CM-5-6)	min	3	
	凿岩机 01-45(TⅡ-4)	min	5	
	凿岩机 01-33(KⅡM-4)	min	8	
	凿岩机 YQ-100	min	8～12	

表 5-11　　生活用水定额

序号	用水对象	单位	耗水量 N_3/L	备注
1	全部生活用水	人·日	100 ～ 120	实测数据
2	生活用水盥洗饮用	人·日	20 ～ 40	开水 5L
3	食堂	人·日	10 ～ 20	
4	浴池(淋浴)	人·次	40 ～ 60	实测数据
5	淋浴带大池	人·次	50 ～ 60	实测数据
6	洗衣房	人	40 ～ 60	实测数据
7	理发室	人·次	10 ～ 25	
8	小学校	人	10 ～ 30	
9	幼儿园、托儿所	人	75 ～ 100	
10	医院	人	100 ～ 150	

(4) 消防用水 q_4

建筑工地消防用水量应根据工地大小和各种房屋、构筑物的结构性质、层数和防火等级等因素确定。生活区消防用水量则根据居民人数确定。

表 5-12　　消防用水定额

序号	用水对象	火灾同时发生数	单位	耗水量
一	居住区消防用水			
1	5 000 人以内	一次	L/s	10
2	10 000 人以内	二次	L/s	10 ～ 15
3	25 000 人以内	二次	L/s	15 ～ 20
二	施工现场消防用水			
1	施工现场在 25 公顷以内	二次	L/s	10 ～ 15
2	每增加 25 公顷递增		L/s	5

(5) 总用水量计算

建筑工程总用水量并不是生产、生活和消防三者用水量的简单相加，因为这三者的耗水在不同时间发生，因此，在保证及时消灭火灾所应有的最小用水量的条件下，应分别按下列情况进行组合，取其较大值。

① 当 $q_1 + q_2 + q_3 \leqslant q_4$ 时，则

$$Q = q_4 + \frac{1}{2}(q_1 + q_2 + q_3) \tag{5-12}$$

② 当 $q_1 + q_2 + q_3 \geqslant q_4$ 时，则

$$Q = q_1 + q_2 + q_3 \text{ 且 } Q \geqslant q_4 + \frac{1}{2}(q_1 + q_2 + q_3) \tag{5-13}$$

③ 当工地面积小于 5 公顷，而且当 $q_1 + q_2 + q_3 < q_4$ 时，则

$$Q = q_4 \tag{5-14}$$

最后计算出的总用水量，尚应增加 10%，以考虑管网漏水损失。

2. 水源选择

临时供水的水源，可用已有的给水管道、地下水及地面水 3 种。只有在建设工程附近没有现成的给水管道，或现成的给水管道无法利用时，才另选天然水源。

(1) 天然水源

地面水：江河水、湖水、人工蓄水库等；

地下水：泉水、井水。

（2）选择水源应考虑的因素

水源的可用水量充沛可靠，能满足最大蓄水量和符合水质要求；取水、输水、净水设施安全可靠；管理方便。

3. 设计临时给水系统

设计临时给水系统包括取水设施、净水设施、贮水构筑物（水池、水塔、水箱）、配水管网的布置。通常应先修建厂区永久性给水系统，只有在工期紧迫、修建永久性供水系统难以应急时，才修建临时供水系统。

（1）取水设施

取水设施一般由取水口、进水管和水泵组成。取水口距河底（或井底）一般为 250 ～ 900mm，距冰层下部边缘的距离不得小于 250mm。给水工程所用的水泵有离心泵、隔膜泵和活塞泵三种，以离心泵最常用。

水泵扬程可按下式计算：

① 将水送到水塔时的扬程为

$$H_p = (Z_t - Z_p) + H_t + a + h + h_s \tag{5-15}$$

式中　H_p—— 水泵所需扬程（m）；

Z_t—— 水塔所处的地面标高（m）；

Z_p—— 水泵中心的标高（m）；

H_t—— 水塔高度（m）；

a—— 水塔的水箱高度（m）；

h—— 从水泵到水塔间的水头损失（m）；

h_s—— 水泵的吸水高度（m）。

② 将水直接送到用户时其扬程为

$$H_p = (Z_y - Z_p) + H_y + h + h_s \tag{5-16}$$

式中　Z_y—— 供水对象（即用户）最不利之标高（m）；

H_y—— 供水对象（即用户）最不利处的自来水头，一般为 8 ～ 10m。

其他符号意义同前。

（2）储水构筑物

储水构筑物系指水池、水塔及水箱等设施，只有在水泵无法连续工作时才设置，其容量以每小时消防用水量来确定，但容量一般不得小于 10 ～ 20m^3。

（3）布置临时给水管道

水管管径，根据工地总用水量（流量）可按下式计算：

$$D = \sqrt{\frac{4Q}{\pi \cdot v \cdot 1\,000}} \tag{5-17}$$

式中　D—— 配水管直径（m）；

Q —— 耗水量（L/s）；

v —— 管网中水流速度（m/s）。

已知流量 Q 后，亦可采用查表法求出管径。

根据管径尺寸和压力大小选择管材，一般干管为钢管或铸铁管，支管为钢管。

5.5.5 建筑工地临时供电

建筑工地临时供电业务一般包括：用电量计算、电源的选择、变压器的确定、导线断面计算和配电线路的布置。

1. 用电量计算

建筑工地上临时供电，包括施工用电及照明用电两方面。

(1) 施工用电

施工用电量按下式计算：

$$P_c = K_1 \sum P_1 + \sum P_2 \tag{5-18}$$

式中 P_c—— 施工用电量(kW)；

K_1—— 设备同时使用系数。当电动机在 10 台以下时，$K_1 = 0.75$；10 ～ 30 台时，$K_1 = 0.7$；30 台以上时，$K_1 = 0.6$。

P_1—— 各种机械设备的用电量(kW)，以整个施工阶段内的最大负荷为准，乘以机械设备电动机的功率而得；

P_2—— 直接用于施工的用电量(kW)，如电热混凝土等，其用电量等于该工程的工程量乘以相应的用电功率。

(2) 照明用电

照明用电量指施工现场及生活福利区的室外照明用电。

照明用电量按下式计算：

$$P_0 = 1.10(K_2 \sum P_3 + K_3 \sum P_4) \tag{5-19}$$

式中 P_0—— 照明用电量(kW)；

1.10—— 用电不均匀系数；

K_2—— 室内照明设备同时使用系数，一般取 0.8；

K_3—— 室外照明设备同时使用系数，一般取 1.0；

P_3—— 室内照明用电量(kW)；

P_4—— 室外照明用电量(kW)。

一般施工用电量占总用电量的 80% ～ 90%，照明用电量则占 10% ～ 20%，因此，当照明用电量计算较困难时，可按上述比例进行估算。

最大用电负荷量是按施工用电量与照明用电量之和计算的。

2. 电源的选择

建筑工地用电的电源按其来源分为共用施工现场附近的变压器；利用附近电力网，设临时变电所和变压器；设置临时供电装置三种。其中以第一种来源最经济、方便。

电源位置的确定要综合施工现场大小、用电设备使用期限长短、使用量多少及设备布置情况四方面情况来考虑，一般应尽量设在负荷最大、用电设备最集中及输电距离最短的地方，并且运输便利及安装时能避免强烈震动。

3. 变压器的确定

变压器的容量按下式计算：

$$W = \frac{K\sum P}{\cos\varphi} \tag{5-20}$$

式中 W—— 变压器的容量(kV·A);

K—— 功率损失系数,计算变电所容量时,$K = 1.05$,计算临时发电站时,$K = 1.10$;

$\sum P$—— 变电所服务范围内的总用电量(kW);

$\cos\varphi$—— 功率因数,一般可取 0.75。

4. 导线断面计算和配电线路布置

(1) 导线断面计算

导线断面先根据电流强度进行选择,然后再根据电压损失和力学强度校核。

① 电流强度计算。三相四线制线路上的电流按下式计算:

$$I = \frac{P}{\sqrt{3}\cdot V\cdot \cos\varphi} \tag{5-21}$$

二线制线路可按下式计算:

$$I = \frac{P}{V\cdot \cos\varphi} \tag{5-22}$$

式中 I—— 电流值(A);

P—— 功率(W);

V—— 电压(V);

$\cos\varphi$—— 功率因数,对临时线路取 0.75。

根据计算结果,查表 5-13 选择导线断面面积。

表 5-13 橡皮绝缘铜线明设在绝缘支柱上的持续容许电流表(空气温度 ℃)

序号	导线标准截面 /mm²		导线的持续容许电流 /A		熔丝的最大容许电流 /A					
					企业生产部分和住宅的动力线路接到个别用户的干线和支线		照明线路接到个别用户的干线及支线			
							企业生产部分		住宅、公共场所、企业办公室、仓库	
	BX 型	BLX 型	BX 型	BLX 型	BX 型	BLX 型	BX 型	BLX 型	BX 型	BLX 型
1	1	—	15	—	15	—	15	—	10	—
2	1.5	—	20	—	25	—	20	—	15	—
3	2.5	25	27	12	30	25	25	20	20	15
4	4	4	36	20	40	30	35	25	25	20
5	6	6	46	27	50	40	50	35	35	25
6	10	10	68	47	80	60	80	50	50	40
7	16	16	92	70	100	80	100	60	60	60
8	25	25	123	97	125	100	125	100	100	80
9	35	35	152	117	160	125	160	125	125	100
10	50	50	192	148	225	160	200	125	160	125
11	70	70	242	187	260	225	250	160	200	160
12	95	95	292	226	350	260	300	225	225	200
13	120	120	342	265	350	300	350	260	260	225
14	150	150	392	304	430	350	400	300	300	260
15	185	185	450	351	500	430	430	350	350	300
16	240	240	532	417	—	500	500	400	430	350

② 根据电压损失校核导线断面。导线的电压降不应超过表 5-14 规定的数值。导线断面选定后，用下述公式校核。

三相四线制线路

$$A=\frac{100\sum P_1L_1}{KV^2e} \tag{5-23}$$

二线制线路

$$A=\frac{200\sum P_1L_1}{KV^2e} \tag{5-24}$$

式中 A—— 导线截面面积(mm^2)；

P_1—— 各段线路之负荷(kW)；

L_1—— 各段线路之长度(m)；

K—— 导电系数，铅为 34.5，铜为 56，铁为 7.8；

V—— 电压(V)；

e—— 最大容许电压损失，见表 5-14。

表 5-14 供电线路部分容许电压降低的百分数

序号	线路名称	电压降百分数 /%
1	输电线路	5 ～ 10
2	动力线路(工厂内部线路不在内)	5 ～ 6
3	照明线路(工厂或住宅内部线路不在内)	3 ～ 5
4	动力照明合用线路(工厂或住宅内部线路不在内)	4 ～ 6
5	户内动力线路	4 ～ 6
6	户内照明线路	1 ～ 3

③ 根据力学强度校核导线断面。力学强度允许的最小断面，当电杆间距 25 ～ 40m 时，低压铝质线 $16mm^2$；高压铝质线 $25mm^2$。其他情况的最小断面见表 5-15。

表 5-15 导线按机械强度所允许的最小截面

序号	导线用途	导线最小截面 /mm^2	
		铝线	铜线
1	照明装置用导线：户内用	0.5	2.5
	照明装置用导线：户外用	1.0	2.5
2	双芯软电线：用于吊灯	0.35	—
	双芯软电线：用于移动式生活用电设备	0.5	—
3	多芯软电线及软电缆：用于移动式生产的用电设备	1.0	—
4	绝缘导线：用于固定架设在户内绝缘支持件下，其间距为 2m 及以下	1.0	2.5
	绝缘导线：用于固定架设在户内绝缘支持件下，其间距为 6m 及以下	2.5	4
	绝缘导线：用于固定架设在户内绝缘支持件下，其间距为 25m 及以下	4	10
5	裸导线：户内用	2.5	4
	裸导线：户外用	6	10
6	绝缘导线：穿在管内	1.0	2.5
	绝缘导线：在槽板内	1.0	2.5
7	绝缘导线：户外沿墙敷设	2.5	4
	绝缘导线：户外其他方式	4	10

注：目前已生产小于 $2.5mm^2$ 的 BBLX、BLX 型铝芯绝缘电线。

(2) 配电线路的布置

工地上的配电线路，3 ～ 10kV 的高压线路可采用环状布置，380/220V 的低压线路采用枝状，为架设方便及以后电线重复使用，可采用架空线路，在跨越主要道路时改用电缆。架空线路杆间距为 25 ～ 40m，电线离路面或建筑物的高度不应小于 6m，离铁路轨顶的高度不应小于 7.5m。埋设于沟中的低压临时电缆应做好标记，保证施工安全。

5.6　施工组织总设计示例

5.6.1　工程概况

本工程为一公寓小区，由 9 栋高层公寓和整套服务用房组成，建筑面积为 16 万平方米，占地 4.8 万平方米，工程总造价约 3 亿元。

该小区东临城市道路，西北面紧靠河道，南面是拟建中的另一建筑物。9 栋公寓呈环形布置，中央是一座大型地下车库，通过人行通道与各公寓地下室相连，其他服务设施分布在公寓群附近，见图 5-1，表 5-16。小区高层公寓结构形式为剪力墙结构，箱形基础，外纵墙为预制轻混凝土墙板，楼板为叠合板，楼梯段为预制、休息板现浇。

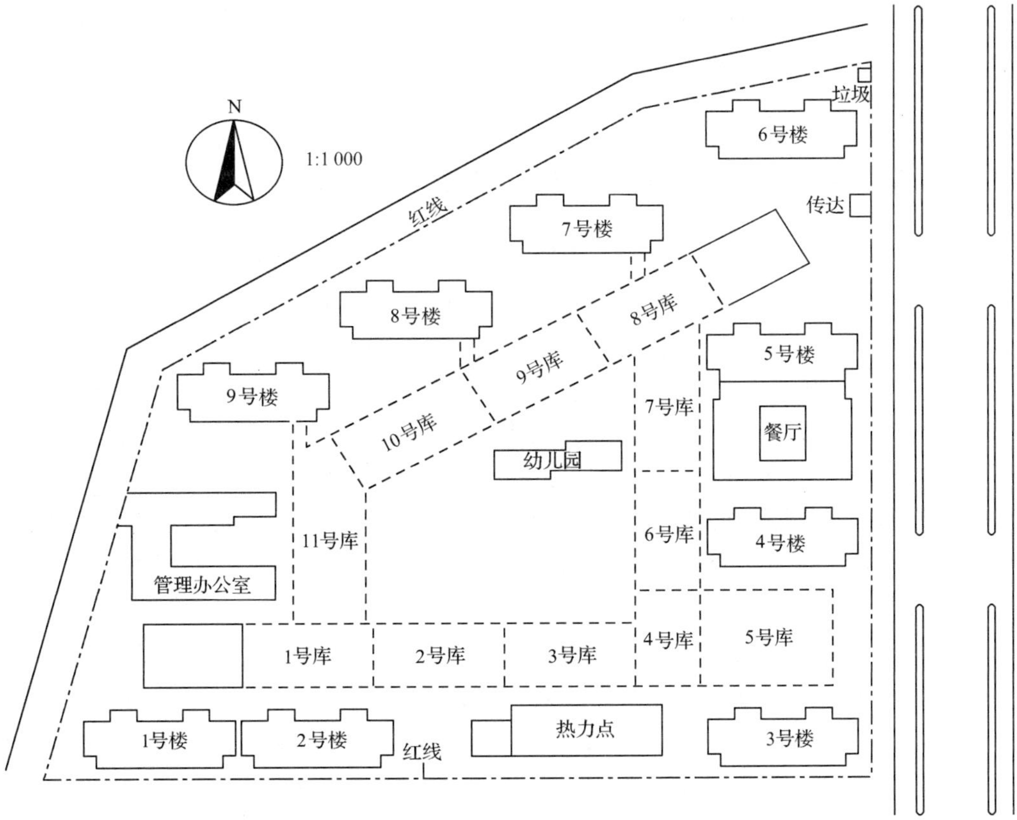

图 5-1　公寓小区总平面图

表 5-16　　主要建筑物和构筑物

序号	工程名称	层数	面积（m^2/栋）	结构特征
1	地下车库	3	21 000	现浇
2	3 号楼	15	14 000	外板内模
3	7 号、8 号、9 号楼	15	14 000	外板内模
4	1 号、2 号、4 号楼	15	14 000	外板内模
5	5 号楼	15	14 000	外板内模
6	6 号楼	15	14 000	外板内模
7	餐厅	2		混合结构
8	热力变电站	3		混合结构
9	房管办公楼	4		混合结构
10	花房	1		混合结构
11	传达室	1		混合结构
12	幼儿园	2		混合结构
13	垃圾站	1		混合结构
14	外线			

小区基地地势平坦，地面标高 39.18～40.95m，地下水质无侵蚀性。本工程最深基底标高 31.00m，处于地下水位以上。地下车库及公寓采用深埋天然地基，持力层土质为中砂，其上一层土质为中砂、亚砂土的交互层，表层为 1.10～3.00m 的人工回填土。

5.6.2　施工部署及主要施工方案、技术安全措施

本工程为多栋号群体工程，工程规模较大，工期较长。为尽快形成社会效益，准备将 9 栋公寓分期交付使用。总的施工部署以每年完成三栋公寓为一周期，适当安排配套工程，做到年度计划与长期计划相适应，搞好工程协作，分期分批组织施工。

1. 施工部署

整个群体工程分四个阶段，总工期控制为 4.5 年。

第一阶段：地下车库（21 000m^2），第 1 年度 4 月～第 2 年度 12 月。

按照先地下、后地上的原则及公寓使用车库的要求，先行施工地下车库。车库面积大、基底深，为尽量缩短基坑暴露时间，整个车库又分两期施工。第 1 期为 1～7 号库，第 2 期为 8～11 号库。

第二阶段：3 号、4 号、5 号楼（14 000m^2/栋），第 2 年度 1 月～第 3 年度 12 月。

此三栋楼临街，称行完成对市容观瞻有利，故为首批竣工对象。在此阶段内，变电站（1 000m^2）应安排施工，由于变电站设备多，安装工期较长，应重视此栋号的施工。

第三阶段：6 号、1 号、2 号楼（14 000m^2/栋），第 2 年度 10 月～第 4 年度 12 月。

此阶段同时要施工的还有房管办公楼。此楼作为可供施工时使用的项目安排。由于

施工用地紧张，先将部分暂设房安排在准备第四阶段开工的7号、8号、9号楼位置上。

第四阶段：9号、8号、7号楼（14 000m^2/栋），第3年度6月～第5年度9月。

此三栋楼的开工顺序根据其暂设房拆除的条件来决定，计划先拆除混凝土搅拌站、操作棚、后拆仓库、办公室，故采用此顺序。此外，餐厅、幼儿园、垃圾站等工程可作为调剂劳动力的部分，达到均衡施工的目的。

室外管线由于出图较晚，不可能完全做到先期施工，而且管线布设的范围广、工程量大，所以宜配合各期竣工栋号施工，并采取临时封闭措施，以达到各阶段自成系统分期使用的目的。

2. 主要施工方案

(1)土方及基础工程

①挖方。车库及公寓地下室底标高为－11.00m，实际挖深9.5m，采用W100正铲挖土机，配合推土机1台、自卸汽车10辆。挖土委托专业公司承包。

②放坡。土方分两层开挖。第一层由自然地面至室内地面以下5.5m，坡度1∶0.6，留70cm平台；第二层挖深4m左右，坡度1∶0.7。

③排水措施。本工程槽底均在地下水位以上，采用明排水法排出地表水及雨水。

④清底。为防止机械开挖扰动老土，基底预留约20cm土，待基础施工前用人工清底，清底后应防暴晒。

⑤验槽。地基打钎后应会同各方共同验槽。

⑥回填土。两期车库及分期施工的公寓地下室应尽可能以挖补填，附属用房开工时间可灵活掌握，可作为取土回填的后备来源，以尽量保证土方平衡。车库分三层台阶式流水施工，

每一层结构完成后尽早回填土，以便安装上一层模板，免搭脚手架，亦可防混凝土裂缝。

(2)水平及垂直运输

①水平运输。预制构件用拖车，大宗材料用卡车，商品混凝土用罐车运至现场。场内混凝土运输采用小翻斗车。

②垂直运输。主要采用塔吊，可用TQ60/80或QT4-10型塔吊。

③施工用电梯。每一公寓设1台双笼外用电梯，结构施工至第7层时安装，供上人及装修材料运输使用。

(3)钢筋工程

本工程钢筋总量约8 000余吨，现场加工任务繁重，必须加以高度重视。

①本工程所用Ⅰ、Ⅱ级钢筋必须做到“三证”齐全。

②钢筋翻样由专业施工班组负责，规格不符合设计要求时，应与设计人员洽商处理，不得随意代用。

③钢筋绑扎要求。

a. 车库顶板、底板钢筋较密。上下层钢筋应分两次隐检。

b. 车库墙身的钢筋顶杆加止水板。

c. 墙体钢筋网片间加门钩支撑，间距 1m。

(4)混凝土工程

混凝土现浇量共约 70 000m^3，其中防水混凝土约 16 000m^3，C25，S 8用于地下车库，其他普通混凝土为 C20～C30 。

①原材料及配合比。混凝土应使用 425～525 号矿渣硅酸盐水泥，冬期用普通硅酸盐水泥。每批材料均应试配。大体积混凝土采用集中搅拌站供应的商品混凝土，外加剂在现场添加。

②混凝土浇筑。车库底板混凝土一次浇筑，不设后浇缝，与外墙交接处留凸形水平施工缝；车库外墙中部留一道 60cm 宽竖直后浇缝，后浇缝在墙体混凝土龄期不小于 28d 后，用膨胀混凝土补齐并养护 6 周；车库柱子一次浇筑至板底。

公寓地下室及地下混凝土浇筑方法及要求为：底板与地下室墙身均不设后浇缝。组合柱要与内横墙同时浇筑，墙体混凝土浇筑高度控制在叠合板以下 10cm。竖向结构混凝土分层浇筑的高度，第一次不大于 50cm，以后不大于 1m。

③混凝土养护。防水混凝土湿养护不得少于 14 昼夜。车库的车道为一次抹面，可先覆盖一层塑料薄膜，待混凝土强度在 1.2MPa 后，再改用湿养护 14 昼夜。

5.6.3 施工总进度计划

1. 主要工程

主要工程量见表 5-17 。

表 5-17 主要工程量

工程项目	单位	地下车库	公寓		总计
			单栋	9 栋	
机械挖土	m^3	180 000	11 268	101 412	281 412
素混凝土	m^3	1 283	80	720	2 003
钢筋混凝土	m^3	15 012	5 838	52 542	67 554
钢筋	t	3 200	649	5 841	9 041
砖墙	m^3	339	145	1 305	1 644
预制板	块	2 138	204	1 836	3 974
外墙板	块		390	3 510	3 150
预应力薄板	块		922	8 298	8 298
楼梯构件	件		120	1 080	1 080
钢模板	m^2	45 144	38 121	343 089	388 233
回填土	m^3	90 000	2 040	18 360	108 360
抹白灰	m^2		13 385	120 465	120 465
抹水泥	m^2		5 629	50 761	50 761
现制磨石地	m^2		487	4 383	4 383

（续表）

工程项目	单位	地下车库	公寓		总计
			单栋	9 栋	
预制磨石地	m^2		7 017	63 153	63 153
缸砖地面	m^2		2 076	18 684	18 648
马赛克地面	m^2		515	4 635	4 635
瓷砖墙面	m^2	3 400	30 600	30 600	30 600
吊顶	m^2	14 082	126 783	126 783	126 783
干黏石	m^2		2 800	25 200	25 200
水刷石	m^2		50	450	450
水刷豆石	m^2		155	1 395	1 395
室内管道	m		14 153	127 377	127 377
炉片	个		399	3 591	3 591
卫生洁具	套		347	3 123	3 123
电线管、钢管	$\times 10^4$ m		2.2	19.8	19.8
各种电线	$\times 10^4$ m		9	81	81
配电箱	个		192	1 728	1 728
灯具	份		1 071	9 639	9 639

2. 施工总进度计划

施工总进度计划见表 5-18。

表 5-18　施工总进度控制计划

年度、季度 / 项目	第 1 年度				第 2 年度				第 3 年度				第 4 年度				第 5 年度			
	1	2	3	4	1	2	3	4	1	2	3	4	1	2	3	4	1	2	3	4
车库一期(1～7 号)		—	—	—	—	—														
3 号公寓基础					—	—														
3 号公寓结构							—	—												
3 号公寓装修								═	═	═	═									
4 号公寓基础					—	—	—													
4 号公寓结构							—	—	—											
4 号公寓装修								═	═	═	═	═								
5 号公寓基础					—	—	—													
5 号公寓结构								—	—	—										
5 号公寓装修								═	═	═	═	═								
公寓餐厅基础											—									
公寓餐厅结构												—								
公寓餐厅装修											═	═								
6 号公寓基础									—	—	—									
6 号公寓装修										—	—	—								
6 号公寓结构													═	═	═	═				
1 号公寓基础								—	—	—										
1 号公寓结构										—	—	—								
1 号公寓装修												═	═	═	═	═				
2 号公寓基础								—	—	—										
2 号公寓结构													—	—	—	—				
2 号公寓装修												═	═	═	═	═				

（续表）

年度、季度 / 项目	第1年度				第2年度				第3年度				第4年度				第5年度			
	1	2	3	4	1	2	3	4	1	2	3	4	1	2	3	4	1	2	3	4
9号公寓基础											—	—	—							
9号公寓结构														—	—					
9号公寓装修															—	—	—	—		
8号公寓基础											—	—	—							
8号公寓结构														—	—	—				
8号公寓装修															—	—	—	—	—	
7号公寓基础												—	—	—						
7号公寓结构															—	—	—			
7号公寓装修																—	—	—	—	
热力变电基础					—	—														
热力变电结构						—	—													
热力变电装修							—													
房管办公楼基础								—	—											
房管办公楼结构									—	—										
房管办公楼装修																		—	—	
二期地下车库					—	—	—	—												
幼儿园工程																—	—	—		
室外管线工程											—	—	—	—	—					
庭院道路工程											—	—	—	—	—	—	—	—	—	

5.6.4 施工总平面图

1. 施工总平面图

施工总平面图布置如图 5-2 所示。

2. 现场暂设工程

现场暂设工程见表 5-19。

表 5-19　　暂设工程一览表

序号	工程名称	面积/m^2	备注
1	混凝土(砂浆)搅拌站	315	3 台 400L 搅拌机
2	水泥库	140	
3	工具库	800	混合结构
4	五金库	125	混合结构
5	办公室	220	混合结构
6	锅炉房	56	2 台 0.4t 锅炉
7	木制品成品库	215	混合结构
8	食堂	210	混合结构
9	油库	20	
10	水电库	200	混合结构
11	饮水房	50	混合结构
12	厕所	30	3 座
13	吸烟室	20	2 座
14	危险品库	20	2 座(地下)
15	水泵房	30	混合结构
16	钢筋棚	400	混合结构
17	木工操作棚	200	混合结构

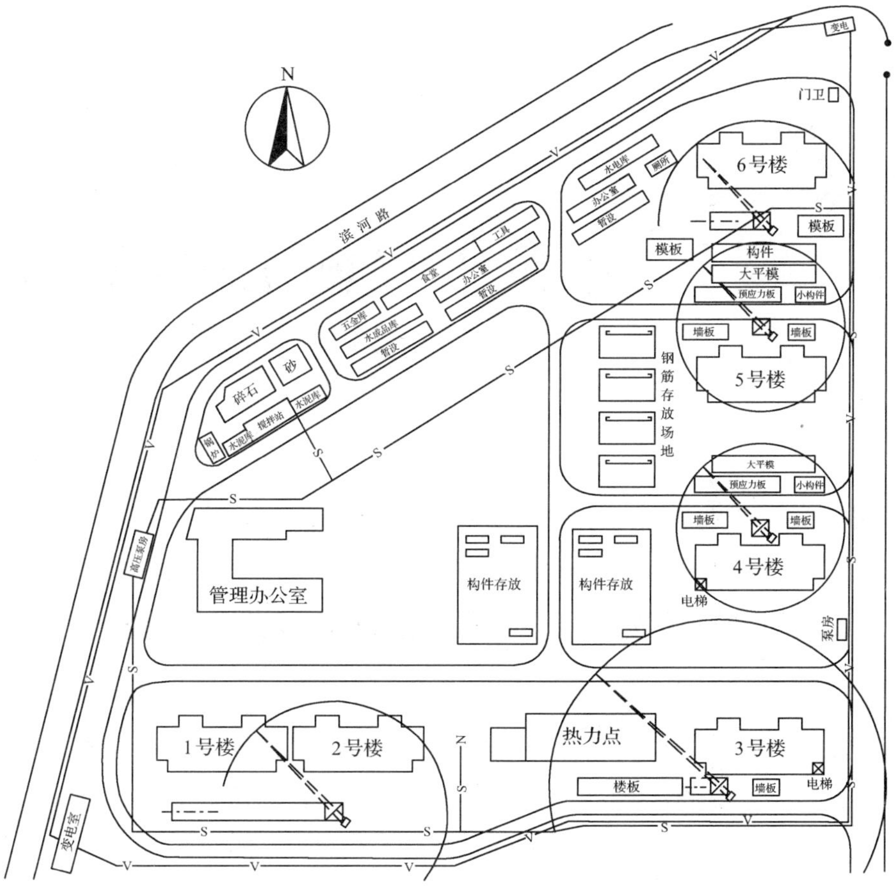

图 5-2　施工总平面布置图

思考题

1. 简述施工组织总设计的概念与主要内容。
2. 简述施工组织总设计的编制依据。
3. 施工组织总设计中包括哪些主要的技术经济指标？
4. 简述施工部署的主要内容？
5. 在拟定建设项目工程开展程序时，应从哪几个方面加以考虑？
6. 简述施工总进度计划的编制步骤、确定工程量的依据和资源供应计划的编制内容。
7. 简述施工总平面图的内容以及施工总平面图的设计方法与步骤。
8. 全工地性运输组织主要应解决哪些问题？
9. 施工总用水量如何计算？临时给水管道的管径如何确定？
10. 施工用电量如何确定？

第 6 章 单位工程施工组织设计

6.1 概 述

6.1.1 单位工程施工组织设计的任务及编制依据

1. 任务

单位工程施工组织设计的任务，就是根据工程项目总体规划安排和有关原始资料，并结合实际施工条件，从整个工程项目施工全局出发，选择合理的施工方案，确定科学合理的各分部分项工程间的搭接、配合关系，以及规划符合施工现场情况的平面布置图，从而以最少的投入，在规定的工期内生产出质量好、成本低的建筑产品。

2. 编制依据

单位工程施工组织设计的编制依据主要有以下几个方面：

(1) 施工组织总设计，主要指在施工组织总设计中对本单位工程的工期、质量和成本控制的目标要求及提供的条件。

(2) 单位工程全部施工图纸及其标准图。

(3) 单位工程工程地质勘探报告、地形图和工程测量控制网。

(4) 承包单位年度施工计划对本工程开竣工的时间要求。

(5) 合同文件，包括：①协议书(包括合同名称、编号、签订日期)；②中标通知书；③投标书及其附件；④专用条款；⑤通用条款；⑥标准、规范及其有关技术文件；⑦图纸；⑧具有标价的工程量清单；⑨工程报价单或施工图预算书。

(6)法律、法规、技术规范文件，指本工程所涉及的国家、行业、地方主要法律、法规、技术规范、规程和企业技术标准及质量、环境、职业安全健康管理体系文件。

(7) 其他有关文件，指本工程有关的国家批准的基本建设计划文件，建设地区主管部门的批文，施工单位上级下达的施工任务书等。

6.1.2 单位工程施工组织设计的编制内容

单位工程施工组织设计的编制内容，根据工程性质、规模、繁简程度的不同，其深度和广度要求不同，不强求一致，但基本内容必须完整、简明扼要，能真正起到指导现场施工的作用。

单位工程施工组织设计较完整的内容一般包括：

(1)工程概况及施工特点；

(2)施工部署；

(3)施工方案；

(4)施工进度计划；

(5)施工准备工作计划；

(6)施工成本计划；

(7)劳动力、材料、构件、加工品、施工机械和机具等需要计划；

(8)施工平面图；

(9)施工质量计划及保障措施；

(10)职业安全健康管理方案；

(11)环境管理方案；

(12)施工风险；

(13)主要技术经济指标。

6.1.3 单位工程施工组织设计的编制程序

单位工程施工组织设计的编制程序如图 6-1 所示。

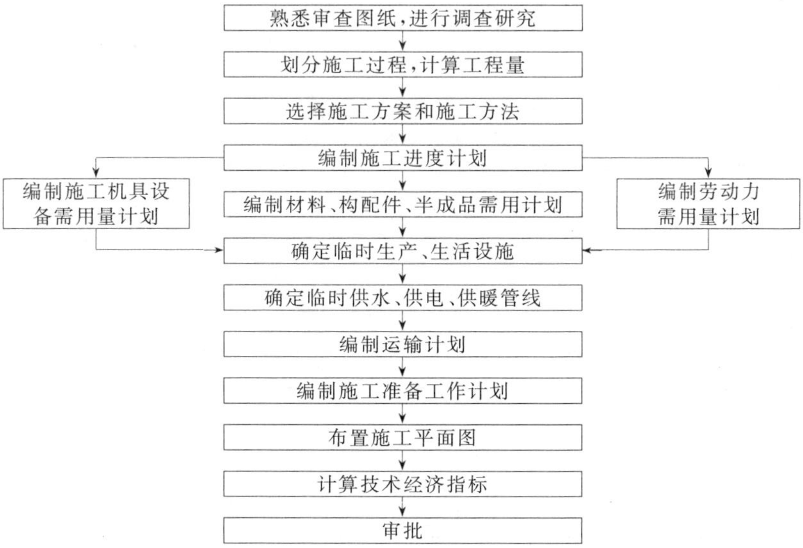

图 6-1 单位工程施工组织设计的编制程序

6.2 工程概况

6.2.1 工程建设概况

工程建设概况包括：建设项目名称、工程类别、使用功能、建设目的和建设地点；占地面积和建设规模；工程的建设、勘察、设计、总承包和分包单位名称，以及建设单位委托的社会建设监理单位名称及其监理班子组织状况；质量要求和投资额；工期要求等。可采用表 6-1 的形式表达。

表 6-1　　　　工程项目概况一览表

<table>
<tr><td>工程名称</td><td></td><td>工程地址</td><td></td></tr>
<tr><td>工程类别</td><td></td><td>占地总面积</td><td></td></tr>
<tr><td>建设单位</td><td></td><td>勘察单位</td><td></td></tr>
<tr><td>设计单位</td><td></td><td>监理单位</td><td></td></tr>
<tr><td>质量监督部门</td><td></td><td>质量要求</td><td></td></tr>
<tr><td>总包单位</td><td></td><td>主要分包单位</td><td></td></tr>
<tr><td>建设工期</td><td></td><td>合同工期</td><td></td></tr>
<tr><td>总投资额</td><td></td><td>合同工期投资额</td><td></td></tr>
<tr><td>工程主要功能和用途</td><td colspan="3"></td></tr>
</table>

6.2.2 工程建筑设计概况

工程建筑设计概况由工程平面组成、层数、层高、建筑面积，装饰装修主要做法，工程各部位防水做法，保温节能、绿化及环境保护等组成，并应附以平面、立面和剖面图。内容表达可采用表 6-2 的形式。

表 6-2　　　　工程建筑设计概况一览表

<table>
<tr><td colspan="2">占地面积</td><td></td><td colspan="2">首层建筑面积</td><td></td><td>总建筑面积</td><td></td></tr>
<tr><td rowspan="3">层数</td><td>地上</td><td></td><td rowspan="3">层高</td><td>首层</td><td></td><td>地上面积</td><td></td></tr>
<tr><td>地下</td><td></td><td>标准层</td><td></td><td>地下面积</td><td></td></tr>
<tr><td></td><td></td><td>地下</td><td></td><td></td><td></td></tr>
<tr><td rowspan="6">装饰装修</td><td>外檐</td><td colspan="6"></td></tr>
<tr><td>楼地面</td><td colspan="6"></td></tr>
<tr><td>墙面</td><td colspan="6"></td></tr>
<tr><td>顶棚</td><td colspan="6"></td></tr>
<tr><td>楼梯</td><td colspan="6"></td></tr>
<tr><td>电梯厅</td><td colspan="3">地面：</td><td colspan="2">墙面：</td><td colspan="2">顶棚：</td></tr>
</table>

（续表）

防水	地下	防水等级：	防水材料：	
	屋面	防水等级：	防水材料：	
	厕浴间			
	阳台			
	雨棚			
保温节能				
绿化				
环境保护				
其他需要说明的事项：				

6.2.3 工程结构设计概况

工程结构设计概况包括：地基基础结构设计概况，主体结构设计概况，抗震设防等级，混凝土、钢筋等材料要求等。内容表达可采用表6-3的形式。

表6-3 工程结构设计概况一览表

地基基础	埋深		持力层		承载力标准值		
	桩基	类型：		桩长：	桩径：	间距：	
	箱、筏	底板厚度：		顶板厚度：			
	条基						
	独立						
主体	结构形式		主要柱网间距				
	主要结构尺寸	梁：	板：	柱：	墙：		
抗震等级设防			人防等级				
混凝土强度等级及抗渗要求	基础		墙体		其他		
	梁		板				
	柱		楼梯				
钢筋	类别：						
特殊结构	（钢结构、网架、预应力）						
其他需要说明的事项：							

6.2.4 建筑设备安装概况

建筑设备安装概况包括：给水、排水设计情况，强电、弱电设计概况，通风空调、采暖供热、消防系统以及电梯等设计概况。内容表达可采用表6-4的形式。

表 6-4　　建筑设备安装概况一览表

<table>
<tr><td rowspan="3">给水</td><td>冷水</td><td></td><td rowspan="3">排水</td><td>污水</td><td></td></tr>
<tr><td>热水</td><td></td><td>雨水</td><td></td></tr>
<tr><td>消防</td><td></td><td>中水</td><td></td></tr>
<tr><td rowspan="5">强电</td><td>高压</td><td></td><td rowspan="5">弱电</td><td>电视</td><td></td></tr>
<tr><td>低压</td><td></td><td>电话</td><td></td></tr>
<tr><td>接地</td><td></td><td>安全监控</td><td></td></tr>
<tr><td>防雷</td><td></td><td>楼宇自控</td><td></td></tr>
<tr><td></td><td></td><td>综合布线</td><td></td></tr>
<tr><td colspan="2">中央空调系统</td><td colspan="4"></td></tr>
<tr><td colspan="2">通风系统</td><td colspan="4"></td></tr>
<tr><td colspan="2">采暖供热系统</td><td colspan="4"></td></tr>
<tr><td rowspan="5">消防系统</td><td>火灾报警系统</td><td colspan="4"></td></tr>
<tr><td>自动喷水灭火系统</td><td colspan="4"></td></tr>
<tr><td>消火栓系统</td><td colspan="4"></td></tr>
<tr><td>防、排烟系统</td><td colspan="4"></td></tr>
<tr><td>气体灭火系统</td><td colspan="4"></td></tr>
<tr><td>电梯</td><td>人梯：　台</td><td>货梯：　台</td><td colspan="2">消防梯：　台</td><td>自动扶梯：　台</td></tr>
<tr><td colspan="6">其他需说明的事项：</td></tr>
</table>

6.2.5 自然条件

1. 气象条件

它是指当地气象条件和变化状况，包括冬季开始时间，一般平均温度、最低温度、极端最低温度和降雪量情况；夏季开始时间，一般平均温度、最高温度和极端最高温度情况；雨季时间、平均降水量和日最大降水量情况；当地主导风向和最大风力情况。

2. 工程地质及水文条件

它是指建筑物所处位置各层的土质情况，地下水水质、水位标高及水位流向等。

3. 地形条件

它是指建筑物所在位置的场地绝对标高、场地平整情况等。

4. 周边道路及交通条件

它是指施工现场周边道路状况、运输道路是否畅通等。

5. 场区及周边地下管线

它是指施工现场及周边是否有地下水管、电缆、天然气、液化气等管道，各类管道埋置位置、深度等情况。

6.3　施工方案

施工方案是单位工程施工组织设计的核心。施工方案合理与否将直接影响工程的施工效率、质量、工期和技术经济效果，因此必须给予足够的重视。施工方案的内容一般包括确定施工程序和施工起点流向、施工顺序，选择主要分部分项工程的施工方法和施工机械。

6.3.1　确定施工程序

单位工程的施工程序一般为：接受任务阶段—开工前准备阶段—全面施工阶段—竣工验收阶段。每阶段都必须完成规定的工作内容，并为下一阶段工作创造条件。

1. 接受任务阶段

接受任务阶段是其他各个阶段的前提条件，施工单位在这个阶段一般要通过投标中标，签订施工合同，承接施工任务。同时施工单位要检查该工程项目是否有上级批准的正式文件、投资是否落实。在签订施工承包合同过程中，明确双方应承担的技术经济责任及奖罚条款。对于施工技术复杂、工程规模较大的工程，还需确定分包单位，签订分包合同。

2. 开工前准备阶段

开工前准备阶段是继接受任务之后，为单位工程施工创造必要条件阶段。一般开工前必须具备如下条件：施工执照已办理；施工图纸经过会审，施工预算已编制；施工组织设计已经批准并已交付；场地土石方平整、障碍物的清除和场内外交通道路已经基本完成；施工用水、电、排水均可满足施工需要；永久性或半永久性坐标和水准点已经设置；附属加工企业各种设施的日供应量基本能够满足开工后生产和生活的需要；材料、成品、半成品和必要的工业设备有适当的储备，并能陆续进入现场，保证连续施工；施工机械设备已进入现场，并能保证正常运转；劳动力计划已落实，随时可以调动进场，并已经过必要的技术、安全教育。

准备工作阶段的一系列工作就是使单位工程具备上述开工条件，然后提出开工报告，并经上级主管部门审查批准后方可正式开工。

3. 单位工程施工应遵循的顺序

(1)先地下后地上

先地下后地上主要是指首先完成管道、管线等地下设施、土方工程和基础工程，然后开始地上工程施工；对于地下工程应按先深后浅的顺序进行，以免造成施工返工或对上部工程的干扰，使施工不便，影响工程质量，造成浪费。

(2)先主体后围护

先主体后围护主要是指先施工框架主体结构，再进行围护结构的施工。

(3)先结构后装饰

先结构后装饰一般是指先进行主体结构施工，后进行装饰工程施工。

(4)先土建后设备

先土建后设备主要是指一般的土建工程与水暖电气等工程的总体施工程序。至于设备安装的某一工序要穿插在土建的某一工序之前，这实际属于施工顺序问题。工业建筑的土建工程与设备安装工程之间的顺序，主要取决于工业建筑的类型。

4. 交工验收

单位工程施工完成以后，施工单位应内部预先验收，严格检查工程质量，整理各项技术经济资料，然后经建设单位、施工单位和质检部门交工验收，检查合格后，双方办理交工验收手续及有关事宜。

6.3.2 确定施工起点流向

确定施工起点流向就是确定单位工程在平面或竖向上施工开始的部位和开展的方向。它牵涉到一系列施工活动的开展和进程，是组织施工活动的重要环节。确定单位工程施工起点流向时，一般应考虑如下因素：

(1)车间的生产工艺流程，往往是确定施工流向的关键因素。因此，从生产工艺上考虑，影响其他工段试车投产的工段应该先施工。如 A 车间生产的产品受 B 车间生产的产品影响，B 车间划分为三个施工段，而Ⅱ、Ⅲ段的生产受Ⅰ段的约束，故其施工起点流向应从 B 车间的Ⅰ段开始，如图 6-2 所示。

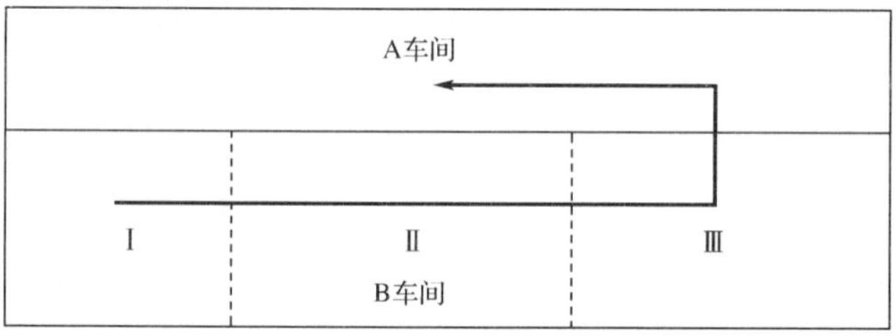

图 6-2　施工起点流向示意图

(2)建设单位对生产和使用的需要。一般应考虑对生产或使用急的区段或部位先施工。

(3)施工的繁简程度。一般来说，技术复杂、施工进度慢、工期较长的区段或部位应先施工。

(4)房屋高低层或高低跨。如柱子的吊装应从高低跨并列处开始；屋面防水施工应按先高后低的方向施工，同一屋面则由檐口到屋脊方向施工；基础有深有浅时，应按先深后浅的顺序施工。

(5)工程现场条件和施工方案。施工场地的大小、道路布置和施工方案中采用的施工方法和施工机械是确定施工起点和流向的主要因素。如土方工程边开挖边余土外运，则施工起点应确定在离道路远的部位和由远及近的进展方向。

(6)分部分项工程的特点及相互关系。如室内装修工程除平面上的起点和流向外，在竖向上还要决定其流向，而竖向的流向确定更显得重要。对于密切相关的分部分项工程的流向，一旦前导施工过程的起点流向确定之后，则后续施工过程便也随其而定了。

应当指出，在流水施工中，施工起点流向决定了各施工段的施工顺序。因此，确定施工起点流向的同时，应当将施工段的划分和编号也确定下来。

下面以多层建筑物装饰工程为例加以说明。根据装饰工程的工期、质量和安全要求，以及施工条件，其施工起点流向一般分为：

(1)室外装饰工程自上而下的流水施工方案。

(2)室内装饰工程自上而下和自下而上以及自中而下再自上而中的三种流水施工方案。

室内装饰工程自上而下的流水施工方案，通常是主体结构工程封顶、做好屋面防水后，从顶层开始，逐层往下进行。其施工流向如图 6-3 所示，有水平向下、垂直向下两种情况。通常采用图 6-3(a)所示的水平向下的流向较多。

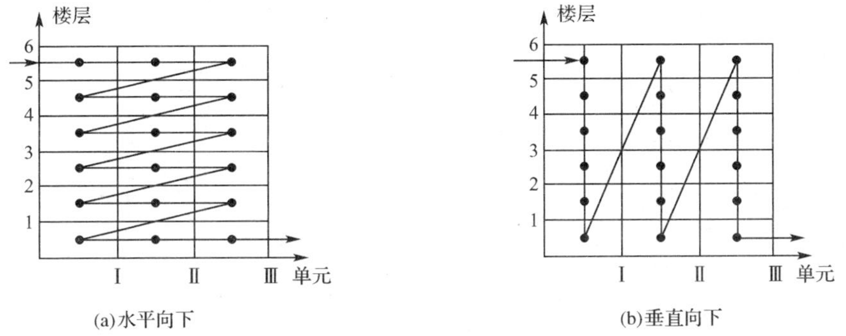

图 6-3　室内装饰工程自上而下的流向

这种起点流向的优点是主体结构完成后，有一定的沉降时间，能保证装饰工程的质量。做好屋面防水层后，可防止在雨季施工时因雨水渗漏而影响装饰工程的质量。并且自上而下的流水施工方案，各工序之间交叉少，便于组织施工，保证施工安全，从上往下清理垃圾也方便。其缺点是不能与主体结构施工搭接，因而工期较长。

室内装饰工程自下而上的流水施工方案，是指当主体结构工程的砖墙砌到 2～3 层以上时，装饰工程从一层开始，逐层向上进行，其施工流向如图 6-4 所示，有水平向上和垂直向上两种情况。

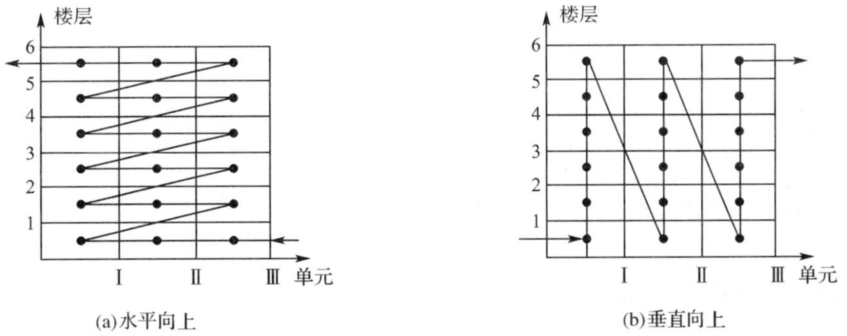

图 6-4　室内装饰工程自下而上的流向

这种起点流向的优点是可以和主体砌筑工程进行交叉施工，故工期较短。其缺点是工序之间交叉较多，需要很好地组织施工，并采取安全措施。当采用预制楼板时，由于板缝填灌不实，以及靠墙一边较易渗漏雨水和施工用水，影响装饰工程质量，为此在上下两相邻楼层中，应首先抹好上层地面，再做下层天棚抹灰。

自中而下再自上而中的流水施工方案，如图 6-5 所示，综合了上述两者的优点，适用于中、高层建筑的装饰工程。

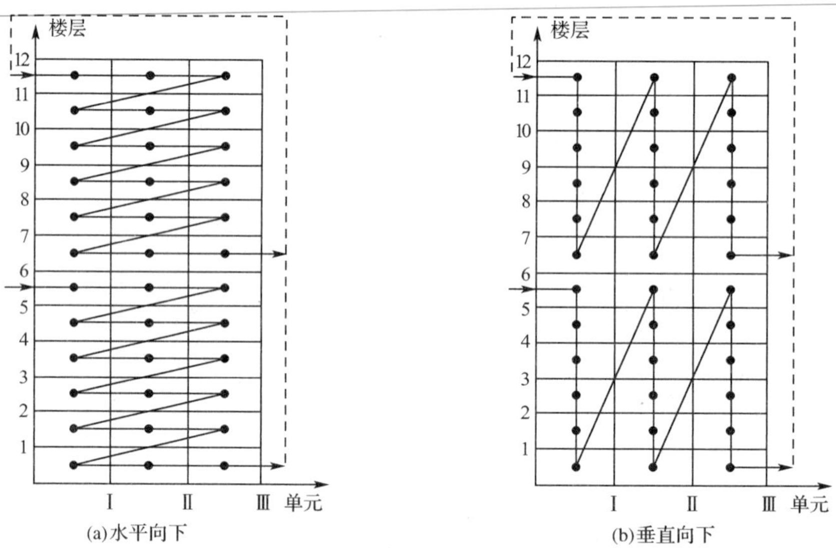

图 6-5　室内装饰工程自中而下再自上而中的流向

室外装饰工程一般总是采取自上而下的起点流向，如图 6-3 所示。

6.3.3　确定施工顺序

施工顺序是指分部分项工程施工的先后次序。确定施工顺序时，一般应考虑以下几项因素：

(1)遵循施工程序；

(2)符合施工工艺要求；

(3)与施工方法一致；

(4)按照施工组织的要求；

(5)考虑施工安全和质量；

(6)考虑当地气候的影响。

现将多层混合结构居住房屋和装配式钢筋混凝土单层工业厂房的施工顺序分别叙述如下。

1. 多层混合结构居住房屋施工顺序

多层混合结构的施工，可分为基础工程、主体结构工程、屋面和装饰工程三个阶段，如图 6-6 所示。

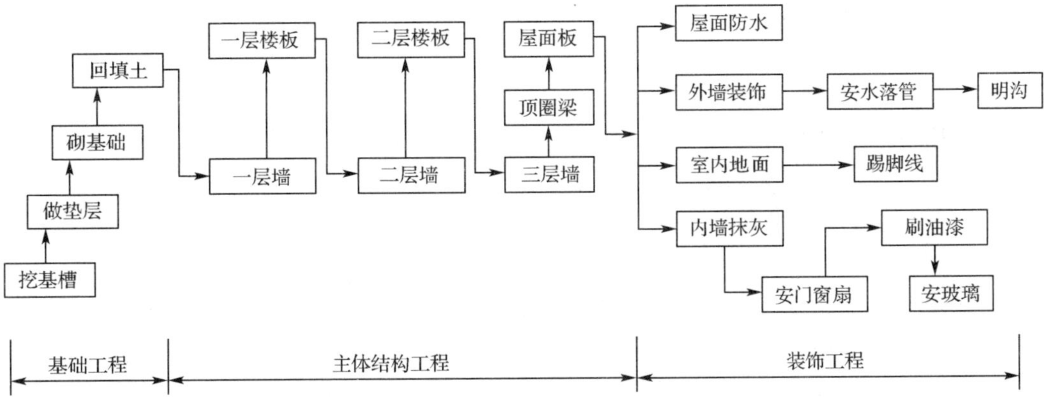

图 6-6 混合结构三层居住房屋施工顺序示意图

(1)基础工程的施工顺序

基础工程阶段是指室内地坪(±0.00)以下的所有工程施工阶段,其顺序是:挖土→做垫层→砌基础→铺防潮层→回填土。如果地下有障碍物、坟穴、防空洞等,需先进行处理;如有桩基础,应先进行桩基础施工;如有地下室,则在基础砌完或砌完一部分后,砌筑地下室墙;在做完防潮层后安装地下室顶板,最后回填土。

(2)主体结构工程的施工顺序

主体结构工程阶段的工作,通常包括搭脚手架、墙体砌筑、安门窗框、安预制过梁、安预制楼板、现浇卫生间楼板、安楼梯或浇楼梯、安屋面板等工程,其中墙体砌筑与安装楼板为主导施工过程,各层预制楼梯段的安装必须与砌墙和安楼板紧密配合,否则由于养护时间的影响将使后续工作不能及早进行。

(3)屋面和装饰工程的施工顺序

这个阶段的施工具有内容多、劳动消耗量大且手工操作多、需要时间长等特点。屋面工程的施工顺序为找平层→隔气层→保温层→找平层→防水层。刚性防水屋面的现浇钢筋混凝土防水层、分隔缝施工应在主体结构完成后开始并尽快完成,以便为室内装饰创造条件。一般情况下,屋面工程可以和装饰工程搭接或平行施工。

装饰工程分为室外装饰和室内装饰。室内外装饰工程的施工顺序有先内后外、先外后内、内外同时进行三种顺序。具体确定哪种顺序应视施工条件和气候而定。通常室外装饰应避开冬季和雨季。室内为水磨石板时为防止楼面施工时渗水对墙面的影响,应先完成水磨石板的施工,如果为了加速脚手架周转或要赶在冬雨季到来之前完成外装修,则应采取先外后内的顺序。

同一层的室内抹灰施工顺序有地面→天棚→墙面和天棚→墙面→地面两种。前一种顺序便于清理地面,地面质量易于保证,且便于收集墙面和天棚的落地灰,节省材料;后一种顺序在做地面前必须将天棚和墙面上的落地灰和渣子清扫干净后再做面层,否则会影响地面面层同预制楼板间的粘贴。引起地面空鼓。

底层地面一般多是在各层天棚、地面、楼面做好之后进行,门窗安装一般在抹灰之前或之后进行,视气候和条件而定。

室外装饰工程在由上往下每层装饰、落水管等分项工程全部完成后，即开始拆除该层的脚手架。然后进行散水坡及台阶的施工。

(4)水暖电气等工程的施工顺序

水暖电气工程不同于土建工程，可以分成几个明显的施工阶段，它一般与土建工程中有关分项工程之间进行交叉施工，紧密配合。

①在基础工程施工时，先将相应的上下水管沟和暖气管沟的垫层、管沟墙做好，然后回填土。

②在主体结构工程施工时，应在砌墙或现浇钢筋混凝土楼板同时，预留上下水管和暖气立管的孔洞、电线孔槽或预埋木砖和其他预埋件。

③在装饰工程施工前，安设相应的各种管道和电气照明用的附墙暗管、接线盒等。水暖电气安装一般在楼地面和墙面抹灰前或后穿插施工。

2.装配式钢筋混凝土单层工业厂房的施工顺序

装配式钢筋混凝土单层工业厂房的施工可分为基础工程、预制工程、结构安装工程、围护工程和装饰工程等五个施工阶段，如图6-7所示。

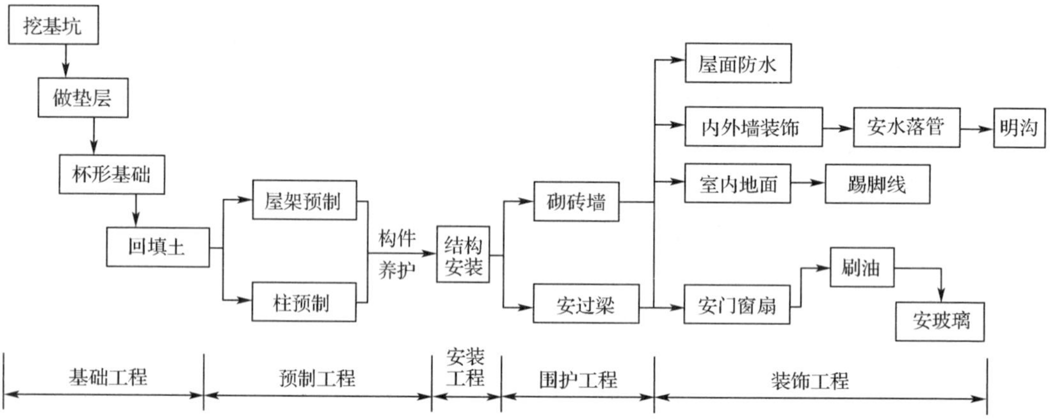

图6-7 装配式钢筋混凝土单层工业厂房施工顺序示意图

(1)基础工程的施工顺序

基础工程的施工顺序通常是基坑挖土→垫层→绑筋→支基础模板→浇混凝土基础→养护→拆模→回填土。

当中、重型工业厂房建设在土质较差地区时，一般需要用桩基础。此时为缩短工期，常将打桩工程安排在准备阶段进行。

对于厂房的设备基础，由于其与厂房柱基础施工顺序不同，常常会影响到主体结构的安装方法和设备安装投入的时间，因此需要根据不同的情况而定，通常有三种方案：

①当厂房柱基础的埋置深度大于设备基础埋置深度时，采用"封闭式"施工，即厂房柱基础先施工，设备基础后施工。

通常，当厂房施工处于雨期或冬期时，或设备基础不大，在厂房结构安装后对厂房结构稳定性并无影响时，或对于较大较深的设备基础采用了特殊的施工方法(如沉井)时，可采用“封闭式”施工。

②当设备基础埋置深度大于厂房基础的埋置深度时，采用“开敞式”施工，即厂房柱基础后施工和设备基础先施工。

③只有当设备基础较大较深，其基坑的挖土范围已经与柱基础的基坑挖土范围连成一片或深于厂房柱基础，以及厂房所在地点土质不佳时，方采用厂房柱基础与设备基础同时施工的方案。

在单层工业厂房基础施工前，和民用房屋一样，也要先处理好其下部的松软土、洞穴等，然后分段进行施工。在安排各分项工程之间的搭接时，应根据当时的气温条件，加强对钢筋混凝土垫层和基础的养护，在基础混凝土达到拆模强度后方可拆模，并及早进行回填土，从而为现场预制工程创造条件。

(2)预制工程的施工顺序

单层工业厂房构件的预制方式，一般采用加工厂预制和现场预制相结合的方法。通常对于重量较大或运输不便的大型构件，可在拟建车间现场就地预制，如柱、托架梁、屋架、吊车梁等中小型构件可在加工厂预制。但在具体确定预制方案时，应结合构件技术特征、当地的生产、施工、运输条件等多方面因素进行技术经济分析之后来确定。一般来说，预制构件的施工顺序与结构吊装方案有关。

①场地狭小、工期允许时，构件制作可分别进行。先预制柱和吊车梁，待柱和梁安装完毕后再进行屋架预制。

②场地宽敞时，可柱、梁制完后即进行屋架预制。

③场地狭小工期又紧时，可将柱和梁等构件在拟建车间内就地预制，同时在外进行屋架预制。

现场后张法预应力屋架的施工顺序为：场地平整夯实支模→扎筋→预留孔道→浇筑混凝土→养护→拆模→预应力筋张拉→锚固→放张→灌浆。

(3)结构安装工程的施工顺序

结构安装工程的施工顺序取决于吊装方法。采用分件吊装法时，顺序为第一次开行吊装柱，校正固定，灌缝混凝土强度达到70%后，第二次开行吊装吊车架、连系梁和基础梁，第三次开行吊装屋盖构件。采用综合吊装法时，顺序依次为吊装第一节间4根柱，校正固定后安装吊车梁及屋盖等构件，如此至整个车间安装完毕。

(4)围护工程的施工顺序

围护工程阶段的施工包括内外墙体砌筑、搭脚手架、安装门窗框和屋面工程等。在厂房结构安装工程结束后，或安装完一部分区段后即可开始内外墙砌筑工程的分段施工。脚手架应配合砌筑和屋面工程搭设，在室外装饰之后、散水坡施工前拆除。屋面工程的顺序同混合结构居住房屋的屋面施工顺序。

(5)装饰工程的施工顺序

具体分为室内装饰和室外装饰。

一般单层厂房的装饰工程与其他施工过程穿插进行。水暖电气安装工程与混合结构居住房屋的施工顺序基本相同，但应注意空调设备安装的安排。

以上仅适用于一般情况。由于结构、现场条件、施工环境不同,均会对施工过程和顺序产生不同影响,因此须根据施工特点和具体情况,合理确定施工顺序。

6.3.4 选择施工方法和施工机械

选择施工方法和施工机械是施工方案中的关键问题,它直接影响施工进度、施工质量和安全,以及工程成本。编制施工组织设计时,必须根据工程项目的建筑结构、抗震要求、工程量的大小、工期长短、资源供应情况、施工现场的条件和周围环境,制定出可行方案,并且进行技术经济比较,确定出最优方案。

1. 选择施工方法

选择施工方法时着重考虑影响整个单位工程施工的分部分项工程,如工程量大且在单位工程中占重要地位的分部(分项)工程,施工技术复杂或采用新技术、新工艺及对工程质量起关键作用的分部(分项)工程和不熟悉的特殊结构工程或由专业施工单位施工的特殊专业工程的施工方法。

通常,施工方法选择的内容有以下几方面:

(1)土石方工程

①计算土石方工程量,确定土石方开挖或爆破方法,选择土石方施工机械。

②确定放坡坡度系数或土壁支撑形式和打设方法。

③选择排除地面、地下水的方法,确定排水沟、集水井或井点布置。

④确定土石方平衡调配方案。

(2)基础工程

①浅基础中垫层、混凝土基础和钢筋混凝土基础施工的技术要求,以及施工地下室的技术要求。

②桩基础施工方法及施工机械选择。

(3)砌筑工程

①砖墙的砌筑方法和质量要求。

②弹线及皮数杆的控制要求。

③确定脚手架搭设方法及安全网的挂设方法。

(4)钢筋混凝土工程

①确定模板类型及支模方法,对于复杂的工程还需要进行模板设计及绘制模板放样图。

②选择钢筋的加工、绑扎和焊接方法。

③选择混凝土的运输及浇筑顺序和方法,确定混凝土浇筑、振捣设备的类型和规格,确定施工缝的留设位置与方法。

④确定预应力混凝土的施工方法、控制应力和张拉设备等。

(5)结构安装工程

①确定结构安装方法和起重机械。

②确定构件运输及堆放要求。

(6)屋面工程

①屋面各个分项工程施工的操作要求。

②确定屋面构件的运输方式。

(7)装饰工程

①各种装修的操作要求和方法。

②选择材料运输方式及储存要求。

2. 选择施工机械

选择施工方法必然涉及施工机械的选择问题。机械化施工是改变建筑工业生产落后面貌、实现建筑工业化的基础，因此施工机械的选择是施工方法选择的中心环节。选择施工机械时，应着重考虑以下几方面：

①应首先根据工程特点选择适宜的主导工程施工机械，如在选择装配式单层工业厂房结构安装用的起重机类型时，如果工程量较大而又集中，可以采用生产率较高的塔式起重机，但当工程量较小或工程量虽大却相当分散，则采用无轨自行式起重机较经济；在选择起重机型号时，应使起重机在起重臂外伸长度一定的条件下能适应起重量及安装高度的要求。

②几种辅助机械或运输工具应与主导机械的生产能力协调配套，以充分发挥主导机械的效率。如土方工程中采用汽车运土时，汽车的载重量应为挖土机斗容量的整数倍，汽车的数量应保证挖土连续工作。

③在同一工地上，应力求建筑机械的种类和型号少一些，以利于机械管理。因此，工程量大且分散时，宜采用多种用途的机械施工，如挖土机既可挖土，又能用于装卸、起重。

④机械选择应考虑充分发挥施工单位现有机械的能力。当本单位的机械能力不能满足工程需要时，则应购置或租赁新型机械或多用途机械。

3. 施工方案的技术经济评价

对施工方案进行技术经济评价是选择最优施工方案的重要环节之一。因为任何一个分部(分项)工程，都有几个可行的施工方案，而施工方案的技术经济评价的目的就是对每一个分部(分项)工程的施工方案进行优选，选出一个工期短、质量好、材料省、劳动力安排合理、工程成本低的最优方案。

施工方案的技术经济评价涉及的因素多而复杂，一般只需对一些主要分部分项工程的施工方案进行技术经济比较，当然有时也需对一些重大工程项目总体施工方案进行全面的技术经济评价。

一般来说，施工方案的技术经济评价有定性分析评价和定量分析评价两种。

(1)定性分析评价

施工方案的定性技术经济分析评价是结合施工实际经验，对若干施工方案的优缺点进行分析比较，如技术上是否可行、施工复杂程度和安全可靠性如何、劳动力和机械设备能否满足需要，是否能充分发挥现有机械的作用、保证质量的措施是否完善可靠、对冬季施工带来多大困难等。

(2)定量分析评价

施工方案的定量技术经济分析评价是通过计算各方案的几个主要技术经济指标，进行综合比较分析，从中选择技术指标较佳的方案。定量分析常分为两种方法。

①多指标分析法。它是用价值指标、实物指标和工期指标等一系列单个的技术经济指标，对各个方案进行分析对比从中选优的方法。

定量分析的指标通常有：

a. 工期指标。当要求工程尽快完成以便尽早投入生产或使用时，选择施工方案就要在确保工程质量、安全和成本较低的条件下，优先考虑缩短工期。

b. 劳动量指标。它能反映施工机械化程度和劳动生产率水平。通常，在方案中劳动消耗越小，机械化程度和劳动生产率越高。劳动消耗指标以工日数计算。

c. 主要材料消耗指标。反映若干施工方案的主要材料节约情况。

d. 投资额指标。当选定的施工方案需要增加新的投资时，则需设增加投资额的指标进行比较。

e. 成本指标。反映施工方案的成本高低，需计算方案实施所需的作业费用和管理费用。作业费用是指方案实施中所涉及的分部分项工程基本作业和与之相关的其他作业(为保证工程质量、安全和文明施工等采取的技术组织措施等)所需的人工、材料、机械费用，一般通过逐项计算的方法求得。施工方案的成本指标除了作业费用之外，还应包括管理费用。施工方案的成本指标可以采用两种方法计算，一是费率计算法，即以作业费用乘以(1＋管理费率)；二是分别计算法，即根据管理组织、人员规模等因素，测算出每天需要的管理费用数量，然后用施工方案的工期天数乘以每天的管理费用数量计算出管理费用。作业费用与管理费用之和即为施工方案的成本指标。

采用费率计算法时，施工方案的成本指标 C 可以采用式(6-1)计算：

$$C = \text{直接费} \times (1 + \text{综合费率}) \tag{6-1}$$

示例：现欲开挖大型公共建筑工程基坑，其平面尺寸为 147.5×124.46m，坑深为 3.71m，土为二类土，土方量为 9 000m^3，因场地狭小，挖出的土除就地存放 1 200m^3 准备回填之用外，其余土需用翻斗汽车及时运走。根据现有劳动力和机械设备条件，可以采用以下两种施工方案。每天一班制，管理费率为现场作业费用的 10%。

方案 1：W_1-100 型反铲挖土机挖土，翻斗汽车运土方案。

用反铲挖土机挖基坑不需开挖斜道，基坑修整需普工劳动量 51 工日。W_1-100 型反铲挖土机的台班生产率为 529m^3，每台班租赁费 828.80 元(含两名操作工人工资)。采用拖车拖运挖土机进出场，进出场时间按 0.5 台班考虑，拖车台班费为 956.00 元。配合挖土每天需普工 2 人，普工工资标准为 60.00 元/工日。除现场挖土基本作业费用外，考虑与之相关的其他作业费用为 1 500.00 元。

a. 工期指标：

$$9\ 000/529 = 17(\text{天})$$

b. 劳动量指标：

$$(2+2) \times 17 + 51 = 119(\text{工日})$$

c. 成本指标：

作业费用＝(17＋0.5)×828.80＋0.5×956.00＋(2×17＋51)×60.00＋1500.00
＝21 582.00(元)

成本指标＝ 21 582.00×(1＋10％)＝23 740.20(元)

方案 2：采用 W-50 正铲挖土机，翻斗汽车运土方案。

该方案需先开挖一条供挖土机及汽车出入的斜道，斜道土方量约为 120m³，W-50 正铲挖土机台班生产率为 521m³，每台班租赁费为 812.00 元(含两名操作工人工资)。基坑修整需普工 51 工日，斜道回填安排普工 33 工日需要 1 天时间。配合挖土需普工 2 人，普工工资标准、拖车使用及费用与方案 1 相同。除现场基本作业费用外，考虑与之相关的其他作业费用为 1 800.00 元。

a. 工期指标：

(9 000＋120)/521＋1＝17.5＋1＝18.5(天)

b. 劳动量指标：

2×17.5＋2×18.5＋51＋33＝156(工日)

c. 成本指标：

作业费用＝(17.5＋0.5)×812.00＋0.5×956.00＋(2×18.5＋51＋33)×60.00＋1 800.00
＝24 154.00(元)

成本指标＝ 24 154.00×(1＋10％)＝26 569.40(元)

上述两种方案有关指标计算结果汇总见表 6-5。

表 6-5 基坑开挖两种方案的技术经济指标比较

开挖方案	工期指标(天)	劳动量指标(工日)	成本指标(元)	方案说明
方案 1	17	119	23 740.20	反铲挖土机 W_1-100 型
方案 2	18.5	156	26 569.40	正铲挖土机 W-50 型

从表 6-5 中的指标值可以看出，方案 1 各指标均较优，故采用方案 1。

②综合指标分析方法。综合指标分析方法是以多指标为基础，将各指标值按照一定的计算方法进行综合后得到一综合指标进行评价。

该方法首先根据多指标中各个指标在评价中重要性的相对程度，分别定出权重值 W_j，再用同一指标依据其在各方案中的优劣程度定出其相应的分值 C_{ij}，设有 m 个方案和 n 种指标，则第 i 方案的综合指标 A_i 为

$$A_i = \sum_{j=1}^{n} C_{ij} \cdot W_j \tag{6-2}$$

式中，$i = 1,2,\cdots,m$；$j = 1,2,\cdots,n$，综合指标值最大者为最优方案。

6.4 施工进度计划

单位工程施工进度计划是在既定施工方案的基础上，根据规定工期和各种资源供应条件，按照施工过程的合理施工顺序及组织施工的原则，用横道图或网络图，对一个工程从开始施工到工程全部竣工（包括土建施工、结构吊装、设备吊装等不同施工内容），确定其全部施工过程在时间上和空间上的安排和相互配合关系。

6.4.1 施工进度计划的作用

单位工程施工进度计划的作用是有以下几个方面：

(1) 控制单位工程的施工进度，保证在规定工期内完成满足质量要求的工程任务。

(2) 确定单位工程各个施工过程的施工顺序、施工持续时间及相互衔接和合理配合关系。

(3) 为编制季度、月度生产作业计划提供依据。

(4) 确定劳动力和各种资源需要量计划和编制施工准备工作计划的依据。

6.4.2 施工进度计划的编制依据

编制单位工程施工进度计划，主要依据下列资料：

(1) 经过审批的建筑总平面图及单位工程全套施工图以及地质、地形图，工艺设置图，设备及其基础图，采用的标准图等图纸及技术资料；

(2) 施工组织总设计对本单位工程的有关规定；

(3) 施工工期要求及开、竣工日期；

(4) 施工条件、劳动力、材料、构件及机械的供应条件、分包单位的情况等；

(5) 确定的重要分部分项工程的施工方案，包括确定施工顺序、划分施工段、确定施工起点流向、施工方法、质量及安全措施等；

(6) 劳动定额及机械台班定额；

(7) 其他有关要求和资料，如工程合同等。

6.4.3 施工进度计划的表示方法

施工进度计划一般用图表来表示，有两种形式的图表：横道图和网络图。横道图的形式见表6-6。

从表6-6中可以看出，它由左右两部分组成，左边部分列出各种计算数据，如分部分项工程名称、相应的工程量、采用的定额、需要的劳动量或机械台班数、每天施工的工人数和施工的天数等；右边部分是从规定的开工之日起到竣工之日止的日历表。

表 6-6　　单位工程施工进度横道图表

序号	分部分项工程名称	工程量		时间定额	劳动量		需用机械		每天工作班次	每班工人数	工作天数	施工进度						
		单位	数量		工种	数量(工日)	机械名称	台班数				月					月	
												5	10	15	20	25	5	10

6.4.4　施工进度计划的编制步骤和内容

1. 划分施工过程

编制进度计划时，首先应按照图纸和施工顺序将拟建单位工程的各个施工过程列出，并结合施工方法、施工条件、劳动组织等因素，加以适当调整，使其成为编制施工进度计划所需的施工过程。

施工进度计划表中通常只列出直接在建筑物(或构筑物)上进行施工的砌筑安装类施工过程，而不列出构件制作和运输，如门窗制作和运输等制备类、运输类施工过程。但当某些构件采用现场就地预制方案，单独占有工期且对其他分部分项工程的施工有影响或某运输工作需与其他分部分项工程的施工密切配合，如楼板随运随吊时，也需将这些制备类和运输类施工过程列入。

在确定施工过程时，应注意以下几个问题：

(1) 施工过程划分的粗细程度，主要取决于单位工程施工进度计划的客观作用。对控制性施工进度计划，项目划分得粗一些，通常只列出分部工程名称，如混合结构居住房屋的控制性施工进度计划，只列出基础工程、主体工程、屋面工程和装修工程四个施工过程；而对于实施性的施工进度计划，项目划分得要细一些，通常要列到分项工程，如上面所说的屋面工程还要划分为找平层、隔气层、保温层、防水层等分项工程。

(2) 施工过程的划分要结合所选择的施工方案。如结构安装工程，若采用分件吊装法，则施工过程的名称、数量和内容及其安装顺序应按照构件来确定；若采用综合吊装法，则施工过程应按施工单元(节间、区段)来确定。

(3) 注意适当简化施工进度计划内容，避免工程项目划分过细、重点不突出。可考虑将某些穿插性分项工程合并到主要分项工程中去，如安装门窗框可以并入砌墙工程；在同一时间内，由同一工程队施工的过程可以合并，如工业厂房中的钢窗油漆、钢门油漆、钢支撑油漆、钢楼梯油漆合并为钢构件油漆一个施工过程；对于次要的、零星的分项工程，可合并为“其他工程”一项列入。

(4) 水暖电气工程和设备安装工程通常由专业工作队伍负责施工。因此，在施工进度计划中，只要反映出这些工程与土建工程如何配合即可，不必细分。

(5) 所有施工过程应大致按施工顺序先后排列，所采用的施工项目名称可参考现行定额手册上的项目名称。

总之，划分施工过程要粗细得当。最后，根据所划分的施工过程列出施工过程(分部分项工程)一览表，见表 6-7。

表 6-7 分部分项工程一览表

项次	分部分项工程名称	项次	分部分项工程名称
一	地下室工程	5	壁板吊装
1	挖土	6	……
2	混凝土垫层	…	
3	地下室顶板		
4	回填土		
二	大模板主体结构工程		

2. 计算工程量

计算工程量时，一般可以采用施工图预算的数据，但应注意有些项目的工程量应按实际情况作适当调整。如计算柱基土方工程量时，应根据土壤的级别和采用的施工方法(单独基坑开挖、基槽开挖，还是大开挖，放边坡还是加支撑)等实际情况进行计算。工程量计算时应注意以下几个问题：

(1) 各分部分项工程的工程量计算单位应与现行定额手册中所规定的单位相一致，以避免计算劳动力、材料和机械设备、机具数量时进行换算，产生错误。

(2) 结合选定的施工方法和安全技术要求计算工程量。

(3) 结合施工组织要求，分区、分项、分段、分层计算工程量。

(4) 采用预算文件中的工程量时，应按施工过程的划分情况将预算文件中有关项目的工程量汇总。如"砌筑砖墙"一项要将预算中按内墙、外墙，按不同墙厚、不同砌筑砂浆品种和强度等级计算的工程量进行汇总。

3. 确定劳动量和机械台班数量

劳动量和机械台班数量应当根据分部分项工程的工程量、施工方法和现行的施工定额，并结合当时当地的具体情况加以确定。一般应按下式计算：

$$P = Q/S \tag{6-3}$$

或

$$P = Q \cdot H \tag{6-4}$$

式中 P —— 完成施工过程所需的劳动量(工日)或机械台班数量(台班)；

Q —— 完成某施工过程的工程量($m^3, m^2, t\cdots$)；

S —— 某施工过程的产量定额($m^3, m^2, t\cdots$/ 工日或台班)；

H —— 某施工过程的时间定额(工日或台班 /$m^3, m^2, t\cdots$)。

例如，已知某单位工业厂房的柱基土方为 3 240m³，采用人工挖土，每工产量定额为 6.5 m³，则完成基坑所需总劳动量为

$$P=\frac{Q}{S}=\frac{3\ 240}{6.5}=499(\text{工日})$$

若已知时间定额为 0.154 工日 /m³，则完成基坑所需总劳动量为

$$P=Q\cdot H=3\ 240\times 0.154=499(\text{工日})$$

在使用定额时，常遇到定额所列项目的工作内容与编制施工进度计划所列项目不一致的情况，此时应当换算成平均定额。

(1) 查用定额时，若定额对同一工种不一样时，可用其平均定额。当同一性质不同类型分项工程的工程量相等时，平均定额可用其绝对平均值，如式(6-5)。

$$H=\frac{H_1+H_2+\cdots+H_n}{n} \tag{6-5}$$

式中 $H_1,H_2,\cdots,H_n$—— 同一性质不同类型分项工程时间定额；

H—— 平均时间定额；

n—— 分项工程的数量。

当同一性质不同类型分项工程的工程量不相等时，平均定额应用加权平均值，其计算公式为

$$S=\frac{Q_1+Q_2+\cdots+O_n}{\frac{Q_1}{S_1}+\frac{Q_2}{S_2}+\cdots+\frac{Q_n}{S_n}}=\frac{\sum_{i=1}^{n}Q_i}{\sum_{i=1}^{n}\frac{Q_i}{S_i}} \tag{6-6}$$

式中，$Q_1,Q_2,\cdots,Q_n$—— 同一性质不同类型分项工程的工程量。

其他符号同前。

例如，钢门窗油漆一项由钢门油漆和钢窗油漆两项合并而成，已知 Q_1 为钢门面积 368.52m²，Q_2 为钢窗面积 889.66m²，钢门油漆的产量定额 S_1 为 11.2m³/工日，钢窗油漆的产量定额 S_2 为 14.63m²/工日。则平均产量定额为

$$S=\frac{Q_1+Q_2}{\frac{Q_1}{S_1}+\frac{Q_2}{S_2}}=\frac{368.52+889.66}{\frac{368.52}{11.2}+\frac{889.66}{14.63}}=13.43(\text{m}^2/\text{工日})$$

(2) 对于有些采用新技术或特殊施工方法的定额，在定额手册中未列入的，可参考类似项目或实测确定。

(3) 对于“其他工程”项目所需劳动量，可根据其内容和数量，并结合工程具体情况，以占总劳动量的百分比(一般为 10% ～ 20%) 计算。

(4) 水暖电气、设备安装工程项目，一般不计算劳动量和机械台班需要量，仅安排与土建工程配合的进度。

4. 确定各施工过程的施工天数

计算各分部分项工程施工天数的方法有两种：

(1) 根据工程项目经理部计划配备在该分部分项工程上的施工机械数量和各专业工

人人数确定，其计算公式如下：

$$t=\frac{P}{R\cdot N} \tag{6-7}$$

式中 t—— 完成某分部分项工程的施工天数；

P—— 某分部分项工程所需的机械台班数量或劳动量；

R—— 每班安排在某分部分项工程上施工机械台数或劳动人数；

N—— 每天工作班次。

例如，某工程砌筑砖墙，需要总劳动量 160 工日，一班制工作，每天出勤人数为 22 人（其中，瓦工 10 人，普工 12 人）则

$$t=\frac{P}{R\cdot N}=\frac{160}{22\times 1}\approx 7(\text{天})$$

在安排每班工人数和机械台数时，应综合考虑各分项工程工人班组的每个工人都应有足够的工作面（不能小于最小工作面），以发挥高效率并保证施工安全；各分项工程在进行正常施工时所必需的最低限度的工人队组人数及其管理组合（不能小于最小劳动组合），以达到最高的劳动生产率。

（2）根据工期要求倒排进度。首先根据规定总工期和施工经验，确定各分部分项工程的施工时间，然后再按各分部分项工程需要的劳动量或机械台班数量，确定每一分部分项工程每个工作班所需要的工人数或机械台数，公式为

$$R=\frac{P}{t\cdot N} \tag{6-8}$$

例如，某单位工程的土方工程采用机械施工，需要 87 个台班完成，则当工期为 8 天时，所需挖土机的台数为

$$R=\frac{P}{t\cdot N}=\frac{87}{8\times 1}\approx 11(\text{台班})$$

通常计算时均先按一班制考虑，如果每天所需机械台数或工人人数已超过施工单位现有人力、物力或工作面限制，则应根据具体情况和条件从施工技术和组织上采取措施，如增加工作班次，最大限度地组织立体交叉、平行流水施工，加早强剂提高混凝土早期强度等。

5. 编制施工进度计划的初始方案

编制施工进度计划时，必须考虑各分部分项工程的合理施工顺序，尽可能组织流水施工，力求主要工种的工作队连续施工，其编制方法为：

（1）划分主要施工流水组（分部工程），组织流水施工。首先安排其中主导施工过程的施工进度，使其尽可能连续施工，其他穿插施工过程尽可能与其配合、穿插、搭接或平行作业，如砖混结构房屋中的主体结构工程，其主导施工过程为砌筑和楼板安装。

（2）配合主要施工流水组，安排其他施工流水组（分部工程）的施工进度。

（3）按照工艺的合理性和工序间尽量穿插、搭接或平行作业方法，将各施工流水组（分部工程）的流水作业图表最大限度地搭接起来，即得单位工程施工进度计划的初始方案。

6. 施工进度计划的检查与调整

检查与调整的目的在于使初始方案满足规定的目标，一般从以下几方面进行检查与调整：

(1) 各施工过程的施工顺序、平行搭接和技术间歇是否合理。

(2) 工期方面。初始方案的总工期是否满足规定的工期。

(3) 劳动力方面。主要工种工人是否满足连续、均衡施工。

(4) 物资方面。主要机械、设备、材料等的利用是否均衡，施工机械是否充分利用。

经过检查，对不符合要求的部分需进行调整。调整的方法一般有：增加或缩短某些分项工程的施工时间；在施工顺序允许的情况下，将某些分项工程的施工时间向前或向后移动；必要时，还可以改变施工方法或施工组织。

应当指出，上述编制施工进度计划的步骤不是孤立的，而是互相依赖、互相联系的，有的可以同时进行。还应看到，由于建筑施工是一个复杂的生产过程，受到周围客观条件影响的因素很多。在施工过程中，由于劳动力和机械、材料等物资的供应及自然条件等因素的影响而经常不符合原计划的要求，因而在工程进展中应随时掌握施工动态，经常检查，不断调整计划。

施工进度计划的编制程序如图6-8所示。

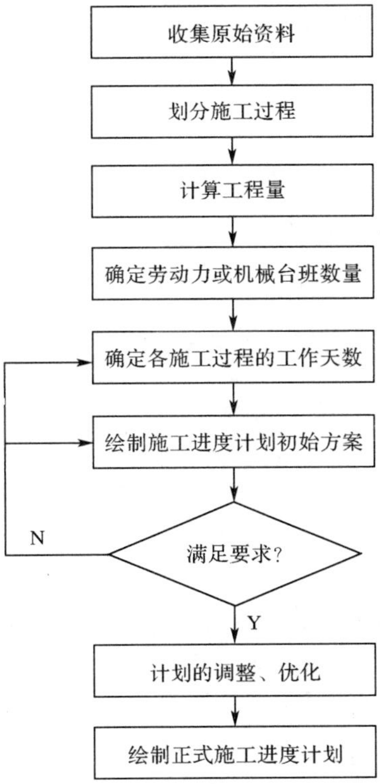

图6-8 施工进度计划编制程序

6.4.5 各项资源需要量计划的编制

各项资源需要量计划可用来确定建筑工地的临时设施，并按计划供应材料、调配劳动力，以保证施工按计划顺利进行。在单位工程施工进度计划正式编制完后，就可以着手编制各项资源需要量计划。

1. 劳动力需要量计划

劳动力需要量计划，主要是作为安排劳动力平衡、调配和衡量劳动力耗用指标和安排生活福利设施的依据，其编制方法是将施工进度计划表内所列各施工过程每天（或旬、月）所需工人人数按工种汇总而得，其表格形式见表 6-8。

表 6-8　　劳动力需要量计划

序号	分项工程名称	工种	需要量		需要时间						备注
			单位	数量	×月			×月			
					上旬	中旬	下旬	上旬	中旬	下旬	

2. 主要材料需要量计划

主要材料需要量计划，是备料、供料和确定仓库、堆场面积及组织运输的依据。其编制方法是将施工进度计划表中各施工过程的工程量，按材料品种、规格、数量、使用时间计算汇总而得，其表格形式见表 6-9。

表 6-9　　主要材料需要量计划

序号	材料名称	规格	需要量		供应时间	备注
			单位	数量		

当某分部分项工程是由多种材料组成时，应按各种材料分类计算，如混凝土工程应换算成水泥、砂、石、外加剂和水的数量列入表格。

3. 构件和半成品需要量计划

建筑结构构件、配件和其他加工半成品的需要量计划主要用于落实加工订货单位，并按照所需规格、数量、时间，组织加工、运输和确定仓库或堆场，可根据施工图和施工进度计划编制，其表格形式见表 6-10。

表 6-10 构件和半成品需要量计划

序号	构件半成品名称	规格	图号、型号	需要量		使用部位	加工单位	供应日期	备注
				单位	数量				

4. 施工机械需要量计划

施工机械需要量计划主要用于确定施工机械的类型、数量、进场时间，可据此落实施工机械来源，组织进场。其编制方法为，将单位工程施工进度表中的每一个施工过程，每天所需的机械类型、数量和施工日期进行汇总，即得施工机械需要量计划，其表格形式见表 6-11。

表 6-11 施工机械需要量计划

序号	机械名称	类型、型号	需要量		货源	使用起止日期	备注
			单位	数量			

6.4.6 施工准备工作计划

施工准备是以施工项目为对象而进行的全面施工准备工作的总称。准备工作是项目施工的前提和基础，也是加强项目管理和目标控制的关键。

施工准备工作按不同划分标准有不同的类型。

1. 按施工范围分类

(1) 全场施工准备。全场施工准备是以一个建设项目为对象所进行的全面施工准备，它是为整个建设项目施工服务的准备工作，同时也要兼顾单项工程施工准备工作。

(2) 单项工程施工准备。单项工程施工准备是以一个单项工程为对象所进行的施工准备工作，它是为单项工程施工服务的准备工作，同时也要兼顾单位工程施工条件准备。

(3) 单位工程施工条件准备。单位工程施工条件准备是以一个单位工程为对象而进行的施工条件准备。

(4) 分部(项) 工程作业条件准备。分部(项) 工程作业条件准备是以一个分部(项) 工程或冬雨季施工项目为对象所进行的作业条件准备。

2. 按施工阶段分类

(1) 开工前施工准备。开工前施工准备是在工程项目正式开工之前所进行的全面施工准备工作，它既可能是全场性施工准备，又可能是单项工程施工准备。

(2) 施工阶段前施工准备。各施工阶段前施工准备是在项目开工之后、每个阶段之前所进行的相应施工准备工作。

为落实项目施工准备工作，加强对其检查和监督，必须根据施工准备工作的项目名称、项目工作的具体内容、完成时间和负责人员，编制出项目施工准备工作计划。

3. 施工准备工作计划具体内容

(1) 施工技术准备

① 编制施工进度控制实施细则，包括：分解工程进度控制目标，编制施工作业计划；认真落实施工资源供应计划，严格控制工程进度计划目标；协调各施工部门之间关系，做好组织协调工作；收集工程进度控制信息，做好工程进度跟踪监控工作，以及采取有效控制措施，保证工程进度控制目标。

② 编制施工质量控制实施细则，包括：分解施工质量控制目标，建立健全施工质量体系；认真确定分项工程质量控制点，落实其质量控制措施；跟踪监控施工质量，分析施工质量变化状况；采取有效质量控制措施，保证工程质量控制目标。

③ 编制施工成本控制实施细则，包括：分解施工成本控制目标，确定分项工程施工成本控制标准；采取有效成本控制措施，跟踪监控施工成本；全面履行承包合同，减少业主索赔机会；按时结算工程价款，加快工程资金周转；收集工程施工成本控制信息，保证施工成本控制目标。

④ 做好工程技术交底工作，包括：单项(位)工程施工组织设计、施工方案和施工技术标准交底。

(2) 劳动组织准备

① 建立工作队组，包括：根据施工方案、施工进度和劳动力需用量计划要求，确定工作队组形式，并建立队组领导体系，队组内部工人技术等级比例要合理，并满足劳动组合优化要求；

② 做好劳动力培训工作，包括：根据劳动力需要量计划，组织劳动力进场，组建好工作队组，并安排好工人进场后的生活，按工作队组编制组织上岗培训。

(3) 施工物资准备

包括：施工工具准备，建筑原材料准备，成品、半成品准备，施工机械设备准备，大型临时设施准备。

(4) 施工现场准备

包括：清除现场障碍物，实现“四通一平”；现场控制网测量；建造各项施工设施；做好冬期、雨季施工准备；组织施工物资和施工机具进场。

4. 施工准备工作计划

施工准备工作计划可采用表 6-12 形式表示。

表 6-12　　施工准备工作计划

序号	准备工作名称	准备工作内容	完成时间	负责人

6.5 单位工程施工平面图

单位工程施工平面图是对一个建筑物或构筑物施工现场的平面规划和空间布置图。它是根据工程规模、特点和施工现场的条件，按照一定的设计原则，来正确地解决施工期间所需的各种暂设工程和其他临时设施等同永久性建筑物和拟建工程之间的合理位置关系。其主要作用表现在：单位工程施工平面图是进行施工现场布置的依据，是实现施工现场有组织、有计划进行文明施工的先决条件，因此也是施工组织设计的重要组成部分。贯彻和执行合理施工平面布置图，会使施工现场井然有序，使施工顺利进行，以保证进度，提高效率和经济效益；反之，则造成不良后果。单位工程施工平面图的绘制比例一般为1：500～1：2 000。

6.5.1 单位工程施工平面图的设计内容

（1）建筑物总平面图上已建的地上、地下一切房屋、构筑物以及其他设施（道路和各种管线等）的位置和尺寸。

（2）测量放线标桩位置、地形等高线和土方取弃地点。

（3）自行式起重机开行路线、轨道式起重机轨道布置和固定式垂直运输设备位置。

（4）各种加工厂、搅拌站，材料、加工半成品、构件、机具的仓库或堆场。

（5）生产和生活性福利设施的布置。

（6）场内道路的布置和引入的铁路、公路和航道位置。

（7）临时给水管线、供电线路、蒸气及压缩空气管道等布置。

（8）一切安全及防火设施的位置。

6.5.2 单位工程施工平面图的设计依据

在进行施工平面图设计前，首先应认真研究施工方案，并对施工现场做深入细致的调查研究，而后应对施工平面图设计所依据的原始资料进行周密的分析，使设计与施工现场的实际情况相符，从而使其确实起到指导施工现场的作用。施工平面图所依据的资料主要有以下几个方面。

1. 建筑、结构设计和施工组织设计时所依据的有关拟建工程的当地原始资料

（1）自然条件调查资料。包括气象、地形、水文及工程地质资料，主要用于布置地表水和地下水的排水方案，确定易燃、易爆及有碍人体健康的设施的布置，安排雨季施工期间所需的设施。

（2）技术经济调查资料。包括交通运输、水源、电源、物资资料、生产和生活基地情况。它对布置水、电管线和道路等具有重要作用。

2. 建筑设计资料

（1）建筑总平面图。图上包括一切地上、地下拟建的房屋和构筑物，它是正确确定临时房屋和其他设施位置，以及修建工地运输道路和解决排水等所需的资料。

(2) 一切已有和拟建的地下、地上管道位置。在设计施工平面图时，可考虑利用这些管道或提前拆除或迁移，并需注意不得在拟建管道位置上建临时建筑物。

(3) 建筑区域的竖向设计和土方平衡图。它们在布置水、电管线和安排土方的挖填、取土或弃土地点时具有重要作用。

(4) 拟建工程的有关施工图设计资料。

3. 施工资料

(1) 单位工程施工进度计划。从中可了解各个施工阶段的情况，以便分阶段布置施工现场。

(2) 施工方案。据此可确定垂直运输机械和其他施工机具的位置，数量和规划场地。

(3) 各种材料、构件、半成品等需要量计划。据此确定仓库和堆场的面积、形式和位置。

6.5.3 单位工程施工平面图的设计原则

(1) 在保证施工顺利进行的前提下，现场布置尽量紧凑，节约用地。

(2) 合理布置施工现场的运输道路及各种材料堆场、加工厂、仓库位置，各种机具的位置；尽量使运距最短，从而减少或避免二次搬运。

(3) 力争减少临时设施的数量，降低临时设施费用。

(4) 临时设施的布置，尽量便于工人的生产和生活，使工人居住区至施工区的距离最短，往返时间最少。

(5) 符合环保、安全和防火要求。

根据上述基本原则并结合施工现场的具体情况，施工平面图的布置可有几种不同的方案，需进行技术经济比较，从中选出最经济、最安全、最合理的方案。方案比较的技术经济指标一般有：施工用地面积、施工场地利用率、场内运输道路总长度、各种临时管线总长度、临时房屋的面积、是否符合国家规定的技术和防火要求等。

6.5.4 单位工程施工平面图的设计步骤

单位工程施工平面图设计的一般步骤如图 6-9 所示。

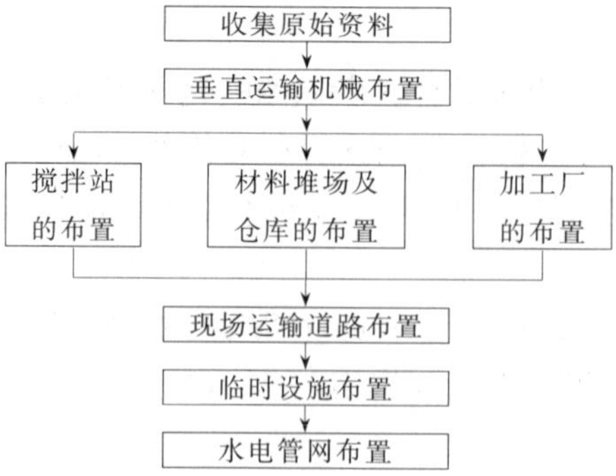

图 6-9 单位工程施工平面图设计步骤

1. 确定垂直运输机械的位置

垂直运输机械的位置直接影响仓库、搅拌站、各种材料和构件等位置及道路和水、电线路的布置等。因此，它的布置是施工现场全局的中心环节，必须首先确定。由于各种起重机械的性能不同，其布置位置亦不相同。

(1) 有轨式起重机(塔吊)的布置

有轨式起重机是集起重、垂直提升、水平输送三种功能为一身的机械设备。一般沿建筑物长向布置，其位置尺寸取决于建筑物的平面形状、尺寸、构件重量、起重机的性能及四周的施工场地条件等。通常轨道布置方式有以下四种布置方案，如图 6-10 所示。

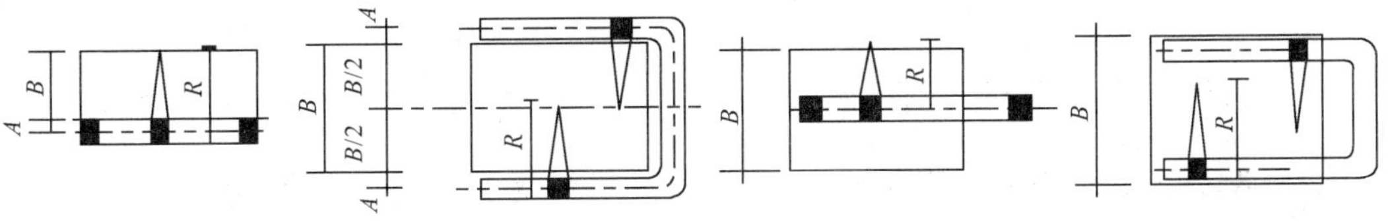

图 6-10　塔式起重机布置方案

① 单侧布置。当建筑物宽度较小，构件重量不大，选择起重力矩在 450KN·m 以下的塔式起重机时，可采用单侧布置方式。其优点是轨道长度较短，并有较宽敞的场地堆放构件和材料。当采用单侧布置时，其起重半径 R 应满足下式要求，即

$$R \geqslant B + A \tag{6-9}$$

式中　R—— 塔式起重机的最大回转半径(m)；

B—— 建筑物平面的最大宽度(m)；

A—— 建筑物外墙皮至塔轨中心线的距离。一般当无阳台时，A = 安全网宽度 + 安全网外侧至轨道中心线距离；当有阳台时，A = 阳台宽度 + 安全网宽度 + 安全网外侧至轨道中心线距离。

② 双侧布置或环形布置。当建筑物宽度较大，构件重量较重时，应采用双侧布置或环形布置，此时起重半径应满足下式要求

$$R \geqslant B/2 + A \tag{6-10}$$

式中符号意义同前。

③ 跨内单行布置。由于建筑物周围场地狭窄，不能在建筑物外侧布置轨道，或由于建筑物较宽，构件较重时，塔式起重机应采用跨内单行布置才能满足技术要求，此时最大起重半径应满足下式

$$R \geqslant B/2 \tag{6-11}$$

式中符号意义同前。

④跨内环形布置。当建筑物较宽，构件较重，塔式起重机跨内单行布置不能满足构件吊装要求，且塔吊不可能在跨外布置时则选择这种布置方案。塔式起重机的位置及尺寸确定之后，应当复核起重量、回转半径、起重高度三项工作参数是否能够满足建筑吊装技术要求。若复核不能满足要求，则调整上述各公式中 A 的距离，若 A 已是最小安全距离时，则必须采取其他的技术措施，最后绘制出塔式起重机服务范围。它是以塔轨两端有效

端点的轨道中点为圆心，以最大回转半径为半径画出两个半圆，连接两个半圆，即为塔式起重机服务范围，如图 6-11 所示。

在确定塔式起重机服务范围时，最好将建筑物平面尺寸包括在塔式起重机服务范围内，以保证各种构件与材料直接吊运到建筑物的设计部位上，尽可能不出现死角，如果实在无法避免，则要求死角越小越好。同时，在死角上应不出现吊装最重、最高的预制构件，并且在确定吊装方案时，提出具体的技术和安全措施，以保证这部分死角的构件顺利安装。有时将塔吊和龙门架同时使用，以解决这一问题，如图 6-12 所示。但要确保塔吊回转时没有碰撞的可能，确保施工安全。

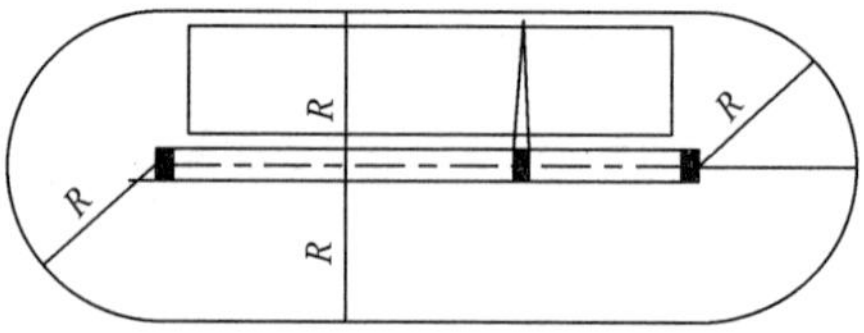

图 6-11　塔吊服务范围示意图

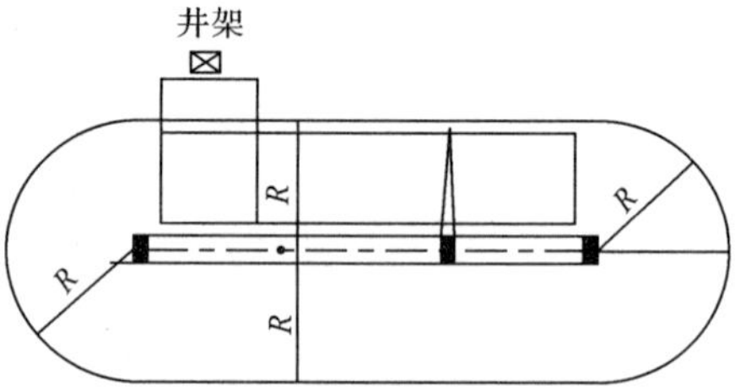

图 6-12　塔吊龙门架配合示意图

此外，在确定塔吊服务范围时应考虑有较宽的施工用地，以便安排构件堆放，搅拌设备出料斗能直接挂钩后起吊，主要施工道路也宜安排在塔吊服务范围内。

(2)自行无轨式起重机械的布置

自行无轨式起重机械分履带式、轮胎式和汽车式 3 种。它一般不作垂直提升运输和水平运输之用，而专门用于构件装卸和起吊各种构件，适用于装配式单层工业厂房主体结构的吊装，亦可用于混合结构大梁等较重构件的吊装。其吊装的开行路线及停机位置主要取决于建筑物的平面布置、构件重量、吊装高度和吊装方法等。

(3) 固定式垂直运输机械的布置

固定式垂直运输机械(井架、龙门架)的布置，主要根据机械性能、建筑物的平面形状和尺寸、施工段划分的情况、材料来向和已有运输道路情况而定。布置的原则是：充分发挥起重机械的能力，并使地面和楼面的水平运距最小。布置时应考虑以下几个方面：

①当建筑物各部位的高度相同时，应布置在施工段的分界线附近；

②当建筑物各部位的高度不同时，应布置在高低分界线较高部位的一侧；

③井架、龙门架的位置以布置在窗口处为宜，以避免砌墙留槎和减少井架拆除后的修补工作；

④井架、龙门架的数量要根据施工进度、垂直提升的构件和材料数量、台班工作效率等因素计算确定，其服务范围一般为 50～60m；

⑤卷扬机的位置不应距离起重机太近，以便司机的视线能够看到整个升降过程。一般要求此距离大于建筑物的高度，水平距外脚手架 3m 以上；

⑥井架应以立在外脚手架之外并有一定距离为宜，一般为 5～6m。

2. 确定材料、构件堆场、仓库以及加工厂棚的位置

材料、构件堆场、仓库的位置，钢筋、模板等加工制作完成后的成品(半成品)的摆放位置，应尽量靠近使用地点或在起重机服务范围以内，并考虑到运输和装卸料的方便。

根据起重机械的类型，材料、构件堆场位置的布置有以下几种：

(1) 当采用固定式垂直运输机械时，首层、基础和地下室所有的砖、石等材料宜沿建筑物四周布置，并距坑、槽边不小于0.5m，以免造成槽(坑)土壁的坍方事故，二层以上的材料、构件应布置在垂直运输机械的附近。当多种材料同时布置时，对大宗的、重的和先期使用的材料，应尽可能靠近使用地点或起重机附近布置，而少量的、轻的和后期使用的材料，则可布置得远一点，混凝土、砂浆搅拌站、仓库应尽量靠近垂直运输机械。

(2) 当采用自行有轨式起重机械时，材料和构件堆场位置以及搅拌站出料口的位置，应布置在塔式起重机有效服务范围内。

(3) 当采用自行无轨式起重机械时，材料、构件堆场、仓库及搅拌站的位置，应沿着起重机开行路线布置，且其位置应在起重臂的最大外伸长度范围内。

(4) 任何情况下，搅拌机应有后台上料的场地，搅拌站所用材料如水泥、砂、石、水泥罐等都应布置在搅拌机后台附近。当混凝土基础的体积较大时，混凝土搅拌站可以直接布置在其坑边缘附近，待混凝土浇筑完后再转移，以减少混凝土的运输距离。

(5) 混凝土搅拌机每台需有面积25m^2左右，冬季施工时，面积50m^2左右；砂浆搅拌机面积每台15m^2左右，冬季施工时面积30m^2左右。

3. 现场运输道路的布置

现场主要道路应尽可能利用永久性道路的路基，在土建工程结束之前再铺路面。现场道路布置时应保证行驶畅通，使运输道路有回转的可能性。因此，最好围绕建筑物布置成一条环形道路，道路宽度一般不小于4m，主干道路宽度不小于6m，道路两侧一般结合地形设排水沟，沟深不小于0.4m，沟宽不小于0.3m，施工现场最小道路宽度见表6-13。

表6-13　　施工现场道路最小宽度

序号	车辆类型及要求	道路宽度/m
1	汽车单行道	≥3.0
2	汽车双行道	≥6.0
3	平板拖车单行道	≥4.0
4	平板拖车双行道	≥8.0

4. 临时设施的布置

临时设施分为生产性临时设施，如木工棚、钢筋加工棚、水泵房等和非生产性临时设施，如办公室、工人休息室、开水房、食堂、厕所等。布置时应考虑使用方便、有利施工、合并搭建、符合安全的原则。

(1)生产设施(木工棚、钢筋加工棚)的位置，宜布置在建筑物四周稍远位置，且应有一定的材料、成品堆放场地。

(2)白灰仓库、大白堆放与制备的位置应设在下风向。

(3)防水卷材及胶结料的位置应远离易燃仓库或堆场，宜布置在下风向。

(4)办公室应靠近施工现场，设在工地入口处；工人休息室靠近工人作业区；宿舍应布置在安全的上风侧；收发室宜布置在入口处等。

临时宿舍、文化福利、行政管理房屋面积参考表，见表6-14。

表 6-14　　临时宿舍、文化福利、行政管理房屋最少面积参考表

序号	行政生活福利建筑物名称	单位	最少面积
1	办公室	m^2/人	3.5
2	单层宿舍	m^2/人	2.6～2.8
3	食堂兼礼堂	m^2/人	0.9
4	医务室	m^2/人	0.06(≥30m^2)
5	浴室	m^2/人	0.10
6	俱乐部	m^2/人	0.10
7	门卫室	m^2/人	6～8

5. 水电管网的布置

(1) 施工水网的布置

①施工用的临时给水管一般由建设单位的干管或自行布置的干管接到用水地点，布置时应力求管网总长度短，管径的大小和水龙头数目需视工程规模大小通过计算确定。管道可埋置于地下，也可以铺设在地面上，视当时的气温条件和使用期限长短而定，其布置形式有环形、枝形、混合式 3 种。

②供水管网应按防火要求布置室外消防栓，消防栓应沿道路设置，距道路应不大于 2m，距建筑物外墙应不小于 6m，也不应大于 25m，消防栓的间距不应超过 120m，工地消防栓应设有明显的标志，且周围 3m 以内不准堆放建筑材料。

③为了排除地面水和地下水，应及时修通永久性下水道，并结合现场地形在建筑物周围设置排泄地面水和地下水的沟渠。

(2)施工供电的布置

①为了维修方便，施工现场一般采用架空配电线路，且要求现场架空线与施工建筑物水平距离不小于 10m，电线与地面距离不小于 6m，跨越建筑物或临时设施时，垂直距离不小于 2.5m。

②现场线路应尽量架设在道路的一侧，且尽量保持线路水平，以免电杆受力不均。在低压线路中，电杆间距应为 25～40m，分支线及引入线均应由电杆处接出，不得由两杆之间接线。

③单位工程施工用电应在全工地性施工总平面图中一并考虑。一般情况下，计算出施工期间的用电总数，提供给建设单位解决，不另设变压器。只有独立的单位工程施工时，才根据计算出的现场用电量选用变压器，其位置应远离交通要道口处，布置在现场边缘高压线接入处，四周用铁丝网围住。

必须指出，建筑施工是一个复杂多变的生产过程，各种施工机械、材料、构件等随着工程的进展而逐渐进场，又随着工程的进展而不断消耗、变动，在整个施工过程中，工地上的实际布置情况是随时变动着的。因此，对于大型建筑工程、施工期限较长或建筑工地较为狭窄的工程，就需要按施工阶段来布置几张施工平面图，以便能把不同施工阶段内工地上的合理布置情况反映出来。图 6-13 为某单位工程施工平面图实例。

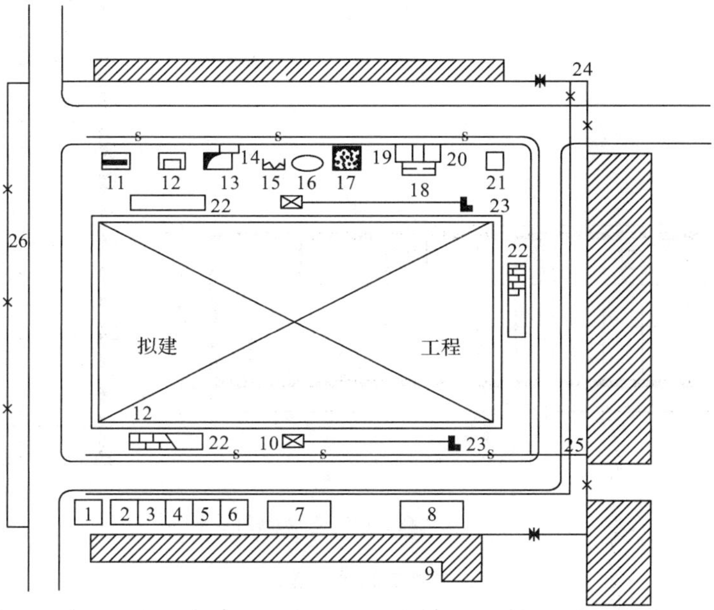

图 6-13 某单位工程施工平面图实例

1—门卫室;2—办公室;3—工具库;4—机修间;5—仓库;6—休息室;7—木工棚及堆场;8—钢筋棚及堆场;9—原有建筑;10—井架;11—脚手模板堆场;12—预制板堆场;13—砂堆;14—大白浆制备;15—砂浆搅拌机;16—混凝土搅拌机;17—石子堆场;18—一般构件堆场;19—水泥罐;20—消防栓;21—防水材料;22—砖堆;23—卷扬机房;24—电源;25—水源;26—临时围墙。

6.6 单位工程施工组织设计实例

6.6.1 工程概况和特点

1. 工程概况

本工程位于我国某城市市区,是由 3 个单元组成的一字形住宅。建筑面积22 970m^2,全长 147.5m,宽 12.46m,檐高 41.00m,最高点(电梯井顶)43.58m。地下室为2.7m高的箱形结构设备层,上部主体结构共 14 层,层高 2.9m,每单元设两部电梯,平、剖面简图如图 6-14 所示。

本工程采用内浇外挂的大模板结构形式,现浇钢筋混凝土地下室基础,基础下为无筋混凝土垫层。

装饰和防水:一般水泥砂浆地面,室内墙面为混合砂浆打底、刮白罩面;天棚为混凝土板下混合砂浆打底刮白罩面;外墙面装饰随壁板在预制厂做好;屋面防水为 SBS 改性沥青卷材防水。其主要工程量见表 6-15。

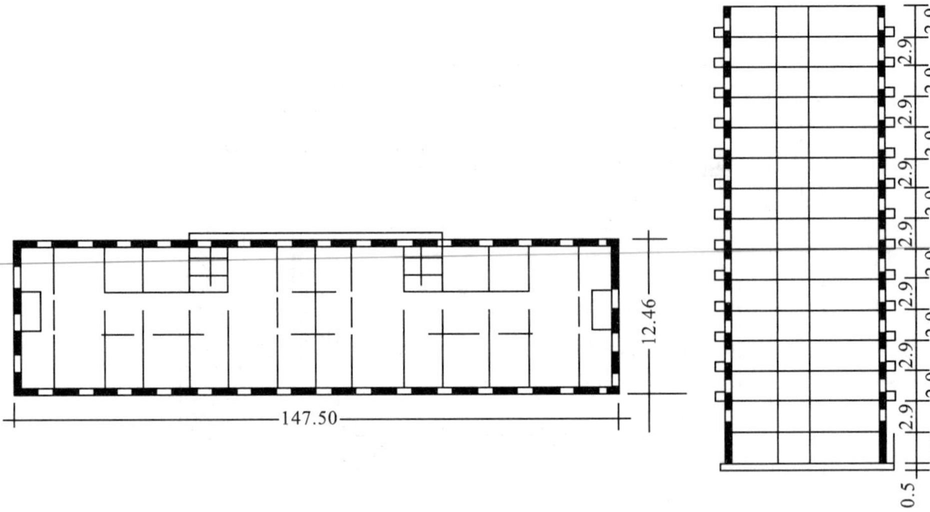

图 6-14　某大模板住宅平面、剖面示意图

表 6-15　　主要工程量一览表

项次	工程名称	单位	工程量	项次	工程名称	单位	工程量
一	地下室工程			11	楼梯休息板吊装	块	354
1	挖土	m^3	9 000	12	阳台栏板吊装	块	2 330
2	混凝工程	m^3	216	13	门头花饰吊装	块	672
3	楼板	块	483	三	装饰工程		
4	回填土	m^3	1 200	14	楼地面豆石混凝土垫层	m^2	19 800
二	大模板主体结构工程			15	棚板刮白	m^2	21 625
5	壁板吊装	块	1 596	16	墙面刮白	m^2	60 290
6	内墙隔板混凝土	m^3	1 081	17	屋面找平	m^2	60 290
7	通风道吊装	块	495	18	铺防水卷材	m^2	3 668
8	圆孔板吊装	块	5 329	19	木门窗	扇	2 003
9	阳台板吊装	块	637	20	钢门窗	扇	1 848
10	垃圾道吊装	块	84	21	玻璃油漆	m^2	$\frac{7\ 728}{22\ 364}$

水暖设施：一般排水设施和热水采暖系统。

电源由电缆从小区变配电站分两路接入楼内配电箱。

2. 施工条件

(1)施工期限

5 月 10 日进场，开始施工准备工作，12 月 15 日前竣工。

(2)自然条件

工程施工期间各月份的平均气温为 5 月：20℃；6 月：25℃；7 月：28℃；8 月：28℃；9 月：28℃；10 月：20℃；11 月：15℃；12 月：10℃。

土质为亚砂土，地下水位－6.0m，主导风向偏西。

(3)技术经济条件

交通运输：工地北侧为市区街道，施工中所用的主要材料与构件均可经公路直接运进工地。

全部预制构件均在场外加工厂生产。现场所需水泥、砖、石、砂、石灰等主要材料由公司材料供应部门按需要计划供应；钢门窗由金属结构厂供应。

施工中用水、电均可从附近已有的水网、电路中引来。

施工期间所需劳动力均能满足需要。由于本工程距施工公司的生活基地不远，在现场不需设置工人居住临时房屋。

3. 工程特点

本工程的特点是结构新、层数多、土方工程量大、工期短。因此，要特别注意主体工程和基坑土方工程开挖的施工规划。

根据本工程的工期要求和工程特点，拟定控制工期为：准备工作 1 个月；地下工程 1 个月；主体结构工程 2 个半月；装饰与主体穿插进行。

6.6.2 施工方案

几个主要项目施工方案选择如下。

1. 基坑土方开挖

本工程基坑长 147.5m，宽 12.46m，深 3.7m，土质为Ⅱ类土。地下水位较低，基坑四周比较狭窄，修整边坡困难，故选用 W-100 型反铲挖土机。

挖土机数量的确定：

$$b=\frac{Q}{S}\times\frac{1}{T\cdot N\cdot K} \tag{6-12}$$

式中 b—— 挖土机数量；

Q—— 土方工程量，900m^3

S—— 挖土机生产率，529m^3/台班；

T—— 工期，取 20 天；

N—— 每天工作班数，取 1 班；

K—— 时间利用系数，取 0.9。

挖土机的数量为 0.95 台，取用 1 台挖土机。

挖土流向由西向东，反铲倒退挖土，汽车停在基坑南北两侧装土，挖土机最后在东侧退出。挖土机的开行路线如图 6-15 所示。

开挖尺寸：考虑地下室钢筋混凝土墙壁支模的操作方便，坑底尺寸比设计尺寸每边放出 50cm；基坑边坡的坡度选用 1∶0.75。

挖土时，随挖随清理，同时为了防止用水流入槽内，在基坑上口做好小护堤，在基底东西两侧各挖一个集水坑，准备污水泵进行抽水，排向道路旁排水沟，流入雨水井。

2. 地下室施工

地下室基础底板厚 50cm，外墙厚 28cm，内纵墙厚 20cm，内横墙厚 18cm，外墙为陶粒混凝土，混凝土强度等级为 C20。

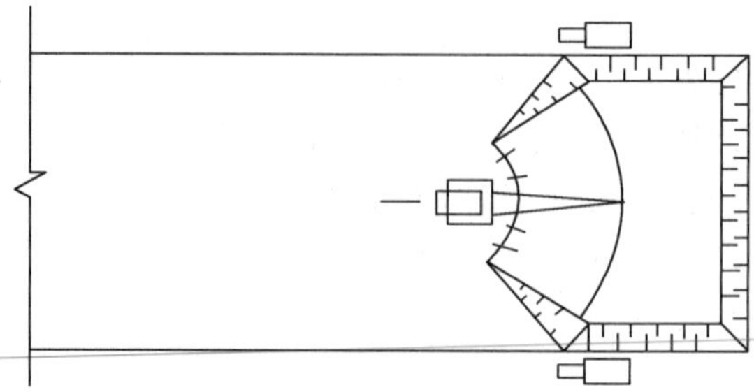

图 6-15　挖土机开行路线示意图

模板:底板外模采用预制定型木模板,墙板采用钢模板。

混凝土:设一临时搅拌站,专供浇筑基础底板混凝土。

混凝土、模板、钢筋等垂直运输采用地上结构施工用的塔吊,因此要提前进场一台塔吊。地下室施工流向也是由西向东。

施工顺序:

外墙→横墙→纵墙→扣板
└→砌窨井→回填土

3. 主体结构工程施工

大模板采用定型模板;钢筋在现场集中配料;焊成网片;混凝土采用搅拌站集中搅拌;水平运输用小翻斗车。

根据该工程的高度、外形、平面尺寸和构件的最大重量,以及公司机械供应情况,选用塔式起重机作为主体结构施工的水平、垂直运输机械。

(1) 起重机型号的选择

① 起重量

$$Q \geqslant Q_1 + Q_2 \tag{6-13}$$

式中　Q_1—— 构件的重量(最重构件),本工程预制山墙板 5.646t;

　　　Q_2—— 索具的重量,取 0.3t。

故　$$Q \geqslant 5.46 + 0.3 = 5.76(\text{t})$$

② 起重高度

$$H = h_1 + h_2 + h_3 + h_4 \tag{6-14}$$

式中　h_1—— 安装层顶面高度,取 43.58m;

　　　h_2—— 安装间隙,取 0.5m;

　　　h_3—— 构件吊装后,绑扎点到构件底面的距离,取 3.2m;

　　　h_4—— 索具高度,取 1.5m。

③ 回转半径

$$R \geqslant R_2 + R_2 + R_3 \tag{6-15}$$

式中　R_1—— 起重中心轴至内侧轨道中心距离,取 2m;

　　　R_2—— 内侧轨道中心至建筑物边缘距离,取 1.5m;

R_3—— 建筑物宽度，为 12.30m。

$$R \geqslant 2 + 1.5 + 12.30 = 15.8(\text{m})$$

选用 TQ60/80(3 ～ 8T) 型起重机，技术规格性能见表 6-16。

表 6-16　TQ 60/80 塔式起重机技术规格性能表

塔级	起重臂长度 /m	幅度 /m	起重量 /t	起重高度 /m
高塔 60 t·m	30	30	2	50
		14.6	4.1	68
	25	25	2.4	49
		12.3	4.9	65
	20	20	3	48
		10	6	60
	15	15	4	47
		7.7	7.8	56
中塔 70 t·m	30	30	2	40
		14.6	4.1	58
	25	25	2.8	39
		12.3	5.7	55
	20	20	3.5	38
		10	7	50
	15	15	4.7	37
		7.7	9	46
低塔 80 t·m	30	30	2	30
		14.6	4.1	48
	25	25	3.2	29
		12.3	6.5	45
	20	20	4	28
		10	8	40
	15	15	5.3	27
		7.7	10.4	36

(2) 起重机数量的确定

$$B = \frac{Q}{S} \times \frac{1}{T \cdot N \cdot K} \tag{6-16}$$

式中　B—— 起重机需要台数；

Q—— 主体工程要求的最大施工强度，取 2 064 吊次(计算见表 6-17)；

T—— 工期每层 4 天(按主体结构施工控制进度要求)；

S—— 起重机台班产量定额，取 100 次 / 台班；

N—— 每天班次，取 2 班次；

K—— 时间利用系数，取 0.9。

$$B = \frac{2\ 064}{100} \times \frac{1}{4 \times 2 \times 0.9} = 2.86 \approx 3(\text{台})$$

表 6-17

塔吊项目	单位	标准单元一层吊次
横墙混凝土	m^3	234 } 951 吊次
纵墙混凝土	m^3	105
板缝混凝土	m^3	24
外墙壁板	块	114
隔断墙板	块	114
楼板、阳台	块	396
通风道、垃圾道	根	39
楼梯板	件	24
钢筋片	片	144(18 吊次)
钢模板	吊	288
其他、安全网架	吊	120
总吊次	吊	2 064

3 台塔吊设在建筑物北侧同一轨道上，分别负责一个单元的垂直运输。

(3) 起重能力复核

最重构件 Q_1 和最远构件 Q_2 距离如图 6-16 所示。

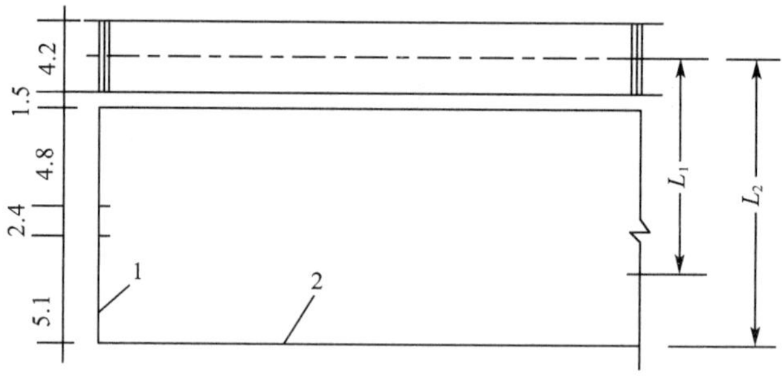

图 6-16 塔吊起重能力复核示意图

1— 山墙板(5.46t)；2— 侧板(4.18t)

① 起吊最重构件 Q_1(山墙板)

$$L_1Q_1 = \left(\frac{1}{2}\times 4.2 + 1.5 + 4.8 + 2.4 + \frac{1}{2}\times 5.1\right)\times (5.46 + 0.3)$$
$$= 76.89\text{t}\cdot\text{m} < 80\text{t}\cdot\text{m}$$

② 起吊最远构件 Q_2(侧板)

$$L_2Q_2 = \left(\frac{1}{2}\times 4.2 + 1.5 + 4.8 + 2.4 + 5.1\right)\times (4.18 + 0.3)$$
$$= 71.23\text{t}\cdot\text{m} < 80\text{t}\cdot\text{m}$$

塔吊能满足吊装要求。

结构施工中，在每层 3、23、33 轴线墙上留施工洞，作为装饰施工的运输道路。

4. 室内装修

当主体结构进行到 4 层时，即插入底板勾缝及室内细石混凝土地面施工。总的施工流向自下而上，施工顺序是先湿作业，后干作业；先地面后顶棚；先室内后室外；先房屋后管道；最后退出。

垂直运输机械：选用三座龙门架。

6.6.3　施工进度

整个工程包括施工准备工作以及地下结构、主体结构和装饰 3 个阶段。项目的划分见进度表。施工准备安排一个月(其内容见施工准备工作计划)。

1. 地下工程施工阶段

场地平整后，挖土机进场，所需时间为

$$T = \frac{Q}{N \cdot S} = \frac{9\ 000}{1 \times 529} \approx 17(\text{天})$$

一台挖土机需技工 1 人、普工 2 人，另配 3 人清底修坡。

挖土、浇垫层混凝土与浇底板混凝土搭接进行。绑钢筋、立墙模、浇墙混凝土、安装地下室顶板等，组织流水施工。

2. 主体工程施工阶段

每个单元分成 4 个流水段，进行流水施工。流水段划分如图 6-17 所示。

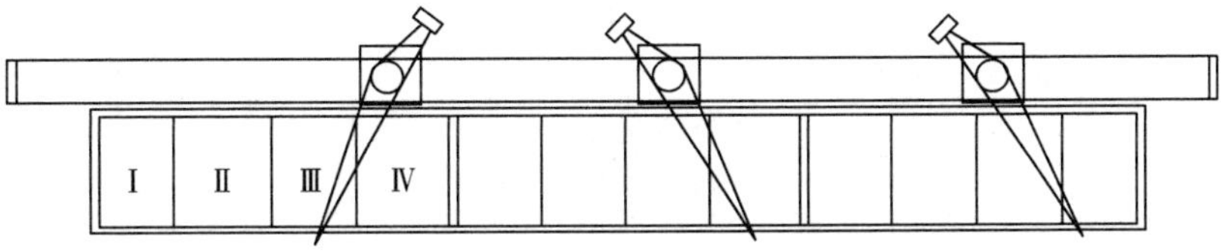

图 6-17　流水施工段划分示意图

每个单元一个混合队，3 个单元同时施工。采用自西端向东端连续的流水施工方向。每一施工层工期为 4 天，标准层流水组织见表 6-18。

表 6-18　　**标准层流水组织**

项目名称	第一天			第二天			第三天			第四天			第五天			第六天			第七天		
	1	2	3	1	2	3	1	2	3	1	2	3	1	2	3	1	2	3	1	2	3
横墙支模、吊壁板	Ⅰ			Ⅱ			Ⅲ			Ⅳ											
浇注横墙混凝土		Ⅰ			Ⅱ			Ⅲ			Ⅳ										
横墙混凝土养护			Ⅰ			Ⅱ			Ⅲ			Ⅳ									
横墙拆模纵墙钢筋支模				Ⅰ			Ⅱ			Ⅲ			Ⅳ								
浇纵墙混凝土					Ⅰ			Ⅱ			Ⅲ			Ⅳ							
扣边板、阳台						Ⅰ			Ⅱ			Ⅲ			Ⅳ						
纵墙拆模、养护、扣板							Ⅰ			Ⅱ			Ⅲ			Ⅳ					
安装楼板								Ⅰ			Ⅱ			Ⅲ			Ⅳ				
安装隔板、阳台									Ⅰ			Ⅱ			Ⅲ			Ⅳ			
圈梁、板缝支模、钢筋										Ⅰ			Ⅱ			Ⅲ			Ⅳ		
灌缝抹找平层、放线											Ⅰ			Ⅱ			Ⅲ			Ⅳ	
上层绑钢筋、门口就位												Ⅰ			Ⅱ			Ⅲ			Ⅳ

注：Ⅰ、Ⅱ、Ⅲ、Ⅳ 为施工段

3. 装饰工程施工阶段

室内墙面抹灰、顶板抹灰随主体结构进行；地面工程自下而上进行；楼梯抹灰最后做；主体封顶后，即开始屋面工程。

外装饰分两段，一般由 6 层开始，向下进行至 1 层；第二段由 14 层开始至 7 层。在主体结构工程施工的同时，水、暖、电工程穿插进行。

本工程施工进度表见表 6-19。

表 6-19 施　工　进　度

	分部分项工程名称		工程量 单位	工程量 数量	时间定额	劳动量	工作天数	工作人数
1	地下结构部分	土方开挖	米³	9 000	—	112	14	8
2	地下结构部分	浇基础垫层	米³	216	0.57	123	3	40
3	地下结构部分	绑基础钢筋	吨	50	1.5	75	2	36
4	地下结构部分	浇底板混凝土	米³	1 080	0.57	616	6	102
5	地下结构部分	绑墙钢筋	吨	270	1.5	405	12	34
6	地下结构部分	墙大模板	米²	4 615	0.06	277	12	24
7	地下结构部分	浇墙混凝土	米²	217	1	217	12	18
8	地下结构部分	吊地下室顶板	块	478	0.5	239	12	24
9	地下结构部分	回填土	米³	1 200	0.9	240	3	80
10	主体结构部分	绑墙钢筋	吨	3 870	1.5	581	64	90
11	主体结构部分	墙大模板	米²	54 016	0.06	3 240	64	51
12	主体结构部分	立门口	樘	1 670	0.1	167	64	3
13	主体结构部分	外壁板吊装	块	1 710	1	1 710	64	26
14	主体结构部分	浇墙混凝土	米³	4 599	1	4 599	64	72
15	主体结构部分	内墙板吊装	块	1 106	1	1 106	64	17
16	主体结构部分	楼板吊装	块	7 163	0.5	3 852	64	56
17	主体结构部分	板缝梁模板	米²	5 843	0.5	2 920	64	45
18	主体结构部分	绑板缝梁钢筋	吨	111	20	2 220	64	35
19	主体结构部分	浇板缝梁混凝土	米³	702	2	1 404	64	22
20	屋面工程	铺焦渣	米³	128	2.03	260	2	130
21	屋面工程	抹找平层	米²	1 838	0.15	275	6	46
22	屋面工程	铺卷材	米²	1 838	0.15	275	8	34
23	装饰部分 室内装饰	墙面抹灰修理	米²	120 000	0.05	6 000	64	94
24	装饰部分 室内装饰	顶板勾缝抹灰	米²	21 760	0.05	1 088	64	17
25	装饰部分 室内装饰	厨厕抹灰	米²	2 130	0.5	1 015	64	16
26	装饰部分 室内装饰	细石混凝土地面	米²	27 000	0.2	5 400	64	84
27	装饰部分 室内装饰	门窗安装	扇	1 670	0.2	360	28	13
28	装饰部分 室内装饰	门窗油漆玻璃	米²	6 666 / 2 2400	0.06 / 0.15	400 / 3 360	28	15 / 120
29	装饰部分 室内装饰	楼梯栏杆扶手	米	530	0.5	265	20	14
30	装饰部分 室内装饰	楼梯抹灰	米²	1 077	0.5	540	20	27
31	装饰部分 室内装饰	喷浆	米²	181 100	0.004	324	28	12
32	装饰部分 室外装饰	外墙抹水泥	米²	3 962	0.51	2 000	52	38
33	装饰部分 室外装饰	外墙水刷石	米²	2 031	0.50	1 015	8	117
34	装饰部分 室外装饰	散水台阶抹灰	米²	160	1	160	4	40
35	水电安装							
36	其他工程					4 000		

进度（横道图）：

6月								7月												8					
11	13	15	17	19	21	23	25	2	4	6	8	10	12	14	16	18	20	22	24	1	3	5	7	9	11

计 划 表

计 划																																																		
月							9月												10月													11月												12月						
13	15	17	19	21	23	25	2	4	6	8	10	12	14	16	18	20	22	24	1	3	5	7	9	11	13	15	17	19	21	23	25	2	4	6	8	10	12	14	16	18	20	22	24	1	3	5	7	9	11	13

4. 施工准备阶段

该单位工程的施工准备工作主要有：技术资料准备、劳动组织准备、物资准备和现场准备，见表 6-20。

表 6-20　　施工准备工作计划表

序号	准备工作项目	简要内容	负责单位	负责人	起止日期	
					日／月	日／月
一	技术资料准备	1. 熟悉图纸、图纸会审 2. 调查研究自然和经济技术条件 3. 编制单位工程施工组织设计	技术科	×××		5月初
二	劳动组织	1. 建立组织机构 2. 组织劳动力进场(见劳动力计划表) 3. 计划交底、开好会	计划科 技术科	×××		5月初 5月初
三	物资准备	1. 预制件加工(见构件计划表) 2. 材料计划(见材料计划表) 3. 机具计划(见机具计划表)	材料科、供应科 供应科 机械动力科	×××		5月初 5月初 5月初
四	现场准备	1. 拆迁地上建筑物 2. 按平面图要求伐木 3. "三通一平" 4. 铺塔吊轨道、塔吊安装就位 5. 修建暂建工程(见平面图) 6. 测量放线	施工队 施工队 施工队 施工队 施工队、测量组	×××		25/5 1/6 31/5 31/7 15/5 /5

劳动力需要量计划见表 6-21。

表 6-21　　劳动力需要量计划表

序号	工程名称	最高人数	日期								
			5月	6月	7月	8月	9月	10月	11月	12月	
1	木工	75	15	15	75	75	75	75	75	75	
2	瓦工	50				50	50	50			
3	混凝土工	190			90	90					
4	抹灰工	165				80	165	165	80	78	
5	钢筋工	60			60	60	60	60	60	190	
6	架子工	36				36	36	36	12		
7	吊装工	36			36	36	36	36			
8	电焊工	12				12	12	12			
9	油工	75			12	75	75	75	75		
10	电工	30	1	10	30	30	30	30	30	30	
11	水暖工	60	60	60	60	60	60	60	60	60	
12	毡工	15						15			
13	壮工	130	30	110	130	94	94	94	46	50	
14	总计		115	195	493	698	783	898	378	218	

物资准备的主要机具计划见表 6-22。

表 6-22　主要机具计划表

序号	机具名称	规格	单位	数量	计划进场时间	备注
1	挖土机	W-100 反铲	台	1	5 月底	汽车配套
2	推土机	大	台	1	5 月底	
3	塔吊	TQ60/80	台	3	6.10:1 台;7.10:2 台	
4	钢模板	全套	块	153	6 月底	另详
5	污水泵	3	台	2	6 月初	
6	高压水泵	扬程 50	台	2	7 月下旬	
7	龙门井架	高程 55	台	3	8 月上旬	
8	卷扬机	3t	台	3	8 月上旬	
9	搅拌机	400m^3	台	3	6 月中	
10	装载机	直流	台	3	6 月中	
11	切断机		台	1	6 月中	
12	电焊机	3t	台	10	7 月上旬	
13	外用电槽	DN70/DN50	台	2	10 月上旬	
14	倒练	电	台	110	10 月中旬	
15	振捣器		台	15	6 月底	
16	冲击电钻		台	20	8 月中	
17	冲压机		台	4	8 月初	
18	安全网		片	400	8 月初	
19	手提扬升机		台	6	8 月初	
20	翻斗车		台	10	7 月中	
21	电缆	3×50m/m^2	m	300	7 月底	
22	电缆	3×25m/m^2	m	300	7 月底	
23	电焊把线		m	900	7 月底	
24	照明电缆		m	600	7 月底	
25	钢绳		m	6 000	7 月底	

主要建筑材料需要量计划见表 6-23。

表 6-23　主要建筑材料需要量计划表

项目	材料名称	规格	单位	数量	供应日期
1	水泥	400#	t	3 000	6 月初陆续进场
2	砂	中、粗	m^3	6 000	6 月初陆续进场
3	石子	1.5～2.5	m^3	5 000	6 月初陆续进场
4	石子		t	500	6 月初陆续进场
5	沥青	3#	t	41	8 月中进场
6	油毡	300 克	m	21 000	8 月中进场
7	木模	另详	m^3	580	5 月末进场
8	钢筋	另详	t	673	6 月初陆续进场
9	钢窗	另详	扇	1 765	7 月初进场
10	钢门	另详	扇	183	7 月初进场
11	木窗	另详	扇	1 800	7 月初进场
12	木门	另详	扇	203	7 月初进场

预制厂生产的主要构件进场计划见表 6-24。

表 6-24　　**主要构件进场计划表**

楼层	月份	进场日期	名称	外墙板												山墙板												
			板号 / 施工段	W.B 33(4) 甲	W.B 33(4) 甲反	W.B 33.1 甲	W.B 33(4) 甲	W.B 33.3	W.B 27.1 甲	W.B 21.1 甲	W.B 21(4)	W.B 27(11)	W.B 39(4) 甲	W.B 29(13) 甲	一层小计	S.B 24.1	S.B 24.1 甲	S.B 24.1	S.B 24.4	S.B 4.5	S.B 24.5 反	S.B 24.6	S.B 24.5 反	S.B 24.7	S.B 24.7 反	S.B 27.10	一层小计	各层合计
1层	8	1日至4日	Ⅰ	2	2	6	2		1	2	1	4	2	6		1			1			2	1		1	2		
			Ⅱ	2	2	5	2	1	1	2	1	4	2	6			2	2		2	2	2	2			2		
			Ⅲ	2	2	6	2		1	2	1	4	2	6		1			1			1	2	1		2		
			小计	6	6	17	6	1	3	6	3	12	6	18	84	2	2	2	2	2	2	5	5	1	1	6	30	114
2层	8	1日至4日	Ⅰ	2	2	6	2		2	2		6	2	4		1			1		1	2	1		1	2		
			Ⅱ	2	2	6	2		2	2		6	2	4			1	1		1	1	2	2			2		
			Ⅲ	2	2	6	2		2	2		6	2	4		1	1	1	1	1		1	2	1		2		
			小计	6	6	18	6		6	6		18	6	12	84	2	2	2	2	2	2	5	5	1	1	6	30	114
3层	8	1日至12日	Ⅰ	2	2	6	2		2	2		6	2	4		1			1		1	2	1		1	2		
			Ⅱ	2	2	6	2		2	2		6	2	4			1	1		1	1	2	2			2		
			Ⅲ	2	2	6	2		2	2		6	2	4		1	1	1	1	1		1	2	1		2		
			小计	6	6	18	6		6	6		18	6	12	84	2	2	2	2	2	2	5	5	1	1	6	30	114
4层	8	1日至16日	Ⅰ	2	2	6	2		2	2		6	2	4		1			1		1	2	1		1	2		
			Ⅱ	2	2	6	2		2	2		6	2	4			1	1		1	1	2	2			2		
			Ⅲ	2	2	6	2		2	2		6	2	4		1	1	1	1	1		1	2	1		2		
			小计	6	6	18	6		6	6		18	6	12	84	2	2	2	2	2	2	5	5	1	1	6	30	114
5至14层	8至10	8月17日至10月6日		5层至14层构件与4层相同;数量10×114=1140块。 进场时间:5层8月17日~20日;6层8月21日~24日;7层8月25日~9月3日;8层9月4日~7日;9层9月8日~11日; 10层9月12日~9月15日;11层9月16日~19日;12层9月20~23日;13层9月24日~10月2日;14层10月3日~6日。																								
			合计	84	84	251	84	1	81	84	3	246	84	174	1 176	28	28	28	28	28	28	70	70	25	14	84	420	1 596

6.6.4　质量和安全措施

本工程施工中除按照《建筑工程质量验收规范》及《建筑工程安全操作规程》的规定外，还应做到以下几点。

1. 质量措施

(1) 预制外装饰壁板

① 装卸、运输过程中，严防碰撞，运输时饰面向外。壁板插入板架时应特别小心，并在外饰面一边用木方挂在板上与管架隔离，立稳后取下木方，换上楔子，轻轻放下。

② 壁板架必须稳固，地面要夯实，上铺小豆石。

③ 安装时必须把木方挂上，然后找准塔吊吊钩，慢慢起吊，扶稳离开管架，不准用撬棍撬壁板外侧。

④ 壁板堆放要均匀布置在板架上，防止偏心倒塌。

⑤ 吊装时动作要稳，防止左右碰撞。

(2) 水泥砂浆地面

水泥地面压光成活后，用锯末或草袋覆盖浇水养护 5 天才允许上人，但仍要继续浇水养护至 7 天。

2. 安全措施

① 按计划层次搭设安全网，并补好接缝和拐角。

② 现场所有机电设施、门架、塔吊等均设立可靠的信号。

③ 塔吊要装设起重吊臂、行程等安全限位器。

④ 吊装外壁板、钢模必须使用弹簧卡环，不准用吊钩。

⑤ 高层建筑设备、塔吊、门架等做好防雷措施。

3. 雨季施工措施

① 基础土方工程施工按 1 : 0.75 放坡。

② 准确掌握混凝土配合比，并注意雨后砂石含水率变化。

③ 随时整修边坡。

④ 做好雨季施工的物资准备，见表 6-25。

表 6-25　雨季施工物资准备计划表

机具材料名称	规格	单位	数量	计划日期
油毡		卷	15	7 月上旬
苇		m^2	600	6 月下旬
级配砂石		m^2	300	6 月下旬
水泵	2'/2' ~ 3"	台	2	6 月下旬
测量布伞	油布	把	3	7 月下旬
苫布		块	10	7 月上旬

6.6.5 降低成本措施

本工程降低成本措施见表 6-26。

表 6-26　　降低成本措施表

序号	项目	单位	数量	措施	节约数量	金额 / 元
1	改变外装修设计	m^2	45 000	外壁板干黏石装修由工地黏合改为预制厂	2 000	3 400
2	加强施工管理，节约水泥 3%	t	3 000	(1) 加减水剂 (2) 限额领料 (3) 落地灰收起再用 (4) 仓库底灰经常收起	90	4 050
3	降低砂子损耗	m^3	6 000	加强管理，节省运输、现场使用的损耗	120	1 800
4	钢筋统一下料，加工节约 3%	t	673	用对焊、点焊、冷拉	202	14 140
5	加强管理			降低非生产人员比例，节省开支		5 000
6	合计					28 390

6.6.6 施工平面图

该工程施工平面图如图 6-18 所示。

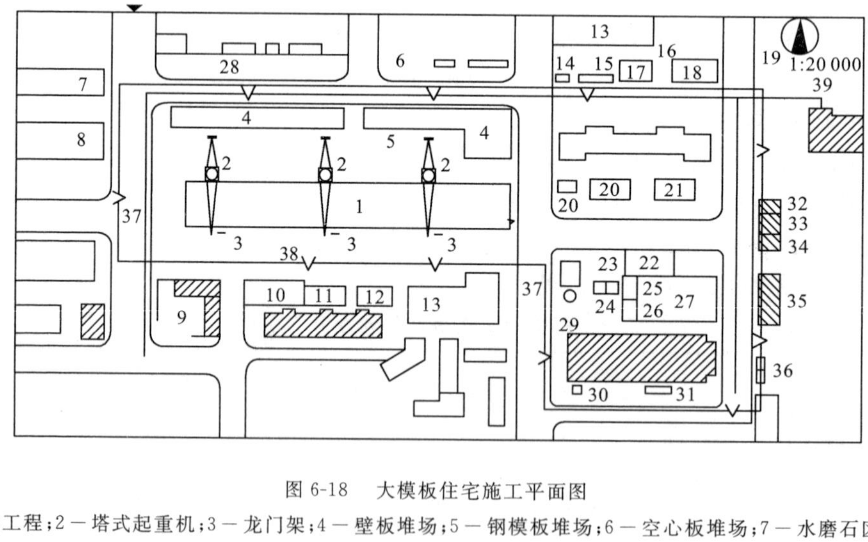

图 6-18　大模板住宅施工平面图

1 — 拟建工程；2 — 塔式起重机；3 — 龙门架；4 — 壁板堆场；5 — 钢模板堆场；6 — 空心板堆场；7 — 水磨石区；8 — 砂石堆；9 — 液化气站；10 — 杉槁堆场；11 — 管材堆场；12 — 木工棚；13 — 木料堆场；14 — 烘干炉；15 — 消防站；16 — 材料库；17 — 水暖加工厂；18 — 钢筋焊片场；19 — 钢筋冷拉场；20 — 沥青；21 — 装饰用料；22 — 石子；23,24 — 搅拌站；25 — 锅炉；26 — 茶炉；27 — 食堂；28 — 施工队办公室；29 — 砂堆；30 — 油库；31 — 维修站；32 — 实验室；33 — 油工库；34 — 自行车库；35 — 料库；36 — 变压器；37 — 临时道路；38 — 电线；39 — 供水管线

1. 起重机械的布置

将3台塔式起重机布置在楼北侧同一轨道上。装修时，在楼南侧9—10，24—25，36—37轴间设置3座龙门架，利用阳台做材料入口。

2. 构件、钢模、搅拌站、材料仓库及露天堆放场的位置

(1) 主体结构所用的空心板、壁板放在楼北侧起重机工作范围内。

(2) 搅拌站设在楼东侧空地上，石子、砂和水泥仓库均设在搅拌站附近。

(3) 装修阶段，在三台龙门架附近各设一台临时搅拌机，分别供应各施工段。

(4) 水暖、钢筋加工及其露天堆放场设在楼的东北侧；防水和装修用材料放在楼东侧。

(5) 管材和脚手料及木材堆放场放在楼南侧。

(6) 水磨石和小型构件放在楼西侧。

3. 水电管线及其他临时施工的位置

本工程由已建的锅炉房引出供水干线至楼北侧，分3根主管到3个单元，底层留3个消火栓。采用锅炉泵压方式供高层用水。

临时用电利用已有的变压器接电，经验算满足施工用电要求。供电线路由东北角引入施工工地。

在工程四周永久道路之间，修几条临时道路，形成环形路，路面用级配砂石和焦渣铺成。

6.6.7　环境保护措施

为了保护和改善生活环境与生态环境，防止由于建筑施工造成的作业污染和扰民，保障建筑工地附近居民和施工人员的身体健康，必须做好建筑施工现场的环境保护工作。施工现场的环境保护是文明施工的具体体现，也是施工现场管理达标考评的一项重要指标，所以必须采取现代化的管理措施做好这项工作。

1. 现场环境保护的基本内容

(1) 防止大气污染：防治施工扬尘。

(2) 防止水污染：油漆、油料的渗漏防治，施工现场临时切割材料的污水排放。

(3) 防止施工噪声污染：人为的施工噪声防治，施工机械的噪声防治。

2. 现场环境保护的管理目标

(1) 不发生水体污染；

(2) 采用高科技将噪声控制在60dB以下；

(3) 空气污染不高于二级。

3. 现场环境保护的检查制度

(1) 施工现场环境保护的每日自检

每天由施工员、安全员进行自检，凡违犯施工现场环境保护规定和扰民措施的要及时指出，及时整改，由施工员在当天的施工日志上记录自检情况。

(2) 项目每月定期检查4次

值班领导带领有关管理人员对所属的工地进行定期检查，按施工现场环境保护检查、考评标准进行检查评分，填写评分记录表，作为工地安全生产文明施工考评的依据。在检查中，对于不符合环保要求的，采取“三定”原则（定人、定时、定措施）予以整改，落实后及时做好复检复查工作。

4. 施工现场环保措施

（1）施工现场防大气污染措施

① 施工中清理施工垃圾时，使用封闭的专用垃圾道或采用容器吊运，严禁随意凌空抛撒造成扬尘。施工垃圾要及时清运，清运时，适量洒水减少扬尘。

② 现场拆除工程时，应配合洒水，减少扬尘污染。

③ 要在施工前做好施工现场道路的规划和设置。建设工程施工现场道路必须进行硬化处理，可利用设计中永久性的施工道路，也可采用临时施工道路，基层要夯实，路面铺垫细石，并随时洒水，减少道路扬尘。

④ 散水泥和其他易飞扬的细颗粒散体材料应尽量安排库内存放，如露天存放应采取防潮地坪严密遮盖，运输和装卸时防止遗洒飞扬，以减少扬尘。

⑤ 施工现场要制定洒水降尘制度，配备专用洒水设备及指定专人负责，在易产生扬尘的季节，采取洒水降尘。

⑥ 防水材料采用冷油聚氨酯，现场不熬制沥青，减少空气污染。

（2）施工现场防噪音污染措施

① 防止施工噪声污染。

② 电锯使用时，出料口应设三角形开口器减少木料夹锯片发出的噪声，或设在地下室。

③ 对施工人员进场进行文明施工教育，施工中或生活中不准大声喧哗，特别是晚 10 时之后，早 6 时前不准发生人为噪声。

④ 材料不准从车上往下扔，采用人扛下车和吊车吊运，钢管堆放不要发生大的声响。

（3）现场防止固体物污染措施

垃圾清运不得装车过满（低于槽帮 15cm），必须采取有效措施防止垃圾遗撒。

思考题

1. 简述单位工程施工组织设计的编制依据与程序。
2. 简述单位工程施工组织设计的内容。
3. 简述单位工程施工方案的内容。
4. 如何确定单位工程施工起点、流向？
5. 简述确定施工顺序时应考虑的因素。
6. 如何确定单位工程施工顺序？
7. 简述单位工程施工进度计划的编制依据。
8. 简述单位工程施工进度计划的编制步骤和内容。
9. 简述单位工程施工平面图的设计内容与依据。
10. 简述单位工程施工平面图的设计原则与步骤。

习　题

1. 某项目经理部在承包的某高层住宅楼的现浇楼板施工中，提出拟采用钢木组合模板和小钢模模板两种施工方案。评价指标确定为模板总摊销费(F_1)、楼板浇筑质量(F_2)、模板人工费(F_3)、模板周转时间(F_4)、模板装拆便利性(F_5)等5项。经专家论证，两方案对各项评价指标的满足程度得分(按10分制评分)见表6-27。

表 6-27　　各项评价指标的满足程度得分表

评价指标	指标权重	钢木组合模板	小钢模模板
总摊销费用(F_1)	0.25	10	8
楼板浇筑质量(F_2)	0.35	8	10
模板人工费(F_3)	0.10	8	10
模板周转时间(F_4)	0.10	10	7
模板装拆便利性(F_5)	0.20	10	9

试采用加权综合指标分析方法评价两方案的优劣，并确定应采取的方案。

2. 某机械化施工公司承包了某工程的土方施工任务，坑深为−4.0m，土方工程量为9 800m^3，平均运土距离为8km，合同工期为10d。该公司现有WY50、WY75、WY100液压挖掘机各4台、2台、1台及5t、8t、15t自卸汽车10台、20台、10台，其主要参数见表6-28、表6-29。

表 6-28　　挖掘机主要参数

型号	WY50	WY75	WY100
斗容量/m^3	0.50	0.75	1.00
台班产量/m^3	401	549	692
台班单价/(元/台班)	880	1 060	1 420

表 6-29　　自卸汽车主要参数

载重能力	5t	8t	15t
运距8km时台班产量/m^3	28	45	68
台班单价/(元/台班)	318	458	726

试求解：

(1) 若挖掘机和自卸汽车按表中型号只能各取一种，且数量没有限制，如何组合最经济？相应的每立方米土方的挖运直接费为多少？

(2) 若该工程只允许白天一班施工，且每天安排的挖掘机和自卸汽车的型号、数量不变，需安排几台何种型号的挖掘机和几台何种型号的自卸汽车？

(3) 上述安排的挖掘机和自卸汽车的型号和数量，几天可完成该土方施工任务？每立方米土方的挖运直接费为多少？

3. 某房屋内外墙体砌筑工程，包括370、240、120、60等不同厚度的空心和实心砖墙，总工程量分别为400m³、260m³、100m³、60m³，综合工日定额分别为0.92工日/m³、1.00工日/m³、1.06工日/m³、1.12工日/m³，试确定该砌筑工程的综合工日定额。

4. 某两跨三层预制装配式钢筋砼框架结构轻型工业厂房，外包尺寸为：13.14m×55.14m，柱网6.0m×6.0m。自然地面−0.2m，各层标高分别为4.50m、9.00m、13.50m。钢筋砼基础埋置深度为−3.80m。围护结构为370砖墙，三楼附加内隔墙以180加气砼砌块砌筑。屋面为珍珠岩保温，卷材防水。底层地面采用水泥砂浆抹面，其他各层为水磨石。外墙抹灰采用水泥砂浆外刷无机涂料，底层窗台下做水刷石勒脚；内墙、天棚均为混合砂浆打底刮白罩面。

主要施工方案：基础土方采用机械开挖，回填土现场堆放，余土机械外运；基础工程完成后，框架梁柱现场预制，其余梁板等构件加工厂预制；楼梯及楼面整体面层为现浇；主体结构拟采用分层分件流水吊装法（或综合吊装法）；围护结构和室内外装修等施工拟按分层流水施工；各项施工过程均组织一个专业工作队。

试利用表6-30编制该工程施工进度计划（注意施工过程之间的技术组织间歇与合理搭接）。

表6-30　　某单位工程施工进度计划表

项次	分部分项工程名称	总工日数	工作天数	施工进度计划																	
				4月			5月			6月			7月			8月			9月		
				上	中	下	上	中	下	上	中	下	上	中	下	上	中	下	上	中	下
1	挖土	100	10																		
2	垫层	24	2																		
3	基础	400	10																		
4	回填	20	2																		
5	构件制作	1 050	24																		
6	吊装工程	236	18																		
7	砌砖	596	27																		
8	现浇砼及钢筋砼	515	12																		
9	屋面保温找平	58	2																		
10	屋面防水	76	3																		
11	室内隔墙	54	4																		
12	楼地面抹灰	570	15																		
13	天棚墙面抹灰	548	18																		
14	外墙抹灰	327	6																		
15	门窗工程	192	12																		
16	油漆	110	14																		
17	水、暖、电	910	—																		
18	其他	300	—																		

5. 在图6-19所示的某三层综合楼现场平面图上合理布置以下内容：

（1）井架及其卷扬机一套。

(2)砼及砂浆搅拌站 $20m^2$。

(3)临时作业场(棚),包括:模板场(棚)$110m^2$;钢筋场(棚)$80m^2$;门窗等木作场(棚)$180m^2$;水暖场(棚)$60m^2$。

(4)主要材料、构件堆放(存放)场地,包括:构件场地 $80m^2$;水泥场(棚)$35m^2$;砂、石场地 $70m^2$;红砖空心砖场地 $60m^2$;白灰场地 $40m^2$;防水材料场地 $35m^2$;脚手杆架场地 $50m^2$。

(5)临时房屋,包括:项目经理部及各职能部门办公用房 5 间(每间 12 m^2);工人休息室 4 间(每间 $25m^2$);食堂 $30m^2$;小型材料库、工具库 $18m^2$;配电间 $12m^2$;门卫 $12m^2$;厕所 $12m^2$。

(6)现场出入口、场内道路。

(7)水电管线。

(8)消防设施 2 处。

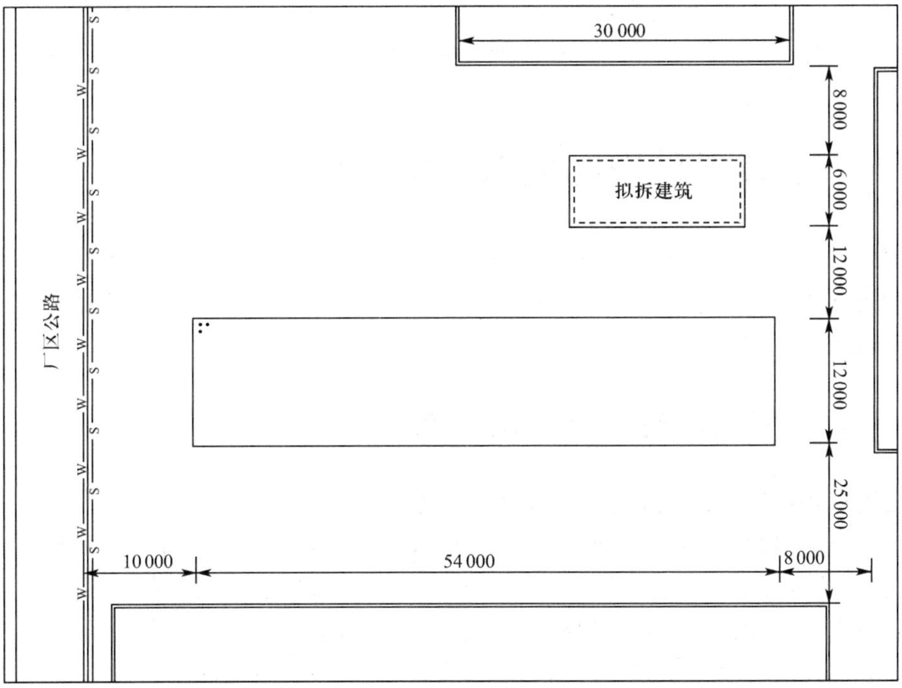

图 6-19　某三层综合楼施工现场平面图

第 7 章 工程项目进度控制

在工程项目控制中，涉及范围最广、影响最大的是进度控制。它既涉及工程项目建设单位、设计单位、施工总包和分包单位、材料物资供应单位工程监理和咨询单位的人力、物力、财力的计划安排与使用，也涉及这些单位最终利益的实现。因此，进度控制是一项非常重要的工作。

7.1 工程项目进度控制工作内容

工程项目进度控制是指为保证工程项目实现预期的工期目标，对工程项目寿命周期全过程的各项工作时间进行计划、实施、检查、调整等的一系列工作。下面重点讲述工程项目施工阶段进度控制的工作内容。

7.1.1 施工准备阶段进度控制

1. 工程项目施工计划工期目标的确定与分解

在施工准备阶段，首先需要根据合同工期等因素，确定工程项目施工的计划工期目标。工期目标确定之后，再将其分解为施工全过程的几个阶段性目标。例如，一般工业项目通常需要考虑全场性准备工作、场地土方工程、厂房基础与设备基础工程、构件预制工程、结构吊装和主体工程、屋面与装饰工程、设备安装工程、设备试运转与扫尾工程、阶段性竣工验收和总竣工验收等几个主要阶段的进度目标。

没有明确的工期目标，工程项目进度控制就无从谈起。在确定工期目标时，应考虑留有适当的余地，使计划工期比合同工期短些。

2. 编制施工进度计划

工程项目施工进度计划的表达方式有横道图和网络图两种，其具体编制方法参见第2、3、5、6 章相关内容。

3. 编制施工准备工作计划和资源需用计划

为确保工程项目施工进度计划的顺利实施，还需编制工程项目开工前的准备工作计划和开工后阶段性准备工作计划以及各种物资资源需用计划。其具体编制方法参见第 5、6 章相关内容。

4. 编制年、季、月、旬度施工作业计划

对工期较长的工程项目，需将项目总体的进度计划按年、季、月、旬度等划分为若干计划阶段，遵循“远粗近细”的原则编制“滚动式”施工进度计划。在项目施工的每一计划阶段结束时，去掉已完成的施工作业内容，根据计划执行情况和内外部条件的变化情况，调整修订后续计划，将计划阶段顺序向前推进（滚动）一段，制定一个新的阶段计划。图 7-1 为滚动式施工进度计划示意图。

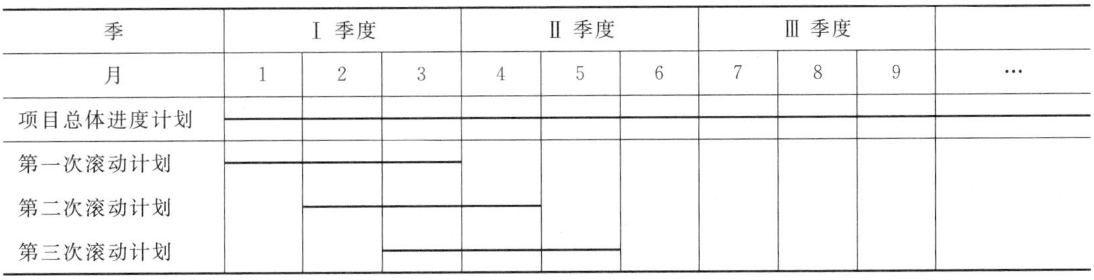

图 7-1　滚动式施工进度计划示意图

5. 制定施工进度控制工作细则

在开工前制定详细的施工进度控制工作细则，是对项目施工进度进行有效控制的重要措施，其主要内容包括：

（1）进度控制人员的确定与分工。

（2）制定进度控制工作流程，如图 7-2 所示。

（3）明确进度控制工作方法。如进度检查方法，进度数据收集、统计、整理方法，进度偏差分析与调整方法等。

（4）设置进度控制点。在进度计划实施前要明确哪些事件是对施工进度和工期有重大影响的关键性事件，这些事件是项目施工进度控制的重点。

通过制定施工阶段进度控制工作细则，明确为了对施工进度实施有效控制，应该和必须做好哪些工作，由谁来做，什么时间做和怎样做。

7.1.2　施工阶段进度控制

施工阶段进度控制（图 7-2）是工程项目进度控制的关键，其主要工作内容如下。

1. 施工进度的跟踪检查

在工程项目施工过程中，进度控制人员要通过收集作业层进度报表、召开现场会议和亲自检查实际施工进度等方式，随时了解和掌握实际进度情况。

2. 收集、整理和统计有关进度数据

在跟踪检查施工进度过程中，要全面、系统地收集有关进度数据，并经过整理和统计，形成正确反映实际进度情况、便于将实际进度与计划进度进行对比的数据资料。

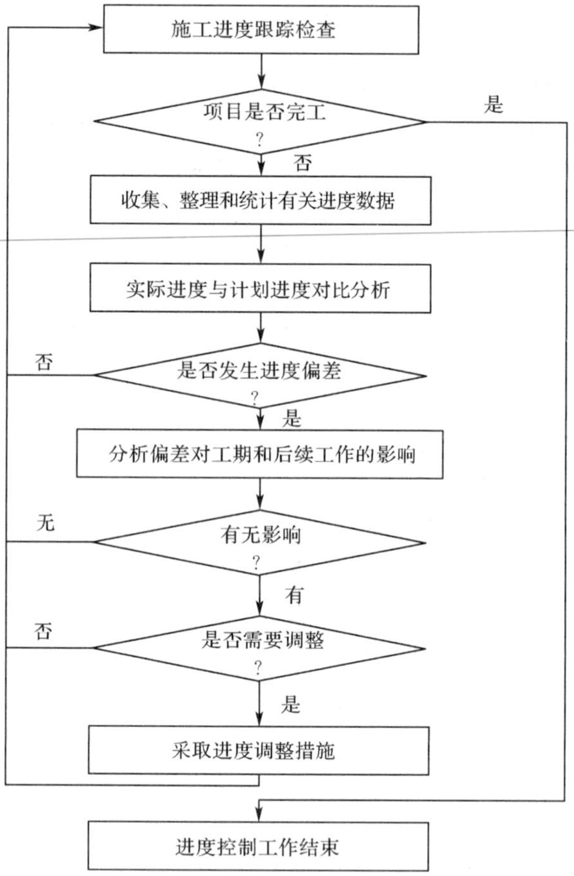

图 7-2　施工进度控制工作流程示意图

3. 将实际进度与计划进度进行对比分析

经过对比，分析出是否发生了进度偏差，即实际进度比计划进度拖后或超前。

4. 分析进度偏差对工期和后续工作的影响

当发生进度偏差之后，要进一步分析该偏差对工期和后续工作有无影响，影响到什么程度。

5. 分析是否需要进行进度调整

当分析出进度偏差对工期和后续工作的影响之后，还要视工期和后续工作是否允许发生这种影响，及允许影响到什么程度来决定是否对施工进度进行调整。

一般从工期控制角度来看，某些工作的实际进度比计划进度超前是有利的。所以进度控制工作的重点是进度发生拖后现象时，要通过分析决定是否需要调整。当然，进度超前过多也会影响到资源供应、资金使用等问题，如果这些条件限制很严格，也要进行调整。

6. 采取进度调整措施

当明确了必须进行施工进度调整之后，还要具体分析产生这种进度偏差的原因，并综合考虑进度调整对工程质量、安全生产和资源供应等因素的影响，确定在哪些后续工作上采取技术上、组织上或经济上的调整措施。

在技术上可采取的加快施工进度的措施主要有：① 改进施工工艺和施工技术，缩短工艺技术间歇时间；② 采用更先进的施工方法，缩短施工作业时间；③ 采用更先进的施工机械，提高施工作业效率。

在组织上可采取的加快施工进度的措施主要有：① 增加作业面，组织更多的施工队组；② 增加每天施工时间（加班加点或多班制）；③ 增加作业人数；④ 增加机械设备数量；⑤ 采取平行流水施工、立体交叉作业，以充分利用空间和争取时间，保证物资资源供应和做好协调工作等。

在经济上可采取的加快施工进度的措施有：① 提高酬金数额；② 对采取的一系列技术措施给予相应的经济补偿。

除上述措施外，还可以通过加强思想教育和精神鼓励等工作，激发作业层人员的劳动积极性，提高作业效率。

7. 实施调整后的进度计划

调整后的新计划实施后，重复上述控制过程，直至工程项目全部完工。

7.1.3　竣工验收、交付使用阶段进度控制

竣工验收、交付使用阶段的工作特点是：在施工作业方面，大量施工任务已经完成，但还有许多零星琐碎的修补、调试、扫尾、清理等工作要做；在管理业务方面，施工技术指导性工作已基本结束，但却有大量的技术资料汇总整理、竣工检查验收、工程质量等级评定、工程结（决）算、工程项目移交等管理工作要做。这些工作如不抓紧进行，也将影响工程项目的交付期限。这一阶段进度控制工作有以下三个方面。

1. 制定竣工验收阶段工作进度计划

在该计划中，要详细列出各项工作的日程安排，并把工作落实到每个人员。

2. 定期检查各项工作进展情况

在检查中如果发现工作拖延现象，应及时采取必要的调整措施。

3. 整理有关工程进度资料

认真做好进度资料整理工作，进行归类、编目、建档，为以后的工程项目进度控制工作积累经验，同时也为工程决算和索赔提供依据。

7.2　工程项目施工进度控制方法

工程项目施工进度控制方法很多。本节主要讲述横道进度计划实施中的控制方法、网络进度计划实施中的控制方法、S 型曲线控制方法和香蕉曲线控制方法。

7.2.1　横道进度计划实施中的控制方法

横道进度计划具有直观、形象、绘制简单等优点，因此被广泛应用于工程项目施工进

度计划的编制。

例如，某项基础工程包括挖土、打垫层、砌基础、回填土等四项施工过程，拟分三个施工段组织流水施工，各施工过程在每一施工段上的作业时间见表 7-1。

表 7-1　　某项基础工程作业时间安排

施工过程 \ 作业时间/d \ 施工段	Ⅰ	Ⅱ	Ⅲ
挖土	3	3	4
垫层	3	2	2
基础	5	4	5
回填	2	2	2

根据流水施工原理绘制的横道进度计划见表 7-2。

表 7-2　　某项基础工程进度计划

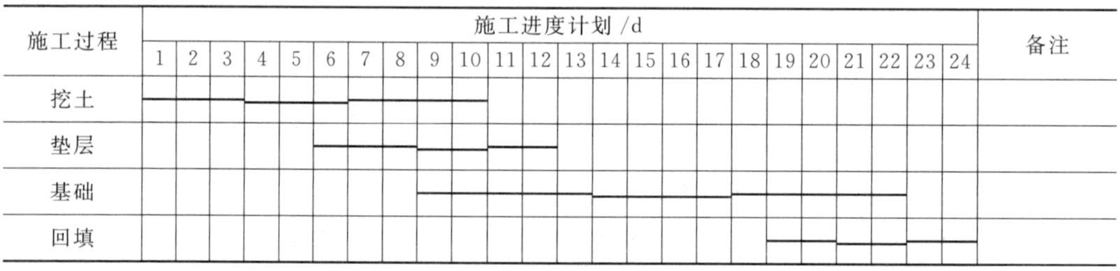

下面结合表 7-2 说明横道进度计划实施中的控制步骤和方法。

1. 标出检查日期

如表 7-3 下面黑色三角所示，本例假设在计划实施后的第 9 天下班时检查。

表 7-3　　横道进度计划

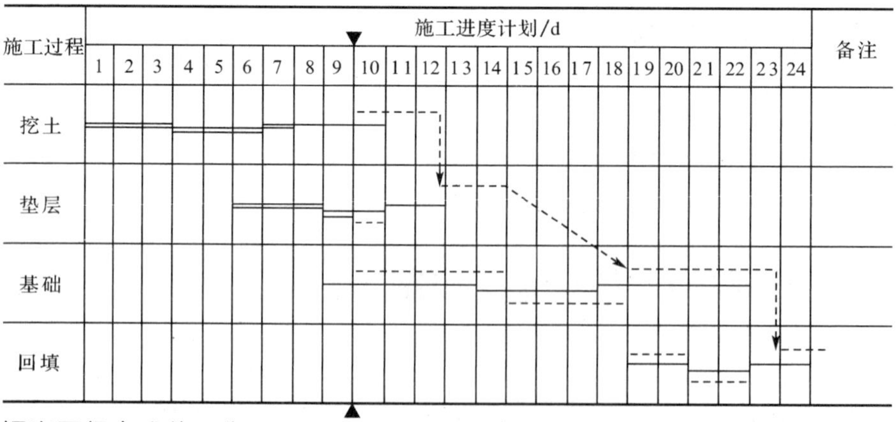

2. 标出已经完成的工作

如表 7-3 中双线所示，本例挖土施工过程已完成了第 Ⅰ、Ⅱ 施工段的全部工作量和第 Ⅲ 施工段 25% 的工作量（正在进行的工作按完成总工作量的百分比表示）。垫层施工过程已完成了第 Ⅰ 施工段的全部工作量和第 Ⅱ 施工段 50% 的工作量。基础施工过程尚未投入作业。

3. 将实际进度与计划进度进行对比，分析是否出现进度偏差

本例通过对比分析看出，挖土施工过程已拖后2天；垫层施工过程的实际进度刚好与计划进度相同；基础施工过程拖后1天。

4. 分析出现的进度偏差对后续工作及工期的影响

在本例中挖土施工过程拖后2天；基础施工过程拖后1天。下面分别进行分析。

(1) 挖土施工过程与其后续工作的制约关系如表7-3中虚箭线所示。该制约关系表明，挖土施工过程拖后2天，将会影响垫层施工过程的连续作业，但不会影响工期。

(2) 基础施工过程与其后续工作是紧密衔接的，它的拖后必然影响工期。

5. 分析是否需要做出进度调整

在本例中，基础施工过程的拖后已影响到工期，若该计划工期不允许拖延，则必须在基础施工过程上加快进度，抢回拖后的1天时间；挖土施工过程拖后2天不影响计划工期，从工期角度来看，不必调整。但要考虑垫层施工过程是否允许不连续施工，若不允许也要予以调整。

6. 采取进度调整措施

采取技术上、组织上、经济上的措施加速施工进度。如在本例中，可采取让砌基础工人班组加班加点、多发奖金、计件工资等措施；也可以采取让打垫层和挖土工人班组支援砌基础工人班组作业的措施来加快基础施工进度，抢回1天时间，使第 Ⅲ 施工段的基础砌筑作业时间由原来的5天缩短为4天。进度计划调整后，应重新绘出调整的进度计划(本例略)。

7. 实施调整后的进度计划

根据调整后的进度计划，重新调整人力、物力、财力安排方案，进入新一轮控制。

7.2.2　网络进度计划实施中的控制方法

图7-3为某预制装配式单层工业厂房局部施工网络进度计划。关键线路为图中粗线所示，工期为24天。下面结合该图说明网络进度计划实施中的控制步骤和方法。

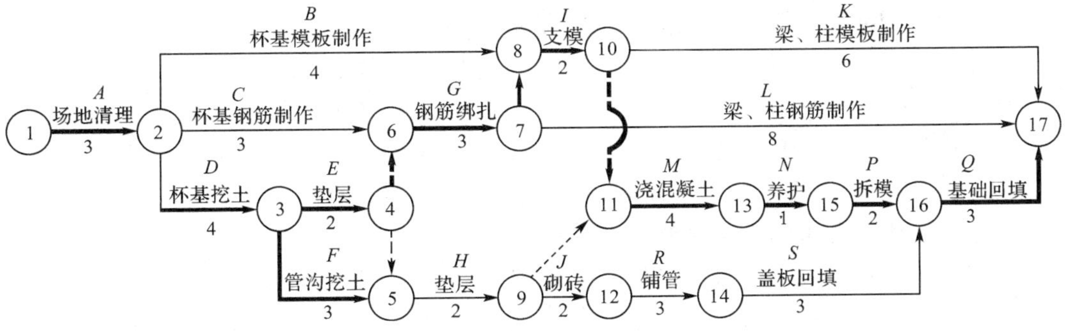

图7-3　某工程局部施工网络进度计划

为了对工程项目施工进度实施有效控制，在编制施工网络进度计划时，通常将图7-3

所示的网络进度计划绘制成如图 7-4 所示的时标网络计划。

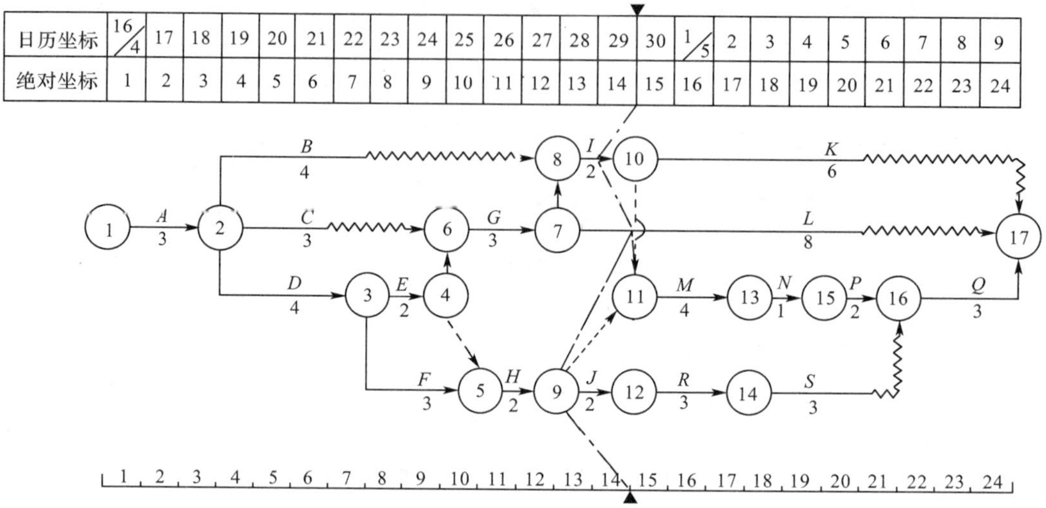

图 7-4　某工程局部施工时标网络计划

在网络进度计划实施过程中的控制步骤与方法如下。

1. 标出检查日期

如图 7-4 下边黑色三角所示，本例为施工进行到第 14 天下班时检查。

2. 标出实际进度前锋线

所谓实际进度前锋线是指实际施工进度到达位置的连线。在本例第 14 天下班时检查发现，基础支模工作 I 完成了 50% 工程量；梁、柱钢筋制作工作 L 完成了 25% 工程量；基础浇筑混凝土工作 M 尚未开始；管沟垫层工作 H 已完成；管沟砌砖工作 J 尚未开始。据此绘出的实际进度前锋线如图 7-4 中点画线所示。在实际进度前锋线左侧的工作均已完成；在实际进度前锋线右侧的工作均未完成。

3. 将实际进度与计划进度进行对比，分析是否出现进度偏差

在本例中，工作 I 已拖后 1 天；工作 L 的实际进度与计划进度相等；工作 J 已拖后 2 天。

4. 分析出现的进度偏差对后续工作和工期的影响

（1）工作 I 拖后 1 天。由于该工作位于关键线路上，所以如不采取措施予以调整，将要使工期拖延 1 天；同时也将要影响其后续工作 K（非关键工作）的最早开始时间。

（2）工作 J 拖后 2 天。虽然该工作位于非关键线路上，但从图上可看出该工作仅有 1 天的总时差，因此若不采取措施予以调整，也将会使工期拖延 1 天。

5. 分析是否需要做出进度调整

如果该工程项目没有严格规定必须在 24 天内完成，工期可以拖延，不必调整。这样，只需去掉网络进度计划中已完成部分，重新绘制出未完成部分的网络进度计划，如图 7-5 所示。

如果该工程项目的计划工期不允许拖延，则必须做出调整。

6. 采取进度调整措施

调整时需综合考虑增加人力、物力资源的可能性和对工程质量、安全的影响。调整的方法是，选择位于关键线路上的某些工作作为调整对象，压缩其作业时间，保证工程项目按原计划工期完成。

本例选择工作 M 和工作 R 为调整对象，将其作业时间均压缩 1 天。调整后的网络计划如图 7-6 所示。

7. 实施调整后的网络进度计划

与横道进度计划相同。

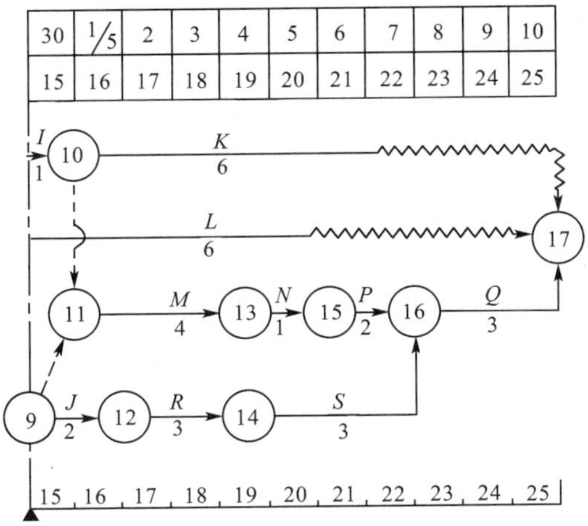

图 7-5　检查后未调整的网络计划

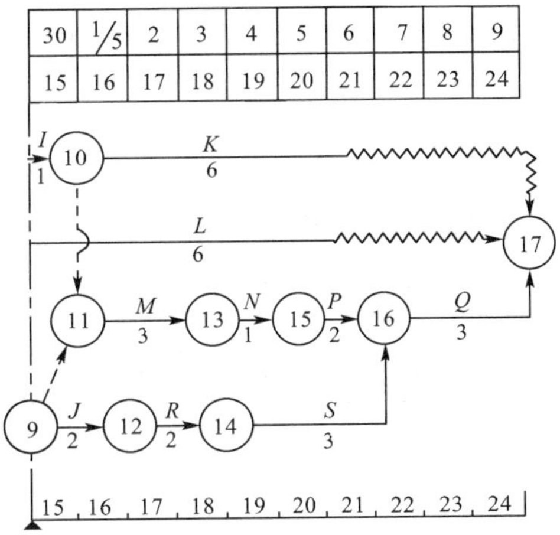

图 7-6 检查调整后的网络计划

7.2.3　S 型曲线控制方法

1. S 型曲线的概念

S 型曲线是一种描述工程项目施工进度的动态曲线。一般来说，在项目施工初期，由于准备工作多，作业面条件差，劳动力、机械设备不能一次性全部到位，工人作业不熟练等原因，施工进展速度较慢；在项目施工中期，施工进展速度较快；而在项目施工后期，作业面逐渐减小，劳动力、机械设备等逐渐撤离施工现场，只留较少一部分人员从事收尾和清理工作，项目施工进展速度又要减慢。如果用平面直角坐标系的横坐标表示时间（可以天、周、旬、月等为单位），以纵坐标表示每一单位时间完成的工作量（可以用实物工程量、费用支出或工时消耗等数量表示），绘制出的时间与单位时间完成的工作量之间的关系曲线如图 7-7(a) 所示。如果以横坐标表示时间不变，以纵坐标表示到每一单位时间为止累计完成的工作量，绘制出的时间与累计完成工作量之间的关系曲线如图 7-7(b) 所示。因为此曲线形如“S”，故称其为 S 型曲线。

在实际工程项目施工中，各单位时间内完成的工作量往往不是随时间的延续而连续变化的，绘制出的时间与单位时间内完成工作量的关系曲线如图 7-8(a) 所示，时间与累计完成工作量的关系曲线如图 7-8(b) 所示。若将图 7-8(b) 中各直方图右顶点用光滑曲

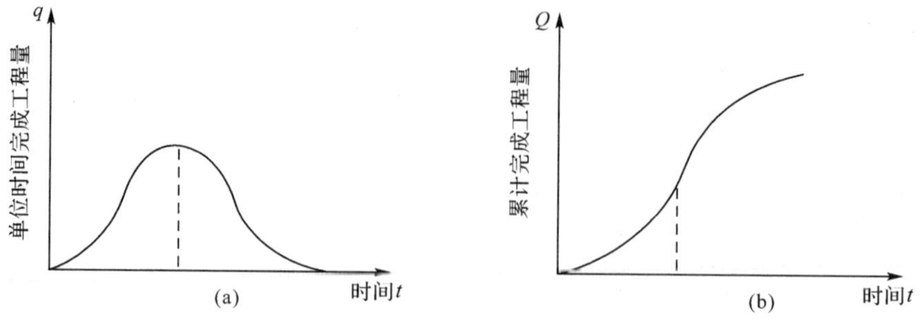

图 7-7　时间与完成工作量关系曲线示意图(之一)

线连起来,该曲线也呈“S”形,故也称其为 S 型曲线。

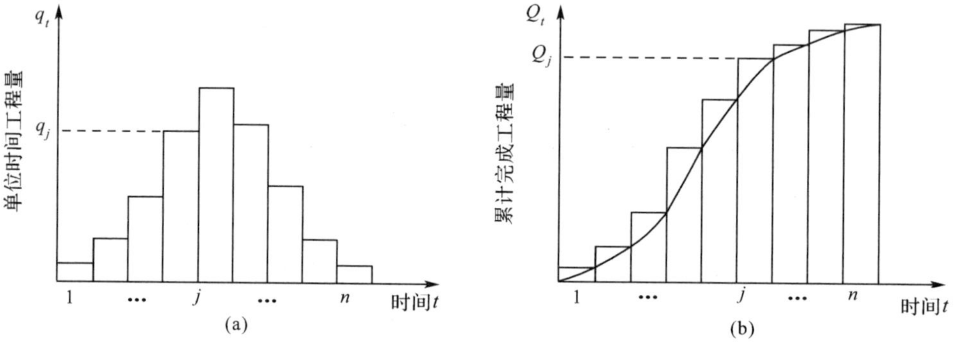

图 7-8　时间与完成工作量关系曲线示意图(之二)

2. S 型曲线绘制方法

下面结合一个简单例子说明 S 型曲线的绘制方法。

例 7-1　某项抹灰工程总工程量为 10 000m²,计划 10 天完成,每天完成工程量如图 7-9 所示,试绘制该工程的 S 型曲线。

绘制步骤和方法如下:

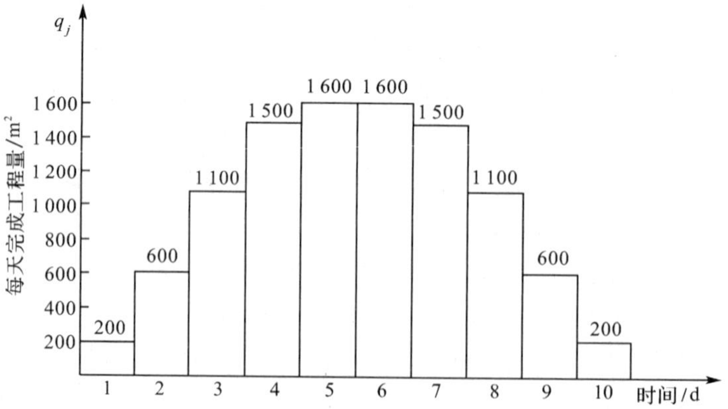

图 7-9　每天完成工程量

(1) 确定各单位时间(每天)完成工程量 q_j 值,$j = 1,2,\cdots,10$,结果见表 7-4。

表 7-4　完成工程量汇总表

时间 / 天	j	1	2	3	4	5	6	7	8	9	10
每天完成量 /m^2	q_j	200	600	1 100	1 500	1 600	1 600	1 500	1 100	600	200
累计完成量 /m^2	Q_j	200	800	1 900	3 400	5 000	6 600	8 100	9 200	9 800	10 000
累计完成百分比 /%	μ_j	2	8	19	34	50	66	81	92	98	100

(2) 计算到每一单位时间(每天)完成工程量 Q_j 值。

$$Q_j = \sum_{t=1}^{j} q_j \qquad (j = 1,2,\cdots,10) \tag{7-1}$$

累计完成工程量也可用百分比表示，累计完成工程量百分比为

$$\mu_j = \frac{Q_j}{Q} \times 100(\%) \qquad (j = 1,2,\cdots,10) \tag{7-2}$$

式中　Q—— 总工程量；$Q = \sum_{t=1}^{n} q_t$

n—— 总作业时间(天数)。

例如在本例中

$$Q_4 = \sum_{t=1}^{4} q_t = 200 + 600 + 1\ 100 + 1\ 500 = 3\ 400(m^2)$$

$$Q = \sum_{t=1}^{10} q_t = Q_{10} = 10\ 000(m^2)$$

$$\mu_4 = \frac{Q_4}{Q} \times 100 = \frac{3\ 400}{10\ 000} \times 100 = 34(\%)$$

计算结果见表 7-4。

(3) 根据(j,Q_j)或(j,μ_j)绘制 S 型曲线，如图 7-10 所示。

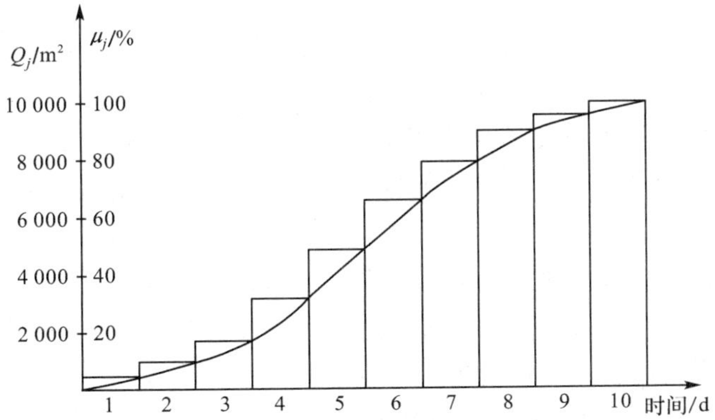

图 7-10　S 型曲线图

3. S 型曲线控制方法

采用 S 型曲线控制工程项目施工进度时，首先需要根据计划进度绘制出 S 型曲线，然后在施工过程中按下述步骤和方法对施工实际进度进行控制。

(1) 标出检查日期。如图 7-11 所示，黑色三角表示两次检查日期。

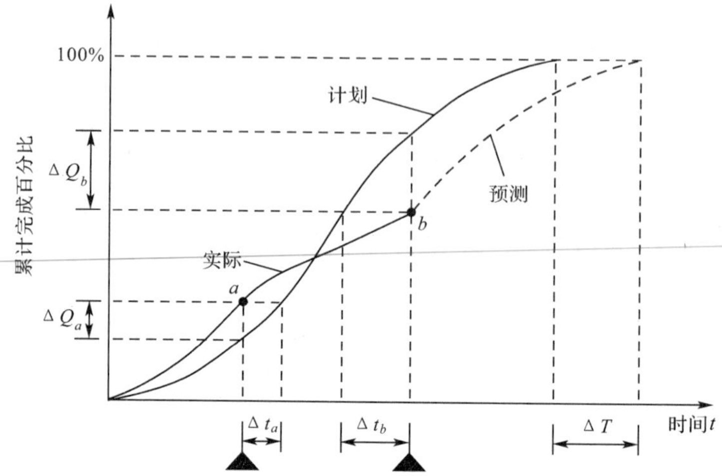

图 7-11　S 型曲线控制图之一

(2) 绘制出到检查日期为止的工程项目实际进度 S 型曲线。如图 7-11 中 a、b 两点即为实际进度 S 型曲线的到达点。

(3) 分析工作量完成情况。图 7-11 中实际进度 S 型曲线上的 a 点位于计划进度 S 型曲线的上方，说明实际进度比计划进度快，工作量超额完成，从 a 点沿垂直方向到计划进度 S 型曲线的距离 ΔQ_a，即为该检查点工作量超额完成量；实际进度 S 型曲线上的 b 点位于计划进度 S 型曲线的下方，说明实际进度比计划进度慢，工作量未按原计划完成，从 b 点沿垂直方向到计划进度 S 型曲线的距离 ΔQ_b 即为该检查点工作量欠额完成量。

(4) 分析进度超前或拖后时间。在图 7-11 中，从 a 点沿水平方向到计划进度 S 型曲线的距离 ΔQ_a 即为该检查点进度超前时间；从 b 点沿水平方向到计划进度 S 型曲线的距离 ΔQ_b 即为该检查点进度拖后时间。

(5) 项目后期施工进度预测。图 7-11 中实际进度 S 型曲线到达 b 点后，若能保证后期按原计划进度施工，则预测的实际进度 S 型曲线如虚线所示，即为预计的工期拖延时间。

(6) 分析项目后期施工进度的速度限值。如图 7-12 所示，通过计划进度 S 型曲线的顶点 B 点向该 S 型曲线作切线，切点为 A 点，切线 AB 即为实际进度 S 型曲线的下限。一旦实际进度 S 型曲线落在切线 AB 的下方，必须采取加快进度措施，否则将拖延计划工期。图 7-12 中实际进度 S 型曲线的 b 点已经落在计划进度 S 型曲线的下方，因此必须采取加快进度措施。将 b 点与 B 点相连(如图中虚线所示)，斜线 bB 的斜率即为在保证计划工期条件下，项目后期施工进度的最低速度。

(7) 采取加快施工进度调整措施，如前述。

7.2.4　香蕉曲线控制方法

1. 香蕉曲线的概念

香蕉曲线是由两条 S 型曲线组成的，如图 7-13 所示。其中 ES 曲线是以工程项目中各

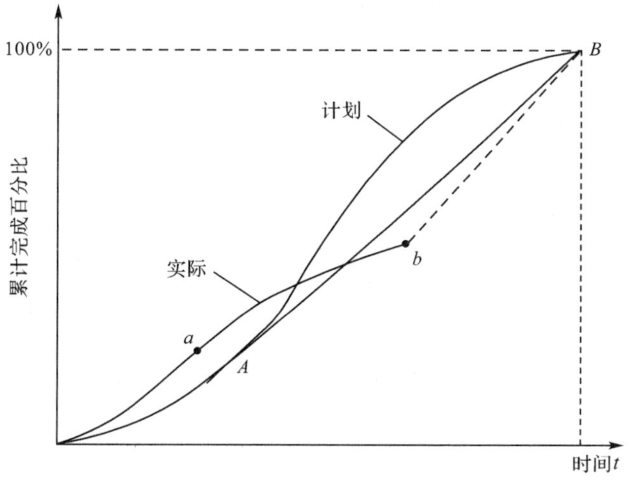

图 7-12　S 型曲线控制图之二

项工作均按最早开始时间安排作业所绘制的 S 型曲线；LS 曲线是以工程项目中各项工作均按最迟开始时间安排作业所绘制的 S 型曲线。这两条曲线有共同的起点和终点。在施工工期范围内的任何时点上 ES 曲线始终在 LS 曲线的上方，形如香蕉，故称其为香蕉曲线。

2. 香蕉曲线的绘制与控制方法

香蕉曲线的绘制方法是，按照前述 S 型曲线的绘制方法，首先考虑项目中各项工作均按最早开始时间安排作业绘制出 ES 曲线，然后考虑项目中各项工作均按最迟开始时间安排作业绘制出 LS 曲线，即形成香蕉曲线。

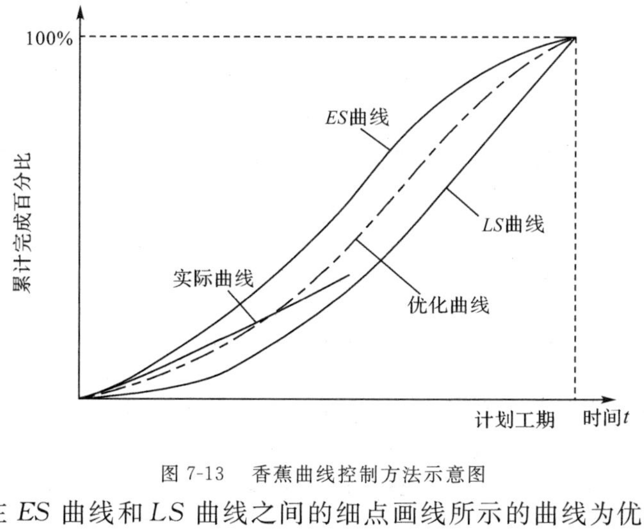

图 7-13　香蕉曲线控制方法示意图

图 7-13 中，在 ES 曲线和 LS 曲线之间的细点画线所示的曲线为优化曲线，这是理想的工程项目施工进度曲线。

下面将采用香蕉曲线控制施工进度的方法简单说明如下。

在工程项目开工前绘制出香蕉曲线，最好同时绘制出优化曲线。在开工之后，定期或不定期地检查实际施工进度，绘制出至检查日期为止的实际进度 S 型曲线。将实际进度 S 型曲线与计划进度香蕉曲线进行比较，如果实际进度 S 型曲线在香蕉曲线之内，则说明工程项目实际进度正常，若能逼近优化曲线则最为理想。否则，实际进度 S 型曲线超出香蕉曲线，则说明实际进度出现了偏差。

进度偏差有两种情况，如果实际进度 S 型曲线位于香蕉曲线的上方，则说明实际进度比计划进度超前；如果实际进度 S 型曲线位于香蕉曲线的下方，则说明实际进度比计划进度拖后。对于出现的进度偏差，需要按 S 型曲线控制方法进行分析、预测和调整。

思考题

1. 何谓工程项目进度控制？其主要工作内容有哪些？
2. 简述横道进度计划实施中的进度控制步骤与方法。
3. 何谓实际进度前锋线？简述网络进度计划实施中的进度控制步骤与方法。
4. 简述 S 型曲线的概念、绘制与控制方法。
5. 简述香蕉曲线的概念、绘制与控制方法。

习 题

1. 设某项基础工程包括挖土、垫层、砌基础、回填土等施工过程，拟分为 3 个施工段，其作业时间安排见表 7-5，试绘制早时标施工网络进度计划。假设该工程施工到第 9 天下班时检查结果为：挖土作业已完成第 Ⅲ 段的 25% 工程量；垫层作业刚好完成第 Ⅱ 段的全部工程量，第 Ⅲ 段垫层作业尚未开始；砌基础作业刚完成第 Ⅰ 段的 25% 工程量；回填土作业尚未开始。试绘出实际进度前锋线，并分析进度偏差及对工期的影响。

表 7-5 作业时间安排表

作业时间 / 天 施工过程	施工段		
	Ⅰ	Ⅱ	Ⅲ
挖土	3	3	4
垫层	3	2	2
砌基础	4	4	5
回填土	2	2	2

2. 某项砼浇筑工程的总工程量为 1 000m^3，计划在 8 天内完成，每天浇筑量见表 7-6。试绘制该项砼浇筑工程施工进度直方图和 S 型曲线。

表 7-6 砼浇筑工程量表

时间 / 天	1	2	3	4	5	6	7	8
每天完成量 /m^3	60	90	140	180	180	140	120	90
累计完成量 /m^3								
累计完成百分比 /%								

3. 某施工网络进度计划如图 7-14 所示。图中箭线上方字母为工作名称；箭线下方括号外数据为持续时间（天），括号内数据为资源强度。试绘制早时标、迟时标施工网络进度计划，并统计每天资源需求数量和累计资源需求数量，绘出香蕉进度曲线图。

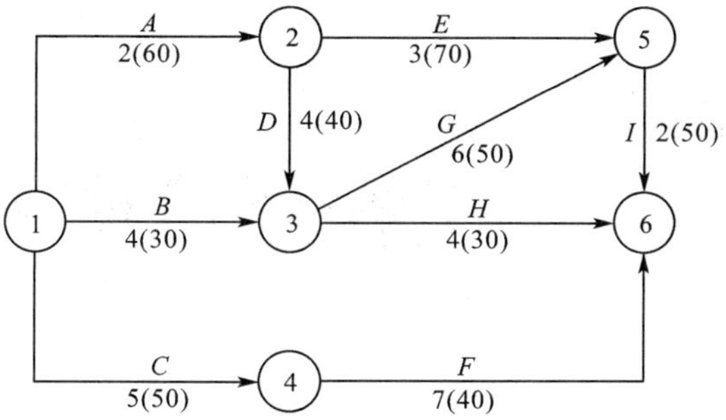

图 7-14　某工程施工网络进度计划

第 8 章 工程项目成本控制

8.1 工程项目成本概述

8.1.1 工程造价的概念

工程造价可分为广义的工程造价和狭义的工程造价。

根据原国家计委审定(计办投资[2002]15 号)发行的《投资项目可行性研究指南》以及建设部(建标[2013]44 号)颁布的“关于印发《建筑安装工程费用项目组成》的通知”,我国现行工程造价的构成主要划分为设备及工、器具购置费用,建筑安装工程费用,工程建设其他费用,预备费,建设期贷款利息,固定资产投资方向调节税等几项,这里所指的工程造价就是广义的工程造价,具体构成内容如图 8-1 所示。

- 固定资产投资 —— 工程造价
  - 建设投资
    - 工程费用
      - 设备工及工器具购置费
      - 建筑安装工程费
    - 工程建设其他费用
      - 建设用地费
      - 与项目建设有关的其他费用
      - 与未来生产经营有关的其他费用
    - 预备费
      - 基本预备费
      - 价差预备费
  - 建设期利息
  - 固定资产投资方向调节税(目前已暂停征收)
- 流动资产投资 —— 流动资产

图 8-1　广义的工程造价的构成

狭义上的工程造价通常就是指建筑安装工程费用,我国现行建筑安装工程费用项目按两种不同的方式划分,即按费用构成要素划分和按造价形成划分,具体构成内容如图 8-2 所示。

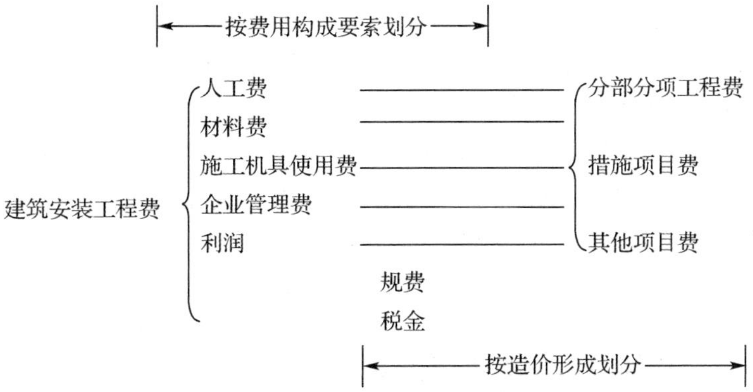

图 8-2　建筑安装工程费用项目构成

8.1.2　工程项目成本

工程项目成本是指承包单位在进行某工程项目的施工过程中所发生的全部费用支出的总和。它以工程项目施工为核算对象，一般包括支付给生产工人的工资、奖金等，所消耗的材料、构配件费用及周转材料的摊销费等，施工机械设备的使用或租赁费，以及项目经理部为组织管理工程项目施工而发生的全部费用支出。

工程项目成本不同于施工企业成本，更有别于建筑安装工程造价。它们的关系如下：

施工企业利润 ＝ 建筑安装工程造价 － 施工企业成本

工程项目成本 ＝ 施工企业成本 － 企业非生产性费用支出

上述关系式中，建筑安装工程造价是指建设单位支付给本工程项目的工程价款收入，即工程项目的价格；施工企业成本是企业为工程项目施工所发生的各项费用支出，一般包括项目生产性费用支出和企业非生产性费用支出两大部分。

根据项目经理责任制的要求，项目管理目标责任书中通常会明确规定质量高、工期短、消耗低、安全文明等控制目标，而工程项目成本又是上述目标的综合反映。因此，工程项目成本管理属于工程项目管理的核心内容之一。

按照项目经理责任制的要求，在项目经理部内部的各个责任层次，应全面分解工程项目的成本内容，进而形成责任控制目标体系，它通常具有目标的明确性与成本的合理性及可控性、责权利相结合等特点。

责任成本可以明确工程项目施工各种成本的经济责任，并通过科学的计量、记录、分析等实施有效的成本控制与管理。因此，项目经理部及其所属财务、技术、材料、行政等职能部门以及作业队、班组，作为不同的成本或费用控制中心，均应对施工过程发生的其相应责任范围以内的各种消耗和费用进行动态控制。

作为可控成本，必须同时满足以下 3 个条件：① 可以通过一定的方法预计该消耗将如何发生；② 可以通过一定的手段对该消耗进行计量；③ 可以通过一定的措施对该消耗进行控制。凡不能同时满足上述 3 个条件的，称为不可控成本。某成本中心的所有可控成本之和即为其相应的责任成本，工程项目施工成本则是项目经理部的责任成本。因此，施工企业在制定项目管理责任书时，必须明确界定施工现场可控成本、责任成本的范围，并将其作为确定项目经理责任目标的依据。

因此，施工企业的决策层、管理层作为盈利计划中心，应主要考虑利润目标及其实现途径与对策；而项目经理部作为成本控制中心，应通过优化施工方案、制定管理措施，确保在工程项目计划成本的范围内完成预定的施工任务，实现项目管理目标责任书中的各项目标要求。

8.1.3 工程项目成本的分类

工程项目成本的分类方法较多，简要叙述如下：

1. 按照现行建筑安装工程费用构成划分

(1) 分部分项工程费

分部分项工程费是指各专业工程的分部分项工程应予列支的各项费用。各类专业工程的分部分项工程划分遵循国家或行业计量规范的规定。分部分项工程费通常用分部分项工程量乘以综合单价进行计算。

$$\text{分部分项工程费} = \Sigma(\text{分部分项工程量} \times \text{综合单价}) \tag{8-1}$$

综合单价包括人工费、材料费、施工机具使用费、企业管理费和利润，以及一定范围的风险费用。

(2) 措施项目费

① 措施项目费的构成

是指为完成建设工程施工，发生于该工程施工前和施工过程中的技术、生活、安全、环境保护等方面的费用。措施项目及其包含的内容应遵循各类专业工程的现行国家或行业计量规范。以《房屋建筑与装饰工程计量规范》中的规定为例，措施项目费可以归纳为以下几项：

a. 安全文明施工费。是指工程施工期间按照国家现行的环境保护、建筑施工安全、施工现场环境与卫生标准和有关规定，购置和更新施工安全防护用具及设施、改善安全生产条件和作业环境所需要的费用。通常由环境保护费、文明施工费、安全施工费、临时设施费组成。

i. 环境保护费。是指施工现场为达到环保部门要求所需要的各项费用。

ii. 文明施工费。是指施工现场文明施工所需要的各项费用。

iii. 安全施工费。是指施工现场安全施工所需要的各项费用。

iv. 临时设施费。是指施工企业为进行建设工程施工所必须搭设的生活和生产用的临时建筑物、构筑物和其他临时设施费用。包括临时设施的搭设、维修、拆除、清理费或摊销费等。

各项安全文明施工费的具体内容见表 8-1。

表 8-1 安全文明施工措施费的主要内容

项目名称	工作内容及包含范围
环境保护	现场施工机械设备降低噪音、防扰民措施费用
	水泥和其他易飞扬细颗粒建筑材料密闭存放或采取覆盖措施等费用
	工程防扬尘洒水费用
	土石方、建渣外运车辆防护措施费用
	现场污染源的控制、生活垃圾清理外运、场地排水排污措施费用
	其他环境保护措施费用
文明施工	“五牌一图”费用
	现场围挡的墙面美化(包括内外粉刷、刷白、标语等)、压顶装饰费用
	现场厕所便槽刷白、贴面砖,水泥砂浆地面或地砖用,建筑物内临时便溺设施费用
	其他施工现场临时设施的装饰装修、美化措施费用
	现场生活卫生设施费用
	符合卫生要求的饮水设备、淋浴、消毒等设施费用
	生活用洁净燃料费用
	防煤气中毒、防蚊虫叮咬等措施费用
	施工现场操作场地的硬化费用
	现场绿化费用、治安综合治理费用
	现场配备医药保健器材、物品费用和急救人员培训费用
	现场工人的防暑降温、电风扇、空调等设备及用电费用
	其他文明施工措施费用
安全施工	安全资料、特殊作业专项方案的编制,安全施工标志的购置及安全宣传费用
	“三宝”(安全帽、安全带、安全网)、“四口”(楼梯口、电梯井口、通道口、预留洞口)、“五临边”(阳台围边、楼板围边、屋面围边、槽坑围边、卸料平台两侧)、水平防护架、垂直防护架、外架封闭等防护费用
	施工安全用电的费用,包括配电箱三级配电、两级保护装置要求、外电防护措施费用
	起重机、塔吊等起重设备(含井架、门架)及外用电梯的安全防护措施(含警示标志)及卸料平台的临边防护、层间安全门、防护棚等设施费用
	建筑工地起重机械的检验检测费用
	施工机具防护棚及其围栏的安全保护设施费用
	施工安全防护通道费用
	工人的安全防护用品、用具购置费用
	消防设施与消防器材的配置费用
	电气保护、安全照明设施费
	其他安全防护措施费用
临时设施	施工现场采用彩色、定型钢板,砖、砼砌块等围挡的安砌、维修、拆除费用
	施工现场临时建筑物、构筑物的搭设、维修、拆除,如临时宿舍、办公室、食堂、厨房、厕所、诊疗所、临时文化福利用房、临时仓库、加工场、搅拌台、临时简易水塔、水池等费用
	施工现场临时设施的搭设、维修、拆除,如临时供水管道、临时供电管线、小型临时设施等费用
	施工现场规定范围内临时简易道路铺设,临时排水沟、排水设施安砌、维修、拆除费用
	其他临时设施费搭设、维修、拆除费用

b. 夜间施工增加费。夜间施工增加费是指因夜间施工所发生的夜班补助费、夜间施工降效、夜间施工照明设备摊销及照明用电等费用。内容由以下各项组成：

i. 夜间固定照明灯具和临时可移动照明灯具的设置、拆除费用；

ii. 夜间施工时，施工现场交通标志、安全标牌、警示灯的设置、移动、拆除费用；

iii. 夜间照明设备摊销及照明用电、施工人员夜班补助、夜间施工劳动效率降低等费用。

c. 非夜间施工照明费。是指为保证工程施工正常进行，在地下室等特殊施工部位施工时所采用的照明设备的安拆、维护及照明用电等费用。

d. 二次搬运费。是指由于施工场地条件限制而发生的材料、成品、半成品等一次运输不能达到堆放地点，必须进行二次或多次搬运的费用。

e. 冬雨季施工增加费。是指在冬季或雨季施工需增加的临时设施、防滑、排除雨雪，人工及施工机械效率降低等费用。内容由以下各项组成：

i. 冬雨（风）季施工时增加的临时设施（防寒保温、防雨、防风设施）的搭设、拆除费用；

ii. 冬雨（风）季施工时，对砌体、混凝土等采用的特殊加温、保温和养护措施费用；

iii. 冬雨（风）季施工时，施工现场的防滑处理、对影响施工的雨雪的清除费用；

iv. 冬雨（风）季施工时增加的临时设施、施工人员的劳动保护用品、冬雨（风）季施工劳动效率降低等费用。

f. 地上、地下设施、建筑物的临时保护设施费。是指在工程施工过程中，对已建成的地上、地下设施和建筑物进行的遮盖、封闭、隔离等必要保护措施所发生的费用。

g. 已完工程及设备保护费。是指竣工验收前，对已完工程及设备采取的覆盖、包裹、封闭、隔离等必要保护措施所发生的费用。

h. 脚手架费。是指施工需要的各种脚手架搭、拆、运输费用以及脚手架购置费的摊销（或租赁）费用。通常包括以下内容：

i. 施工时可能发生的场内、场外材料搬运费用；

ii. 搭、拆脚手架、斜道、上料平台费用；

iii. 安全网的铺设费用；

iv. 拆除脚手架后材料的堆放费用。

i. 混凝土模板及支架（撑）费。是指混凝土施工过程中需要的各种钢模板、木模板、支架等的支拆、运输费用及模板、支架的摊销（或租赁）费用。内容由以下各项组成：

i. 混凝土施工过程中需要的各种模板制作费用；

ii. 模板安装、拆除、整理堆放及场内外运输费用；

iii. 清理模板黏结物及模内杂物、刷隔离剂等费用。

j. 垂直运输费。是指现场所用材料、机具从地面运至相应高度以及职工人员上下工作面等所发生的运输费用。内容由以下各项组成：

i. 垂直运输机械的固定装置、基础制作、安装费；

ii. 行走式垂直运输机械轨道的铺设、拆除、摊销费。

k. 超高施工增加费。当单层建筑物檐口高度超过 20 m，多层建筑物超过 6 层时，可计算超高施工增加费，内容由以下各项组成：

i. 建筑物超高引起的人工工效降低以及由于人工工效降低引起的机械降效费；

ii. 高层施工用水加压水泵的安装、拆除及工作台班费；

iii. 通信联络设备的使用及摊销费。

l. 大型机械设备进出场及安拆费。是指机械整体或分体自停放场地运至施工现场或由一个施工地点运至另一个施工地点，所发生的机械进出场运输及转移费用及机械在施工现场进行安装、拆卸所需的人工费、材料费、机械费、试运转费和安装所需的辅助设施的费用。内容由安拆费和进出场费组成：

i. 安拆费包括施工机械、设备在现场进行安装拆卸所需人工、材料、机械和试运转费用以及机械辅助设施的折旧、搭设、拆除等费用；

ii. 进出场费包括施工机械、设备整体或分体自停放地点运至施工现场或由一施工地点运至另一施工地点所发生的运输、装卸、辅助材料等费用。

m. 施工排水、降水费。是指将施工期间有碍施工作业和影响工程质量的水，排到施工场地以外，以及防止在地下水位较高的地区开挖深基坑出现基坑浸水，地基承载力下降，在动水压力作用下还可能引起流砂、管涌和边坡失稳等现象而必须采取有效的降水和排水措施费用。该项费用由成井和排水、降水两个独立的费用项目组成：

i. 成井。成井的费用主要包括：准备钻孔机械、埋设护筒、钻机就位，泥浆制作、固壁，成孔、出渣、清孔等费用；对接上、下井管（滤管），焊接，安防，下滤料，洗井，连接试抽等费用。

ii. 排水、降水。排水、降水的费用主要包括：管道安装、拆除，场内搬运等费用；抽水、值班、降水设备维修等费用。

n. 其他。根据项目的专业特点或所在地区不同，可能会出现其他的措施项目。如工程定位复测费和特殊地区施工增加费等。

② 措施项目费的计算

按照有关专业计量规范规定，措施项目分为应予计量的措施项目和不宜计量的措施项目两类。

a. 应予计量的措施项目。基本与分部分项工程费的计算方法相同，公式为：

$$\text{措施项目费} = \sum(\text{措施项目工程量} \times \text{综合单价}) \tag{8-2}$$

不同的措施项目其工程量的计算单位是不同的，分列如下：

i. 脚手架费通常按建筑面积或垂直投影面积按 m^2 计算；

ii. 混凝土模板及支架（撑）费通常是按照模板与现浇混凝土构件的接触面积以 m^2 计算；

iii. 垂直运输费可根据需要用两种方法进行计算：按照建筑面积以 m^2 为单位计算；按照施工工期日历天数以天为单位计算。

iv. 超高施工增加费通常按照建筑物超高部分的建筑面积以 m^2 为单位计算。

v. 大型机械设备进出场及安拆费通常按照机械设备的使用数量以台次为单位计算。

vi. 施工排水、降水费分两个不同的独立部分计算：成井费用通常按照设计图示尺寸以钻孔深度按米计算；排水、降水费用通常按照排、降水日历天数按昼夜计算。

b. 不宜计量的措施项目。对于不宜计量的措施项目，通常用计算基数乘以费率的方法予以计算。

i. 安全文明施工费。计算公式为：

$$安全文明施工费 = 计算基数 \times 安全文明施工费费率(\%) \tag{8-3}$$

计算基数应为定额基价（定额分部分项工程费＋定额中可以计量的措施项目费）、定额人工费或定额人工费与机械费之和，其费率由工程造价管理机构根据各专业工程的特点综合确定。

ii. 其余不宜计量的措施项目。包括夜间施工增加费，非夜间施工照明费，二次搬运费，冬雨季施工增加费，地上、地下设施、建筑物的临时保护设施费，已完工程及设备保护费等。计算公式为：

$$措施项目费 = 计算基数 \times 措施项目费费率(\%) \tag{8-4}$$

公式8-4中的计算基数应为定额人工费或定额人工费与定额机械费之和，其费率由工程造价管理机构根据各专业工程特点和调查资料综合分析后确定。

（3）其他项目费

① 暂列金额

暂列金额是指建设单位在工程量清单中暂定并包括在工程合同价款中的一笔款项。用于施工合同签订时尚未确定或者不可预见的所需材料、工程设备、服务的采购，施工中可能发生的工程变更、合同约定调整因素出现时的工程价款调整以及发生的索赔、现场签证确认等的费用。

② 计日工

计日工是指在施工过程中，施工企业完成建设单位提出的施工图纸以外的零星项目或工作所需的费用。

③ 总承包服务费

总承包服务费是指总承包人为配合、协调建设单位进行的专业工程发包，对建设单位自行采购的材料、工程设备等进行保管以及施工现场管理、竣工资料汇总整理等服务所需的费用。

（4）规费和税金

规费是指按国家法律、法规规定，由省级政府和省级有关权力部门规定必须缴纳或计取的费用。包括社会保险费、住房公积金和工程排污费，其中社会保险费又包括养老保险费、失业保险费、医疗保险费、生育保险费、工伤保险费。

建筑安装工程税金是指国家税法规定的应计入建筑安装工程费用的，包括增值税、城市维护建设税、教育费附加及地方教育费附加。

2. 按照工程成本管理要求划分

（1）预算成本（Budget Cost，BC），是指施工企业根据施工图纸或工程量清单，利用工程量计算规则、预算定额以及取费标准等计算出来的工程项目成本。预算成本以施工图预算为基础，反映了社会或企业的平均成本水平。

(2) 计划成本(Plan Cost，PC)，是指项目经理部根据项目管理目标责任书的要求，结合工程项目的技术特征、自然地理环境、劳动力素质、设备情况等确定的工程项目成本。计划成本以施工预算为基础，反映了社会或企业的平均先进水平，是控制项目成本支出的标准和成本管理的目标。

(3) 实际成本(Actual Cost，AC)，是指在项目施工过程中实际发生的，并可按一定的成本核算对象进行归集的各项支出费用的总和。实际成本受工程项目的技术水平、管理水平、组织措施等因素的影响，是项目各种消耗的综合反映。

上述各项成本既有联系又有区别。将项目的实际成本与预算成本对比，可以反映项目的经济效益；将项目的实际成本与计划成本对比，可以反映成本计划的执行情况。

3. 按照费用与工程量的关系划分

(1) 固定成本(Fixed Cost)，是指总额在一定的时期和工程量范围内，不受工程量增减变动的影响而相对不变的成本。例如，间接费中的办公费、差旅费、折旧费、管理人员工资等。但是，单位固定成本则与工程量的增减变动成反比关系。

(2) 变动成本(Variable Cost)，是指总额随着工程量的增减变动而成正比例变化的成本。例如，直接费中的材料费、计件工资制下的人工费等。但是，单位变动成本则与工程总量增减的变动无关。

按照费用与工程量的关系划分成本，有利于项目成本决策与管理。例如，可以通过提高劳动生产率、增大工程总量等途径降低固定成本，而降低变动成本则应从降低消耗定额入手。

当然，工程项目成本还有其他划分方式。例如，按照计入成本的方法，可以分为直接成本、间接成本；按照经济性质，可以分为活劳动、劳动对象、劳动手段方面的费用等。

8.1.4 工程项目成本的影响因素

1. 施工方案

施工方案与工程项目成本之间存在着相互依赖、相互制约的关系。具体地说，施工方法的正确确定可以反映施工技术水平、加快施工进度，施工机械的合理选择可以充分发挥机械的使用效率。而且，合理的施工组织、施工顺序等都可以达到降低成本的目的。

2. 施工进度

施工进度与工程项目成本是既相互联系又相互制约的关系，并符合中间低、两头高的鞍形曲线。一般来讲，在保证目标工期的前提下，应尽量降低工程项目成本；在工程项目目标成本控制下，应尽量加快施工进度。

3. 施工质量

一般来讲，施工质量与工程项目成本的关系也是符合鞍形曲线的，即质量标准过高或过低，都将造成工程项目成本的上升。因此，项目经理部应当按照施工合同、项目管理目标责任书的要求，确定并实现适宜的质量水平。

4. 施工安全

施工安全直接影响着工程项目成本，即施工安全性越好，处理安全事故支出的费用就越少，施工所受干扰也越小。因此，项目经理部应当切实抓好施工安全工作。

5. 施工现场管理

科学合理的施工现场平面管理，可以实现施工过程互不干扰、有序实施，达到各项资源与服务设施间的高效组合、安全运行，通过减少二次搬运费用，提高劳动生产率，降低工程项目成本。同时，施工现场的场容、环境保护、卫生防疫等也对工程项目成本有着重大影响。

8.2 工程项目成本计划

8.2.1 工程项目成本预测

成本预测是根据相关的工程项目成本资料，采用科学的方法和手段，对一定时期内工程项目的成本变动趋势和成本目标作出判断。它对于企业经营决策、编制成本计划、实施成本管理与控制等具有重要意义。

1. 成本预测的程序

工程项目成本预测的一般程序如下：

(1) 环境调查。包括本行业各类工程的成本水平，本企业各地区、各类型工程项目的成本水平和目标利润，建筑材料、劳务供应情况、市场价格及其变化趋势，可能采用的新技术、新材料、新工艺及其对成本的影响等。

(2) 收集资料。根据成本预测的具体目标，主要收集企业下达的相关成本指标，历史上同类项目的成本资料，项目所在地的成本水平，以及定额、项目技术特征、交通、能源供应等与项目成本有关的其他资料。

(3) 选择预测方法，建立预测模型。应根据预测期限、数据资料及预测精度等加以选定。

(4) 预测结果分析。如果因突发事件或模型误差等导致预测结果失真，应当进行修正，甚至重新选择预测模型。

(5) 确认预测结果，提出预测报告。确认预测结果后，应通过预测报告确定工程项目的目标成本，并作为编制成本计划、实施成本控制的依据。

2. 定性预测方法

定性预测方法主要是利用可能收集到的资料，根据专家个人的经验、知识进行综合分析、判断，从而对未来的工程项目成本做出预测。其具体方法很多，而经验判断法、专家会议法、专家调查法(德尔菲法)、主观概率法、访问调查法等比较常用。

定性预测方法依靠专家的经验和主观能动性，侧重于市场行情与发展趋势，以及施工中各种影响工程项目成本因素的分析，可以较快地得出预测结果。但是，它同样需要收集有关数据资料，而且对于专家的依赖性较强。

3. 定量预测方法

定量预测也称统计预测，它根据已经掌握的比较完备的历史统计数据资料，运用一定的数学方法进行科学的加工整理，从而揭示各项因素之间的规律性，并推测未来工程项目成本的变化趋势。其具体方法很多，主要可归纳为时间序列法和回归分析法两大类。

定量预测方法依据客观统计资料，受主观因素影响较小，可以借助现代数学方法科学地进行大量数据的处理分析，并对工程项目成本的变化情况做出定量的描述。但是，其过程比较机械，并需要大量的数据资料。

8.2.2　工程项目目标成本的确定

工程项目目标成本是在相关成本资料分析、预测，以及劳动力、材料、机械设备等资源优化的基础上，项目经理部经过努力可以实现和必须实现的成本。它是施工企业要求项目经理实施工程项目成本管理与控制工作的目标，故应在工程开工前编制完成。其具体编制与确定步骤如下。

1. 施工企业下达项目目标成本

工程项目施工承包合同签订以后，施工企业应根据合同造价、施工图和招标文件中的工程量清单以及成本预测结果等，确定正常情况下的企业管理费、财务费用和制造成本（工程项目直接成本）。然后，将其中的制造成本确定为项目经理的可控成本，下达并形成项目经理的责任目标成本。

2. 项目经理估算降低成本的目标值

项目经理根据承包合同、企业下达的项目目标成本以及成本预测结果，通过主持编制项目管理实施规划、施工预算，寻求降低成本的各种途径，初步估算出项目降低成本的目标值。

编制降低成本的目标值的具体方法可以采用定额估算法、直接估算法、定率估算法、量本利分析法等。其中，在编制施工预算时，项目经理部应当以施工方案和技术组织措施为依据，按照本企业的管理水平、消耗定额、作业效率等进行工料分析；应当反映市场价格及其变化趋势。如果某些环节或分部分项工程的施工条件尚不明确，可按照类似工程施工经验或招标文件所提供的计量依据，计算其暂估费用。

3. 确认项目目标成本

项目经理部根据最经济合理的施工方案和企业的施工定额，将项目合同价减去税金、目标利润和成本降低目标值后，即可得出项目的总目标成本。

如果这个目标成本不高于企业下达的目标成本，便可确认为该项目的计划目标成本。否则，应重新编制。

4. 计算项目的目标成本降低额和目标成本降低率

计算公式如下：

$$\text{目标成本降低额} = \text{项目的预算成本} - \text{项目的目标成本} \tag{8-11}$$

$$\text{目标成本降低率} = \frac{\text{目标成本降低额}}{\text{项目的预算成本}} \tag{8-12}$$

8.2.3 工程项目目标成本的分解

工程项目的成本计划或目标成本是在完成项目合同任务前提下的全面费用预算。将其在项目组织系统内部按照项目的构成、职能部门或时间进行分解，并实现相应的计量与记录、评价与考核，可以有针对性地采取控制措施，进而确保预定成本目标的顺利实现。

1. 可控成本范围的界定

为了科学地分解项目目标成本，明确相应的责任，必须全面界定项目内部各个成本控制中心对于所发生成本的可控范围。

(1) 项目经理部的可控成本。项目经理部内部各个职能部门，根据业务范围及业务控制程度的不同，其可控成本范围也不尽相同。例如，技术部门应负责最佳施工方案的制订及相应的成本不超过目标成本范围；计划协调不利而拖延工期或为赶工期而增加的成本属于计划部门的可控成本；材料部门的可控成本应包括材料的价款、包装、运输、仓储、保管等费用；固定资产折旧费、大修理费、汽车养路费、财务费用，以及项目经理部以下各个成本控制中心发生的管理费、财务费用等，属于财务部门的可控成本范围。

(2) 作业队的可控成本。一般包括人工费，材料费，施工机械使用费中的人工费、燃料动力费，以及作业队管理人员所发生的间接费。

(3) 作业班组的可控成本。一般包括人工费、材料费、施工机械使用费，并应按照实际消耗或目标成本的规定计算。

2. 目标成本的纵向分解

纵向分解是将工程项目直接成本中的可控成本，按照项目的构成情况进行垂直分解。例如，直接成本中的材料采购成本属于作业队的不可控范围，则不应分解。

根据工程项目的组织、作业特点，纵向分解分级管理时，应将分部分项工程与作业队、班组结合起来。其基本思路见表 8-2。

表 8-2 ______________项目目标成本纵向分解表　　费用单位：

编号	工程名称	实物量		直接成本(费用)								责任单位
		单位	数量	人工费		材料费		机械费		其他直接费		
				预算	计划	预算	计划	预算	计划	预算	计划	
	单位工程 Ⅰ 分部分项工程 1 分部分项工程 2 … 单位工程 Ⅱ …											
	临时设施											
	合计											

编制单位或部门：　　编制人：　　审定人：　　日期：

3. 目标成本的横向分解

横向分解是将工程项目成本中的部分间接成本（如管理费用）和直接成本中不宜纵向分解的部分（如材料采购成本），在项目经理部内部的有关职能部门进行分解。

横向分解、归口管理的基本思路见表 8-3。

表 8-3　＿＿＿＿＿＿＿＿项目目标成本横向分解表　　费用单位：

编号	成本（费用）项目	办公室	施工技术	安全质量	预算计划	财务会计	材料供应	机械设备	…
	工资 奖金 …								
	合计								
	材料采购成本								

编制单位或部门：　　编制人：　　审定人：　　日期：

8.2.4　工程项目成本计划表

项目经理部通过编制工程项目成本计划表，将各分部分项工程以及各成本要素、成本控制的目标和要求，落实到成本控制的责任者，并针对拟订的成本控制措施、方法和时间，进行检查和改善，进而实施有效的工程项目成本控制。

常用的工程项目成本计划表主要包括三个。

1. 目标成本计划表

目标成本计划表的表格形式见表 8-4。它综合反映工程项目在计划期内预算成本、计划成本、计划成本降低额与计划成本降低率。

表 8-4　＿＿＿＿＿＿＿＿项目的目标成本计划表　　费用单位：

成本（费用）项目	预算成本	计划成本	计划成本降低额	计划成本降低率
1. 直接成本 人工费 材料费 机械使用费 其他直接费				
2. 间接费 施工管理费 …				
合计				

编制单位或部门：　　编制人：　　审定人：　　日期：

2. 降低成本技术组织措施计划表

降低成本技术组织措施计划表的表格形式见表 8-5。它是测算工程项目在计划期内直接成本降低额的依据，一般由项目经理部的技术人员会同有关部门共同研究确定，主要包括以下内容：

表 8-5　　项目降低成本技术组织措施计划表　　费用单位：

措施项目	措施内容	涉及对象			降低成本来源		降低成本额					执行者
		实物名称	单价	数量	预算收入	预算开支	人工费	材料费	机械费	其他直接费	合计	
合计												

编制单位或部门：　　编制人：　　审定人：　　日期：

(1) 计划期内拟采取技术组织措施的种类和内容；

(2) 该项措施涉及的对象；

(3) 经济效益的计算和直接成本的降低。

3. 降低成本计划表

降低成本计划表的表格形式，见表 8-6。它是编制目标成本计划表的依据，一般应根据项目管理目标责任书、项目组织机构内部降低成本的措施计划等进行编制。

表 8-6　　项目降低成本计划表　　费用单位：

分项工程名称	成本降低额						
	合计	直接成本				间接成本	备注
		人工费	材料费	机械费	其他直接费		
合计							

编制单位或部门：　　编制人：　　审定人：　　日期：

8.2.5　工程项目成本计划目标的风险分析

工程项目成本计划目标的风险分析，就是分析工程项目实施过程中可能遇到的影响目标成本的不确定因素及其影响程度，以便采取措施消除影响，保证成本目标的顺利实现。

工程项目成本计划目标的风险分析根据工程项目的具体情况而有所差别，但一般应包括以下内容。

1. 项目外部干扰

通常包括：气候条件，如水文地质条件；市场情况，如劳动力的供需、材料的价格、可能的通货膨胀等；项目所在地的条件，如能源、交通、电力，当地的政策与管理等；建设单位及监理单位的情况，如经济实力、信誉、组织协调能力等。

2. 项目设计质量

通常包括：设计图纸的错误；设计粗糙，漏项；设计资料与项目实际不完全相符；图纸供应不及时等。

3. 项目内部影响

通常包括：由于人工、机械等原因导致的工作效率低下；缺乏科学的施工组织，如施工方案不先进、生产要素未优化、管理及作业组织形式不合理、技术组织措施不力、窝工和返工现象严重等；以及非生产人员比例过大、动态管理不够、岗位培训不力、新技术不熟练、现场管理不善、资源浪费严重、安全隐患突出等。

8.3　工程项目成本控制的实施

8.3.1　工程项目成本控制的原则

工程项目成本控制是根据项目管理目标责任书的要求，结合项目的成本计划，对施工过程中发生的各种费用支出进行监督、控制，以保证项目目标成本的实现。它通常结合项目目标成本的分解，以成本形成过程、项目组织机构、分部分项工程等为对象，并应达到降低成本、提高经济效益的目的。

项目成本控制的运行过程，就是实现成本计划的过程。因此，项目经理部应坚持按照增收节支、全面控制、责权利相结合的原则，用目标管理方法对实际施工成本的发生过程进行有效控制。

1. 增收节支原则

通过项目成本的过程控制、事后监督，严格按照成本计划目标控制各项成本费用支出。同时，事先加强对工程项目的研究、分析，积极主动地优化施工方案，提高作业效率，减少资源消耗，挖掘降低成本的各种潜力，有效地发挥事前控制的作用，弥补成本控制工作的先天不足，进而实现合理的最低项目成本水平。

2. 全面控制原则

全面控制原则要求项目全体参与人员对项目形成全过程的成本进行全面控制。要建立包括每个部门、每个职工的成本控制体系，以形成全员关心、控制项目成本、与自身利益相关联的局面。并且要在项目的施工准备、施工组织、竣工移交与保修的全过程，根据系统工程的思想，实施连续的成本控制。

3. 责权利相结合原则

项目成本责任制要求，必须对项目成本目标进行分解，形成完整的项目成本控制责任体系；同时，为了实施对可控成本的实质性控制，各责任主体必须拥有相应的权力；最后，为了充分调动项目全体参与人员的工作积极性，项目经理必须定期对各个成本（费用）控制中心的业绩进行考评，并据以兑现奖惩。只有这样，才能实现真正、高效的项目成本控制。

4. 目标管理原则

目标管理是以目标成本为依据，贯彻执行成本计划的一种方法，其内容包括目标的设定与层层分解、目标责任的到位与执行、检查目标的执行结果、修正与评价目标，进而实现

项目成本管理的 P(计划)、D(实施)、C(检查)、A(处理)的良性循环。

当然,实施工程项目成本控制时,还应遵循动态控制原则、科学化原则、有效化原则、例外管理原则等。

8.3.2 工程项目成本控制的基础工作

1. 加强定额管理

定额是明确工程项目参与各方经济责任的依据,也是用来计划、控制、分析各项活动及其经济效果的尺度。工程项目管理使用定额的种类不少,按使用程序和精度主要有预算定额、施工定额等,按其组成内容主要有劳动定额、材料消耗定额、设备使用定额、材料储备定额、质量标准定额等。

必须说明,施工定额是施工企业根据自身的管理水平、技术能力而制定的适合企业特点的内部定额。它在测算工程项目的资源消耗数量、编制成本计划、考评工作业绩等方面具有重要作用,但它又是施工企业目前所普遍欠缺的。

2. 完善单价分析

项目管理中可能涉及的单价有工料单价(仅包括人工费、材料费、施工机械使用费,即直接费单价)和综合单价(包括直接工程费、间接费、利润、税金等,即全费用单价)两种情况。其中,人工工日、材料和机械台班的单价是编制各种预算的基础,并对施工企业编制投标报价、成本计划,进行工程价款结算,处理工程的变更与索赔等具有重要作用。

一般来说,当应用单价法编制施工图预算时,可以采用单位估价表中的地方价格;但是应用实物法编制施工图预算或编制施工预算时,则需采用更有针对性的企业单价。因此,施工企业必须高度重视各种资源的市场价格,以及其他直接费、间接费等费率的测算、编制、修订工作。同时,加速建立以等价交换为原则的有偿服务的企业内部物资、劳务市场。

3. 健全原始记录

在工程项目及其管理过程中存在着大量的信息,而原始记录是记载有关情况的最初书面文件,对于编制成本计划、监控项目系统的正常运行等起着重要的作用。原始记录种类繁多、内容复杂,一般应包括施工生产记录、劳动工资记录、材料物资记录、能源记录、设备记录、工程款结算记录、合理化建议记录、财务记录等。

原始记录的管理工作应按照统一领导、分级管理的原则,努力提高有关人员的素质,做到原始记录的完整、准确、及时,实现记录内容、格式、填写、传递、整理、修改等环节的规范化、标准化。

4. 改进计量工作

计量是按照统一的计量仪器、计量单位,采用科学的检测方法,对计量对象质与量的数据进行采集、传递的工作。正确的计量可以提供工程项目的质量、数量以及材料性能试验等必要的数据,确保项目成本控制与核算工作的准确无误。

因此,项目经理部应当在材料进场、工程测量、质量验收、竣工移交等施工全过程中,委托专门机构和人员负责计量工作，并努力提高仪器、仪表的精度，确保计量方法与检测技术的科学性，完善计量数据的采集、填制、传递与反馈。

5. 落实各项规章制度

强化全体人员的项目成本观念，实现全过程的成本管理，不仅需要周密的成本计划目标，更需要完备的规章制度作为必要的保障。有关工程项目成本管理的规章制度可包括计量验收制度、考勤考核制度、原始记录与统计制度、项目成本管理责任制度等，而项目经理责任制度和项目成本核算制度显得尤为重要。

8.3.3 工程项目成本控制的措施

1. 组织措施

建立成本控制保证体系，完善各部门、各层次的项目组织机构，做到人员、机构落实，任务、职责明确，工作流程规范。

2. 技术措施

应用价值工程原理、网络计划技术等现代管理理论与方法进行多方案选择，严格审查施工组织设计和施工方案，严格控制工程返工、窝工，采取有效的措施达到降低工程项目成本的目的。例如，项目经理部应加强科学的计划管理和施工调度，避免因施工计划不周、盲目调度造成窝工损失、机械利用率降低、物料积压等导致的项目成本增加。

3. 经济措施

推行项目成本核算制，将成本计划目标层层分解落实，严格各项费用的审批和支付，及时将实际发生费用与计划目标进行对比分析，积极鼓励节约成本。例如，项目经理部应加强施工定额管理和施工任务单管理，在控制人工、材料和机械设备消耗量的同时，确保施工的结果（产品）符合质量要求。

4. 合同措施

在项目成本控制过程中，全面、认真地履行合同，按规定的程序及时做好签证、记录，正确运用施工合同条件和有关法规，妥善处理工程变更和索赔事宜。

一般来讲，项目经理部应注意以下事项：按发包人或监理工程师的指令执行设计变更；非承包人原因导致的施工条件变化，经监理工程师确认批准的施工方案或措施的变更；因发包人提供施工图纸的时间延误或按合同规定应由发包人提供的其他施工条件不能按规定落实到位，影响施工进度而造成的工期延误和经济损失。

5. 信息管理措施

为了适应项目管理发展的需要，依靠现代信息技术、网络通信技术、计算机技术等，不断改进、完善项目成本信息档案资料的管理工作。

8.3.4 工程变更和索赔的管理

1. 工程变更的管理

项目施工过程中，由于前期工作深度不够、不可预见事件发生等原因，经常会出现工程量变化、施工进度变化等问题，并由此影响工程项目的成本和工期，甚至引发双方关于合同的争执。因此，我国《建设工程施工合同（示范文本）》对此已有相应的规定，施工企业和项目经理部应当保持高度重视。

(1) 工程变更的内容

施工中发包人需对原工程设计变更时，应提前 14 天以书面形式向承包人发出变更通知。承包人按照监理工程师发出的变更通知及有关要求，进行下列需要的变更：

① 更改工程有关部分的标高、基线、位置和尺寸；

② 增减合同中约定的工程量；

③ 改变有关工程的施工时间和顺序；

④ 其他有关工程变更需要的附加工作。

因变更导致合同价款的增减及造成的承包人损失，由发包人承担，延误的工期相应顺延。

一般情况下，施工中承包人不得对工程设计进行变更。承包人在施工中提出的合理化建议涉及对设计图纸或施工组织设计的更改及对材料、设备的换用，须经发包人或监理工程师同意。未经同意擅自更改或换用的，承包人承担由此发生的费用，并赔偿发包人的有关损失，延误的工期不予顺延。

(2) 工程变更的处理方法

承包人在工程变更确定后 14 天内，提出工程变更价款的报告，经监理工程师确认后，调整合同价款。变更合同价款按下列方法进行：

① 合同中已有适用于变更工程的价格，按合同已有的价格变更合同价款；

② 合同中只有类似于变更工程的价格，可以参照类似价格变更合同价款；

③ 合同中没有适用或类似于变更工程的价格，由承包人提出适当的变更价格，经监理工程师确认后执行。

(3) 项目经理部对工程变更的管理

为了有效地处理工程变更，实现项目成本目标、提高经济效益，项目经理部必须加强有关的管理工作。例如，组织有关人员熟悉设计文件，领会设计意图，严格按图施工；熟悉合同条款，在相应的时限内完成必要的工作；掌握实际情况，健全档案资料；充分利用与发包人、监理工程师协商的机会，争取最有利的结果等。

2. 施工索赔的管理

(1) 索赔的概念

索赔是工程承包合同履行中，当事人一方因为对方不履行或不完全履行既定的义务，或者由于对方的行为使权利人受到损失时，要求对方补偿损失的权利。其中，可以是承包人向发包人提出，也可以是发包人向承包人提出。习惯上，将承包人向发包人提出的索赔称为施工索赔。由于施工现场条件、气候条件的变化，施工进度的变化，以及合同条款、规范、标准文件和施工图纸的变更、差异、延误等因素的影响，索赔已经成为工程施工中经常发生、随处可见的正常现象。

根据我国《建设工程施工合同（示范文本）》的规定，承包人在索赔事件发生后 28 天内，向监理工程师发出索赔意向通知。然后，在发出索赔意向通知后28天内，向监理工程师提出延长工期和(或)补偿经济损失的索赔报告及有关资料。监理工程师收到承包人送交的索赔报告及有关资料后，于28天内给予答复，或要求承包人进一步补充索赔理由和证据。

(2) 索赔费用的计算

从原则上讲，承包人可以索赔的费用是建筑安装工程价款的全部，即除工程项目成本外，还可能包括企业管理费、利润及税金。但是，一定是承包人为了完成额外的施工任务而增加的开支。

具体计算索赔费用时，可以根据索赔事件的不同，采用以下方法：

① 实际费用法

针对单项索赔的实际费用法是索赔计算最常用的方法。它是以承包人为某项索赔工作所支付的实际开支为根据，向发包人要求费用补偿。

因为实际费用法需要依据实际发生的改变记录或单据，所以项目经理部在项目施工过程中系统、准确地积累记录资料是非常重要的。

② 总费用法

又称总成本法，即当发生多次索赔事件以后，按实际总费用减去投标报价时的估算费用计算索赔金额的一种方法。它只适合于综合索赔，而且由于计算出的索赔金额偏高，发包人一般往往不愿接受。

③ 修正的总费用法

修正的总费用法是对总费用法的改进，可以降低索赔金额。其计算公式如下：

索赔金额 = 某项工作调整后的实际总费用 − 该项工作的报价费用　　(8-13)

修正的总费用法与总费用法相比，有了实质性的改进，它的准确程度已接近于实际费用法。

当然，在索赔的计算与处理过程中，项目经理部必须熟悉合同条款，掌握工程项目成本及投标报价的构成，拥有翔实的资料，运用科学的方法和手段。

8.3.5 工程项目成本控制的方法

1.利用施工图预算进行控制

按照施工图预算，实行以收定支、量入为出是控制项目成本费用支出的有效方法。其具体做法包括：

(1) 人工费控制。以施工图预算中的总用工量控制用工的数量，以施工图预算中的人工费单价、管理费及其他因素控制用工单价。项目经理部在签订劳务合同时，应使人工单价低于承包合同中的人工单价，余留部分可用于定额外人工费和关键工序的奖励支出等。

(2) 材料费控制。以施工图预算分析、计算的材料消耗数量控制材料用量，并通过限额领料单加以落实；材料的价格应随行就市，并用材料预计价格控制其采购成本。

(3) 构件加工费和分包工程费的控制。构件加工和分包工程费在工程造价中占有很大比重,应通过经济合同明确双方的权利和义务。签订合同时,必须坚持“以施工图预算控制合同金额”的原则,不允许合同金额超过施工图预算。

2. 利用施工预算进行控制

施工预算主要反映资源消耗数量,而资源消耗数量的货币表现就是成本费用。因此,施工预算属于控制工程项目成本的有效方法之一。其实施步骤如下:

(1) 项目开工前,根据设计图纸并结合施工方案和有关定额编制整个项目的施工预算,并作为指导施工、加强管理的依据。对于施工过程中的工程变更,应由计划预算部门做出统一的调整。

(2) 安排作业班组的任务时,必须签发施工任务单和限额领料单,并对其进行交底。而且,施工任务单和限额领料单的内容应该与施工预算完全相符。

(3) 施工过程中,作业班组应根据实际完成的工程量以及实际耗用的工、料情况做好原始记录,作为施工任务单和限额领料单结算的依据。

(4) 任务完成后,根据回收的施工任务单和限额领料单进行结算,并按照结算内容支付相应的报酬。

3. 利用成本分析表进行控制

利用财务方法控制工程项目成本的成本分析表,要求准确、及时、简单明了。根据需要,其制表周期可以是日、周、月等。常用的成本分析表包括以下几种:

(1) 月度直接成本分析表。主要反映工程项目实际完成的实物量与成本相对应的情况,以及对比预算成本、计划成本的实际偏差、目标偏差,为分析引起偏差的原因并确定纠偏措施提供依据。

(2) 月度间接成本分析表。主要反映间接成本的发生情况,以及对比预算成本、计划成本的实际偏差、目标偏差,为分析引起偏差的原因并确定纠偏措施提供依据。另外,还可以通过间接成本占产值的比例来分析其支用水平。

(3) 最终成本控制报告表。主要通过已经完成的实物进度、已完产值和已完累计成本,结合尚需完成的实物进度、尚可上报的产值以及将要发生的成本,进行最终成本预测,以检查实现成本目标的可能性,并对项目成本控制提出新的要求。该报表的编制周期可根据工期长短确定。工期较短的项目可每季度编制一次,工期较长的项目可每半年编制一次。

4. 价值工程原理在项目成本控制中的应用

价值工程(*VE*),又称价值分析(*VA*),是美国通用电器公司工程师 *L. D. Miles* 创立的一套独特的工作方法。其目的是在保证同样功能的前提下降低成本,并可用于工程项目成本的事前控制。

(1) 价值工程的原理

价值工程是分析产品功能与成本的关系,力求以最低的寿命周期成本实现产品必要功能,进而提高产品价值的一套科学的技术经济分析方法。

价值工程中的“价值”是功能与实现该功能所耗费用(成本)的比值,其表达式为

$$V = F/C \tag{8-14}$$

式中　V—— 价值；

F—— 一种产品所具有的功能；

C—— 为实现某项功能所花费的成本。

因此，价值工程具有以下特征：① 目标上的特征，着眼于提高价值，既要避免功能不足，又要防止功能过剩，确保实现必要功能的寿命周期成本最低；② 方法上的特征，通过功能分析，针对产品及其零部件，系统地分析和比较其功能，发现问题，寻求解决办法；③ 活动领域上的特征，侧重于在产品的研制与设计阶段开展工作，寻求技术上的突破；④ 组织上的特征，开展价值工程活动设计各个部门的全体人员，应有组织、有计划、有步骤地工作。

(2) 价值工程的工作程序

根据我国价值工程工作标准，结合工程项目施工特点，价值工程的工作程序可分为四个阶段、12 个步骤。

第一阶段：准备阶段

① 对象选择。选择价值工程改进对象时，应当考虑设计的标准、有无不必要功能，以及施工方案、工程项目成本等因素。

② 组成价值工程小组。根据价值工程对象，可以在项目经理部组建，也可以在作业班组组建，或者上下结合。

③ 制定工作计划。主要应明确预期目标、价值工程小组成员的分工、开展价值工程活动的规定等。

第二阶段：分析阶段

① 收集资料。具体包括本项目及企业基本情况和有关经济资料，建设单位对该工程项目的要求和意见等。

② 功能分析。对于工程项目实体进行系统的功能分析，明确每个部位、每项作业的具体效用。

③ 功能评价。对于每个部位、每项作业进行评价，求出其功能与成本，并通过功能与成本的比较确定价值。

第三阶段：方案创新与评价阶段

① 方案创新。通过积极思考，提出尽可能多的改进方案。例如，混凝土工程中有无新的配合比，基坑开挖有无其他方法等。

② 方案评价。主要计算新方案的功能和成本的有关数值及其比值(即价值)。

③ 提案编写。选择价值最大的方案作为最优方案，并撰写出具有说服力的提案书。

第四阶段：实施与验收阶段

① 审批。新的方案需报送项目经理审批，有时还需得到监理工程师、设计单位、建设单位的认可和审批。

② 新方案的实施与检查。

③ 成果的鉴定与验收。

(3) 项目成本控制中的价值工程

结合施工,研究设计的技术经济合理性,从功能、成本两个方面探索有无改进的可能性,以提高工程项目的价值系数。价值工程将成本控制的工作范围扩大到了项目的寿命周期费用,并可通过发现、消除不必要功能降低成本。这样,不仅有利于提高项目管理人员的素质、改善内部组织管理,而且因为建设单位节约了投资而获得奖励,并因此提高项目经理部乃至施工企业的信誉和竞争能力。

结合价值工程活动,制订技术先进适用、经济合理的最佳施工方案,为实现项目成本目标计划,提高经济效益奠定基础。例如,在满足功能要求的前提下,通过代用、改变配合比、使用添加剂等方法降低材料消耗费用;结合项目的施工组织设计及自然地理条件,通过优化材料采购及运输方案和改进材料仓库设置,降低材料的库存和运输成本等。

5. 赢得值(挣值)法在成本控制中的应用

(1)赢得值法的三个基本参数

①已完工程预算费用

已完工程预算费用(Budgeted Cost For Work Performed,BCWP),是指在某一时间已经完成的工程(或部分工程),以批准认可的预算为标准所需要的资金总额。由于业主正是根据这个值为承包人完成的工程量支付相应的费用,也就是承包人获得(挣得)的金额,故称赢得值或挣值。

$$\text{已完工程预算费用(BCWP)}=\text{已完成工程量}\times\text{预算单价} \tag{8-15}$$

②计划工程预算费用

计划工程预算费用(Budgeted Cost For Work Scheduled,BCWS),是指根据进度计划,在某一时刻应当完成的工程(或部分工程),以预算为标准所需要的资金总额。一般来说,除非合同有变更,BCWS 在工程实施过程中应保持不变。

$$\text{计划工程预算费用(BCWS)}=\text{计划工程量}\times\text{预算单价} \tag{8-16}$$

③已完工程实际费用

已完工程实际费用(Actual Cost For Work Performed,ACWP),是指到某一时刻为止,已完成的工程(或部分工程)所实际花费的总金额。

$$\text{已完工程实际费用(ACWP)}=\text{已完成工程量}\times\text{实际单价} \tag{8-17}$$

(2)赢得值法的评价指标

①费用偏差(Cost Variance,CV)

$$CV=BCWP-ACWP \tag{8-18}$$

当费用偏差 CV 为负值时,表示项目运行超出预算费用;当费用偏差 CV 为正值时,表示项目运行节支,实际费用没有超出预算费用。

②进度偏差(Schedule Variance,SV)

$$SV=BCWP-BCWS \tag{8-19}$$

当进度偏差 SV 为负值时表示进度延误,实际进度落后于计划进度;当进度偏差 SV 为正值时,表示进度提前,实际进度快于计划进度。

③费用绩效指数(CPI)

$$CPI=BCWP/ACWP \tag{8-20}$$

当费用绩效指数 CPI 小于 1 时,表示超支,即实际费用高于预算费用;当费用绩效指数 CPI 大于 1 时,表示节支,即实际费用低于预算费用。

④进度绩效指数(SPI)

$$SPI=BCWP/BCWS \tag{8-21}$$

当进度绩效指数 SPI 小于 1 时,表示进度延误,即实际进度比计划进度拖后;当进度绩效指数 SPI 大于 1 时,表示进度提前,即实际进度比计划进度快。

费用偏差反映的是绝对偏差,结果很直观,有助于费用管理人员了解项目费用出现偏差的绝对数额,并依次采取一定措施,制定或调整费用支出计划和资金筹措计划。但是,绝对偏差有其不容忽视的局限性。如同样是 10 万元的费用偏差,对于总费用 1000 万元的项目和总费用 1 亿元的项目而言,其严重性显然是不同的。因此,费用(进度)偏差仅适合于对同一项目偏差分析。费用(进度)绩效指数反映的是相对偏差,它不受项目层次的限制,也不受项目实施时间的限制,因而在同一项目和不同项目中均可采用。

(3)偏差分析的表达方法

在项目实施过程中,以上三个参数可以形成三条曲线,即计划工程预算费用(BCWS)、已完工程预算费用(BCWP)、已完工程实际费用(ACWP)曲线,如图 8-3 所示。

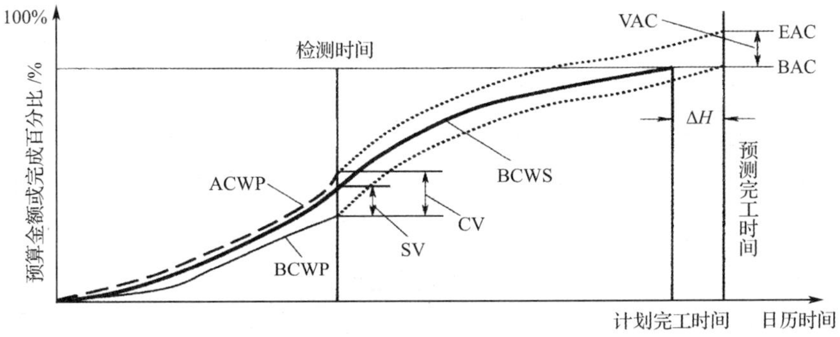

图 8-3 赢得值法评价曲线

图 8-3 中:CV=BCWP-ACWP,由于两项参数均以已完工程为计算标准,所以两项参数之差反映项目进展的费用偏差。

SV=BCWP-BCWS,由于两项参数均以预算(计划)工程为计算基准,所以两者之差反映项目进展的进度偏差。

采用赢得值法进行费用、进度综合控制,还可以根据当前的进度、费用偏差情况,通过原因分析,对趋势进行预测,即预测项目结束时的进度、费用情况。图中:

BAC(Budget At Completion)——项目完工预算,指编计划时预计的项目完工费用。

EAC(Estimate At Completion)——项目完工估算,指计划执行过程中根据当前的进度、费用偏差情况预测的项目完工总费用。

VAC(Variance At Completion)——预测项目完工时的费用偏差。

$$VAC=BAC-EAC \tag{8-22}$$

例 8-1 某工程项目施工合同于 2008 年 12 月签订,约定的合同工期为 20 个月,2009 年 1 月开始正式施工,施工单位按合同工期要求编制了混凝土结构工程施工进度时标网络计划(图 8-4),并经专业监理工程师审核批准。

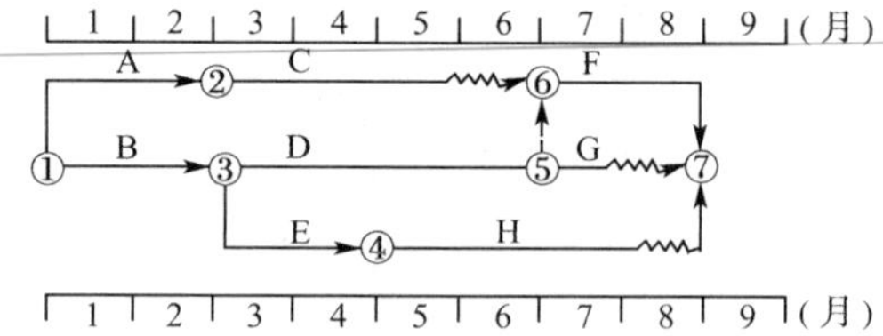

图 8-4 混凝土结构工程施工进度时标网络计划

该项目的各项工程均按最早开始时间安排,且各工程每月所完成的工程量相等。各工程的计划工程量和实际工程量见表 8-6。工程 D、E、F 的实际工程持续时间与计划工程持续时间相同。

表 8-6 **计划工程量和实际工程量表**

工程	计划工程量(m^3)	实际工程量(m^3)	工程	计划工程量(m^3)	实际工程量(m^3)
A	8 600	8 600	E	5 200	5 000
B	9 000	9 000	F	6 200	5 800
C	5 400	5 400	G	1 000	1 000
D	10 000	9 200	H	3 600	5 000

合同约定,混凝土结构工程综合单价为 1 000 元/m^3,按月结算。结算价按项目所在地混凝土结构工程价格指数进行调整,项目实施期间各月的混凝土结构工程价格指数见表 8-7。

表 8-7 **工程价格指数表**

时间	混凝土结构工程价格指数(%)	时间	混凝土结构工程价格指数(%)
2008 年 12 月	100	2009 年 5 月	110
2009 年 1 月	115	2009 年 6 月	110
2009 年 2 月	105	2009 年 7 月	120
2009 年 3 月	110	2009 年 8 月	110
2009 年 4 月	115	2009 年 9 月	110

施工期间,由于建筑单位原因使工程 H 的开始时间比计划的开始时间推迟 1 个月,并由于工程 H 工程量的增加使该工程的工程持续时间延长了 1 个月。

试求解以下问题:①按施工进度计划编制资金使用计划;②计算工程 H 各月的已完工程预算费用和已完工程实际费用;③计算混凝土结构工程已完工程预算费用和已完工程实际费用;④列式计算 8 月末的费用偏差 CV 和进度偏差 SV。

①将各工程计划工程量与单价相乘后，除以该工程持续时间，得到各工程每月计划工程预算费用；再将时标网络计划中各工程分别按月纵向汇总得到每月计划工程预算费用；然后逐月累加得到各月累计计划工程预算费用。

②H 工程 6～9 月每月完成工程量为：5 000÷4＝1 250(m^3/月)；

H 工程 6～9 月每月已完工程预算费用均为：1 250×1 000＝125(万元)

H 工程已完工程实际费用：

6 月份：125×110%＝137.5(万元)

7 月份：125×120%＝150.0(万元)

8 月份：125×110%＝137.5(万元)

9 月份：125×110%＝137.5(万元)

③计算结果见表 8-8。

表 8-8　　计算结果　　单位：万元

项目	投资数据								
	1	2	3	4	5	6	7	8	9
每月计划工程预算费用	880	880	690	690	550	370	530	310	—
累计计划工程预算费用	880	1 760	2 450	3 140	3 690	4 060	4 590	4 900	—
每月已完工程预算费用	880	880	660	660	410	355	515	415	125
累计已完工程预算费用	880	1 760	2 420	3 080	3 490	3 845	4 360	4 775	4 900
每月已完工程实际费用	1 012	924	726	759	451	390.5	618	456.5	137.5
累计已完工程实际费用	1 012	1 936	2 662	3 421	3 872	4 262.5	4 880.5	5 337	5 474.5

④费用偏差：

CV＝已完工程预算费用－已完工程实际费用＝4 775－5 337＝－562(万元)，超支 562 万元。

进度偏差：

SV＝已完工程预算费用－计划工程预算费用＝4 775－4 900＝－125(万元)，进度拖后 125 万元。

(4)偏差原因分析

在实际工程中，最理想的状态是已完工程实际费用(ACWP)、计划工程预算费用(BCWS)、已完工程预算费用(BCWP)三条曲线吻合程度很高，表示项目按预定计划目标进行。如果三条曲线离散程度不断增加，则预示可能发生关系到项目成败的重大问题。

偏差分析的一个重要目的就是要找出引起偏差的原因，从而有可能采取有针对性的措施，减少或避免相同问题再次发生。在进行偏差原因分析时，首先应当将已经导致和可能导致偏差的各种原因逐一列举出来。导致不同工程项目产生费用偏差的原因具有一定共性，因而，可以通过对已建项目的费用偏差原因进行归纳、总结，为该项目采用预防措施提供依据。

一般来说，产生费用偏差的原因有如图 8-5 所示的几种。

当然，除此以外，实施工程项目成本控制的方法还有很多。例如，项目月度财务计划

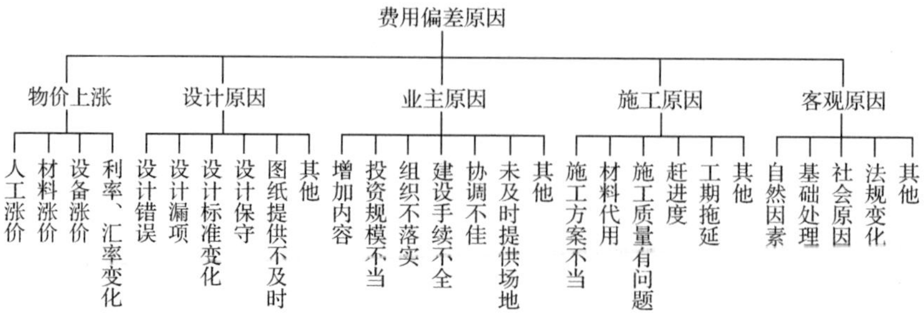

图 8-5 费用偏差原因分析框图

制度、项目成本审核签证制度、联系费用的横道图法、基于网络计划技术的成本计划评审法、成本控制图法，以及分析项目成本差异的因果分析图法等。在实际工程中，应当根据工程项目的具体特点与管理需要，有针对性地加以选择。

8.4 工程项目成本核算

8.4.1 概　　述

1. 工程项目成本核算的概念

工程项目成本核算就是定期地确认、记录施工过程中发生的费用支出，以反映工程项目发生的实际成本。建立项目成本核算制，明确项目成本核算的原则、范围、程序、方法、内容、责任及要求，可以反映、监督项目成本计划的完成情况，为项目成本预测、施工与技术决策提供可靠的资料，并将促进工程项目改善管理，降低成本，提高经济效益。

施工过程中，项目成本核算的周期一般为月，并在每月末进行。项目经理部应在跟踪核算分析的基础上，编制月度项目成本报告，上报企业成本主管部门，并接受其指导、检查和考核。通过编制月度项目成本报告，分析每月分部分项工程成本的偏差和累计偏差及其产生的原因，预测后期成本的变化趋势和状况，根据偏差原因制定改进成本控制的措施，控制下一周期施工任务的成本。

项目成本核算应坚持施工形象进度报告、施工产值统计、实际成本归集“三同步”的原则，以实现项目成本的跟踪核算。施工产值及实际成本的归集，一般应按下列方法进行：

（1）按照统计人员提供的当月完成工程量的价值及有关规定，扣减各项上缴税费后，作为当期工程结算收入。

（2）人工费，按照劳动管理人员提供的用工分析和受益对象进行账务处理，计入工程成本。

（3）材料费，根据当月项目材料消耗和实际价格，计算当期消耗，计入工程成本；周转材料应实行内部调配制，按照当月使用时间、数量、单价计算，计入工程成本。

（4）机械使用费，按照项目当月使用台班和单价，计入工程成本。

（5）其他直接费，根据有关核算资料进行账务处理，计入工程成本。

（6）间接成本，根据现场发生的间接成本项目的有关资料进行账务处理，计入工程成本。

2. 成本核算的对象

施工进度是按单位工程统计的，预算成本是按单位工程编制的，核算对象通常按单位工程划分，并与施工项目管理责任目标成本的界定范围相一致。但是，由于一个工程项目往往包含着若干个单位工程，而且各个单位工程之间可能存在交叉或搭接。因此，成本核算对象的划分必须考虑工程项目的具体情况以及施工管理的要求。

（1）工业与民用建筑，一般应以单位工程作为成本核算对象。

（2）一个单位工程，如果有两个或两个以上的项目经理部共同施工时，每个项目经理部均以同一个单位工程作为成本核算对象，分别核算各自完成部分。

（3）对于工程规模大、工期长，或者采用新材料、新工艺的工程，可以根据需要，按工程部位划分成本核算对象。

（4）在同一工程项目中，如果各个单位工程结构类型、施工地点相同，开竣工时间接近，可以合并成一个成本核算对象；建筑群中如有创优工程，应以其作为成本核算对象，并严格划清工料费用。

（5）改建或扩建的零星工程，可以将开竣工时间接近的一批单位工程合并为一个成本核算对象。

3. 成本核算的要求

成本核算是一个复杂、细致而又联系广泛的过程。为了确保成本核算的质量，全面、及时、准确地反映工程项目的实际成本，在实施项目成本核算的过程中必须遵循有关原则。例如，确认原则、分期核算原则、相关性原则、一贯性原则、及时性原则、配比原则、权责发生制原则、谨慎原则、重要性原则、明晰性原则等。

根据工程项目成本核算的原则，结合项目特点，在核算中一般应满足以下基本要求：

（1）划清资本性成本与收益性成本的界限

购置固定资产的资本性支出，不能计入项目成本；收益性支出，即为取得本期收益而发生的工资、水电费等支出，不能计入固定资产成本，而应计入项目成本；属于非资本、非收益性的支出，如滞纳金、罚款等，不能计入项目成本。

（2）划清各种成本、费用的界限

为了明确允许计入成本、费用开支范围的具体项目和内容，应当划清相互之间的界限。

① 本期费用与下期费用的界限。凡应由本期负担而尚未发生的费用，应作为预提费用计入本期成本；已经支出，但应由本期与以后各期负担的费用，应作为待摊费用，分期摊销。

② 不同成本核算对象之间的界限。凡是能够直接计入有关成本核算对象的成本费用，应直接计入；与几个成本核算对象相关的成本费用，必须选择合理的分配标准，在不同的成本核算对象之间正确分配。

③ 已经结算项目成本和未结算项目成本的界限。尚未按照合同规定办理结算的工程，均应作为未完项目结算处理，不得计入已完结算项目，反之亦然。

(3) 加强成本核算的基础工作

包括建立各种物资的收发、领退、转移、报废、清查、盘点、索赔制度，健全与成本核算相关联的原始记录与统计工作，改进用工、材料等各种资源的消耗定额及内部结算指导价格，严格计量检验制度，完善检测计量设施等。

(4) 成本核算必须有账有据

为了保证成本核算资料的真实、准确、及时、完整，首先要求原始凭证手续齐全、审核无误。同时，按照成本核算对象、成本项目进行分类、归集，设置必要的生产费用账册以及成本辅助台账。

8.4.2　工程项目成本核算的方法

项目成本核算应通过会计核算、统计核算和业务核算相结合的方法，进行实际成本与预算成本、实际成本与计划目标成本的比较分析，从而找出具体核算对象成本节约或超支的原因，以便采取对策，防止因偏差积累而导致成本总目标失控。

1. 会计核算

它以原始会计凭证为基础，借助一定的会计科目，运用货币形式，连续、系统、全面地反映和监督工程项目成本的形成过程及结果。成本核算中的很多综合性数据资料都是由会计核算提供的，而且会计核算有着严格的凭证与审批程序。因此，它在项目成本核算中占有极其重要的地位。

为了反映项目施工活动中各种费用的发生、汇总和分配，准确地核算项目的实际成本，会计核算一般应设置“工程施工”“辅助生产”“机械作业”“待摊费用”“预提费用”等生产费用科目。同时，为了详细反映和监督各项工程成本的实际发生情况，还应按成本核算对象设置分类明细账。

工程项目的会计核算通常是由项目经理部所属的财务部门具体负责的，其基本程序如图 8-6 所示。

2. 统计核算

它是根据大量的调查资料，通过统计、分析和整理，反映和监督工程项目成本的方法。统计核算中的数据资料可以用货币计量，也可以用实物量、劳动量等计量。它不仅可以反映当前工程项目成本的实际水平、比例关系，而且可以对未来的发展趋势做出预测。因此，统计核算在成本核算中具有重要意义。

3. 业务核算

它是通过简单、迅速地提供某项业务活动所需的各种资料，以反映该项业务活动水平的一种方法。例如，某个作业班组的工日、材料、能源的消耗情况等。业务核算的范围较广，不仅可以反映已经发生的情况，而且可以对尚未或正在发生的事项进行核算，预计其未来的水平。

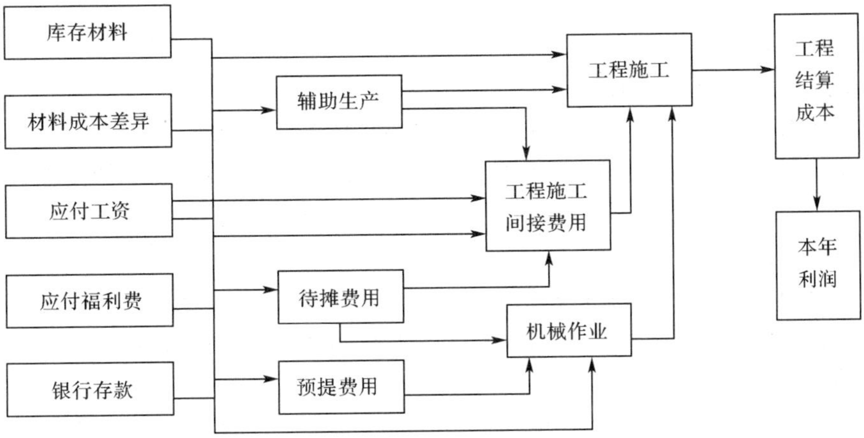

图 8-6　会计核算程序图

上述成本核算三种方法的特点和作用各不相同，应当相互补充、相互配合，形成一个完整的工程项目成本核算的方法体系。例如，进行作业队、作业班组的成本核算时，首先根据其完成的工程量计算应消耗的工日、材料、机械台班的数量，再统计出其实际消耗的数量，最后通过两者的比较，分析节约或超支情况，评价其业绩。

8.4.3　工程项目成本核算的指标体系

工程项目成本核算涉及面很广，其相应的核算指标也很多。但可归纳为以下 4 个大类。而且，可以根据项目的具体情况及管理的需要，进行适当调整。

1. 反映项目施工成果的指标

它们分别以实物量、劳动量、质量以及产值的形式表示，具体包括以下几类：

(1) 实物量。表示施工产量的指标可以是实物量、劳动量和价值量等多种形式。仅就实物量而言，又包含着多种作业或工种。因此，在实际核算工作中，应针对主要的分部分项工程或作业，在项目的施工过程中逐步进行核算。

(2) 工程质量。在项目施工过程中，工程质量主要是指其满足设计要求以及有关质量标准、技术规范的程度。一般可以分为两类：一类是反映工程本身质量的指标，例如，分部分项工程合格率、一次交验合格品率等；另一类是反映施工过程中工作质量的指标，例如，质量事故次数、返工损失金额、返工损失率等。

(3) 施工产值。一般包括施工总产值和施工净产值两类。其中，施工净产值是在施工总产值中扣除物资价值消耗以后的剩余价值。

2. 反映项目施工消耗的指标

它们有活劳动和物化劳动两个方面的内容，具体包括以下三个方面的指标：

(1) 劳动消耗，反映活劳动消耗以及与生产成果对比关系的指标，主要有出勤率、工日(工时) 利用率、劳动生产率等。

(2) 材料消耗，材料费用在整个工程项目中的比重很大，通常可占工程项目成本的

60%～70%。其指标可以包括单位工程产品材料消耗量、材料利用率、“三材”节约率等。

(3) 机械设备消耗，主要包括机械设备完好率、机械设备利用率等。

3. 反映项目资金占用的指标

由于机械设备等固定资产是根据施工组织设计的安排需要调入的，一般不会出现闲置。因此，项目经理部应着重核算流动资金的占用情况，并主要设置流动资金周转天数、流动资金周转次数、百元产值占用流动资金和流动资金利用率等指标。

4. 反映项目施工收入的指标

一般可以用利润额、利润率指标反映施工收入。其中，利润额是产量、质量、劳动生产率、成本等的综合反映；表示工程项目盈利水平的利润率，又可分为产值利润率、成本利润率、资金利润率等不同的形式。

当然，为了落实经济责任制，明确项目内部各个成本控制中心的经济责任，并切实发挥指导、考核作用，应当根据“干什么、管什么、算什么”的原则，运用相应的方法，将成本核算的指标进行层层分解。例如，利用因素分解法将材料消耗指标按产量、单位产品消耗量和单价三个因素直接分解到作业班组；利用比例分解法将成本降低率、材料利用率、劳动生产率等分解到作业队或作业班组。

8.5 工程项目成本的分析与考核

8.5.1 工程项目成本分析的内容

工程项目成本分析是利用项目成本核算资料，对成本的形成过程及影响成本升降的因素进行系统地分析，以寻找降低成本的有效途径。项目经理部应当充分利用成本核算资料，坚持实事求是的科学态度，紧紧围绕项目管理的方针与目标，及时、深入地进行项目成本分析工作。

成本分析是成本核算的延续，其内容应与成本核算对象相对应。并在单位工程成本分析的基础上，进行工程项目成本的综合分析，以反映项目的施工活动及其成果。工程项目成本分析的主要内容一般应当包括以下三个方面。

1. 按项目施工进展进行的成本分析

(1) 分部分项工程成本分析。它针对已完的分部分项工程，从开工到竣工进行系统的成本分析，是项目成本分析的基础。

(2) 月(季)度成本分析。它通过定期的、经常性的过程(中间)成本分析，及时发现问题、解决问题，保证项目成本目标的实现。

(3) 年度成本分析。它可以满足施工企业年度结算、编制年度成本报表的需要，而且可以总结过去，提出未来的管理措施。

(4) 竣工成本分析。它以项目施工的全过程作为结算期，汇总该工程项目所包含的各个单位工程，并应考虑项目经理部的经营效益。

2. 按项目成本构成进行的成本分析

(1) 人工费分析。应在执行劳务承包合同的基础上，考虑因工程量增减、奖励等原因引起的其他人工费开支。

(2) 材料费分析。它着重分析主要材料与结构件费用、周转材料使用费、采购保管费、材料储备资金等内容。

(3) 机械使用费分析。主要针对项目施工中使用的机械设备，尤其是按使用时间计算费用的设备，分析其完好率、利用率，以实现机械设备的平衡调度。

(4) 其他直接费分析。主要将实际发生数额与预算或计划目标进行比较。

(5) 间接费分析。主要将实际发生数额与预算或计划目标进行比较。

3. 按特定事项进行的成本分析

(1) 成本盈亏异常分析。按照施工进度、施工产值统计、实际成本归集"三同步"的原则，彻底查明造成项目成本异常的原因，并采取措施加以纠正。

(2) 工期成本分析。在求出固定费用的基础上，将计划工期内应消耗的计划成本与实际工期内所消耗的实际成本进行对比分析，并分析各种因素变动对于工期成本的影响。

(3) 资金成本分析。一般通过成本支出率，反映成本支出占工程(款) 收入的比重，加强资金管理，控制成本支出，并联系储备金和结存资金的比重，分析资金使用的合理性。

(4) 技术组织措施节约效果分析。紧密结合工程项目特点，分析采取措施前后的成本变化，并对影响较大、效果较好的措施进行专题分析。

(5) 其他有利因素和不利因素对成本影响的分析。包括工程结构的复杂性和施工技术的难度，施工现场的自然地理环境、物资供应渠道和技术装备水平等。

针对上述成本分析的内容，应当形成工程项目的成本分析报告。成本分析报告通常由文字说明、报表和图表等部分组成。它可以为纠正与预防成本偏差、改进成本控制方法、制定降低成本措施、完善成本控制体系等提供依据。

不同层次成本分析报告的侧重点会有所不同。例如，为项目经理提供的报告，主要包括项目总成本的现状及控制结果、主要的节约或超支项目、项目诊断等；为作业班组长提供的报告，主要包括各分部分项工程的成本(消耗) 值、成本的正负偏差、可能采取的措施及趋势分析等。

8.5.2 工程项目成本分析的方法

工程项目成本分析的内容较多，所采用的方法也不尽相同。其中，常用的方法有对比法、连环替代法、差额计算法等。

1. 对比法

对比法，又称比较法，是指通过技术经济指标的对比，检查计划的完成情况，分析产生的差异及原因，从而进一步挖掘项目内部潜力的方法。这种方法通俗易懂、简便易行、便于掌握，但必须注意各项技术经济指标之间的可比性。

应用对比法时，通常有以下几种形式：

(1) 实际指标与计划指标对比。此项对比主要包括:实际工程量与预算工程量的对比分析、实际消耗量与计划消耗量的对比分析、实际采用价格与计划价格的对比分析、各种费用实际发生额与计划支出额的对比分析等。

(2) 本期实际指标与上期实际指标对比。此项对比,可以研究相应指标发展的动态情况,反映项目管理的改善程度。

(3) 与本行业平均水平、先进水平对比。此项对比,可以反映本项目管理水平与平均水平、先进水平的差距,以采取措施,不断改进。

例 8-2 某工程项目本期计划节约材料费 10 000 元,实际节约 12 000 元,上期节约 9 500 元,本企业先进水平节约 13 000 元。

针对材料费节约额,表 8-9 同时反映了上述三种对比。

表 8-9 **实际指标与上期指标、先进水平对比表** 资金单位:元

指标	本期计划数	上期实际数	企业先进水平	本期实际数	对比差异		
					与计划比	与上期比	与先进比
节约数额	10 000	9 500	13 000	12 000	+2 000	+2 500	−1 000

根据对比分析,在材料费节约这个成本控制指标上,本年实际数比计划目标数和上年实际数均有所增加,但是与本企业先进水平还有距离,说明有潜力可挖。

2. 连环替代法

连环替代法,又称因素分析法或连锁置换法。它将某成本项目分解为若干个相互联系的原始因素,并用来分析各个因素变动对于成本形成的影响程度,进而针对主要因素查明原因,提出改进措施,达到降低成本的目的。

应用连环替代法进行分析时,每次均考虑单一因素变动,然后逐个替换、比较结果。其具体步骤如下:

(1) 确定分析对象,并计算出实际数与计划数的差异;

(2) 确定各个影响因素,并按其相互关系进行排序;

(3) 以计划(预算)数为基础,将各个因素的计划(预算)数相乘,并作为分析代替的基数;

(4) 将各个因素的实际数按照上述排序,逐一进行替换计算,并将替换后的实际数保留下来;

(5) 将每次替换所得的结果,与前一次的计算结果相比较,两者的差异作为该因素对分析对象的影响程度;

(6) 各个因素的影响程度之和,应与分析对象的总差异相等。

例 8-3 某现浇混凝土子项,商品混凝土的计划成本 364 000 元、实际成本 383 760 元,实际超支 19 760 元。现采用连环替代法,计算产量、单价、损耗率 3 个因素对实际成本的影响程度。

根据表 8-10 所列资料以及商品混凝土的实际成本 = 产量 × 单价 × 消耗量,将分析结果列入表 8-11。

表 8-10 商品混凝土的计划成本与实际成本对比表

项目	计量单位	计划数	实际数	差异
产量	m^3	500	520	+20
单价	元	700	720	+20
损耗率	%	4	2.5	−1.5
成本	元	364 000	383 760	+19 760

表 8-11 商品混凝土成本变动因素分析表

顺序	连环替代计算	差异	因素分析
计划数	500×700×1.04 = 364 000		
第一次替代	**520**×700×1.04 = 378 560	+14 560	由于产量增加 $20m^3$,成本增加 1 4560 元
第二次替代	**520**×**720**×1.04 = 389 376	+10 816	由于单价提高 20 元,成本增加 10 816 元
第三次替代	**520**×**720**×**1.025** = 383 760	−5 616	由于损耗率下降 1.5%,成本减少 5 616 元
合计	14 560+10 816−5 616	19 760	

必须说明,在应用连环替代法时,各个因素的排序应固定不变。否则,将会得出不同的结论。而且在找出主要因素后,还需利用其他方法进行深入、具体的分析。

3. 差额计算法

差额计算法是因素分析法的一种简化形式。它利用各个因素实际数与计划数的差额,来反映其对于成本的影响程度。

例 8-4 现以劳动生产率为例,说明差额计算法的应用,并将有关数据列于表 8-12。

表 8-12 劳动生产率实际数与计划数对比表

项目	计量单位	计划数	实际数	差异
月平均工作时间	小时	208	182	−26
工作效率	元/小时	10	12	+2
月平均劳动生产率	元	2 080	2 184	+104

从表 8-9 中可以发现,作为分析对象的劳动生产率提高了 104 元。其中,月平均工作时间的影响是:−26(小时)×10(元/小时)=−260(元);工作效率的影响是:2(元/小时)×182(小时)=364(元)。于是,364−260=104(元),即两者相抵使得月劳动生产率提高了 104 元。

8.5.3 工程项目成本考核

工程项目成本控制与管理属于一项系统工程,而成本考核则是其中最后一个环节。通过定期和不定期的工程项目成本考核,可以贯彻项目经理责任制、项目成本核算制,更好地实现项目成本目标,促进成本管理工作的健康发展。

1. 项目成本考核的层次与要求

项目成本考核应当分层进行,以实现项目成本目标的层层保证体系:

（1）企业对项目经理部进行成本管理考核；

（2）项目经理部对项目内部各岗位以及各作业队进行成本管理考核。

项目成本考核是贯彻项目成本核算制的重要手段，也是项目管理激励机制的重要体现。企业和项目经理部都应建立、健全项目成本考核的组织，公正、公平、真实、准确地评价项目经理部及管理、作业人员的工作业绩与问题。

因此，项目成本考核应当满足下列要求：

（1）企业对施工项目经理部进行考核时，应以确定的责任目标成本为依据；

（2）项目经理部应以控制过程的考核为重点，控制过程的考核应与竣工考核相结合；

（3）各级成本考核应与进度、质量、安全等指标的完成情况相联系；

（4）项目成本考核的结果应形成文件，为对责任人实施奖罚提供依据。

2. 项目成本考核的内容

尽管目标成本的完成情况是各项工作的综合反映。但是，影响项目成本的因素很多，又有一定的偶然性，可能使有关人员的工作业绩无法体现在最终的成果之中。因此，项目成本考核的内容，应当包括计划目标成本完成情况考核和成本管理工作业绩考核两个方面。

（1）企业对项目经理部考核的内容

① 项目成本目标和阶段成本目标的完成情况；

② 建立以项目经理为核心的项目成本核算制的落实情况；

③ 成本计划的编制和落实情况；

④ 对于各个部门、作业队伍责任成本的检查与考核情况；

⑤ 在成本管理中贯彻责权利相结合原则的执行情况等。

（2）项目经理部对项目内部各岗位以及各作业队考核的内容

① 对各个部门的考核内容，一般包括本部门、本岗位责任成本的完成情况，本部门、本岗位成本管理责任的执行情况等。

② 对各个作业队伍的考核内容，一般包括对劳务合同规定的承包范围和承包内容的执行情况、劳务合同以外的补充收费情况、对作业班组施工任务单的管理情况，以及作业班组完成施工任务后的考核情况等。

一般来讲，对作业班组的经常考核应由作业队负责实施。对于重要或特殊的作业班组，项目经理部应以施工任务单、限额领料单的结算资料为依据，与施工预算进行对比，考核其责任成本的完成情况。

3. 项目成本考核的实施

在具体进行工程项目成本考核时，一般应注意以下事项：

（1）建立适当的评分制。根据项目特点及考核内容，建立适当的比例加权评分准则。例如，计划目标成本完成情况的权重为0.7，成本管理工作业绩的权重为0.3。

（2）与相关指标的完成情况相结合。例如，根据进度、质量、安全和现场标准化管理等指标的完成情况，嘉奖或扣罚。

(3) 强调项目成本的中间考核。中间考核可以及时地发现问题、解决问题，保证成本目标的实现。它一般包括月度成本考核、阶段成本考核两个方面，而按工程形象进度实施的阶段成本考核与其他指标结合又较为紧密。

(4) 正确评价竣工成本。在工程竣工和工程款结算基础上编制的竣工成本，是项目经济效益的最终反映，必须做到核算正确、考核正确。

(5) 科学运用激励机制。为了调动有关人员工作的积极性，应当结合成本考核的情况，按照项目管理目标责任书及有关规定及时兑现奖惩。当然，由于月度成本、阶段成本是中间过程的特点，其奖惩可留有余地，待竣工成本考核以后再做调整。

思考题

1. 简述工程造价的概念与构成。
2. 简述工程项目可控成本的概念、工程项目成本的分类与构成。
3. 简述工程项目成本目标的确定方法与分解。
4. 简述工程项目成本控制的方法和基础工作。
5. 简述工程项目成本核算的对象、要求和方法。
6. 简述工程项目成本分析的内容。
7. 挣值法的评价指标有哪些?
8. 简述工程项目成本考核的要求和内容。
9. 结合某个工程项目论述其成本计划的风险。
10. 论述工程变更与索赔在成本控制工作中的作用及其管理措施。

习 题

1. 某项目经理部本年度在项目上计划节约人工费12万元，经核算，实际节约12.5万元，而上年节约11万元，本企业同类项目先进水平为节约13.5万元。试编制人工成本对比分析表，并作简要说明。

2. 某分项工程材料成本统计数据见表8-13。试将表中数据填写完整，并采用连环替代法对该分项工程材料成本进行分析。

表8-13 某分项工程材料成本统计数据表

项目	单位	计划	实际	差异	差异率/%
工程量	m^3	100	110		
单位材料消耗量	kg/m^3	320	310		
材料单价	元/kg	40	42		
材料成本	元				

3.某土方工程总挖方量为 4 000 立方米，预算单价为 45 元/立方米。该挖方工程预算总费用为 180 000 元。计划用 10 天完成，每天 400 立方米。

开工后第 7 天早晨刚上班时业主项目管理人员前去测量，取得了两个数据：已完成挖方 2 000 立方米，支付给承包单位的工程进度款累计已达 120 000 元。查看项目计划，计划表明，开工后第 6 天结束时，承包单位应得到的工程进度款累计额为 BCWS＝108 000 元。

(1)请计算该项目的已完工程预算费用。

(2)以此案例数据为基础分别计算赢得值法的四个评价指标，并进行评价。

第 9 章 工程项目质量控制

工程项目质量是工程项目重要的控制目标之一，也是项目建设过程中永恒的主题。工程项目质量的好坏直接影响工程项目的成本、进度，更重要的是影响工程项目竣工后的使用，同时影响建筑施工企业的信誉。因此，项目经理及其管理班子，应始终把工程项目质量放在重要的管理位置。

9.1 概　述

9.1.1 基本概念

1. 质量

ISO9000 的《质量管理体系基础术语》中对质量的定义是："一组固有特性满足要求的程度"。

(1)质量不仅是指产品质量，也可以是某项活动或过程的工作质量，还可以是质量管理体系运行的质量。质量固有特性是指满足顾客和其他相关方要求的特性，并由其满足要求的程度加以表征。

(2)满足要求就是应满足明示的(如合同、规范、标准、技术、文件、图纸中明确规定的)、通常隐含的(如组织的惯例、一般习惯)或必须履行的(如法律、法规、行业规则)需要和期望。与要求相比较，满足要求的程度能反映质量的好坏。对质量的要求除考虑满足顾客的需要外，还应考虑其他相关方即组织自身利益、提供原材料和零部件等的供方的利益和社会的利益等多种需求。例如需考虑安全性、环境保护、节约能源等外部的强制要求。只有全面满足这些要求，才能评定为好的质量或优秀的质量。

(3)顾客和其他相关方对产品、过程或体系的质量要求是动态的、发展的和相对的。质量要求随着时间、地点、环境的变化而变化。如随着技术的发展、生活水平的提高，人们对产品、过程或体系会提出新的质量要求。因此应定期评定质量要求、修订规范标准，不断开发新产品、改进老产品，以满足已变化的质量要求。

2. 工程质量

建设工程质量简称工程质量。工程质量是指工程满足业主需要的，符合国家法律、法规、技术规范标准、设计文件及合同规定的特性综合。

建设工程作为一种特殊的产品，除具有一般产品共有的质量特性，如性能、寿命、可靠性、安全性、经济性等满足社会需要的使用价值及其属性外，还具有特定的内涵。

3. 质量控制

根据 GB/T19000－ISO9000 标准，质量控制是质量管理的一部分，致力于满足质量要求。所以，质量控制就是为了保证产品的质量满足合同、规范、标准和顾客的期望所采取的一系列监督检查的措施、方法和手段。

9.1.2 工程项目质量特点

工程项目质量的特点是由建设工程本身的特点决定的。由于工程项目产品的固定性、多样性和形体庞大，以及生产的单件性、流动性、露天作业和生产周期长，其建设过程具有程序繁多、涉及面广和协作关系复杂、生产管理方式特殊等技术经济特点，因此工程项目质量具有以下一些特点：

1. 影响工程项目质量因素多

由于工程项目建设周期长，必然要受到多种因素的影响，如决策、设计、材料、机具设备、施工方法和工艺、技术措施、管理、人员素质、工期、工程造价等诸多因素，均会直接或间接地影响工程项目质量。

2. 工程项目质量波动大

由于工程项目产品及其生产的特点不像一般工业产品那样，有固定的生产流水线、规范化的生产工艺和完善的检测技术及稳定的生产环境，因此，工程项目质量不像工厂化生产那样容易控制。同时由于影响工程项目质量的因素多，其中任一因素发生变动，都会使工程质量产生波动。

3. 工程项目质量具有隐蔽性

在工程项目建设过程中，由于分项工程交接多，中间产品多和隐蔽工程多，因此质量存在隐蔽性。若在施工中不及时进行质量检查，工程隐蔽后，就只能检查表面，很难发现内在的质量问题。因此，只有严格控制每道工序和中间产品的质量，才能保证最终产品的质量。

4. 工程项目质量的终检具有局限性

工程项目建成后不可能像一般工业产品那样依靠终检来判断产品质量，或将产品拆卸来检查其内在质量，或对不合格品进行更换。如果在项目完工后再来检查，只能局限于对表面的检验，很难正确判断其质量好坏。因此工程项目质量评定和检查，必须贯穿于工程项目建设全过程，以彻底消除质量隐患。

5. 工程项目质量评价方法具有特殊性

工程项目质量的检查评定及验收是按检验批、分项工程、分部工程、单位工程进行的。检验批的质量是分项工程乃至整个工程项目质量检验的基础。检验批质量合格与否主要取决于对主控项目和一般项目抽检的结果。工程项目质量是在施工单位按合格质量标准自行检查评定的基础上，由监理工程师（或建设单位项目负责人）组织有关人员进行检验确认验收。因此，工程项目质量的检查评定具有与一般工业产品质量评价方法不同的特殊性。

6. 工程质量要求的外延性

工程质量不仅要满足顾客和用户的需要，更要考虑社会的需要。质量的受益者不仅是用户和顾客，还包括业主、员工、供方和社会。以我国最近建成的第一条通往西藏的铁路工程为例，应考虑的除了旅客的狭义需要外，更要考虑整体工程的安全性、环保性、生态性与资源保护等诸多方面的社会要求。

9.1.3　工程项目质量控制目标分解

工程项目质量控制是指致力于满足工程项目质量要求，也就是为了保证工程项目质量满足工程合同、规范标准所采取的一系列措施、方法和手段。通常工程项目质量是由工作质量、工序质量和产品质量三者构成的，因而工程项目质量控制目标必然也是上述三者。为了实现工程项目质量控制目标，必须对这三个质量控制目标作进一步分解。具体如图 9-1 所示。

1. 工作质量控制目标

工作质量是指参与项目建设全过程人员，为保证项目建设质量所表现的工作水平和完善程度。该项质量控制目标可分解为管理工作质量、政治工作质量、技术工作质量和后勤工作质量等四项。

2. 工序质量控制目标

工程项目建设全过程是通过一道道工序来完成的。每道工序的质量必须具有满足下道工序相应要求的质量标准，工序质量必然决定产品质量。该项质量控制目标可分解为人员、材料、机械、施工方法和施工环境等五项。

3. 工程产品质量控制目标

工程产品质量是指工程项目满足相关标准规定或合同约定的要求，包括在使用功能、安全及其耐久性能、环境保护等方面所有明显和隐含的能力的特性总和。故该项质量控制目标可分解为适用性、安全性、耐久性、可靠性、经济性和与环境协调性等 6 项。

在一般情况下，工作质量决定工序质量，而工序质量决定产品质量，因此必须通过提高工作质量来保证和提高工序质量，从而达到所要求的产品质量。

工程项目质量实质上是指在工程项目建设过程中形成的产品质量，即产品质量达到项目设计要求并符合国家法律、法规、技术规范标准要求的程度。因此，工程项目质量控制就是在施工过程中，采取必要的专业技术和管理技术手段，对整个工程建设全过程实施有效控制，以切实保证最终工程项目质量。

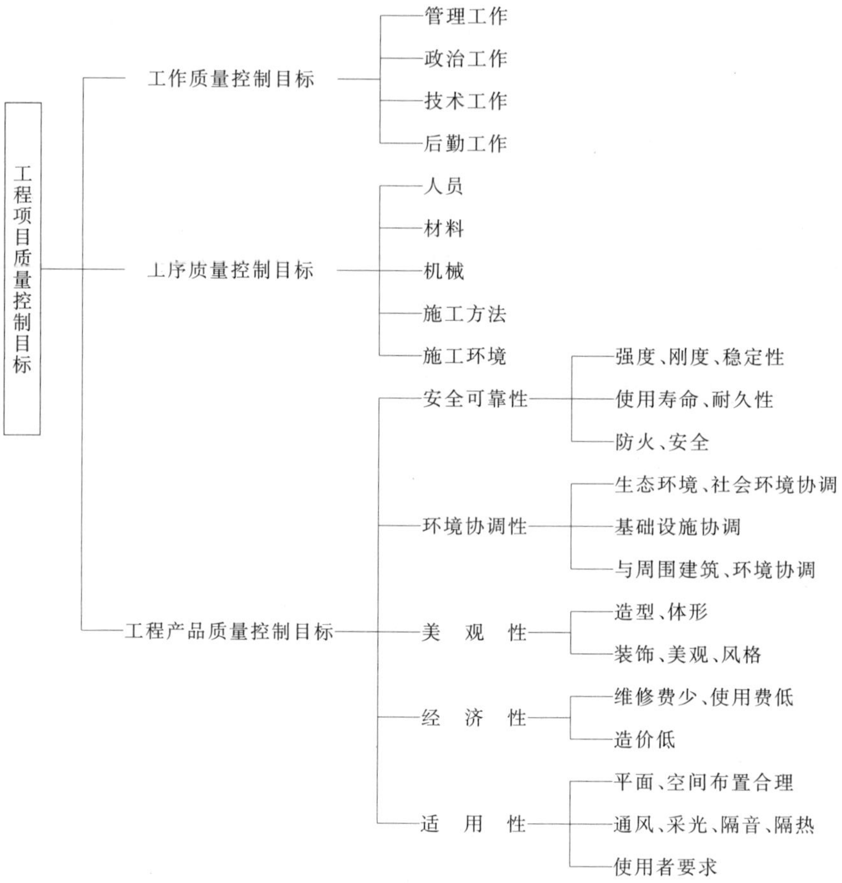

图 9-1　工程项目质量控制目标分解图

9.1.4　工程项目质量控制的主体

在工程项目的建设过程中，对工程项目的质量控制包括三方面，即政府的质量控制、施工单位的质量控制和社会监理单位的质量控制。因此工程项目质量控制主体包括政府质量监督机构、施工单位和社会监理单位。

政府对工程项目的质量控制，主要侧重于宏观的社会效益，贯穿于建设的全过程，其作用是强制性的，其目的是保证工程项目的建设符合社会公共利益，保证国家的有关法规、标准及规范的执行。政府对工程项目的质量控制，在决策阶段，主要是审批项目的建议书和可行性研究报告，以及项目的用地和场址的选择等；在设计阶段，主要是审核设计文件和图纸；在施工阶段，主要是通过由政府认可的第三方——质量监督机构，依据法律、法规和工程建设强制性标准对工程的质量实施监督管理。主要监督内容是地基基础、主体结构、环境质量和与此相关的工程建设各方主体的质量行为，主要手段是施工许可制度和竣工验收备案制度。

建设工程质量监督机构的主要任务是：

(1)根据政府主管部门的委托,受理建设工程项目的质量监督。

(2)制订质量监督方案。确定负责该项工程的质量监督工程师和助理质量监督工程师。

根据有关法律、法规和工程建设强制性标准,针对工程特点,明确监督的具体内容、监督方式。在方案中对地基基础、主体结构和其他涉及结构安全的重要部位和关键工序,做出实施监督的详细的计划安排。建设工程质量监督机构应将质量监督工作方案通知建设、勘察、设计、施工、监理单位。

(3)检查施工现场工程建设各方主体的质量行为。核查施工现场工程建设各方主体及有关人员的资质和资格;检查勘察、设计、施工、监理单位的质量管理体系和质量责任制落实情况;检查有关质量文件、技术资料是否齐全并符合规定。

(4)检查建设工程的实体质量。按照质量监督工作方案,对建设工程地基基础、主体结构和其他涉及结构安全的关键部位进行现场实地抽查,对用于工程的主要建筑材料、构配件的质量进行抽查,对地基基础分部工程、主体结构分部工程和其他涉及结构安全的分部工程的质量验收进行监督。

(5)监督工程竣工验收。监督建设单位组织的工程竣工验收的组织形式、验收程序以及在验收过程中提供的有关资料和形成的质量评定文件是否符合有关规定,实体质量是否存在严重缺陷,工程质量的检验评定是否符合国家验收标准。

(6)报送工程质量监督报告。工程竣工验收后5日内,应向委托部门报送建设工程质量监督报告,内容包括对地基基础主体结构质量检查的结论,工程竣工验收的程序、内容和质量检验评定是否符合有关规定,以及历次抽查该工程发现的质量问题及处理情况等。

(7)对预制的建筑构件和商品混凝土质量进行监督。

(8)政府主管部门委托的工程质量监督管理的其他工作。

施工单位对工程项目的质量控制是受工程承包合同制约的,施工单位必须按合同要求完成工程项目,提交建设单位所需要的工程产品。为此,施工单位在施工过程中要建立和健全质量管理体系,并使之行之有效,以保证产品的质量。

虽然施工单位的职责行为已由承包合同所界定,但是也不能排除施工单位在追求自身利益的情况下,忽视了工程项目的质量。为了使工程项目达到要求的质量标准和使用功能,在施工过程中建设单位还必须对工程项目的质量进行监督和检查。但由于现代工程的复杂性,建设单位依靠自身的力量往往无法对工程项目进行监督与管理,必须委托内行的专业监理机构,即社会监理机构,代表建设单位对工程项目的质量进行监督和控制。所以监理单位的任务就是对施工单位的工程质量进行监督认证,以满足建设单位所提出的质量要求,这对施工单位来讲是具有制约性的。

由此可见,在工程项目实施的过程中,政府质量监督机构的质量控制、施工单位的质量控制和工程监理单位的质量控制是相互关联的,但三者又均是不可缺少的。

9.1.5 工程项目质量的影响因素

在工程建设中，影响质量的因素主要有“人、材料、施工机械设备、工艺方法和环境”五大方面。因此，事前对这五大方面的因素予以严格控制，是保证建设项目工程质量的关键。

1. 人的因素

人是指直接参与工程建设的决策者、组织者、指挥者和操作者。工程实施过程中应充分调动人的积极性，发挥人的主导作用。

为了避免人的失误，调动人的主观能动性，增强人的责任感和质量观，达到以工作质量保证工序质量、工程质量的目的，除了加强政治思想教育、劳动纪律教育、职业道德教育、专业技术知识培训，健全岗位责任制，改善劳动条件，制定公平合理的激励制度外，还需根据工程项目的特点，从确保质量出发，本着适才适用、扬长避短的原则来控制人的使用。

2. 材料因素

工程材料泛指构成工程实体的各类建筑材料、构配件、半成品等，它是工程建设的物质条件，是工程质量的基础。工程材料选用是否合理、产品是否合格、材质是否经过检验、保管使用是否得当等等，都将直接影响建设工程的结构刚度和强度、工程外表及观感、工程的使用功能、工程的使用安全。

3. 机械设备因素

施工机械设备是实现施工机械化的重要物质基础，对工程项目的施工进度和质量均有直接影响。为此，在项目施工阶段，必须综合考虑施工现场条件、建筑结构形式、机械设备性能、施工工艺和方法、施工组织与管理、建筑技术经济等各种因素参与承包单位机械化施工方案的制订和评审，使之合理装备、配套使用、有机联系，以充分发挥建筑机械的效能，力求获得较好的综合经济效益。

4. 工艺方法因素

工艺方法是指施工现场采用的施工方案，包括技术方案和组织方案。前者如施工工艺和作业方法，后者如施工区段空间划分及施工流向顺序、劳动组织等。在工程施工中，施工方案是否合理，施工工艺是否先进，施工操作是否正确，都将对工程质量产生重大的影响。

尤其是施工方案是否合理，将直接影响工程项目的进度控制、质量控制、投资控制三大目标能否顺利实现。由于施工方案考虑不周而拖延进度、影响质量、增加投资的情况时有发生。因此，必须结合工程实际，从技术、组织、管理、工艺、操作、经济等方面进行全面分析、综合考虑，力求方案技术可行、经济合理、工艺先进、措施得力、操作方便，有利于提高质量、加快进度、降低成本。

施工方案选择的前提，一定要满足技术的可行性，如液压滑模施工，要求模板内混凝土的自重必须大于混凝土与模板间的摩擦阻力，否则，当混凝土自重不能克服摩擦阻力时，混凝土必然随着模板的上升而被拉断、拉裂。所以，当剪力墙结构、筒体结构的墙壁过薄，框架结构柱的断面过小时，均不宜采用液压滑模施工。又如，在有地下水、流砂，且可能产生管漏现象的地质条件下进行沉井施工时，则对于沉井只能采取连续下沉、水下挖土、水下浇筑混凝土的施工方案，否则，采取排水下沉施工，则难以解决流砂、地下水和管涌问题，若采取人工降水下沉施工，有可能更不经济。

总之，工艺方法是实现工程建设的重要手段，无论方案的制订、工艺的设计、施工组织设计的编制、施工顺序的开展和操作要求等，都必须以确保质量为目的，严加控制。

5. 环境因素

环境因素是指对工程质量特性起重要作用的环境条件。

影响工程项目质量的环境因素较多，有工程技术环境，如工程地质、水文、气象等；工程管理环境，如质量保证体系、质量管理制度等；劳动环境，如劳动组合、劳动工具、工作面等。环境因素对工程质量的影响具有复杂而多变的特点，如气象条件就变化万千，温度、湿度、大风、暴雨、酷暑、严寒都直接影响工程质量，往往前一工序就是后一工序的环境，前一分项、分部工程也就是后一分项、分部工程的环境。因此，根据工程特点和具体条件，应对影响质量的环境因素，采取有效的措施，严加控制。

此外，在冬期、雨季、风季、炎热季节施工中，还应针对工程的特点，尤其是对混凝土工程、土方工程、深基础工程、水下工程及高空作业等，拟定季节性施工保证质量和安全的有效措施，以免工程受到冻害、干裂、冲刷、坍塌的危害。同时，要不断改善施工现场的环境，要加强对自然环境和文物的保护，要尽可能减少施工过程中所产生的危害对环境的污染，要健全施工现场管理制度，合理布置施工现场，使其秩序化、标准化、规范化，实现文明施工。

加强环境管理，改进作业条件，把握好技术环境，辅以必要的措施，是控制环境对质量影响的重要保证。

9.1.6 工程项目质量控制原理

工程项目施工阶段，是形成工程项目实体和最终产品质量的重要阶段，施工质量控制必然是项目质量控制的最重要环节。由于构成最终工程产品质量的过程是一个复杂的系统工程，因此，对项目施工质量控制，也应按照该系统质量形成过程的时间阶段进行分解，它通常可分为前期控制、施工过程控制和后期控制，如图 9-2 所示。

工程项目质量控制的基本原理，就是按照项目施工程序，制定工程项目质量规划，运用全面质量管理的 PDCA 循环和质量管理的七种工具，以及相应工程项目监控手段，对项目施工准备质量、施工过程质量和竣工验收质量进行全过程、全面控制。

- 施工阶段质量控制
  - 前期控制（事前控制）
    - 进场人员技术资质、施工机械设备质量控制
    - 建立监理单位的质量控制
    - 施工单位质量管理体系的核查
    - 原材料、半成品、构配件的质量控制
    - 生产设备采购、订货、加工制作的质量控制
    - 新材料、新结构、新工艺、新技术的鉴定和审核
    - 施工组织设计、施工方案、施工方法的审核
    - 参加设计交底和图纸会审
    - 测量标点、水准点、测量放线的复核
    - 工程技术环境的监督检查
    - 现场管理环境的监督检查
    - 开工报告审核
  - 施工过程控制（事中控制）
    - 工序质量监控
    - 施工作业的监督检查
    - 施工单位质量资料的审查
    - 设计变更和图纸修改的审查
    - 分项工程（单元工程）、分部工程、隐藏工程的检查验收
    - 材料试验报告的审核
    - 新材料、新工艺、新技术试验报告审查
    - 组织质量信息反馈
  - 后期控制（事后控制）
    - 竣工资料审核
    - 单位工程、单项工程的验收
    - 组织工程的试运行或联动试车
    - 参与工程项目的竣工验收
    - 督促施工单位进行质量回访
    - 协助施工单位与建设单位进行工程项目交接

图 9-2　项目施工质量控制系统过程分解图

9.2　工程项目质量控制方法

工程项目质量控制方法主要有全面质量管理的 PDCA 循环方法和质量管理的七种工具。

9.2.1　PDCA 循环方法

PDCA 循环，即计划（Plan）、实施（Do）、检查（Check）、处置（Action）四个阶段组成的工作循环。PDCA 循环在质量管理中的应用如图 9-3 所示。

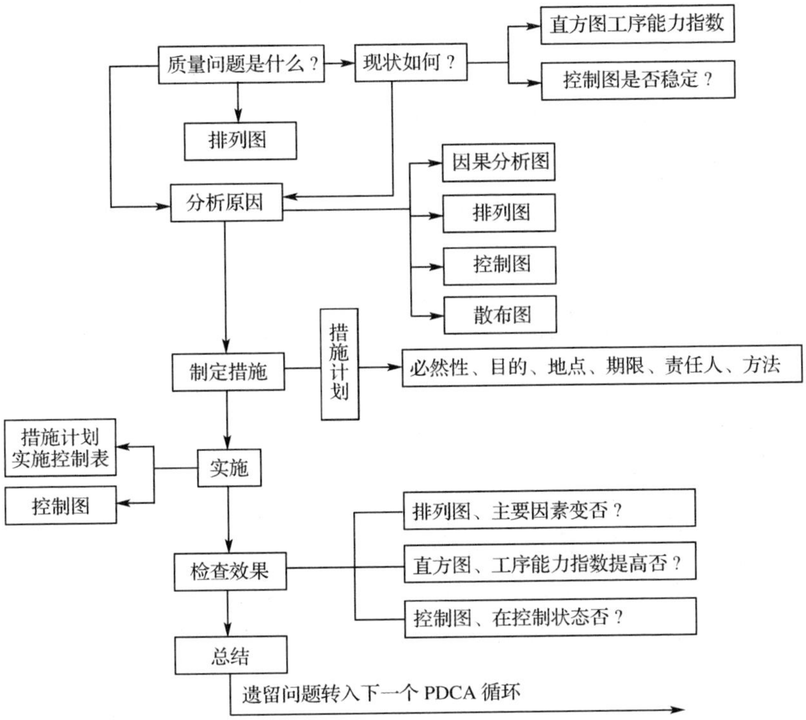

图 9-3 PDCA 循环在质量管理中的应用

PDCA 循环划分为四个阶段八个步骤，其基本内容为：

第一阶段是策划阶段（即 P 阶段）。该阶段的主要工作任务是制定质量方针、管理目标、活动计划和项目质量管理的具体措施，具体工作步骤可分为四步：

第一步是分析现状，找出存在的质量问题。这一步要有重点地进行。首先，要分析项目范围内的质量常见病和多发病。要特别注意工程中一些技术复杂、施工难度大、质量要求高的项目，以及新工艺、新技术、新结构、新材料等项目的质量分析。要依据大量数据和资料，用数据说话，用数理统计方法来分析、反映问题。

第二步是分析产生质量问题的原因和影响因素。这就是要召开有关人员对有关问题的分析会议，绘制因果分析图，找出所有可能的原因和影响因素。

第三步是从各种原因和影响因素中找出影响质量的主要原因或影响因素。其方法有两种：一是利用数理统计的方法和图表来分析；二是由有关工程技术人员、生产管理人员和工人讨论确定或用投票的方式确定。

第四步是针对影响质量的主要原因或影响因素，制定改进质量的技术组织措施，提出执行措施的计划，并预计其效果。在进行这一步时要反复考虑，明确回答以下 5W1H 的问题：

（1）为什么要制定这样的措施，执行这样的计划？回答采取措施的原因（Why）。

（2）执行后要达到什么目的？将会有什么效果（What）？

（3）改进措施在何处（哪道工序、哪个环节、哪个过程）执行（Where）？

(4)改进措施和计划在什么时间执行和完成(When)?

(5)由谁来执行和完成(Who)?

(6)用什么方法?怎样完成(How)?

第二阶段是实施阶段(即D阶段)。该阶段的主要工作任务是按照第一阶段制定的措施和计划,组织各方面的力量分头去认真贯彻执行。这就是管理循环的第五步,即实施措施和计划。在该阶段,首先要做好措施和计划的交底和落实。落实包括组织落实、技术落实和物质落实。有关人员还要经过训练、实习、考核达到相应的要求。其次要依靠质量体系来保证改进措施和计划的有效执行。

第三阶段是检查阶段(即C阶段)。这一阶段的主要工作任务是将实施效果与预期目标对比,检查执行的情况,看是否达到了预期效果,并提出哪些做对了?哪些还没达到要求?哪些有效果?哪些还没有效果?再进一步找出问题。这是管理循环的第六步,即检查效果,发现问题。

第四阶段是处置阶段(即A阶段)。这一阶段的主要工作任务是对检查结果进行总结和处理,分两步,也就是管理循环的第七、八步。

第七步是总结经验、纳入标准。经过上一步检查后,明确有效果的措施,通过修改相应的工作文件、工艺规程,以及各种质量管理的规章制度,把好的经验总结起来,把成绩巩固下来,防止问题发生。

第八步是把遗留问题转入到下一轮PDCA循环解决,为下一期计划提供数据资料和依据。

9.2.2 质量管理的七种工具

1. 排列图法

排列图法是利用排列图寻找影响质量主次因素的一种有效方法。排列图又称主次因素分析图或巴列特图,它是由两个纵坐标、一个横坐标、几个直方形和一条曲线所组成的。左侧的纵坐标表示频数,右侧纵坐标表示累计频率,横坐标表示影响质量的各个因素或项目,按影响程度大小从左至右排列,直方形的高度示意某个因素的影响大小。实际应用中,通常按累计频率划分为(0～80%)、(80%～90%)、(90%～100%)三部分,与其对应的影响因素分别A、B、C三类。A类为主要因素,B类为次要因素,C类为一般因素。

(1)排列图的作法

①收集整理数据。在质量管理中,排列图主要用来寻找影响质量的主要因素,因此应收集各质量特性的影响因素或各种缺陷的不合格点数。如建筑产品施工生产中一般是按照《建筑工程施工质量验收统一标准》规定的检测项目进行随机抽样检查,并根据质量标准记录各项目的不合格点出现的次数(即频数),按各检测项目不合格点频数大小顺序排列成表,以全部不合格点数为总频数计算各项目不合格点频率和累计频率。当检测项目较多时,可将频数较少的检测项目合并为"其他"项,列于表中末项。

例9-1 某工地现浇混凝土构件尺寸质量检查结果是,在全部检查的八个项目中不合格点(超偏差限值)有150个,为了进一步提高质量应对这些不合格点进行分析,以便找出混凝土构件尺寸质量的薄弱环节。

首先收集混凝土构件尺寸各项目不合格点的数据资料,见表9-1。

表9-1　　不合格点数统计表

序号	检查项目	不合格点数
1	轴线位置	1
2	垂直度	8
3	标高	4
4	截面尺寸	45
5	平面水平度	15
6	表面平整度	75
7	预埋设施中心位置	1
8	预留孔洞中心位置	1
合计		150

然后对原始资料进行整理,将频数较少的轴线位置、预埋设施中心位置、预留孔洞中心位置三项合并为“其他”项,按频数由大到小顺序排列各检查项目,“其他”项排列最后,计算各项目相应的频率和累计频率,结果见表9-2。

表9-2　　不合格点项目频数统计表

序号	项目	频数	频率/%	累计频率/%
1	表面平整度	75	50.0	50.0
2	截面尺寸	45	30.0	50.0+30.0=80.0
3	平面水平度	15	10.0	80.0+10.0=90.0
4	垂直度	8	5.3	90.0+5.3=95.3
5	标高	4	2.7	95.3+2.7=98.0
6	其他	3	2.0	98.0+2.0=100
合计		150	100	

②排列图的绘制。

a. 画横坐标。将横坐标按项目等分,并按项目频数由大到小从左至右顺序排列,该例题中横坐标分6等份。

b. 画纵坐标。左侧的纵坐标表示项目不合格点数即频数,右侧的纵坐标表示累计频率,要求总频数对应于累计频率100%。该例中150应与100%在一条水平线上。

c. 画频数直方形。以频数为高画出各项目的直方形。

d. 画累计频率曲线。从横坐标左端点开始,依次连接各项目右端点所对应的累计频率值的交点,所得的曲线称为累计频率曲线。

混凝土构件尺寸不合格点排列图如图 9-4 所示。

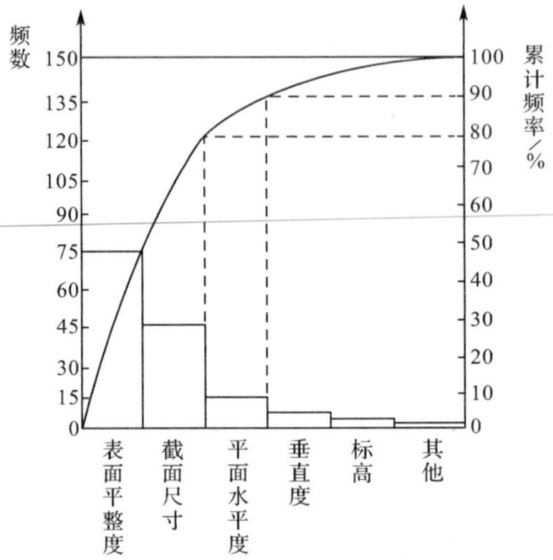

图 9-4　混凝土构件尺寸不合格点排列图

e. 记录必要的事项。如标题、收集数据的方法和时间等。

(2)排列图的观察与分析

①观察直方形，大致可看出各项目的影响程度。排列图中的每个直方形都表示一个质量问题或影响因素。影响程度与各直方形高度成正比。

②利用 ABC 分类法，确定主次因素。具体做法是将累计频率值分为(0～80%)、(80%～90%)、(90%～100%)三部分，各曲线下面所对应的影响因素分别为 A、B、C 三类，即图 9-3 中虚线所示的三条线。该例中，A 类即主要因素是表面平整度、截面尺寸，B 类因素即次要因素是平面水平度，其余属 C 类，为一般因素。综上分析结果，该工地应在下一步着重解决 A 类质量问题。

(3)排列图的应用

排列图可以形象、直观地反映主次因素。其主要应用有：

①按不合格点的缺陷形式分类，可以分析出造成质量问题的薄弱环节。

②按生产作业分类，可以找出生产不合格品最多的关键过程。

③按生产班组或单位分类，可以分析比较各单位技术水平和质量管理水平。

④将采取提高质量措施前后的排列图对比，可以分析采取的措施是否有效。

此外，还可以用于成本费用分析、安全问题分析等。

2. 因果分析图法

因果分析图法是利用因果分析图来整理分析质量问题（结果）与其产生原因之间关系的有效工具。因果分析图也称特性要因图，又因其形状常被称为树枝图或鱼刺图。

因果分析图基本形式如图 9-5 所示。从图 9-5 可见，因果分析图由质量特性(即质量结果指某个质量问题)、要因(产生质量问题的主要原因)、枝干(指一系列箭线表示不同层次的原因)、主干(指较粗的直接指向质量结果的水平箭线)等所组成。

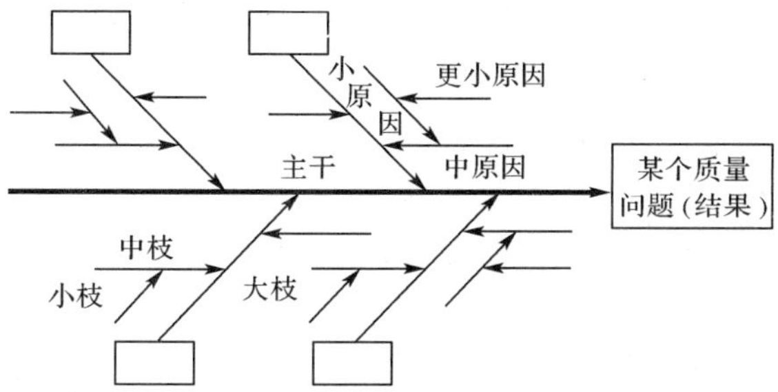

图 9-5 因果分析图的基本形式

因果分析图的绘制步骤与图中箭头方向恰恰相反,是从结果开始将原因逐层分解的,具体绘制步骤是:

(1)明确质量问题(结果)。画出质量特性的主干线,箭头指向右侧的一个矩形框,框内注明研究的问题,即结果。

(2)分析确定影响质量特性大的方面原因。一般来说,影响质量的因素有五大方面,即人、机械、材料、工艺、环境等。另外还可以按产品生产过程进行分析。

(3)将每种大原因进一步分解为中原因、小原因,直至分解的原因可以采取具体措施加以解决为止。

(4)检查图中所列原因是否齐全,可以对初步分析结果广泛征求意见,并作必要的补充及修改。

(5)选择出影响较大的因素做出标记,以便重点采取措施。

图 9-6 是混凝土强度不足的因果分析图,从人、材料、机械、工艺、环境等几个方面把主要影响因素列出来,可以从这几个方面采取措施,提高质量。

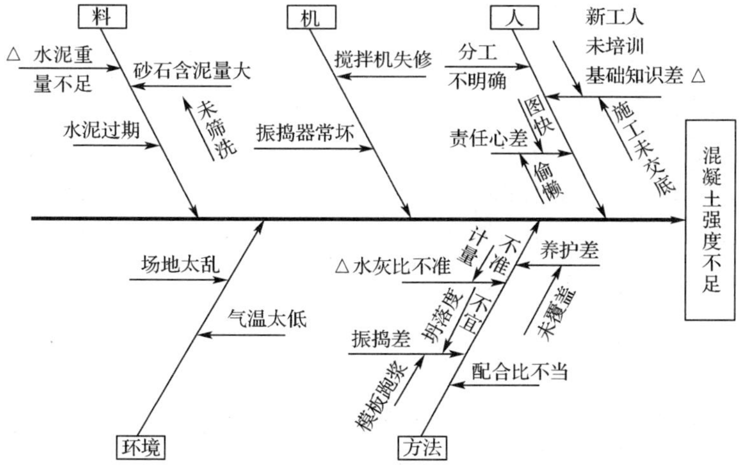

图 9-6 混凝土强度不足因果分析图

因果分析图表现形式简单明了,但分析问题、绘制成图是比较复杂的。

首先，要求绘制者熟悉专业技术与施工工艺，调查、了解施工现场实际条件和操作的具体情况。应集思广益，以各种形式广泛收集现场工人、班组长、质检员、工程技术人员的意见，相互启发，相互补充，使因果分析图更符合实际。

其次，绘制因果分析图不是最终目的，根据图中所反映的主要原因，制定改进措施和对策，限期解决问题，保证产品质量不断提高，这才是目的。具体实施时，一般应编制一个对策计划表。表 9-3 是混凝土强度不足的对策计划表。

表 9-3　　对策计划表

项目	序号	产生问题原因	采取的对策	执行人	完成时间
人	1	分工不明确	根据个人特长，确定每项作业的负责人及各操作人员职责，挂牌示出		
	2	基础知识差	组织学习操作规程，搞好技术交底		
方法	3	配合比不当	根据数理统计结果，按施工实际水平进行配比计算，进行实验		
	4	水灰比不准	制作水箱 现浇时每半天测砂石含水率一次 现浇时控制坍落度		
	5	计量不准	矫正磅秤，安装水表		
材料	6	水泥重量不足	进行水泥重量统计		
	7	原材料不合格	对砂、石、水泥进行各项指标试验		
	8	砂、石含泥量大	冲洗		
机械	9	振捣器常坏	使用前检修 施工时配备电工 备用振捣器、铁插杆		
	10	搅拌机常坏	使用前检修 施工时配备检修工		
环境	11	场地乱	认真清理，搞好平面布置，现场实行分片制		
	12	气温变化	准备覆盖材料，养护落实到人		

3. 频数分布直方图法

频数分布直方图法，简称直方图法，是将收集到的质量数据进行分组整理，绘制成频数分布直方图，用以描述质量分布状态的一种分析方法，所以又称质量分布图法。

通过对直方图的观察与分析，可以了解产品质量的波动情况，掌握质量特征的分布规律，以便对质量状况进行分析判断。

(1)直方图的绘制方法

①收集整理数据

用随机抽样的方法抽取数据。一般要求数据在 50 个以上。

例 9-2　某建筑工地用大模板浇筑混凝土，对大模板边长尺寸误差进行质量分析，共收集了 80 个数据，见表 9-4。

表 9-4　　模板边长尺寸误差数据表　　单位：mm

序号	模板边长尺寸误差数据								最大值	最小值
1	−2.1	−3.2	−3.1	−4.2	−2.3	0	−1.1	−2.2	0	−4.2
2	−2.1	−2.0	−3.1	−1.1	+1.2	−2.3	−2.3	−1.5	+1.2	−3.1
3	−2.5	−1.1	0	−1.2	−2.2	−3.3	−1.2	+2.4	+2.4	−3.3
4	−2.3	−5.1	−1.3	−3.3	0	+2.3	0	−2.2	+2.3	−5.1
5	0	+3.2	0	0	−3.6	−2.3	−5.2	+1.1	+3.2	−5.2
6	−1.2	−2.0	−4.0	−3.2	−4.2	−1.2	+1.1	+1.0	+1.1	−4.2
7	0	−4.1	−6.0	−1.1	−2.1	+1.2	−1.2	−2.3	+1.2	−6.0
8	−2.0	−3.0	−4.1	−1.1	−3.5	−1.5	+2.2	0	+2.2	−4.1
9	0	−3.3	−1.1	−2.1	−4.2	+1.2	−3.3	−1.2	+1.2	−3.3
10	−2.0	−5.1	−3.2	−4.0	−2.0	+1.2	−1.2	+1.1	−1.2	−5.1

② 计算极差 R

极差 R 是数据中最大值与最小值之差，本例中：

$$x_{\max} = +3.2(\text{mm}) \qquad x_{\min} = -6.0(\text{mm})$$

$$R = x_{\max} - x_{\min} = +3.2 - (-6.0) = 9.2(\text{mm})$$

③ 确定组数、组距、组限

a. 确定组数 K。确定组数的原则是分组的结果能正确反映数据的分布规律。组数应根据数据多少来确定。组数过少，会掩盖数据的分布规律；组数过多，会使数据过于零乱分散，也不能正确显示出质量分布状况。一般可参考表 9-5 的经验数值确定。本例中取 $K = 10$。

表 9-5　　数据分组参考值

数据总数 N	分组数 K
50 ~ 100	6 ~ 10
100 ~ 250	7 ~ 12
250 以上	10 ~ 20

b. 确定组距 H。组距是组与组之间的间隔，也即一个组的范围，各组距应相等，于是有

$$极差 \approx 组距 \times 组数$$

即

$$R \approx H \cdot K$$

因而组数、组距的确定应根据极差综合考虑，适当调整。还要注意数值尽量取整，使分组结果能包括全部变化值，同时也便于以后的计算分析。

本例中：

$$H = \frac{R}{K} = \frac{9.2}{10} = 0.92 \approx 1(\text{mm})$$

c. 确定组限。每组的最大值为上限，最小值为下限，上下限统称为组限。确定组限时应注意使各组之间连续，即较低组上限应为相邻较高组下限，这样才不致使有的数据被遗

漏。对恰恰处于组限值上的数据，其解决的办法有二：一是规定每组上（或下）组限不计在该组内，而应计入相邻较高（或较低）组内；二是将组限值较原始数据精度提高半个最小测量单位。

本例采取第一种方法划分组限，即每组上限不计入该组内。

首先确定第一组下限：

$$x_{\min}-\frac{H}{2}=-6.0-\frac{1}{2}=-6.5(\text{mm})$$

第一组上限 $=-6.5+H=-6.5+1=-5.5(\text{mm})$

第二组下限 = 第一组上限 $=-5.5(\text{mm})$

第二组上限 $-5.5+H=-5.5+1=-4.5(\text{mm})$

以下以此类推。

最高组的组限为 $+2.5\sim+3.5(\text{mm})$，分组结果覆盖全部数据。

④ 编制数据频数统计表

统计各组频数，可采用唱票形式进行，频数总和应等于全部数据个数。本例频数统计结果见表 9-6。

表 9-6　　频数统计表

组号	组限 /mm	频数	频率 /%
1	−6.5 ～−5.5	1	1.25
2	−5.5 ～−4.5	3	3.75
3	−4.5 ～−3.5	7	8.75
4	−3.5 ～−2.5	11	13.75
5	−2.5 ～−1.5	19	23.75
6	−1.5 ～−0.5	17	21.25
7	−0.5 ～+0.5	10	12.50
8	+0.5 ～+1.5	8	10.00
9	+1.5 ～+2.5	3	3.75
10	+2.5 ～+3.5	1	1.25
合计		80	100

从表 9-6 中可以看出，用大模板浇筑混凝土，质量特性值是有波动性的。但这些数据分布是有一定规律的，就是数据在一个有限范围内变化，且这种变化有一个集中趋势，即模板误差值在 $-2.5\sim-1.5$ 范围内的最多，可把这个范围即第五组视为该样本质量数据的分布中心，随着强度值的逐渐增大和逐渐减小而逐渐减少。为了更直观、更形象地表现质量特征值的这种分布规律，应进一步绘制出直方图。

⑤ 绘制频数分布直方图

在频数分布直方图中，横坐标表示质量特性值，本例中为模板误差值，并标出各组的组限值。根据表 9-6 可以画出以组距为底、以频数为高的 K 个直方形，便得到频数分布直方图，如图 9-7 所示。

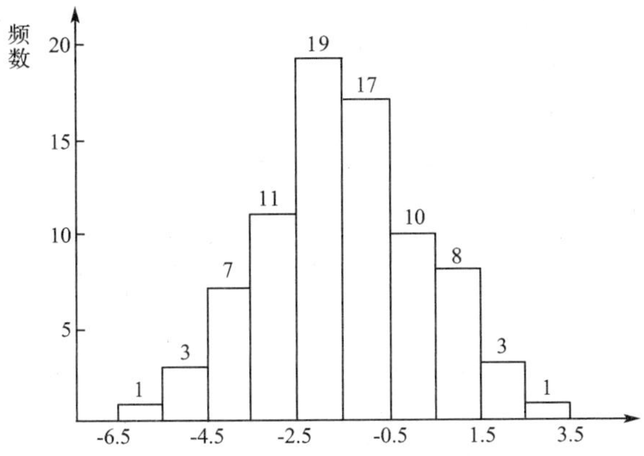

图 9-7　模板误差频数分布直方图

（2）直方图的观察与分析

① 观察直方图的形状，判断质量分布状态。作完直方图后，首先要认真观察直方图的整体形状，看其是否是属于正常型直方图。正常型直方图应是中间高，两侧低，左右接近对称的图形，如图 9-8 中(a) 所示。

出现非正常型直方图时，表明生产过程或收集数据作图有问题。这就要求进一步分析判断，找出原因，从而采取措施加以纠正。凡属非正常型直方图，其图形分布有各种不同缺陷，归纳起来有五种类型，如图 9-8(b)(c)(d)(e)(f) 所示。

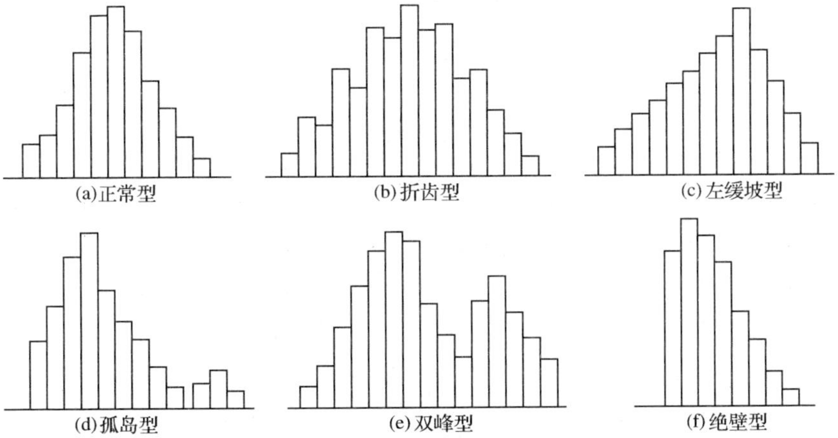

图 9-8　常见直方图

a. 折齿型(图 9-8(b))，是由于分组不当或者组距确定不当出现的直方图。

b. 左(或右) 缓坡型(图 9-8(c))，主要是由于操作中对上限(或下限) 控制太严造成的。

c. 孤岛型 (图 9-8(d))，是原材料发生变化，或临时他人顶替班造成的。

d. 双峰型(图 9-8(e))，是由于两种不同方法或两台设备或两组工人进行生产，然后把两方面数据混在一起整理而造成的。

e. 绝壁型(图 9-8(f)),是由于数据收集不正常,可能有意识地去掉下限以下的数据,或是在检测过程中存在某种人为因素所造成的。

② 将直方图与质量标准比较,判断实际生产过程能力。除了观察直方图的形状,分析质量分布状态外,再将正常型直方图与质量标准比较,从而判断实际生产过程能力。正常型直方图与质量标准比较,一般有如图 9-9 所示的 6 种情况。

图中 T—— 质量标准要求界限;

B—— 实际质量特性分布范围。

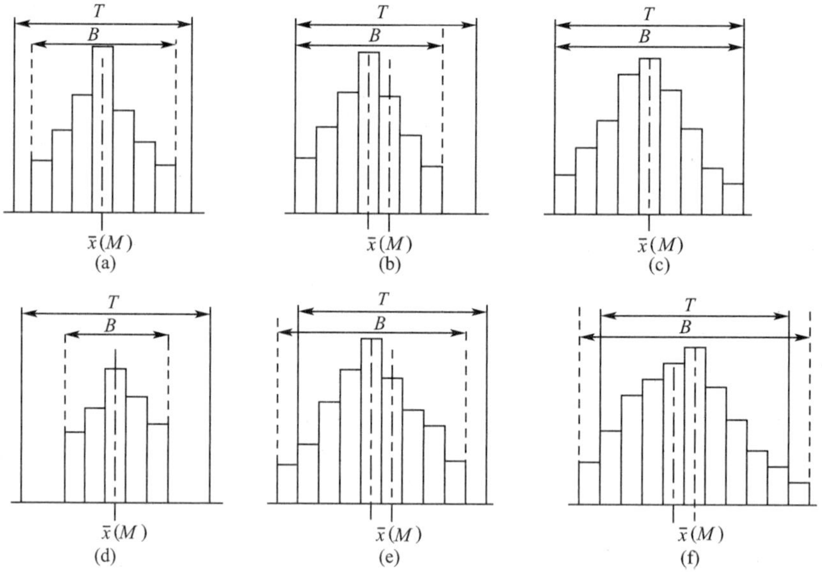

图 9-9　实际质量特性分布与标准比较

a. 图 9-9(a),B 在 T 中间,质量分布中心 $\bar{x}$ 与 T 的中心 M 重合,实际数据分布与质量标准比较两边还有一定的余地。这样的生产过程质量是理想的,说明生产过程处于正常稳定状态。在这种情况下生产出来的产品可认为全都是合格品。

b. 图 9-9(b),B 虽然落在 T 内,但质量分布中心 $\bar{x}$ 与 T 的中心 M 不重合,偏向一边。这样生产状态一旦发生变化,就可能超出质量标准下限而出现不合格品。出现这种情况时应迅速采取措施,使直方图移到中间来。

c. 图 9-9(c),B 在 T 中间,且 B 的范围接近 T 的范围,没有余地,生产过程一旦发生小的变化,产品的质量特性值就可能超出质量标准。出现这种情况时,必须立即采取措施,以缩小质量分布范围。

d. 图 9-9(d),B 在 T 中间,但两边余地太大,说明加工过于精细,不经济。在这种情况下,可以对原材料、设备、工艺、操作等控制要求适当放宽些,有目的地使 B 扩大,从而有利于降低成本。

e. 图 9-9(e),质量分布范围 B 已超出标准下限之外,说明已出现不合格品。此时必须采取措施进行调整,使质量分布位于标准之内。

f. 图 9-9(f)，质量分布范围完全超出了标准上、下界限，散差太大，产生许多废品，说明生产过程能力不足，应提高生产过程能力，使质量分布范围 B 缩小。

4. 控制图法

控制图又称管理图，它是在直角坐标系内画有控制界限，描述生产过程中产品质量波动状态的图形。利用控制图区分质量波动原因，判断生产工序是否处于稳定状态的方法称为控制图法。

(1) 控制图的基本形式及其作用

① 控制图的基本形式

控制图的基本形式如图 9-10 所示。横坐标为样本(子样)序号或抽样时间，纵坐标为被控制对象，即被控制的质量特性值。控制图上一般有 3 条线：在上面的一条虚线称为上控制界限，用符号 UCL 表示；在下面的一条虚线称为下控制界限，用符号 LCL 表示；中间的一条实线称为中心线，用符号 CL 表示。中心线标志着质量特性值分布的中心位置，上下控制界限标志着质量特性值允许波动的范围。

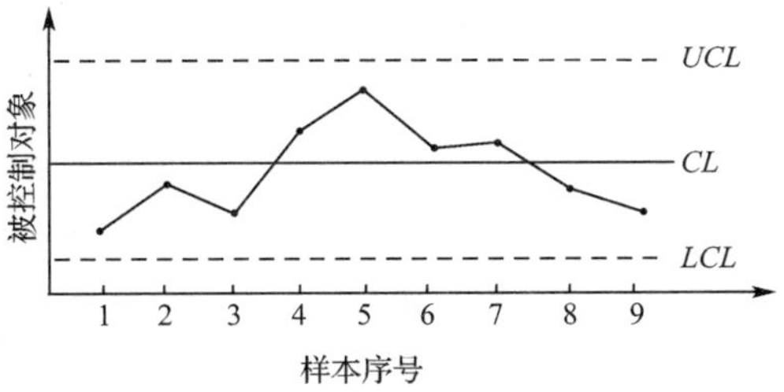

图 9-10　控制图的基本形式

在生产过程中通过抽样取得数据，把样本统计数据描在图上来分析工序状态。如果点子随机地落在上、下控制界限内，则表明生产过程正常，处于稳定状态，不会产生不合格品；如果点子超出控制界限，或点子排列有缺陷，则表明生产条件发生了异常变化，生产过程处于失控状态。

② 控制图的作用

控制图是用样本数据来分析判断生产过程(总体)是否处于稳定状态的有效工具。它的主要作用有两个：

a. 过程分析，即分析生产过程是否稳定。为此，应随机连续收集数据，绘制控制图，观察数据点分布情况并判定生产过程状态。

b. 过程控制，即控制生产过程质量状态。为此，要定时抽样取得数据，将其变为点描在图上，发现并及时消除生产过程中的失调现象，预防不合格品的产生。

前述排列图、直方图法是质量管理的静态分析法，反映的是质量在某一段时间内的静止状态。然而产品都是在动态的生产过程中形成的，因此，在质量管理中单用静态分析法显然是不够的，还必须有动态分析法。只有运用动态分析法，才能随时了解生产过程中质量的变化情况，及时采取措施，使生产处于稳定状态，起到预防出现废品的作用。控制图法就是典型的动态分析法。

控制图是1924年由美国贝尔研究所休哈特博士首先提出的，目前已成为各国质量管理常用的统计分析工具。

(2) 控制图的原理

任何一个生产过程，不论客观条件多么稳定，设备多么精确，工人操作多么熟练，其生产的产品总是会有所差别的，这就是质量特征值的波动性，或称质量数据的差异性。造成质量数据差异性主要有五个方面因素，即：人，包括质量意识、技术熟练程度、疲劳等因素；材料，包括材料成分、外形尺寸、理化性能等因素；方法，包括生产工艺、操作方法等因素；环境，包括工作地点的湿度、温度、清洁条件、噪音干扰等因素；机械设备，包括其精度、维修保养状况等因素。所有这些在生产过程中都同时对产品质量起到影响作用。

上述造成质量特征值波动的五个方面因素，归纳起来分为两大类原因：一类是偶然性原因。一类是系统性原因。偶然性原因是对产品质量经常起作用的因素，具有随机性的特点，如原材料的规格、型号都正确，只是材质不均匀；一天中的温度、湿度的微小变化；工人操作的微小变化等。这些因素在生产中大量存在，但对质量影响很小，一般来说不会因此产生废品。而这些因素在技术上难以测量，且难以消除和避免，或在经济上不值得消除。通常把这类因素称为正常因素。系统性原因是指如原材料质量规格有显著变化、工人不遵守操作规程、机械设备过度磨损或发生故障等。它对质量波动影响很大，容易产生次品或废品。而这些因素是容易识别，也是可以避免的。通常把系统性原因称为异常因素。

在生产过程中，如果仅仅存在偶然性原因影响，而不存在异常因素，这时生产过程处于稳定状态，或称为受控制状态。其产品质量特性值的波动是有一定规律的，即质量特征值分布服从正态分布（正常型直方图）规律。控制图就是利用这个规律，来识别生产过程中的异常因素，控制由系统性原因造成的质量波动，保证生产过程处于控制状态。

如何衡量生产过程是否处于稳定状态呢？我们知道，一定状态下的工序生产的产品质量是具有一定分布规律的，工序状态发生变化，产品质量分布规律也随之改变。观察产品质量分布情况，一是看分布中心位置(μ)；二是看分布的离散程度(σ)。这可通过图9-11来说明。

图9-11中每一条曲线都可以看成是生产过程进行中某一时刻可能的质量分布。它反映了该时刻的生产工序状态。图9-11中列举了(a)、(b)、(c)、(d)四种情形。假定其初始状态是一样的，其产品质量都服从同一正态分布，即有确定的μ和σ，且分布中心与质量标准中心重合，散差分布在质量标准界限之内。这时生产的产品基本上都是合格品。但这只是保证产品质量的前提，以后将要生产的产品质量是由工序状态决定的。

图9-11(a)，反映产品质量分布服从正态分布，其分布中心与散差都不随时间（生产过程）而改变，即μ和σ不变。这种情况下，我们对于生产出的产品以及将要生产的产品都有充分的把握，因而可以说这时的工序中没有异常因素存在，处于控制状态。

图9-11(b)，产品质量分布中心μ随时间（生产过程）变化发生了偏移。

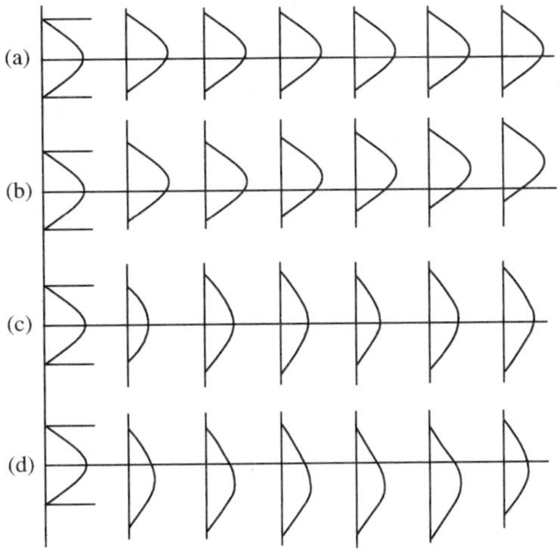

图 9-11 产品质量特性值分布曲线变化

图 9-11(c)，产品质量的散差增加了，即 σ 增大了。

图 9-11(d)，产品质量分布中心和散差都发生了较大改变，即 μ 值偏离标准中心，σ 值增大。

后三种情形都是由于生产过程中存在异常原因引起的，都有可能产生不合格品，生产过程不能再维持初始的质量水平而处于不稳定状态，应及时分析，消除异常原因的影响。

综上所述，我们可依据描述产品质量分布的集中位置和离散程度的统计特征值，随时间(生产进程)的变化情况来分析生产过程是否处于稳定状态。在控制图中，只要样本质量的特征值随机地落在上下控制界限之内，就表明产品质量分布的参数 μ 和 σ 基本保持不变，生产中只存在偶然因素，生产过程是稳定的。而一旦发生了质量数据点飞出控制界限之外，或排列有缺陷，则说明生产过程中存在系统原因，使 μ 和 σ 发生了改变，生产过程出现异常情况。

(3) 控制图的种类

① 按用途分类

a. 分析用控制图。主要用来调查分析生产过程是否处于控制状态。作分析用控制图时，一般需连续抽取 20 ～ 25 组样本数据，计算控制界限。

b. 管理用控制图。主要用来控制生产过程，使之经常保持在稳定状态下。当根据分析用控制图判明生产工序处于稳定状态时，一般把分析用控制图的控制界限延长作为管理用控制图的控制界限，并按一定的时间间隔取样、计算、描点，根据点子分布情况，判断生产过程是否有异常因素影响。

② 按质量数据特点分类

控制图按质量数据特点不同，又分为计量值控制图和计数值控制图。常用的控制图如图 9-12 所示。

- 控制图
  - 计量值控制图
    - x 控制图（单值控制图）
    - $\bar{x}$-R 控制图（平均值－极差控制图）
    - $\tilde{x}$-R 控制图（中位数－极差控制图）
    - x-R_s 控制图（单值－移动极差控制图）
  - 计数值控制图
    - 计件值控制图
      - pn 控制图（不合格品数控制图）
      - p 控制图（不合格品率控制图）
    - 计点值控制图
      - c 控制图（样本缺陷数控制图）
      - u 控制图（单位产品缺陷数控制图）

图 9-12 常用的控制图分类

a. 计量值控制图。主要适用于质量特征值属于计量值的控制，如时间、长度、重量、强度、成分等连续型变量。计量值控制图的质量特性值服从正态分布规律。常用的有以下几种：

ⅰ. x 控制图，又称单值控制图。它是把一个个计量值的数据直接点入控制图，即每次抽检的样本为 1 的情况，通常用于测量费用高，得到数据间隔较长的场合，或只需测量一个数据就能反映质量特性的场合。这种控制图的检测能力较低，使用时需特别注意。

ⅱ. $\bar{x}$-R 控制图，即平均值－极差控制图。它是平均值 $\bar{x}$ 控制图和极差 R 控制图配合使用的一种控制图。它可以对生产过程的状况作较全面而准确的分析，提供的质量情报多，发现生产过程异常的能力即检测能力强，是被广泛采用的计量值控制图。

ⅲ. $\tilde{x}$-R 控制图，即中位数－极差控制图。这是中位数 $\tilde{x}$ 控制图和极差 R 控制图结合使用的一种控制图。其用途与 $\bar{x}$-R 控制图基本相同。其特点是可以不计算平均值，做起来简单，很适用于现场，但 $\tilde{x}$-R 控制图的检测能力比 $\bar{x}$-R 控制图稍差。

ⅳ. x-R_s 控制图，即单值－移动极差控制图。它是将单值 x 控制图和移动极差 R_s 控制图结合使用的一种控制图。R_s 为相邻两数据差的绝对值，即

$$R_s = |x_i - x_{i+1}| \qquad (i = 1, 2, \cdots, k-1)$$

b. 计数值控制图。通常用于质量数据中属于计数值的控制，如不合格品数、疵点数、不合格品率等离散型变量数据。当某些产品质量的特性值无法直接测量，只要求按合格品和不合格品区分时，均宜采用 pn 控制图和 p 控制图。根据计数值的不同又分为计件值控制图和计点值控制图。

ⅰ. pn 控制图，即不合格品数控制图。使用这种控制图时，要求每次抽检的样本容量 n 相等，这种控制图可以把检验中所得的不合格品数直接点入图中，使用比较简便。

ⅱ. p 控制图，即不合格品率控制图。该控制图用于样本容量不相等的情况。在运用 p 控制图时，必须经过运算才能点入图中，因此使用上比 pn 图麻烦。

ⅲ. c 控制图，即样本缺陷数控制图，一般用于样本容量一定的情况，如门窗安装的缺陷、混凝土楼板的缺陷等都可采用这种控制图。

ⅳ. u 控制图，即单位产品缺陷数控制图。一般用于样本容量不一定的情况，如墙面每

平方米的缺陷数、同型号的每台电梯安装的缺陷数等均可采用这种控制图。

(4) 控制图控制界限的确定

根据数理统计学原理和经济原则，在质量控制中采用“三倍标准偏差法”来确定控制界限，即将中心线定在被控制对象的平均值上，以中心线为基点推向上、下各量三倍被控制对象的标准偏差作为上下控制界限。因为控制图是以正态分布为理论依据，采用“三倍标准偏差法”可以在最经济的条件下实现工序控制，达到保证产品质量的目的。

按三倍标准偏差法，各类控制图控制界限的计算公式见表 9-7。

表 9-7　控制图控制界限计算公式

控制图种类			中心线	控制界限	样本大小
计量值控制图		平均数 $\bar{x}$ 控制图	$\bar{\bar{x}} = \frac{\sum_{i=1}^{k} \bar{x}_i}{k}$	$\bar{\bar{x}} \pm A_2\bar{R}$	$n \geqslant 2$
		极差 R 控制图	$\bar{R} = \frac{\sum_{i=1}^{k} R_i}{k}$	$D_4\bar{R}, D_3\bar{R}$	$n \geqslant 2$
		中位数 $\tilde{x}$ 控制图	$\bar{\tilde{x}} = \frac{\sum_{i=1}^{k} \tilde{x}_i}{k}$	$\bar{\tilde{x}} \pm m_3A_2\bar{R}$	$n \geqslant 2$
		单值 x 控制图	$\bar{x} = \frac{\sum_{i=1}^{k} x_i}{k}$	$\bar{x} \pm E_2R_S$	$n = 1$
		移动极差 R_s 控制图	$\bar{R}_S = \frac{\sum_{i=1}^{k-1} R_{S_i}}{k-1}$	$D_4\bar{R}_S, D_3\bar{R}_S$	$n \geqslant 2$
计数值控制图	计件	不合格品数 pn 控制图	$\overline{np} = \frac{\sum_{i=1}^{k} p_i n_i}{k}$	$\overline{np} \pm 3\sqrt{\overline{np}(1-\bar{p})}$	$n =$ 常数
		不合格品率 p 控制图	$\bar{p} = \frac{\sum_{i=1}^{k} p_i n_i}{\sum_{i=1}^{k} n_i}$	$\bar{p} \pm 3\sqrt{\frac{\bar{p}(1-\bar{p})}{n}}$	$n \neq$ 常数
	计点	缺陷数 c 控制图	$\bar{c} = \frac{\sum_{i=1}^{k} c_i}{k}$	$\bar{c} \pm 3\sqrt{\bar{c}}$	$n =$ 常数
		单位缺陷数 u 控制图	$\bar{u} = \frac{\sum_{i=1}^{k} c_i}{\sum_{i=1}^{k} n_i}$	$\bar{u} \pm 3\sqrt{\frac{\bar{u}}{n}}$	$n \neq$ 常数

控制图控制界限计算公式中的系数采用见表 9-8。

表 9-8　　控制图系数采用表

样本大小 n	A_2	D_4	D_3	m_3A_2	E_2
2	1.88	3.27	—	1.88	2.66
3	1.02	2.57	—	1.19	1.77
4	0.73	2.28	—	0.80	1.46
5	0.58	2.11	—	0.69	1.29
6	0.48	2.00	—	0.55	1.18
7	0.42	1.92	0.08	0.51	1.11
8	0.37	1.86	0.14	0.43	1.05
9	0.34	1.82	0.18	0.41	1.01
10	0.31	1.78	0.22	0.36	0.98

(5) 控制图的绘制方法

无论是计量值控制图还是计数值控制图，其绘制程序基本是一致的。

① 选定被控制的质量特性，即明确控制对象。要控制的质量特性应是影响质量的关键特性，且必须是可测量、技术上是可控制的。

② 收集数据并分组。收集数值应采取随机抽样方式，绘制分析用计量值控制图时，数据量应不少于 50 ～ 100 个，收集数据的时间不应少于 10 ～ 15 天。在日常控制中，样本含量多取 $n = 4 \sim 5$。

③ 确定中心线和控制界限。这是绘制控制图的中心问题。可利用表 9-7 所列公式计算确定。

④ 描点分析。如果认为生产过程处于稳定状态，则控制图可转为控制生产过程用；如果生产过程处于非控制状态，则应查明原因，消除异常点，重新取得数据，再行绘制，直到得出处于稳定状态下的控制图为止。

下面结合工程项目施工实例，说明作为分析用计量值 $\bar{x}$-R 控制图的绘制方法及应用。

例 9-3　某混凝土搅拌站拌制 C30 混凝土，为保证质量，采用 $\bar{x}$-R 控制图(即平均值与极差控制图) 进行分析和控制。$\bar{x}$-R 控制图的绘制步骤如下：

① 收集数据。共收集了 50 份抗压强度报告单。按时间顺序排列，每组 5 个数据($n = 5$)，共分为 10 组($K = 10$) ，见表 9-9。

表 9-9　　混凝土强度数据表

组序	抗压强度 /(N/mm²)					小计 $\sum x$	平均值 $\bar{x}_i$	极差 R_i
	x_1	x_2	x_3	x_4	x_5			
1	32.5	44.6	35.6	34.7	34.9	182.3	36.46	12.1
2	36.7	38.9	41.8	30.8	40.3	188.5	37.70	11.0
3	37.5	33.4	36.8	37.1	39.9	184.5	36.94	6.5
4	41.1	47.0	37.0	34.2	37.9	197.2	39.44	12.8
5	37.7	34.0	37.4	35.3	32.8	177.2	35.44	4.9
6	36.4	39.3	38.5	36.3	34.4	184.9	36.98	4.9
7	33.1	36.7	33.9	35.5	37.8	177.0	35.40	4.7
8	38.6	40.9	43.7	35.1	39.7	198.0	39.60	8.6
9	35.8	36.9	38.1	41.3	43.1	195.2	39.04	7.3
10	39.4	42.4	40.7	42.2	38.3	203.0	40.60	4.1
合计							377.60	76.9

② 确定中心线和控制界限

a. 计算每组的平均值 $\bar{x}_i$ 和极差 R_i（要求精度比测定单位高一级）。将其结果计入表 9-9 中最后两列。

b. 计算各组平均值 $\bar{x}_i$ 的平均值 $\bar{\bar{x}}$ 和各组极差 R_i 的平均值 $\overline{R}$。

$$\bar{\bar{x}} = \frac{\sum_{i=1}^{k} \bar{x}_i}{k} = \frac{377.6}{10} = 37.76(\text{N/mm}^2)$$

$$\overline{R} = \frac{\sum_{i=1}^{k} R_i}{k} = \frac{76.9}{10} = 7.69(\text{N/mm}^2)$$

c. 确定中心线和控制界限

$$CL = \bar{\bar{x}} = 37.76(\text{N/mm}^2)$$

$$UCL = \bar{\bar{x}} + A_2 \cdot \overline{R} = 37.76 + 0.58 \times 7.69 = 42.22(\text{N/mm}^2)$$

$$LCL = \bar{\bar{x}} - A_2 \cdot \overline{R} = 37.76 - 0.58 \times 7.69 = 33.30(\text{N/mm}^2)$$

d. R 控制图的中心线和控制界限

$$CL = \overline{R} = 7.69(\text{N/mm}^2)$$

$$UCL = D_4 \cdot \overline{R} = 2.11 \times 7.69 = 16.23(\text{N/mm}^2)$$

$LCL = D_3 \cdot \overline{R}$ 因为 $n < 6$，所以可不考虑下控制界限。

③ 绘图、描点

根据计算结果绘制出 $\bar{x}$-R 控制图。$\bar{x}$ 图在上，R 图在下。纵坐标为 $\bar{x}$ 和 R，横坐标为抽样时间或样本序号。按计算结果绘出中心线和上、下控制界限，并将各组的平均值 $\bar{x}$ 和极差 R 的点描在图上，如图 9-13 所示。

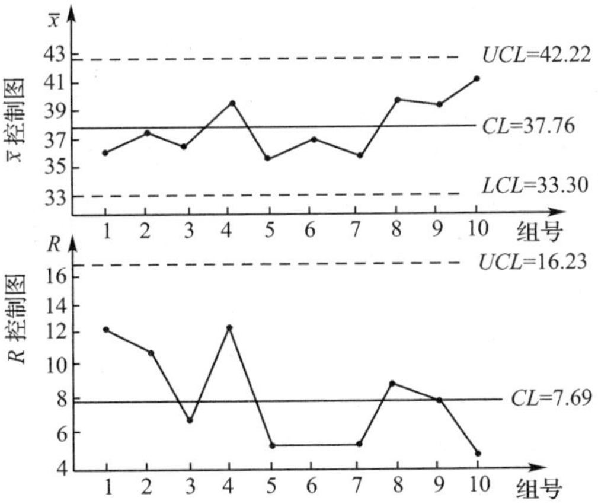

图 9-13 混凝土强度 $\bar{x}$-R 控制图

需要说明的是，$\bar{x}$-R 控制图是将平均值 $\bar{x}$ 控制图和极差 R 控制图配合使用的。两个图形要对照起来分析，横坐标的序号必须对齐，因此，纵坐标也要对齐，横坐标两个图可分别画，也可只用 R 图的一个横坐标，但绝不可以把 $\bar{x}$ 图和 R 图错开来画。

(6) 控制图的观察与分析

绘制控制图的目的是分析判断生产过程是否处于稳定状态。这主要是通过控制图上对点子分布情况的观察与分析来进行。因为控制图上点子作为随机抽样的样本，可以反映出生产过程(总体) 的质量分布状态。

当控制图同时满足以下两个条件：一是点全部落在控制界限之内；二是控制界限内的点排列没有缺陷，我们就可以认为生产过程基本上处于稳定状态。如果点的分布不满足其中任一一条，都应判断生产过程为异常。

① 所谓点全部落在控制界限内，是指应符合下述 3 个要求：

a. 连续 25 点，没有 1 点超出控制界限；

b. 连续 35 点，仅有一点超出控制界限；

c. 连续 100 点，不多于 2 点超出控制界限。

② 所谓控制界限内的点排列没有缺陷，是指点的排列是随机的，而没有出现异常现象。这里的异常现象是指点排列出现了“链”“同侧”“趋势” 等情况。

a. 链，是指点连续出现在中心线一侧的现象。

出现 5 点链，应注意生产过程发展状况。

出现 6 点链，应开始调查原因。

出现 7 点链，应判定生产过程异常，需采取处理措施，如图 9-14(a) 所示。

b. 多次同侧，是指点在中心线一侧多次出现的现象，或称偏离。下列情况说明生产过程已出现异常：

在连续 11 点中有 10 点在同侧，如图 9-14(b) 所示；

在连续 14 点中有 12 点在同侧；

在连续 17 点中有 14 点在同侧；

在连续 20 点中有 16 点在同侧。

c. 趋势或倾向，是指点连续上升或连续下降的现象。连续 7 点或 7 点以上上升或连续下降排列，就应判定生产过程有异常因素影响，要立即采取措施，如图 9-14(c) 所示。

d. 周期性变动，即点的排列显示周期性变化的现象。这样既使所有点都在控制界限内，也应认为生产过程为异常，如图 9-14(d) 所示。

e. 点排列接近控制界限，是指点落在了 $\bar{x} \pm 2\sigma$ 以外，$\bar{x} \pm 3\sigma$ 以内。如属下列情况则判定为异常，如图 9-14(e) 所示。

连续 3 点至少有 2 点接近控制界限；

连续 7 点至少有 3 点接近控制界限；

连续 10 点至少有 4 点接近控制界限。

5. 相关图法

相关图又称散布图，在质量管理中它是用来显示两种质量数据之间关系的一种图形。质量数据之间的关系多属相关关系。一般有三种类型：一是质量特性和影响因素之间的关系；二是质量特性和质量特性之间的关系；三是影响因素和影响因素之间的关系。

我们一般用 y 和 x 分别表示质量特性值和影响因素。通过绘制散布图，计算相关系数

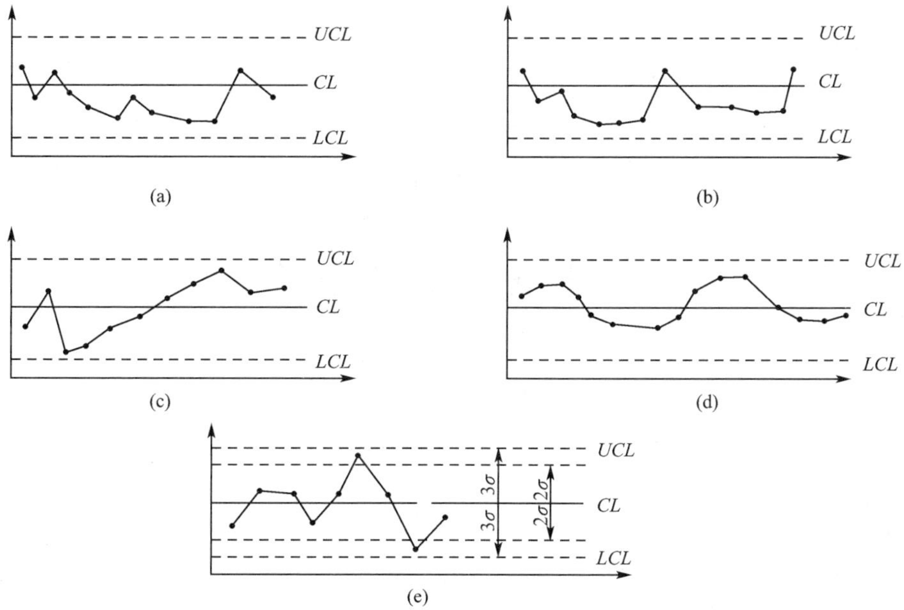

图 9-14 有异常现象的点子排列

等，分析研究两个变量之间是否存在相关关系，以及这种关系密切程度如何，进而对相关程度密切的两个变量，通过对其中一个变量的观察控制，去估计控制另一个变量的数值，以达到保证产品质量的目的。这种统计分析方法称为相关图法。

(1) 相关图的绘制方法

例 9-4 分析混凝土抗压强度和水灰比之间关系。

① 收集数据

要成对地收集两种质量数据，数据不得过少，本例收集数据见表 9-10。

表 9-10 **混凝土抗压强度与水灰比统计资料**

序号		1	2	3	4	5	6	7	8
x	水灰比 /(W/C)	0.4	0.45	0.5	0.55	0.6	0.65	0.7	0.75
y	强度 /(N/mm^2)	36.3	35.3	28.2	24.0	23.0	20.6	18.4	15.0

② 绘制相关图

在直角坐标系中，一般 x 轴用来代表原因的量或较易控制的量，本例中表示水灰比；y 轴用来代表结果的量或不易控制的量，本例中表示强度。然后将数据在相应的坐标位置上描点，便得到散布图，如图 9-15 所示。

(2) 相关图的观察与分析

相关图中点的集合，反映了两种数据之间的散布状况，根据散布状况我们可以分析两个变量之间的关系。归纳起来，有以下 6 种类型，如图 9-16 所示。

① 正相关(图 9-16(a))。散布点基本形成由左至右，向上变化的一条直线带，即，随 x 增加，y 值也相应增加，说明 x 与 y 有较强的制约关系。此时，可通过对 x 控制而有效控制

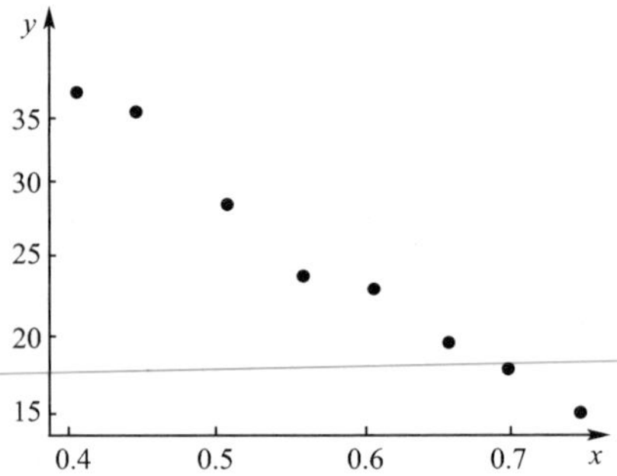

图 9-15　相关图

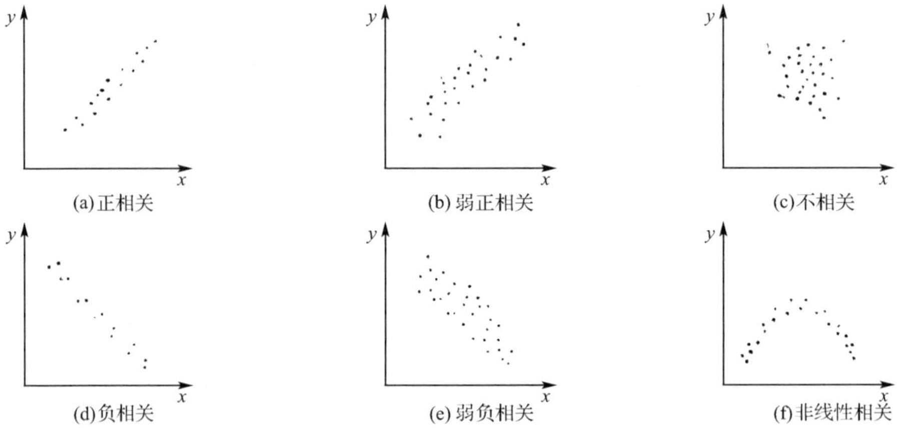

图 9-16　相关图的类型

y 的变化。

② 弱正相关(图 9-16(b))。散布点形成向上较分散的直线带。随 x 值的增加，y 值也有增加趋势，但 x、y 的关系不像正相关那么明确。说明 y 除受 x 影响外，还受其他更重要的因素影响，需要进一步利用因果分析图法分析其他影响因素。

③ 不相关(图 9-16(c))。散布点形成一团或平行于 x 轴的直线带。说明 x 变化不会引起 y 的变化或其变化无规律，分析质量原因时可排除 x 因素。

④ 负相关(图 9-16(d))。散布点形成由左向右向下的一条直线带。说明 x 对 y 的影响与正相关恰恰相反。

⑤ 弱负相关(图 9-16(e))。散布点形成由左至右向下分布的较分散的直线带。说明 x 与 y 的相关关系较弱，且变化趋势相反，应考虑寻找影响 y 的其他更重要的因素。

⑥ 非线性相关(图 9-16(f))。散布点呈一曲线带，即在一定范围内 x 增加，y 也增加，超过这个范围 x 增加，y 则有下降趋势，或改变变动的斜率呈曲线形式。

从图 9-16 可以看出，本例水灰比对强度影响关系属于负相关。初步结果是，在其他条件不变的情况下，混凝土强度随着水灰比增大有逐渐降低的趋势。

(3) 相关系数

通过观察相关图，可以定性分析判断两个变量之间的相关关系。而用相关系数则可以定量度量这两个变量之间线性相关的密切程度。

① 相关系数的计算

相关系数用 r 表示，其计算公式为

$$r=\frac{n\sum xy-\sum x\cdot\sum y}{\sqrt{n\sum x^2-(\sum x)^2}\cdot\sqrt{n\sum y^2-(\sum y)^2}}$$

根据上述公式，例 9-4 的相关系数可列表 9-11 进行计算。

表 9-11　　**相关系数计算表**

序号	水灰比 x	强度 y	x^2	y^2	xy
1	0.40	36.3	0.16	1 317.69	14.52
2	0.45	35.3	0.2025	12 246.09	15.89
3	0.50	28.2	0.25	795.24	14.10
4	0.55	24.0	0.3025	576.00	13.20
5	0.60	23.0	0.36	529.00	13.80
6	0.65	20.6	0.4225	424.36	13.39
7	0.70	18.4	0.49	338.65	12.88
8	0.75	15.0	0.5625	225.00	11.25
合计	4.60	200.8	2.75	5 451.94	109.03

② 相关系数的意义

相关系数 r 是一个无量纲的系数。其数值在 $[-1,1]$ 范围内变化。r 的绝对值越接近 1，表示 x,y 之间线性相关程度越高；越接近 0，表示 x,y 之间线性相关程度越低；当 $r=0$ 时，有两种可能，即或者是非线性相关，或者是不相关；当 $r<0$ 时，表示若 x 增加，则 y 减小，即变量间为负相关；当 $r>0$ 时，表示若 x 增加，则 y 也增加，即变量间为正相关。

当变量数据较多($n\geqslant 50$)时，可以将相关关系的密切程度分为四级：

a. $r<0.3$，x,y 是无线性相关关系；

b. $0.3\leqslant r<0.5$，x,y 是低相关关系；

c. $0.5\leqslant r<0.8$，x,y 是显著相关关系；

d. $r\geqslant 0.8$，x,y 是高度相关关系。

本例中：

$$r=\frac{8\times 109.03-4.60\times 200.8}{\sqrt{8\times 2.75-4.60^2}\times\sqrt{8\times 5\,451.94-200.8^2}}=-0.936\,7$$

说明混凝土强度与水灰比高度相关。

③ 相关系数的检验

当变量数据较少(即小样本)时，需要对相关系数进行检验。相关系数是根据样本数据资料计算的，根据抽样原理可知，用一个小样本的相关系数去说明总体的相关程度是具有随机性的，需要对样本相关系数进行检验。下面介绍一种查表检验的方法，其步骤如下：

a. 确定自由度，当样本数据对数是 n 时，自由度等于 $n-2$。

b. 确定危险率 α，一般取 $\alpha=5.0\%$ 或 $\alpha=1.0\%$。危险率是指用计算的样本相关系数说明总体相关程度，其可靠程度为$(1-\alpha)$，即 95% 或 99%。

c. 查相关系数检验表。根据自由度 $n-2$ 和危险率 α 查相关系数检验表，见表 9-12。

表 9-12　　相关系数 r_α 检验表

$n-2$	α		$n-2$	α		$n-2$	α	
	0.01	0.05		0.01	0.05		0.01	0.05
1	1.000	0.997	14	0.623	0.497	27	0.470	0.367
2	0.990	0.950	15	0.606	0.482	28	0.463	0.361
3	0.950	0.878	16	0.590	0.468	29	0.456	0.355
4	0.917	0.811	17	0.575	0.456	30	0.449	0.349
5	0.874	0.754	18	0.561	0.444	35	0.418	0.325
6	0.834	0.707	19	0.549	0.433	40	0.393	0.304
7	0.798	0.666	20	0.537	0.423	45	0.372	0.288
8	0.765	0.632	21	0.526	0.413	50	0.354	0.273
9	0.735	0.602	22	0.515	0.404	60	0.325	0.250
10	0.708	0.576	23	0.505	0.396	70	0.302	0.232
11	0.684	0.553	2	0.496	0.388	80	0.283	0.217
12	0.661	0.532	25	0.487	0.381	90	0.267	0.205
13	0.641	0.514	26	0.478	0.374	100	0.254	0.195

从表中查得相应的 r_α 和计算的 $|r|$ 比较，r_α 是在一定的可靠度 $(1-\alpha)$ 条件下，样本相关系数有效的起码值（界限值），即 $|r|>r_\alpha$ 时，可以判断 x,y 相关，其保证程度是 $(1-\alpha)$；若 $|r|<r_\alpha$，则认为 x,y 无线性相关关系。

在例 9-4 中，$n=8$，需要对相关系数进行检验。自由度 $n=8-2=6$，α 取 0.05，查表可得 $r_{0.05}=0.707$，因 $|r|=0.936\ 7$，因而可以认为混凝土抗压强度和水灰比之间存在强线性相关关系，是负相关。在实际工作中，我们就可以通过控制水灰比来保证混凝土强度。

6. 分层法

分层法又叫分类法，它是将调查收集的原始数据按不同的目的和要求，按某一性质进行分组、整理的分析方法。分层的结果使数据各层间的差异突出地显示出来，层内的数据差异减少了。可见，分层法的关键是尽量使同一层内的数据波动小一些，各层间的数据波动大一些。在此基础上再进行层间、层内的比较分析，可以更深刻地发现和认识质量问题的本质和规律。由于产品质量是多方面因素共同作用的结果，因而对同一批数据，可以按不同性质分层，使我们能从不同角度来考虑、分析产品存在的质量问题和影响因素。

常用的分层方法有：

（1）按操作班组或操作者分层；

（2）按使用机械设备型号、功能分层；

（3）按操作方法分层；

（4）按原材料供应单位、供应时间或等级分层；

（5）按时间顺序分层；

（6）按检查手段、工作环境等分层。

7. 统计调查表法

统计调查表法是利用专门设计的统计调查表，进行数据收集、整理和粗略分析质量状态的一种方法。

在质量管理活动中，利用统计调查表收集数据，简便灵活，便于整理。它没有固定的格式，一般可根据调查的项目，设计出不同的格式。

常用的调查表有：

(1)产品缺陷部位统计调查表；

(2)不合格项目统计调查表；

(3)不合格原因调查表；

(4)施工质量检查评定用调查表等。

9.3　质量管理体系标准

随着市场经济的不断发展，产品质量已成为市场竞争的焦点。为了更好地推动企业建立更加完善的质量管理体系，实施充分的质量保证，建立国际贸易所需要的关于质量的共同语言和规则，国际标准化组织(ISO)于1976年成立了TC176(质量管理和质量保证技术委员会)，着手研究制订国际间遵循的质量管理和质量保证标准。1987年，ISO/TC176发布了举世瞩目的ISO9000《质量管理与质量保证》系列标准，即ISO9000:1987系列标准，使之成为衡量企业质量管理活动状况的一项基础性的国际标准。1987版ISO9000颁布之后，ISO先后进行了多次补充、调整和修订。国际上许多国家和地区都纷纷采用。我国从1994年12月起"等同采用ISO9000族标准"作为我国质量管理系列标准(GB/T19000)。

9.3.1　标准的基本概念

国际标准化组织对标准的定义：为在一定的范围内获得最佳秩序，对活动和其结果规定共同的和重复使用的规则、指导原则或特性文件。

标准的基本含义就是"规定"，就是在特定的地域和年限里对其对象做出"一致性"的规定。标准经协商一致制订并经一个公认机构的批准。在人类生活和社会实践中，除了标准这样的规定，还有其他各种各样的规定。但标准的规定与其他规定有所不同，标准的制定和贯彻以科学技术和实践经验的综合成果为基础，标准是"协商一致"的结果。标准的颁布具有特定的过程和形式。标准的特性表现为科学性与时效性，其本质是"统一"。标准的这一本质赋予其具有强制性、约束性和法规性。

9.3.2　ISO9001—2015的基本内容

2015年再次修订后的ISO9000族标准的核心文件是《质量管理体系标准ISO9001:2015》，也即我国等同采用颁布的《质量管理体系标准GB/T 19001—2015》，其基本内容包括:①范围;②规范性引用文件;③术语和定义;④组织的背景;⑤领导作用;⑥策划;⑦支持;⑧运行;⑨绩效评价;⑩持续改进。具体内容如图 9-17 所示。

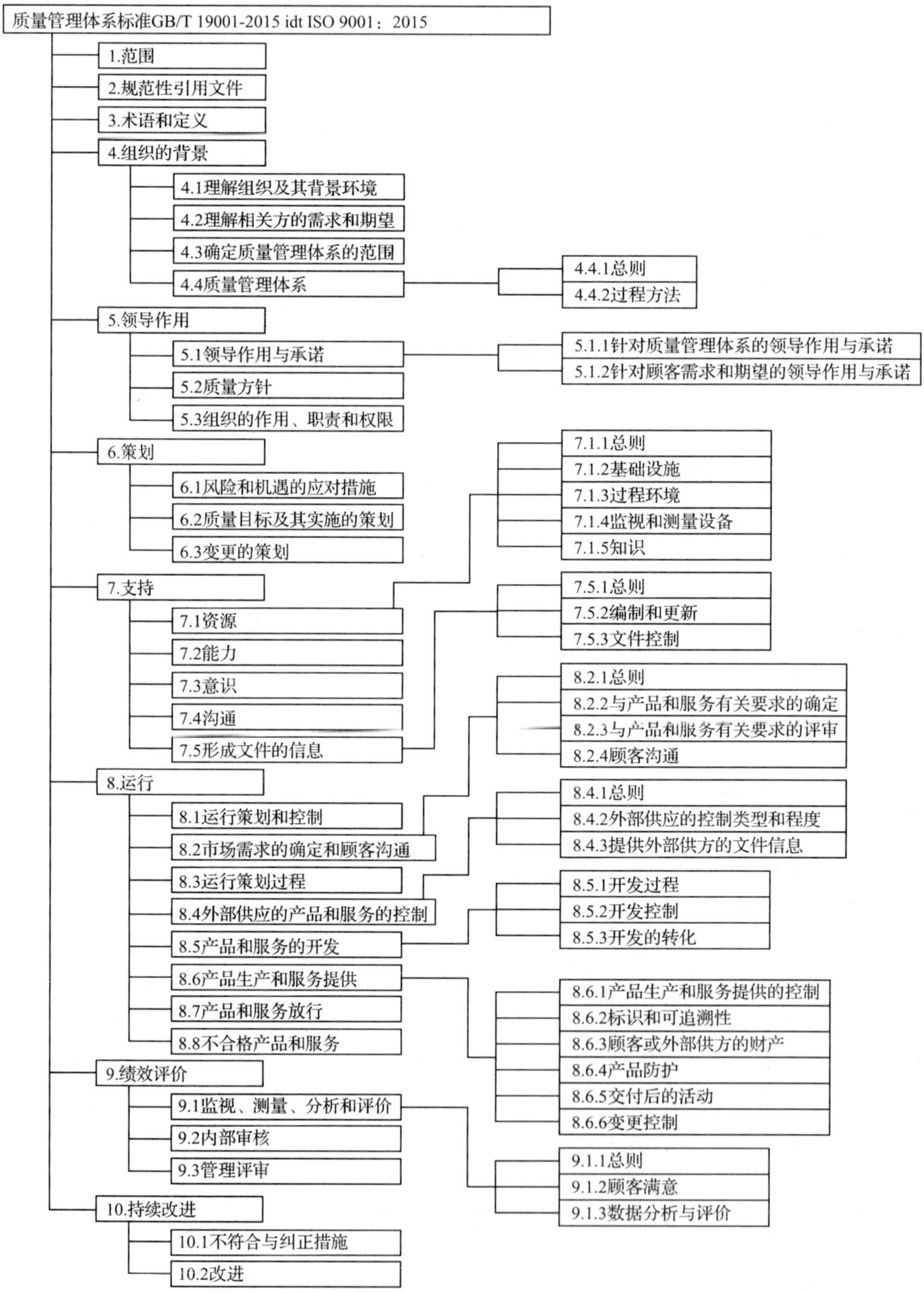

图 9-17　ISO9001:2015 的基本内容

9.3.3　质量管理体系的建立与实施

按照 GB/T19000 标准建立或更新、完善质量管理体系的程序，通常包括组织策划与总体设计、质量管理体系的文件编制、质量管理体系的实施运行等三个阶段。

1. 质量管理体系的组织策划与总体设计

最高管理者应确保对质量管理体系进行策划，以满足组织确定的质量目标的要求及质量管理体系的总体要求。在对质量管理体系的变更进行策划和实施时，应保持管理体系的完整性。通过对质量管理体系的策划，确定建立质量管理体系要采用的过程方法模式，从组织的实际出发进行体系的策划和实施，明确是否有调整的必要并确保其合理性。

2. 质量管理体系的文件编制

质量管理体系文件的编制应在满足标准要求、确保控制质量、提高组织全面管理水平的情况下，建立一套高效、简单、实用的质量管理体系文件。

3. 质量管理体系的实施运行

为保证质量管理体系的有效运行，要做到两个到位：一是认识到位，二是管理考核到位。开展纠正与预防活动，充分发挥内审的作用是保证质量管理体系有效运行的重要环节。内审是由经过培训并取得内审资格的人员对质量管理体系的符合性及有效性进行验证的过程。对内审中发现的问题，要制定纠正及预防措施，进行质量的持续改进，内审作用发挥的好坏与贯标认证的实效有着重要的关系。

9.3.4　质量认证

1. 进行质量认证的意义

近年来随着现代工业的发展和国际贸易的进一步增长，质量认证制度得到了世界各国的普遍重视。通过一个公正的第三方认证机构对产品或质量管理体系做出正确、可信的评价，从而使他们对产品质量建立信心。这种做法对供需双方以及整个社会都具有十分重要的意义。ISO 下设 200 多个技术委员会（TC），专门从事国际标准的制定和推广工作。1998 年 1 月，中国质量体系认证机构国家认可委员会（CNACR）与 16 个国家认可机构首次签署 IAF 质量体系认证与多边承认协议（IAF/MLA）。每个签约机构认可的认证机构发出的 ISO9000 认证证书在多边承认协议的其他签约机构均得到承认。

（1）可以促进企业完善质量管理体系

企业要想获取第三方认证机构的质量管理体系认证或按典型产品认证制度实施的产品认证，都需要对其质量管理体系进行检查和完善，以保证认证的有效性，并在实施认证时对发现的问题均需及时地加以纠正，所有这些都会对企业完善质量管理体系起到积极的推动作用。

（2）可以提高企业的信誉和市场竞争能力

企业通过了质量管理体系认证机构的认证，获取合格证书和标志并通过注册加以公布，从而也就证明其具有生产满足顾客要求产品的能力，能大大提高企业的信誉，增加企业市场竞争能力。

(3)有利于保护供需双方的利益

实施质量认证，一方面对通过产品质量认证或质量管理体系认证的企业准予使用认证标志或予以注册公布，使顾客了解哪些企业的产品质量是有保证的，从而可以引导顾客防止误购不符合要求的产品，起到保护消费者利益的作用。并且由于实施第三方认证，对于缺少测试设备、缺少有经验的人员或远离供方的用户来说带来了许多方便，同时也降低了进行重复检验和检查的费用。另一方面如果供方建立了完善的质量管理体系，一旦发生质量争议，也可以把质量管理体系作为自我保护的措施，较好地解决质量争议。

(4)有利于国际市场的开拓，增加国际市场的竞争能力

认证制度已发展成为世界上许多国家的普遍做法。各国的质量认证机构都在设法通过签订双边或多边认证合作协议，取得彼此之间的相互认可。企业一旦获得国际上有权威的认证机构的产品质量认证或质量管理体系认证注册，便会得到各国的认可，并可享受一定的优惠待遇，如免检、减免税和优价等。

2. 质量认证的基本概念

质量认证是第三方依据程序对产品、过程或服务符合规定的要求给予书面保证(合格证书)。质量认证包括产品质量认证和质量管理体系认证两方面。

(1)产品质量认证

产品质量认证按认证性质不同，可划分为安全认证和合格认证。

对于关系国计民生的重大产品，有关人身安全、健康的产品，必须实施产品安全认证。合格认证遵循自愿原则进行。凡实行质量认证的产品，必须符合国家《标准化法》中有关强制性标准的要求及国家相关行业标准要求。

合格认证。凡实行合格认证的产品，必须符合《标准化法》规定的国家标准或行业标准要求。合格认证自愿进行。

(2)质量管理体系认证

由于建筑产品具有单件性，不能以某个项目作为质量认证的依据。因此，只能对质量管理体系进行认证。质量管理体系认证始于机电产品，由于产品类型由硬件拓宽到软件、流程性文件和服务领域，使得各行各业都可以按标准实施质量管理体系认证。质量管理体系认证的特征包括：

①由具有第三方公正地位的认证机构进行客观的评价，做出结论，若通过则颁发认证证书。审核人员要具有独立性和公正性，以确保认证工作客观、公正地进行。

②认证的依据是质量管理体系的要求标准，即 GB/T19001，而不能依据质量管理体系的业绩改进指南标准即 GB/T19004 来进行，更不能依据具体的产品质量标准。

③认证过程中的审核是围绕企业的质量管理体系要求的符合性和满足质量要求和目标方面的有效性来进行的。

④认证的结论不是证明具体的产品是否符合相关的技术标准，而是质量管理体系是否符合 ISO9001 即质量管理体系要求标准，是否具有按规范要求，保证产品质量的能力。

⑤认证合格标志,只能用于宣传,不能用于具体的产品。

(3)质量认证的表示方法

质量认证有两种表示方法,即认证证书和认证合格标志。

①认证证书(合格证书)。它是由认证机构颁发给企业的一种证明文件,证明某项产品或服务符合特定标准或技术规范。

②认证标志(合格标志)。由认证机构设计并公布的一种专用标志,用以证明某项产品或服务符合特定标准或规范。经认证机构批准的合格认证使用在每台(件)合格出厂的认证产品上。

认证标志是质量标志,通过标志可以向购买者传递正确可靠的质量信息,帮助购买者识别认证的产品与非认证的产品,指导购买者购买自己满意的产品。

认证标志为方圆标志、长城标志和 PRC 标志,其中方圆标志又分为合格认证标志和安全认证标志。

3. 质量管理体系认证的实施程序

(1)提出申请

申请单位向认证机构提出书面申请。

①申请单位填写申请书及附件。附件一般应包括:一份质量管理体系手册的副本,申请认证质量管理体系所覆盖的产品名录、简介;申请方的基本情况等。

②认证申请的审查与批准

认证机构收到申请方的正式申请后,将对申请方的申请文件进行审查。经审查符合规定的申请要求,则决定接受申请,由认证机构向申请单位发出"接受申请通知书",并通知申请方下一步与认证有关的工作安排,预交认证费用。若经审查不符合规定的要求,认证机构将及时与申请单位联系,要求申请单位做必要的补充或修改,符合规定后再发出"接受申请通知书"。

(2)认证机构进行审核

认证机构对申请单位的质量管理体系审核是质量管理体系认证的关键环节,其基本工作程序是:

①文件审核。文件审核的主要对象是申请书的附件,即申请单位的质量管理体系手册及其他说明申请单位质量管理体系的材料。

②现场审核。现场审核的主要目的是通过查证质量手册的实际执行情况,对申请单位质量管理体系运行的有效性做出评价,判定是否真正具备满足认证标准的能力。

③提出审核报告。现场审核工作完成后,审核组要编写审核报告,审核报告是现场检查和评价结果的证明文件,并需经审核组全体成员签字,签字后报送审核机构。

(3)审批与注册发证

认证机构对审核组提出的审核报告进行全面的审查。经审查若批准通过认证,则认证机构予以注册并颁发注册证书。若经审查,需要改进后方可批准通过认证,则由认证机构将需要纠正的问题及完成修正的期限书面通知申请单位,到期再做必要的复查和评价,证明确实达到了规定的条件后,方可批准认证并注册发证。若经审查,决定不予批准认证，则由认证机构书面通知申请单位，并说明不予批准的理由。

(4)获准认证后的监督管理

认证机构对获准认证(有效期为3年)的供方质量管理体系实施监督管理。监管工作包括：供方通报、监督检查、认证注销、认证暂停、认证撤销、认证有效期的延长等。

(5)申诉

申请方、受审核方、获证方或其他方，对认证机构的各项活动持有异议时，可向其认证或上级主管部门提出申诉或向人民法院起诉。认证机构或其认可机构应对申诉及时做出处理。

9.4 工程项目质量经济性

有效的质量体系对工程项目的盈利和亏损的影响至关重大。以财务用语来度量工程项目质量体系的有效性并提供报告，可以为识别无效活动和发起内部改进提供手段，不同的工程项目可采用不同的财务报告方法。经证明有效的三种方法是：质量成本法、过程成本法和质量损失法。工程项目管理人员可根据实际需要选用这些方法，或选用这些方法的修改或组合来反映工程项目质量体系的有效性。

9.4.1 质量成本法

质量成本是为了确保和保证满意的质量而发生的费用以及没有达到满意的质量所造成的损失。而质量成本管理，就是建立相应的一套核算和管理制度。工程项目质量成本管理是提高工程项目质量和综合经济效益的重要途径。

1. 质量成本项目

质量成本项目包括：内部故障成本、外部故障成本、预防成本、鉴别成本。

(1)内部故障成本

内部故障成本，又称内部损失成本，是指工程项目在竣工验收和交付使用前，由于自身的缺陷而发生的费用之和，一般包括下列各项：

①废品损失。产品在经济上不值得修复或利用而发生的人工、材料等有关的损失费用，如预制混凝土构件出现的废品造成的损失费用。

②返工损失费。对不合格品因返工修复而发生的费用。如工程质量不合格进行返工修复而发生的人工、材料、构件、机械等费用。

③停工损失费。由于各种内部的责任或外部的责任而引起的机械、设备闲置而造成的损失。

④事故分析处理费。为了处理有关内部质量事故而发生的费用。

⑤质量过剩支出。因超过设计质量标准而发生的费用。

⑥技术超前支出。施工中使用超过技术要求的先进机械、设备而发生的费用。

⑦其他费用。属于内部故障成本项目，而不宜在其他几项内列支的费用。

(2)外部故障成本

外部故障成本,又称外部损失成本,是指工程竣工验收和交付使用后,因质量缺陷而发生的费用,包括下列各项:

①申诉受理费。因工程质量缺陷,受理用户提出的申诉而进行调查、处理所发生的一切费用。

②回访保修费。工程交工后,按合同规定对用户回访,及对用户提供修理服务的一切费用。

③索赔费。根据合同规定赔偿用户因工程质量低劣而蒙受的经济损失。

(3)鉴别成本

为保证工程质量达到质量标准的要求,而对工程本身以及材料、构件、设备等进行质量鉴别所需的一切费用,包括下列各项:

①进料检验费。对进场的各种原材料、构件、配件在使用前进行试验鉴定所支出的一切费用。

②工序检验费。为确保工程质量,在施工过程中对各工序进行各种技术检验所支出的费用。

③竣工检验费。对完工的工程是否符合质量要求而进行的调查所支出的费用。

④机械设备试验、维修费用。对进场的各种机械设备的功能、性能、技术指标进行检测所支出的费用及使用中的维修费用。

(4)预防成本

为了确保工程质量而进行预防工作所耗费的费用,包括下列各项:

①质量工作计划费用。为制定质量目标及全面质量管理计划、质量改进计划等所发生的费用。

②新材料、新工艺的评审费用。

③工序能力控制及研究费用。

④质量情报费用。

⑤质量管理教育(培训)费用。

⑥质量管理活动费用。

2. 质量成本统计与核算

(1)质量成本统计

开展质量成本核算,首先要做好相应的基础工作,其中最重要的是及时、准确、全面地做好原始记录、原始凭证工作。

在项目施工上建立质量成本统计报表制度,实行旬、月、季、年的定期统计。质量成本数据可按质量成本的四个项目进行统计。

(2)质量成本核算

①原始凭证。利用原始基础管理单据——任务单、限额领料单、机械设备租借单等,在涉及质量成本范围时,填表人须在单据上注明质量成本项目。

②记账凭证。一类是按原始记账凭证将数据汇总;另一类是根据实际支付或实际发生按部门计算、统计形成。

③台账。质量成本核算对象与项目施工对象同步。

④报表。质量成本报表分为在建工程(月报)、竣工工程(竣工结算报表)两种。

3. 质量成本分析

质量成本分析的目的是为了寻求最佳质量成本。

(1)最佳质量成本

质量成本的四个项目各占的比例,在项目的不同阶段、不同项目、不同工种之间是不同的。但是其发展表现出一定的规律性,如在全面质量管理开展的初期阶段,质量水平不高,一般鉴别成本和预防成本较低,随着质量要求的提高,这两项费用增加。当质量提高到一定水平后,如需再提高,这两项费用将急剧上升。内部故障成本和外部故障成本正相反。因此,当四项成本之和最低时即为最佳质量成本,如图 9-18 所示。

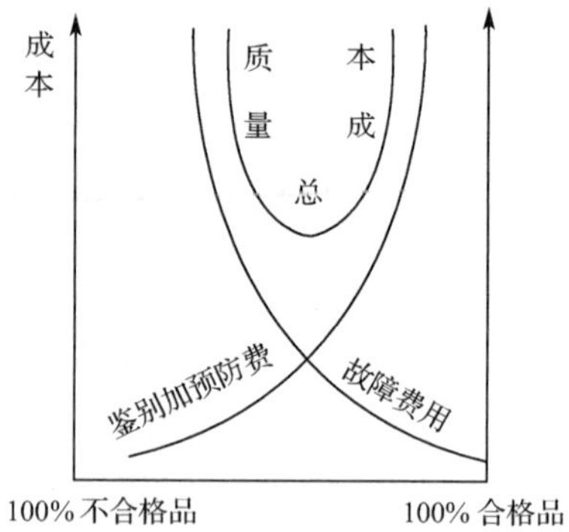

图 9-18　最佳质量成本示意图

例 9-5　设某类安装工程质量指标值为 x(如用工程质量达优率来表示,取值范围为 $x \in [0,1]$),鉴别成本为 $0.06x^2+0.03x+0.02$ 单位,预防成本为 $0.5x^2-0.03x+0.005$ 单位,内部故障费用为 $0.05/x+0.01$ 单位,外部故障费用为 $0.65/x-0.02$ 单位,试确定最佳质量成本。

质量总成本 $C=$ 鉴别成本 $+$ 预防成本 $+$ 内部故障费用 $+$ 外部故障费用 $=0.06x^2+0.03x+0.02+0.5x^2-0.03x+0.005+0.05/x+0.01+0.65/x-0.02$

当 $\dfrac{\partial C}{\partial x}=0$ 时,质量总成本最小,即 $\dfrac{\partial C}{\partial x}=0.12x+0.03+x-0.03+\left(-\dfrac{0.05}{x^2}\right)-\dfrac{0.65}{x^2}=0$

则有 $x=85.50\%$,即此项安装工程质量达优率为 85.50% 时,质量总成本最低。

最低质量总成本 $C=0.06\times0.855^2+0.03\times0.855+0.02+0.5\times0.855^2-0.03\times0.855+0.005+0.05/0.855+0.01+0.65/0.855-0.02=1.243\ 1$ 单位。

(2)质量成本报告

质量成本报告的目的是为有关质量部门提供制定质量目标和质量改进计划的依据和有力凭证。

①质量成本报告的内容

a. 提出全部质量成本总额及其构成的主要项目。

b. 提出由于质量缺陷而造成损失的项目与预算成本比较基数的偏差。

c. 对质量成本进行详细分析。

②质量成本报告的形式

质量成本报告有报表式、图表式、陈述式等 3 种主要形式,根据实际情况选用。

③质量成本报告次数

故障成本报告每月至少一次,其他项目视需要而定。

(3)质量成本分析

质量成本分析的目的，是找出影响成本的关键因素，从而提出改善质量和降低成本的途径。

①质量成本总额的分析

报告期内的内部故障成本总额、外部故障成本总额、鉴别成本总额、预防成本总额之和即为质量成本总额。以某小区工程项目质量成本为例加以说明，见表9-13。

表9-13　某小区1～9月施工项目质量成本汇总表

名称	面积/m²	预算/元	内部故障成本		外部故障成本		鉴别成本		预防成本		合计	
			元	占合计%	元	占合计%	元	占合计%	元	占合计%	元	占合计%
1#	1 142	196 761	289.13	26.97			425.71	39.72	357.05	33.31	1 071.89	0.545
2#	1 142	214 853	335.03	38.12	15.00	1.71	167.13	19.02	361.61	41.25	878.77	0.409
3#	1 142	112 553	1 229.81	68.61	72.00	4.02	135.25	7.55	355.34	19.82	1 792.4	1.593
4#	1 142	219 214	2 778.67	74.35			626.83	16.77	331.88	8.88	3 737.38	1.705
5#	1 142	127 100	1 537.8	80.07			81.97	4.27	300.75	15.66	1 920.52	1.511
6#	1 142	113 925	2 103.98	80.05	200.00	7.61	117.12	4.45	207.34	7.89	2 628.44	2.307
合计		984 406	8 274.42	68.78	287.00	2.39	1 554.01	12.92	1 913.97	15.92	12 029.4	1.221

内部故障成本总额＝8 274.42(元)

外部故障成本总额＝287.00(元)

鉴别成本总额＝1 554.01(元)

预防成本总额＝1 913.97(元)

质量成本总额＝8 274.42＋287.00＋1 554.01＋1 913.97＝12 029.40(元)

②质量成本构成项目的分析

分析内部故障成本占成本总额的比率：

$$\frac{8\ 274.42}{12\ 029.4}\times 100\% = 68.78\%$$

分析外部故障成本占成本总额的比率：

$$\frac{287.00}{12\ 029.4}\times 100\% = 2.33\%$$

分析鉴别成本占成本总额的比率：

$$\frac{1\ 554.01}{12\ 029.4}\times 100\% = 12.93\%$$

分析预防成本占成本总额的比率：

$$\frac{1\ 913.97}{12\ 022.4}\times 100\% = 15.92\%$$

一般将质量总成本曲线在最低点附近的一段放大，如图9-19所示。这一段可分为三个区域：

a.质量改进区域。故障成本占质量总成本的70%以上，而预防成本低于10%。

b. 中间区域。故障成本接近质量总成本的 50%以上,预防成本占 10%。

c. 完美区域。鉴别成本占质量总成本的 50%以上,而故障成本低于质量成本总额的 40%。

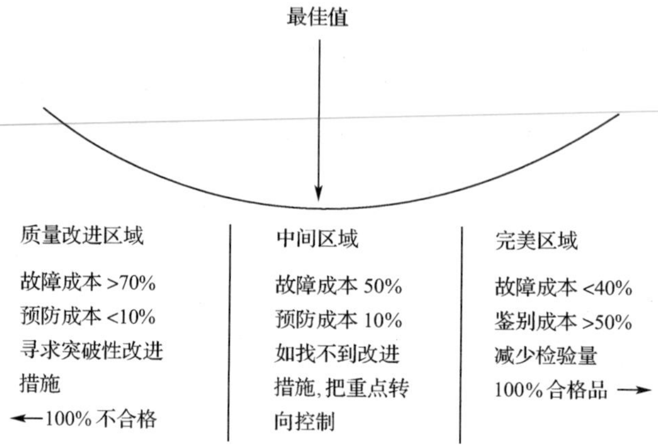

图 9-19　质量总成本曲线

将质量成本构成比率和图示相比,即可找出问题所在,明确努力方向。例如,本例中内部故障成本占全部质量成本的 68.78%,故应重点找出质量改进措施。

③质量成本和既定的比较基数进行比较分析

内部故障成本总额与预算成本比较:

$$\frac{8\ 274.42}{984\ 406}\times 100\% = 0.8405\%$$

外部故障成本总额与预算成本比较:

$$\frac{287}{984\ 406}\times 100\% = 0.029\%$$

鉴别成本总额与预算成本比较:

$$\frac{1\ 554.01}{984\ 406}\times 100\% = 0.158\%$$

预防成本总额与预算成本比较:

$$\frac{1\ 913.97}{984\ 406}\times 100\% = 0.194\%$$

质量成本总额与预算成本比较:

$$\frac{12\ 029.4}{984\ 406}\times 100\% = 1.221\%$$

从以上计算结果看出,质量成本总额占预算成本的比例为 1.221%,而内部故障成本只占 0.8045%,因此,工作的重点应放在降低内部故障成本上。

④分析质量成本各要素之间的关系

对比分析质量成本构成,一般用表 9-13 对竣工工程成本进行分析。

9.4.2 过程成本法

该方法分为任一过程的符合性成本和非符合性成本两种。工程项目管理人员可根据实际情况列出适用的统计科目,以便进行统计分析。通过这两种成本的统计分析寻找节约费用、进行质量改进的方向。这两种成本的定义如下:

(1)符合性成本:为了满足业主的全部需要,现有过程不发生故障情况下而发生的费用。

(2)非符合性成本:由于现有过程的故障而发生的费用。

9.4.3 质量损失法

质量损失的定义是:"在过程和活动中,由于没有发挥资源的潜力而导致的损失"。例如,因顾客不满意带来的损失,因失去顾客、组织或社会进行更多增值的机会带来的损失,以及资源和材料的浪费等。

这种方法强调由于质量低劣而产生的内外部损失,并且识别有形的和无形的损失。应重点寻找造成质量损失的主要科目,以便通过进一步分析发现质量改进的方向。

统计时有形损失是内外部故障的费用,而无形损失可根据项目管理的经验估算。一般的外部无形损失是由于顾客不满意而发生的未来销售的损失。而一般的内部无形损失是由于返工、低效的人机控制、丧失机会等所引起的低工作效率造成的。

思考题

1. 什么是工程项目质量?质量的特点有哪些?
2. 什么是工程项目质量控制?质量控制的方法有哪些?
3. 简述工程项目工作质量、工序质量、产品质量的控制目标。
4. 简述工程项目质量控制的主体及其职责。
5. 简述工程项目质量的影响因素。
6. 简述工程项目质量的PDCA循环法。
7. 简述质量管理七种工具的概念及其在工程项目中的应用。
8. 简述质量管理体系ISO9001:2015的基本构成。
9. 简述质量认证的概念与质量管理体系认证的实施程序。
10. 用哪些方法判断工程项目质量体系是否有效?怎样具体应用?
11. 简述工程项目质量成本的概念与组成。
12. 简述工程项目质量成本分析的方法。

习 题

1. 某施工现场对钢筋绑扎分项工程质量进行了检查测试，其测试数据见表 9-14。试绘出质量不合格点频数、频率排列图，指出影响产品质量的主要因素、次要因素和一般因素。

表 9-14　钢筋分项工程质量测试数据表

序号	实测项目	允许偏差/mm	超差点/频数		
1	受力筋间距	±10	57		
2	受力筋排距	±5，±15	36		
3	钢筋弯点位移	20，[50]	27		
4	构造筋间距	±20	15		
5	箍筋间距	±20	9		
6	保护层厚度	±5	6		

2. 试采用因果分析图法，从人工、材料、机械、工艺、环境等方面，分析产生砖砌体砂浆饱满度不足的所有原因。

3. 某工程质量检查员对施工现场制作的一批大模板拼板进行了边长尺寸检查，实测尺寸误差见表 9-15。

表 9-15　大模板拼板实测边长尺寸误差汇总表

序号	模板型号	各次实测的边长误差/mm							
		1	2	3	4	5	6	7	8
1	B_1	−2	−3	−3	−4	−3	0	+3	−2
2	B_2	−2	−2	−3	−1	+1	−2	−2	−1
3	B_3	−2	−1	0	−1	−3	−2	+2	−4
4	B_4	0	+1	+2	0	−1	−5	+1	−3
5	B_5	−2	−3	−1	−4	−2	0	−1	−2
6	B_6	−6	−1	−3	−1	0	−1	−2	+3
7	B_7	−2	−1	0	0	−3	−1	−3	−1
8	B_8	−3	−1	−3	−4	−1	0	−2	−4
9	B_9	−2	0	+4	−3	−2	−1	0	−2
10	B_{10}	+1	−3	0	−2	−2	−5	−3	−3

试求解下列问题：

(1) 确定大模板拼板误差分布范围 B，计算极差 R、平均值 μ 和标准偏差 σ，若误差允许范围为 $T=\mu\pm3\sigma$，试分析实测边长尺寸误差是否均在允许范围内。

(2) 以 1mm 为组距，试确定组数和各组上下限，统计各组频数，绘制拼板边长尺寸误差分布直方图。

(3) 判断现场制作大模板拼板工序质量是否稳定、正常。

4. 某混凝土厂商为掌握和控制混凝土强度的波动状况，连续11天测得每天C30混凝土强度的5个数据，见表9-16。试绘制 $\bar{x}$-R 控制图，并说明生产过程是否处于稳定状态。

表9-16　　C30混凝土强度数据表　　单位：N/mm^2

数据序号 \ 时间/天	1	2	3	4	5	6	7	8	9	10	11
①	32.2	31.8	32.7	21.0	33.4	29.7	29.9	30.8	30.8	31.5	31.3
②	31.5	31.6	33.1	31.6	30.0	30.8	30.7	32.2	30.7	31.3	31.4
③	31.3	31.6	31.3	30.8	31.9	32.2	31.4	32.5	31.2	31.7	31.2
④	31.9	31.5	30.7	32.5	31.4	31.9	31.7	32.0	30.4	31.2	31.3
⑤	32.6	31.8	30.4	32.4	30.4	31.4	32.0	31.8	32.8	30.9	32.4

第10章 工程项目安全与环境管理

10.1 工程项目安全管理

10.1.1 安全管理的概念与工作程序

1. 安全管理的概念

安全管理的中心问题是保护生产活动中人的安全与健康，保证生产顺利进行。

宏观的安全管理主要包括劳动保护、安全技术和工业卫生这三个相互联系又相互独立的方面：

（1）劳动保护侧重于政策、规程、条例、制度等形式，规范操作或管理行为，从而使劳动者的劳动安全与身体健康得到应有的法律保障。

（2）安全技术侧重于对“劳动手段和劳动对象”的管理，包括预防伤亡事故的工程技术和安全技术规范、技术规定、标准、条例等，以规范物的状态，减轻或消除对人的威胁。

（3）工业卫生侧重于工业生产中高温、粉尘、振动、噪声、毒物的管理，通过防护、医疗保健等措施，防止劳动者的安全与健康受到危害。

工程项目安全管理，是指工程项目建设过程中安全生产组织与管理的全部活动。通过对生产因素具体的状态控制，使生产因素不安全的行为和状态减少或消除，不引发人身伤害和财产损失事故，使工程项目效益目标的实现得到充分的保证。

2. 工程项目安全管理的工作程序

工程项目安全管理的工作程序如图10-1所示，一般包括如下几个环节：

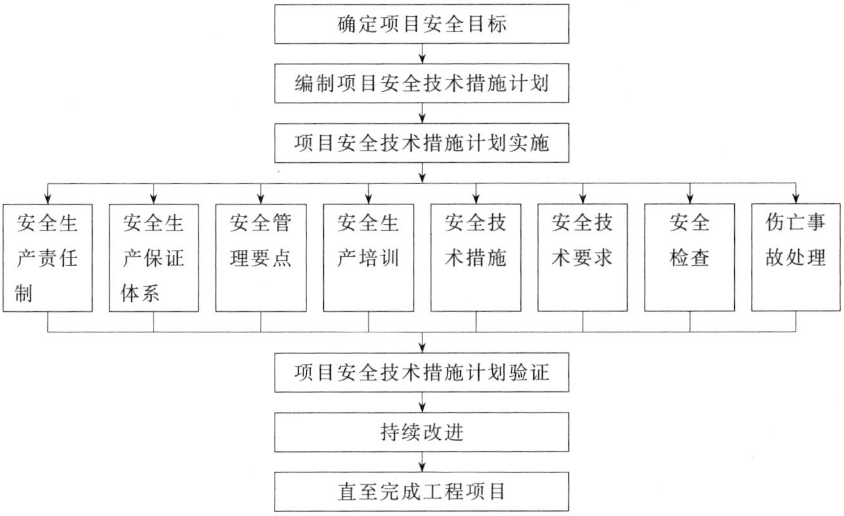

图 10-1　工程项目安全管理程序图

(1)确定项目安全目标。按照“目标管理”的方法在以项目经理为首的项目管理系统内进行分解,从而确定每个岗位的安全目标,实现全员安全管理。

(2)编制项目安全技术措施计划。对生产过程中的不安全因素,用技术手段加以消除和控制,并用文件化的方式表示,这是落实“预防为主”方针的具体体现,是进行工程项目安全管理的指导性文件。

(3)项目安全技术措施计划实施。包括建立健全安全生产责任制、设置安全生产设施、进行安全教育和培训、沟通和交流信息、通过安全管理使生产作业的安全状况处于受控状态。

(4)安全技术措施计划的验证。包括安全检查、纠正不合格情况,并做好检查记录工作。根据实际情况补充和修改安全技术措施。

(5)持续改进,直至完成建设工程项目的所有工作。

10.1.2　工程项目现场的安全管理

1. 工程项目施工现场安全管理的概念

工程项目施工现场是施工生产因素的集中点,其特点是多工种的动态、立体作业,施工中生产设施的安置具有临时性,作业环境多样、多变,人力、机具设备具有很高的流动性。施工现场中直接从事生产作业的人员密集,机械、材料集中,存在着诸多可能产生安全事故的危险源。因此,施工现场属于事故多发的作业现场。通过施工安全管理,减少或消除人的不安全行为,减少或消除设备、材料的不安全状态,减少或消除生产环境的不安全因素,以预防和避免人身伤害和财产损失事故,是工程项目施工处于最佳生产状态的重要保证。

2. 工程项目施工现场安全生产组织保证体系

由于项目施工多为露天作业,现场环境复杂,手工操作、高空作业和交叉施工多,劳动条件差,不安全和不卫生的因素多,极易出现安全事故,因此,建立安全生产的组织保证体系(图 10-2 为某施工项目安全生产责任保证体系),是安全管理的重要环节。一般应建立以施工项目负责人(项目经理)为负责人的安全生产领导班子,并建立相应的安全生产责任制和安全生产奖惩制度,设立专职安全管理人员,从组织体系上保证安全生产。

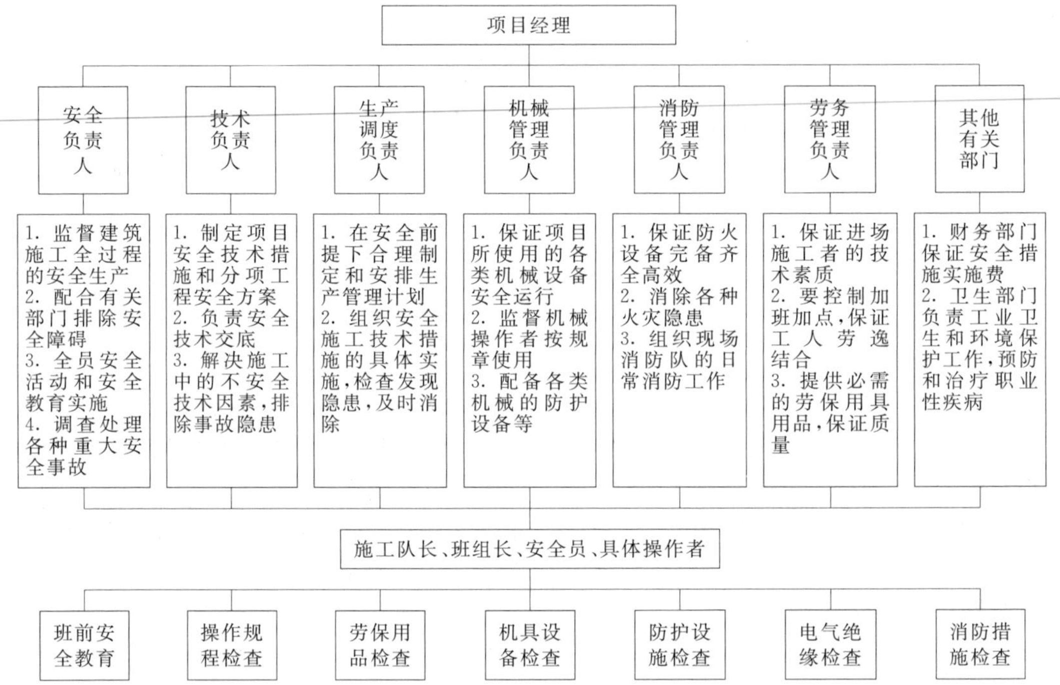

图 10-2　施工项目安全生产责任保证体系图

3. 工程项目施工现场安全管理规章制度

为了加强安全管理,必须将其制度化,使施工人员有章可循,将安全工作落到实处。安全管理规章制度是企业规章制度的组成部分,它对于贯彻安全生产方针、做好劳动保护工作具有重要作用。安全管理规章制度的主要内容包括:

(1)安全生产责任制;

(2)安全生产奖惩制度;

(3)安全技术措施管理制度;

(4)安全教育制度;

(5)安全检查制度;

(6)工伤事故管理制度;

(7)交通安全管理制度;

(8)防暑降温、防冻保暖的管理制度;

(9)特种设备、特种作业的安全管理制度;

(10)安全值班制度;

(11)工地防火制度;

(12)各工种的安全技术操作规程等。

4. 安全教育与培训

进行安全教育与培训，能够增强人的安全生产意识，提高安全生产知识，有效防止人的不安全行为，减少人为失误。安全教育与培训是进行人的行为控制的重要方法和手段，因此，进行安全教育与培训要适时、宜人，内容合理，方式多样，形成制度。组织安全教育与培训要做到严肃、严格、严密、严谨，讲求实效。

(1)安全教育的内容

①安全思想教育

对施工人员进行党和国家的安全生产和劳动保护方针、法令、法规制度的教育，使他们树立安全生产意识，增强安全生产的自觉性。

②安全技术知识教育

安全技术知识是劳动生产技术知识的重要组成部分，其教育内容一般包括：项目施工过程中的不安全因素；危险设备和区域的注意事项；有关职业危害的防护措施；电气设备安全技术知识；起重设备、压力容器的基本安全知识；现场内运输；危险物品管理、防火等基础安全知识；如何正确使用和保管个人劳保用品；如何报告和处理伤亡事故；各工种安全技术操作规程和安全技术交底。

通过安全技术知识教育，使操作者逐渐掌握安全生产技能，了解和掌握生产过程中潜在的危险因素及防范措施，减少操作中的失误现象。

③典型经验和事故教训教育

通过学习国内外安全生产先进经验，提高安全组织管理和技术水平；通过典型事故的介绍，使全体施工人员吸取教训，检查各自岗位上的隐患，及时采取措施，避免同类事故发生。

(2)安全教育制度

建立安全教育制度的目的在于使施工安全教育规范化、程序化。施工企业应该建立起公司、项目经理部、班组的三级教育制度体系，对施工生产人员实施三级安全教育。

对学徒工、实习生的入场进行三级安全教育，重点偏重一般安全知识、生产组织原则、生产环境、生产纪律等，强调操作的非独立性。对季节工、农民工进行三级安全教育，以生产组织原则、环境、纪律、操作标准为主。安全技能不能达到熟练的，应及时解除劳动合同。对具体操作岗位的操作人员进行有针对性的安全教育，安全教育不合格的，不允许其从事岗位操作。在工序操作之前，施工安全技术负责人应该负责对操作人员进行操作前的安全教育和技术交底，包括工种安全施工教育和新施工方法及新结构、新设备的安全操作教育。

安全教育制度主要包括以下几个方面：

①新工人入场教育和岗位安全教育；

②操作前的安全教育和技术交底。

③常年性安全教育和班前安全教育；

④暑季、冬季、雨季、夜间以及在某些突发情况发生时施工的安全教育。

5. 安全事故的预防

在建筑施工中，常见的安全事故主要有高空坠落、机械伤害、突然崩塌、触电、烧伤、倾倒等。安全管理应将防止这些常见的事故作为工作的重点，采取相应的技术管理措施，防患于未然。具体内容见表 10-1。

表 10-1　　常见的安全事故种类及其预防内容

安全事故种类	重点预防项目	需要落实的内容
1. 坠落	脚手架	作业平台的结构 跳板、安全网的使用 吊脚手的作业平台
	孔口部分	围栅、扶手、盖板、监护人
	架设通道	扶手、隧道栈桥
	安全网及其他措施	
2. 机械伤害	挖土机等	禁止入内的措施 机械的通行路径、出入方法 指挥人员的配备 隧道中的通行路径、周知出入方法和配备指挥人员 机动车的信号装置、照明设备 提升装置 防滑动装置 轨道上的手压车驱动器
	打桩机 拔桩机	卷扬机的齿轮刹车 车有荷载时的止车装置 破损时的措施 作业方法、顺序
3. 突然崩塌	防止土石崩塌掉落（关于明挖方面）	开挖地点的调查 人力挖掘面的坡度 砂丘挖掘措施 作业负责人的直接指挥 防止塌方的支撑、防护网、禁止入内 防止塌方支撑的安装图 防止塌方支撑杆件的安装等 挖补、横撑的措施
	防止掉落	安全网禁止入内的设施 模板的安装、拆除措施 脚手架的安装和拆除措施
4. 电气事故	电气机械器具	带电部分的包扎、绝缘套
	移动式、可搬型的电动机器	禁止使用绝缘效力和耐热性不合格的架座 狭窄的地方，高 2m 以上的钢架上应使用自动防止电击装置 潮湿场所、铁板、钢架平台上应接上防止触电的滑电遮断装置
	电动机械器具	接地后使用
	移动电线	防止绝缘被损伤及老化
	带电作业	穿着绝缘保护用具和防护用具 敷设和检查时，对露出的带电部分要穿着绝缘防护用具 绝缘管、罩等装置，危险标示

（续表）

安全事故种类	重点预防项目	需要落实的内容
5. 倾倒	防止脚手架的倾倒	按脚手架结构规定最大荷载 圆木脚手架与墙搭接方法 吊脚手构造
	防止砖墙倒塌	靠近砖墙挖掘时的补强、搬迁等
	防止吊车、单臂吊倾倒	防止卷过头的措施 工作限制（吊重50t以上的吊车，移动式吊车、单臂吊车） 过负荷的限制 倾斜角的限制
	防止模板支撑倾倒	模板的构造、组装图 应遵守的条件 分段组装场合的垫板、垫角 混凝土浇制时的检查
	防止栈桥倾倒	根据构造和应用的材料规定最大荷载 吊钩的装配方法
	防止打桩机、拔桩机的倾倒	安装方法
	防止宿舍倒塌	对噪音大的地方及雪崩、崩溃、涌水、潮湿等危险的地方要回避
	靠近架空线路作业	防止脚手架接近架空线路 防止打桩机、拔桩机使用中触电 禁止使用不合格的钢丝绳、吊链、钩子、吊环与纤维绳索 限制钢丝绳扣业务的工作 钢丝绳起吊装置的绑扎

为进一步规范和加强安全管理，积极防范和遏制建筑施工生产安全事故的发生，2009年5月13日，我国住房和城乡建设部印发了《危险性较大的分部分项工程安全管理办法》。

危险性较大的分部分项工程，是指建筑工程在施工过程中存在的、可能导致作业人员群死群伤或造成重大不良社会影响的分部分项工程。对于危险性较大的分部分项工程，施工单位应在编制施工组织（总）设计的基础上，针对危险性较大的分部分项工程单独编制安全专项施工方案（以下简称“专项方案”），并建立危险性较大的分部分项工程安全管理制度。对于超过一定规模的危险性较大的分部分项工程，施工单位应当组织专家对专项方案进行论证。

6. 安全检查

安全检查是发现人的不安全行为、物的不安全状态和环境的不安全因素的重要途径，是消除事故隐患，落实整改措施，防止事故伤害，改善劳动条件的重要方法。安全检查包括定期安全检查、专业性安全检查、季节性安全检查等多种形式。

(1)安全检查的形式和主要内容

工程项目的安全检查以自检形式为主，是对生产全过程、各个方位的全面安全状况的检查。检查的重点以劳动条件、生产设备、现场管理、安全卫生设施以及生产人员的行为为主。各级生产管理者，应在全面安全检查中，通过作业环境状态的分析，并对照安全生产方针、政策以及规范，及时发现安全隐患，并采取措施加以避免。

安全检查的主要内容包括以下四个方面：

①安全管理制度和安全技术措施制定与落实情况；

②专业安全检查，并填写相应安全验收记录。

③季节性安全检查，如防寒、防暑、防湿、防毒、防洪、防台风等检查；

④防火及安全生产检查，主要检查防火措施和要求的落实情况，如现场使用明火规定的执行情况，现场材料堆放是否满足防火要求等，及时发现火灾隐患，做好工地防火，保证安全生产。

安全检查的形式和主要内容如表 10-2 所示。

表 10-2　　安全检查的形式和主要内容

检查形式	检查内容及检查时间	参加部门或人员
定期安全检查	总公司每季度一次，普遍检查工程公司每月一次，普遍检查工程队每半月一次，普遍检查，班组日检，主要节日前普遍检查	由各级主管施工的领导、工长、班组长、安全技术部门或安全员组织，有关职能部门参加
季节性安全检查	防传染病、防火检查(春季)；防暑降温、防火、防风、防雷、防触电等检查一般在夏季；防火、防冻等检查在冬季	基本同上
临时性安全检查	施工高峰期、机构和人员重大变动时、职工探亲前后、节假日(特别是重大或传统节假日)前后、发生事故和危险后，上级临时安排的检查	基本同上，或由安全技术部门主持
专业性安全检查	压力容器、焊接作业、起重设备、脚手架、现浇混凝土模板支撑系统、电气设备、高空作业、吊装、基本支杆、降水工程、拆除、爆破、易燃易爆、尘毒、辐射、放射线等危险作业	由安全技术部门主持，安全管理人员及有关人员参加
群众性安全检查	安全技术操作、安全防护装置、安全防护用品检查，违章指挥、违章作业、安全隐患、安全纪律	由工长、班组长、安全员、班组安全管理员组成
安全管理检查	规划、制度、措施、责任制、原始记录、图表、资料、报表、总结、分析、档案及安全管理小组活动	由安全技术部门组织进行

(2)安全检查的准备与组织

进行安全检查之前，应该确定安全检查的目的、步骤和方法，安全检查应做到有计划、有目的、有准备、有整改、有总结、有处理。确定检查内容时，可以通过分析以往的事故资料，并结合施工现场的实际情况来确定本次安全检查的重点，并把精力侧重于对事故多发部位和工种的检查。按照要求成立检查组，成立由第一责任人为首，业务部门、人员参加的安全检查组织，安排检查日程。安全检查应有规范记录，使安全检查逐步纳入科学化、规范化轨道。

(3)安全检查方法

安全检查经常使用的方法有一般检查方法和安全检查表法。

①一般检查方法。常采用看、听、嗅、问、查、测、验、析等方法。

看：看现场环境和作业条件，看实物和实际操作，看记录和资料等。

听：听汇报、听介绍、听反映、听意见或批评、听机械设备的运转响声或承重物发出的微弱声等。

嗅：对挥发物、腐蚀物、有毒气体进行辨别。

问:对影响安全问题,详细询问,寻根究底。

查:查明问题、查对数据、查清原因、追查责任。

测:测量、测试、监测。

验:进行必要的试验或化验。

析:分析安全事故的隐患、原因。

②安全检查表法。是一种原始的、初步的定性分析方法,它通过事先拟定的检查明细表或清单,对安全生产进行初步的诊断和控制。安全检查表通常包括检查项目、内容、回答问题、存在问题、改进措施、检查措施、检查人等内容。表 10-3 为安全检查表格式示例。

表 10-3　　公司、项目经理部安全检查表

检查	检查内容	检查方法或要求	检查结果
项目	(1)班前安全生产会开了没有	查安排、看记录,了解未参加人员的主要原因	
	(2)每周一次的安全活动坚持了没有	同上,并有安全技术交底卡	
	(3)安全网点活动开展得怎样	有安排、有分工、有内容、有检查、有记录、有小结	
	(4)岗位安全生产责任制是否落实	知道责任制的主要内容,明确相互之间的配合关系,没有失职现象	
	(5)本工种安全技术操作规程掌握如何	人人熟悉本工种安全技术操作规程,理解内容实质	
	(6)作业环境和作业位置是否清楚,并符合安全要求	人人知道作业环境和作业地点,知道安全注意事项,环境和地点整洁符合文明施工要求	
	(7)机具、设备准备得如何	机具、设备齐全可靠,摆放合理,使用方便,安全装置符合要求	
	(8)个人防护用品穿戴怎样	齐全、可靠,符合要求	
	(9)主要安全设施是否可靠	进行了自检,没发现任何隐患,或发现个别隐患已处理	
	(10)有无其他特殊问题	参加作业人员身体、情绪正常,没发现穿高跟鞋、拖鞋、裙子等现象	
	(11)有无违反安全纪律现象	密切配合,不互相出难题;不只顾自己,不顾他人;不互相打闹;不隐瞒隐患;无强行作业;有问题及时处理	
	(12)有无违章作业现象	不乱摸乱动机具、设备,不乱触乱碰电气开关,不乱挪乱拿消防器材、不乱触乱碰电器开关;不在易燃易爆物附近吸烟;不乱丢料具和物件;不任意脱去个人防护用品	
	(13)有无违章指挥现象	违章指挥出自何处何人,是执行了还是抵制了,抵制后又是怎样解决的等	
	(14)有无不懂、不会操作现象	查清作业人员和作业内容	
	(15)作业人员的反应如何	对作业内容有无不适应的现象;作业人员身体、精神状态是否失常,是怎样处理的	
作业后检查	(16)材料、物资是否整理	清理有用品、清除无用品,堆放整齐	
	(17)料具和设备是否整顿好	归位还原,保持整洁,若放在现场需加强保护	
	(18)清扫工作做得怎样	作业场地清扫干净,秩序井然,无零散物件,道路、路口畅通,照明良好,库上锁,门关严	
	(19)其他问题解决得如何	如下班后人数清点了没有,事故处理得怎样,本班作业的主要问题是否报告和反映了等	

(4)安全检查结果的处理

安全检查的目的是发现、处理、消除危险因素,避免事故伤害,实现安全生产。消除危险因素的关键环节在于认真整改,真正地、确确实实地把危险因素消除。对于一些暂时不能消除的危险因素,应逐项分析,寻求解决的办法,安排整改计划,尽快予以消除。

对查出的安全隐患要做到"五定",即"定整改责任人、定整改措施、定整改完成时间、定整改完成人、定整改验收人"。出现问题时,相关责任人还必须做到"不推不拖",即在解决具体的危险因素时,凡使用自己的力量能解决的,不推不拖、不等不靠,坚决组织整改。自己解决有困难的,应积极主动寻找解决的办法,争取外界支援,以尽快整改,不把责任推给上级,也不拖延整改时间,以最快的速度把危险的因素消除。

7. 建筑工程安全事故等级划分

根据国务院 2007 年 5 月颁布的《生产安全事故报告和调查处理条例》和住建部 2007 年 9 月颁布的《关于进一步规范房屋建筑和市政工程生产安全事故报告和调查处理工作的若干意见》的规定,建筑工程事故等级划分与其他行业相同,具体规定见表 10-4。

表 10-4

等级划分	伤亡人数	直接经济损失	处理级别
特别重大事故	死亡 30 人以上,或重伤 100 人以上(包括急性工业中毒,下同)	1 亿元以上	国务院安全生产监督管理部门和负有安全生产监督管理职责的有关部门
重大事故	死亡 10～29 人,或重伤 55～99 人	5 000 万～1 亿元	国务院安全生产监督管理部门和负有安全生产监督管理职责的有关部门
较大事故	死亡 3～9 人,或重伤 10～49 人	1 000 万～5 000 万元	省、自治区、直辖市人民政府安全生产监督管理部门和负有安全生产监督管理职责的有关部门
一般事故	死亡 1～2 人,或重伤 1～9 人	100 万～999 万元	设区的市级人民政府安全生产监督管理部门和负有安全生产监督管理职责的有关部门

注:以上各条件符合一项即满足相应等级事故。

8. 安全事故的处理

安全事故是违背人们意愿且又不希望发生的事件。一旦安全事故发生,就要坚持事故原因分析不清不放过,员工及事故责任人受不到教育不放过,事故隐患不整改不放过,事故责任人不处理不放过的原则,用严肃、认真、科学、积极的态度,处理好已经发生的事故,将事故造成的损失降至最低程度,同时应采取有效措施,避免同类事故重复发生。

(1)发生事故后,应迅速按类别和等级向主管部门上报,并于 24 小时内写出书面报告。在报告时,应以严肃、科学的态度,实事求是地按照规定、要求去完成报告,做到不隐瞒,不虚报,不避重就轻。

(2)积极抢救负伤人员的同时,应保护好事故现场,以利于调查清楚事故原因。

(3)分析事故,弄清发生过程,找出造成事故的人、物、环境状态等方面的原因,分清造成事故的安全责任,总结安全管理方面的教训,写出符合实际情况的质量问题(事故)调查报告。

调查报告的主要内容包括:①事故发生单位概况;②事故发生的时间、地点以及事故现场情况；③事故的简要经过；④事故已经造成或者可能造成的伤亡人数（包括下落不明的人数）和初步估计的直接经济损失；⑤已经采取的措施；⑥其他应当报告的情况。

安全事故发生后，建设行政主管部门应当依照有关法律法规的规定，对因降低安全生产条件导致事故发生的施工单位给予暂扣或吊销安全生产许可证的处罚；对事故负有责任的相关单位给予罚款、停业整顿、降低资质等级或吊销资质证书的处罚。同时，对事故发生负有责任的注册执业资格人员给予罚款、停止执业或吊销其注册执业资格证书的处罚。

10.2 施工现场环境管理

施工现场环境复杂，材料的任意堆放会对施工现场造成污染，此外，施工作业时产生的各种粉尘、噪声、废水以及废弃物等还会对施工现场周围环境造成危害。施工现场使用的机械会产生振动和噪音，建筑原材料会产生粉尘等，长期在这样的环境下工作，会使作业人员患上各种职业性疾病，影响身体健康。环境污染也会给安全施工带来隐患，降低作业人员的工作效率。因此必须像对待安全施工一样对现场施工的环境进行管理。

施工现场的环境污染主要包括大气污染、水污染、噪声污染和固体废弃物污染等。现就这几种主要的污染形式及其治理方法分别加以说明。

10.2.1 大气污染的防治

1. 大气污染物的种类

大气污染物的种类有数千种，目前已发现的有危害作用的有100多种，其中大部分是有机物质。大气污染物通常以气体状态和粒子状态存在于空气中。其中，气体状态污染物是指在常温常压下，以分子和蒸汽状态存在的大气污染物，气体污染物具有运动速度较大，扩散较快，在周围大气中分布比较均匀的特点。常见的气体污染物如燃料燃烧过程中产生的二氧化硫（SO_2）、氮氧化物（NO_x）、一氧化碳（CO），机械使用时排出的尾气、沥青烟中含有的碳氢化合物、苯并[a]芘，有机溶剂挥发气体，挖掘作业时产生的瓦斯气体等。粒子状态污染物又称固体颗粒污染物，是分散在大气中的微小液滴和固体颗粒，粒径为0.01～100μm，是一个复杂的非均匀体。通常根据粒子状态污染物在重力作用下的沉降特性分为降尘和飘尘。常见的粒子污染物如锅炉、熔化炉、厨房烧煤产生的烟尘，建材破碎、筛分、碾磨、加料过程、装卸、运输以及挖掘过程中产生的粉尘等。

2. 大气污染的防治措施

大气污染的防治措施主要针对上述粒子状态污染物和气体状态污染物进行治理。施工现场存在的气态污染物，可以采用吸收法、吸附法、催化法、燃烧法、冷凝法、生物法等物理化学方法加以去除。对施工现场存在的粒子状态污染物，可以通过增设能够在气体中除去或收集固态或液态粒子的除尘装置来去除。主要的种类有机械除尘装置、洗涤式除尘装置、过滤除尘装置和电除尘装置等。工地的烧煤茶炉、锅炉、炉灶等应选用装有上述除尘装置的设备。工地其他粉尘可用遮盖、淋水等措施防治。

除了采取以上措施方法之外，在施工时，还应做到以下几点：

(1)施工现场垃圾渣土要及时清理出现场。

(2)高大建筑物清理施工垃圾时，要使用封闭式的容器或者采取其他措施处理高空废弃物，严禁凌空随意抛撒。

(3)施工现场道路应指定专人定期洒水清扫，形成制度，防止道路扬尘。

(4)对于细颗粒散体材料(如水泥、粉煤灰、白灰等)的运输、储存要注意遮盖、密封，防止和减少飞扬。

(5)车辆开出工地要做到不带泥砂，基本做到不洒土、不扬尘，减少对周围环境污染。

(6)除设有符合规定的装置外，禁止在施工现场焚烧油毡、橡胶、塑料、皮革、树叶、枯草、各种包装物等废弃物品以及其他会产生有毒、有害烟尘和恶臭气体的物质。

(7)机动车都要安装减少尾气排放的装置，确保符合国家标准。

(8)工地茶炉应尽量采用电热水器。若只能使用烧煤茶炉和锅炉时，应选用消烟除尘型茶炉和锅炉，大灶应选用消烟节能回风炉灶，使烟尘降至允许排放范围为止。

(9)设置搅拌站的工地，应将搅拌站封闭严密，并在进料仓上方安装除尘装置，采取可靠措施控制工地粉尘污染。

(10)拆除旧建筑物时，应适当洒水，防止扬尘。

10.2.2 施工现场水污染的防治

1. 水污染物的主要来源

施工现场水污染物的主要来源包括工业污染源、生活污染源。工业污染源是指各种工业废水向自然水体的排放。生活污染源主要有食物废渣、食油、粪便、合成洗涤剂、病原微生物等。除以上两种污染源外，还包括施工现场废水和固体废物随水流流入水体部分，如泥浆、水泥、油漆及各种油类，混凝土外加剂、重金属、酸碱盐、非金属无机毒物等。

2. 废水的处理技术

废水处理的目的是把废水中所含的有害物质清理分离出来。废水处理可分为化学方法、物理方法、物理化学方法和生物法。

3. 预防施工过程水污染的措施

(1)禁止将有毒有害废弃物作土方回填。

(2)施工现场搅拌站废水，现制水磨石的污水，电石(碳化钙)的污水必须经沉淀池沉淀合格后再排放，最好将沉淀水用于工地洒水降尘或采取措施回收利用。

(3)现场存放油料，必须对库房地面进行防渗处理。如采用防渗混凝土地面、铺油毡等措施；使用时，要采取防止油料跑、冒、滴、漏的措施，以免污染水体。

(4)施工现场100人以上的临时食堂，污水排放时可设置简易有效的隔油池，定期清理，防止污染。

(5)工地临时厕所，化粪池应采取防渗漏措施。中心城市施工现场的临时厕所可采用水冲式厕所，并有防蝇、灭蛆措施，防止污染水体和环境。

(6)化学用品、外加剂等要妥善保管，库内存放，防止污染环境。

10.2.3 施工现场的噪音控制

1.噪音及其危害

声音是由物体振动产生的，当频率为20～20 000Hz时，作用于人的耳鼓膜而产生的感觉称之为声音。由声构成的环境称为“声环境”。当环境中的声音对人类、动物及自然物没有产生不良影响时，就是一种正常的物理现象。相反，对人的生活和工作造成不良影响的声音就称之为噪声。噪声按照振动性质可分为气体动力噪声、机械噪声、电磁性噪声；按噪声来源可分为交通噪声(如汽车、火车燃气机等)、工业噪声(如鼓风机、汽轮机、冲压设备等)、建筑施工噪声(如打桩机、推土机、混凝土搅拌机等发出的声音)、社会生活噪声(如高音喇叭、收音机等)。

噪声是影响与危害非常广泛的环境污染问题。噪声环境可以干扰人的睡眠与工作，影响人的心理状态与情绪，造成人的听力损失，甚至引起许多疾病。施工现场噪声还会影响操作人员之间的交流和信息传达，为安全施工埋下隐患。

2.施工现场噪声的控制措施

噪声的控制可从声源、传播途径、接收者防护等方面入手。施工现场噪音控制的方法通常包括声源控制、传播途径控制、接收者防护等。

对人为产生的噪音，应该禁止各类人员进入施工现场后高声喊叫、无故甩打模板、乱吹哨，并限制高音喇叭的使用，最大限度地减少噪声扰民。

在人口稠密区进行强噪声作业时，必须严格控制作业时间，一般晚10点到次日早6点之间停止强噪声作业。确系特殊情况必须昼夜施工时，尽量采取降低噪声措施，并会同建设单位找当地居委会、村委会或当地居民协调，出安民告示，求得群众谅解。

3.施工现场噪声的限值

根据国家标准《建筑施工场界噪声限值》(GB12523—90)的要求，对不同施工作业的噪声限值见表10-5所示。在工程施工中，要特别注意不得超过国家标准的限值。

表10-5 建筑施工场界噪声限值

施工阶段	主要噪声源	噪声限值/dB(A)	
		昼间	夜间
土石方	推土机、挖掘机、装载机等	75	55
打 桩	各种打桩机械等	85	禁止施工
结 构	混凝土搅拌机、振捣棒、电锯等	70	55
装 修	吊车、升降机等	65	55

10.2.4 施工现场固体废物的处理

1. 施工现场常见的固体废物

固体废物是生产、建设、日常生活和其他活动中产生的固态、半固态废弃物质。固体废物是一个极其复杂的废物体系，按照其化学组成可分为有机废物和无机废物；按照其对环境和人类健康的危害程度可以分为一般废物和危险废物。

施工现场常见的固体废物如建筑渣土(包括砖瓦、碎石、渣土、混凝土碎快、废钢铁、碎玻璃、废屑、废弃装饰材料等)、废弃的散装建筑材料(包括散装水泥、石灰等)、生活垃圾(包括炊厨废物、丢弃食品、废纸、生活用具、玻璃、陶瓷碎片、废电池、废旧日用品、废塑料制品、煤灰渣等)、设备材料等的废弃包装材料、粪便以及其他。

2. 固体废物对环境的危害

固体废物对环境的危害是全方位的，主要表现在以下几个方面。

(1)侵占土地。固体废物的堆放，可直接破坏土地和植被。

(2)污染土壤。固体废物的堆放中，有害成分易污染土壤，并在土壤中发生积累，给作物生长带来危害；部分有害物质还能杀死土壤中的微生物，使土壤丧失腐解能力。

(3)污染水体。固体废物遇水浸泡、溶解后，其有害成分随地表径流或土壤渗流污染地下水和地表水；此外，固体废物还会随风飘迁进入水体造成污染。

(4)污染大气。以细颗粒状存在的废渣垃圾和建筑材料在堆放和运输过程中，会随风扩散，使大气中悬浮的灰尘废弃物提高；此外，固体废物在焚烧等处理过程中，可能产生有害气体，造成大气污染。

(5)影响环境卫生。固体废物的大量堆放，会招致蚊蝇滋生，臭味四溢，严重影响工地以及周围环境卫生，对员工和工地附近居民的健康造成危害。

3. 固体废物的处理和处置

固体废物处理的基本思想是采取资源化、减量化和无害化的处理，对固体废物产生的全过程进行控制。对固体废物的主要处理方法包括回收利用(固体废物资源化)、固体废物减量化处理、焚烧处理、废物的稳定和固化技术、填埋等。

10.3 职业健康安全管理体系标准

英国标准化协会(BSI)、爱尔兰国家标准局、南非标准局、挪威船级社(DNV)等13个组织联合在1999年和2000年分别发布了OHSAS18001:1999《职业健康安全管理体系——规范》和OHSAS18002:1999《职业健康安全管理体系——指南》。我国于2001年和2002年分别发布了GB/T 28001—2001《职业健康安全管理体系——规范》和GB/T 28002—2002《职业健康安全管理体系——指南》，该体系标准涵盖了OHSAS18001:1999《职业健康安全管理体系——规范》和OHSAS18002:1999《职业健康安全管理体系——指南》的所有技术内容，并考虑了国际上有关职业健康安全管理体系的现有文件的技术内容。

10.3.1 《职业健康安全管理体系》的总体结构

GB/T28001(OHSAS18001:1999)《职业健康安全管理体系规范》的总体结构如图10-3所示。

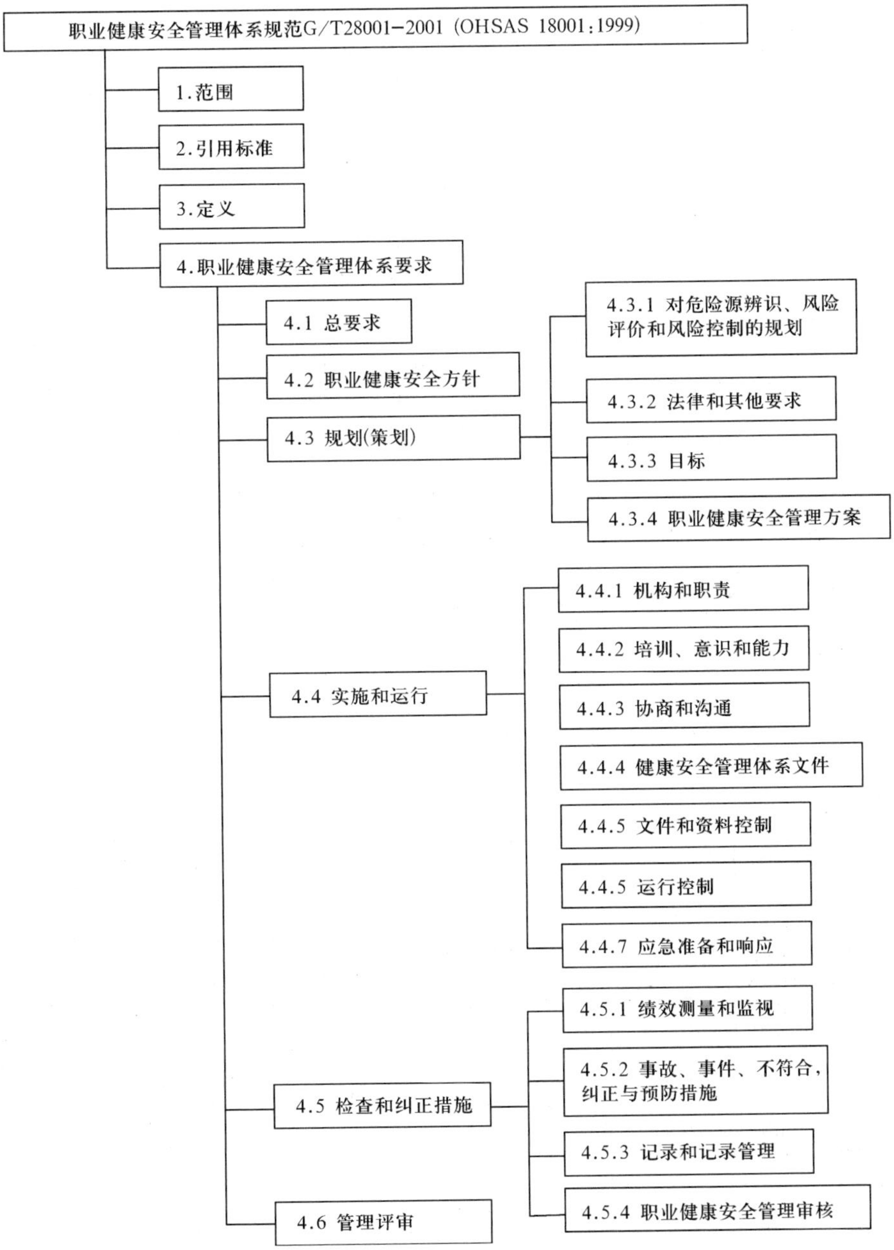

图 10-3　职业健康安全管理体系总体结构图

10.3.2 《职业健康安全管理体系》的基本要素

职业健康安全管理体系由 5 个一级要素和 17 个二级要素构成，见表 10-6。

表 10-6 职业健康安全管理体系一、二级要素表

	一级要素	二级要素
要素名称	(一)职业健康安全方针	1. 职业健康安全方针
	(二)计划(策划)	2. 对危险源辨识、风险评价和风险控制的策划 3. 法律和其他要求 4. 目标 5. 职业健康安全管理方案
	(三)实施和运行	6. 结构和职责 7. 培训、意识和能力 8. 协商和沟通 9. 职业健康安全管理体系文件 10. 文件和资料控制 11. 运行控制 12. 应急准备和响应
	(四)检查和纠正措施	13. 绩效测量和监测 14. 事故、事件、不合格的纠正与预防措施 15. 记录和记录管理 16. 职业健康安全管理审核
	(五)管理评审	17. 管理评审

在职业健康安全管理体系中的要素相互联系、相互作用共同构成了职业健康安全管理体系的整体，这些要素之间的相互联系如图 10-4 所示。

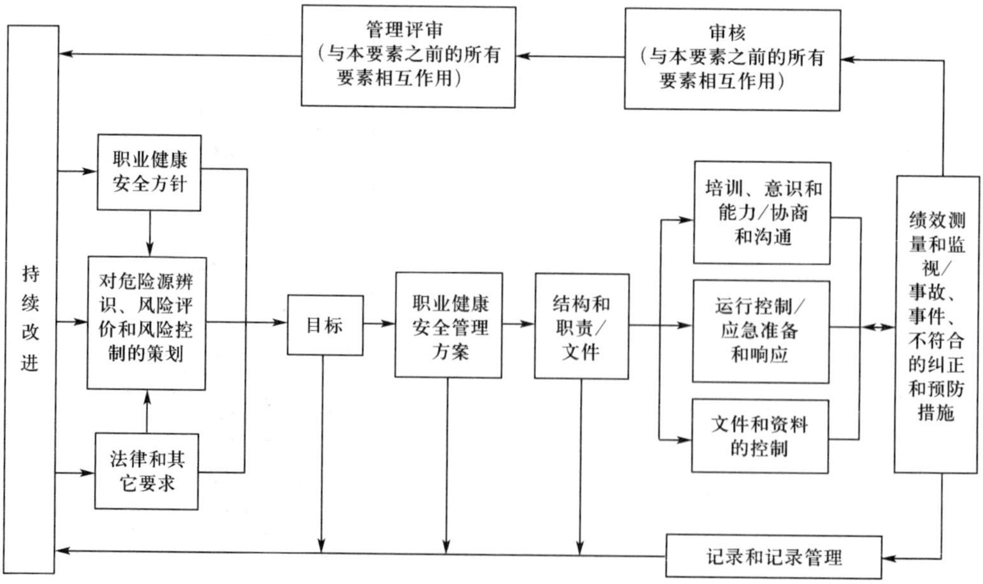

图 10-4 职业健康安全管理体系各要素关系图

职业健康安全管理体系要素之间的关系可以分为两类，一类是体现体系主体框架和基本功能的核心要素；另一类是支持体系主体框架和保证实现基本功能的辅助性要素。

核心要素包括健康安全方针，对危险源辨识、风险评价和风险控制的策划，法律和其他要求，目标，结构和职责，职业健康安全管理方案，运行控制，绩效测量和监视，审核和管理评审 10 个要素。

辅助性要素包括培训、意识和能力，协商和沟通，文件，文件和资料控制，应急准备和响应，事故、事件、不符合的纠正和预防措施，以及记录和记录管理等 7 个要素。

各要素设置的目的与意图如下：

(1)职业健康安全方针

①确定职业健康安全管理的总方向和总原则及职责和绩效目标；

②表明组织对职业健康安全管理的承诺，特别是最高管理者的承诺。

(2) 对危险源辨识、风险评价和风险控制的策划

①对危险源辨识和风险评价，组织对其管理范围内的重大职业健康安全危险源获得一个清晰的认识和总的评价，并使组织明确应控制的职业健康安全风险；

②建立危险源辨识、风险评价和风险控制与其他要素之间的联系，为组织的整个职业健康安全体系奠定基础；

③更好地履行组织的基本法律义务，持续地识别、评价和控制职业健康安全风险。

(3)法律和其他要求

①促进组织认识和了解其所应履行的法律义务，并对其影响有一个清醒的认识，并就此信息与员工进行沟通；

②识别对职业健康安全法规和其他要求的需求和获取途径。

(4)目标

①使组织的职业安全方针能够得到真正落实；

②保证组织内部对职业健康安全方针的各方面建立可测量的目标。

(5)职业健康安全管理方案

①寻求实现职业健康安全方针和目标的途径和方法；

②制定适宜的战略和行动计划，实现组织所确定的各项目标。

(6)结构和职责

①建立适宜于职业健康安全管理体系的组织结构；

②确定管理体系实施和运行过程中有关人员的作用、职责和权限；

③确定实施、控制和改进管理体系的各种资源。

(7)培训、意识和能力

①增强员工的职业健康安全意识；

②确保员工有能力履行相应的职责，完成影响工作场所内职业健康安全任务。

(8)协商和沟通

①确保与员工和其他相关方就有关职业健康安全信息进行相互沟通；

②鼓励所有受组织运行影响的人员参与职业健康安全事务，对组织的职业健康安全方针和目标予以支持。

(9)文件

①确保组织的职业健康安全管理体系得到充分理解并有效运行；

②按有效性和效率要求，尽量减少文件的数量。

(10)文件和资料控制

①建立并保持文件和资料的控制程序；

②识别和控制体系运行和职业健康安全活动绩效的关键文件和资料。

(11)运行控制

①制定计划和安排，确定控制和预防措施有效实施；

②根据实现职业健康安全的方针、目标、遵守法规和其他要求的需要，使风险有关的运行和活动均处于受控状态。

(12)应急准备和响应

①主动评价潜在的事故或紧急情况，识别应急响应需求；

②制定应急准备和响应计划，以减少和预防可能引发的病症和突发事件造成的伤害。

(13)绩效测量和监视

持续不断地对组织的职业健康安全绩效进行监测和测量，以保证体系的有效运行。

(14)事故、事件及不符合的纠正和预防措施

①通过建立有效程序和报告制度，调查和评估事故、事件和不符合；

②预防事故和事件及不符合情况的进一步发生；

③探测、分析和消除不符合的潜在根源，确认所采取纠正和预防措施的有效性。

(15)记录和记录管理

①证实体系处于有效运行状态；

②将体系和要求的符合性形成文件。

(16)审核

①持续评估组织的职业健康安全管理体系的有效性；

②组织通过内部审核方案，自我评审本组织建立的职业健康安全体系与 GB/T28001 体系标准要求的符合性；

③确定对形成文件的程序的符合程度；

④评价管理体系是否有效满足组织的职业健康安全标准。

(17)管理评审

①评价管理体系是否完全实施和是否继续保持；

②评价组织的职业健康安全方针是否继续合适；

③为了组织的未来发展要求，重新制定组织的职业健康安全目标或修改现有的职业健康目标，并考虑为此是否需要修改有关的职业健康安全管理体系的要素。

10.4 环境管理体系标准

科学技术的进步和生产效率的提高促使社会经济不断发展，社会化大生产在提高人类生活水平的同时，也给人类的生存环境带来了威胁，人类社会面临着越来越严重的环境

污染和能源危机。为了保护人类赖以生存的环境，实现人类社会和自然环境的可持续发展，国际标准化组织(ISO)提出了“通过制定和实施一套环境管理的国际标准，规范企业和社会团体等所有组织的环境表现，使之与社会经济发展相适应，改善生态环境质量，减少人类各项活动所造成的环境污染，节约能源，促进经济的可持续发展”的宗旨，并于1993年6月正式成立环境管理技术委员会(ISO/TC207)，开始了对环境管理体系的国际通用标准的制定工作。该组织于1996年公布了ISO14001《环境管理体系规范及使用指南》，之后又公布了若干标准，初步形成了具备操作性的体系。ISO14001是一个系列的环境管理标准，包括了环境管理体系、环境审核、环境标志、环境行为评价、生命周期评价等国际环境管理领域内的许多焦点问题，旨在指导各类组织提高环境绩效和证实自身的环境行为，它是实施工程项目施工现场环境管理的最有效手段。

我国从1996年开始以与ISO标准等同的方式，颁布了GB/T24001(ISO14001)《环境管理体系规范及使用指南》，之后又陆续将ISO颁布的有关标准作为我国的推荐性标准。环境管理标准已成为我国普遍执行的标准。

10.4.1 《环境管理体系》的总体结构

GB/T24001(ISO14001)《环境管理体系规范及使用指南》的总体结构如图10-5所示。

10.4.2 《环境管理体系》的基本要素

环境管理体系的基本内容由5个一级要素和17个二级要素构成，构成情况，见表10-7。

表10-7　环境管理体系一、二级要素表

	一级要素	二级要素
要素名称	(一)环境方针	1.环境方针
	(二)计划(策划)	2.环境因素 3.法律和其他要求 4.目标和指标 5.环境管理方案
	(三)实施和运行	6.组织结构和职责 7.培训、意识和能力 8.信息交流 9.环境管理体系文件 10.文件控制 11.运行控制 12.应急准备和响应
	(四)检查和纠正措施	13.监测和测量 14.不符合、纠正与预防措施 15.记录 16.环境管理体系审核
	(五)管理评审	17.管理评审

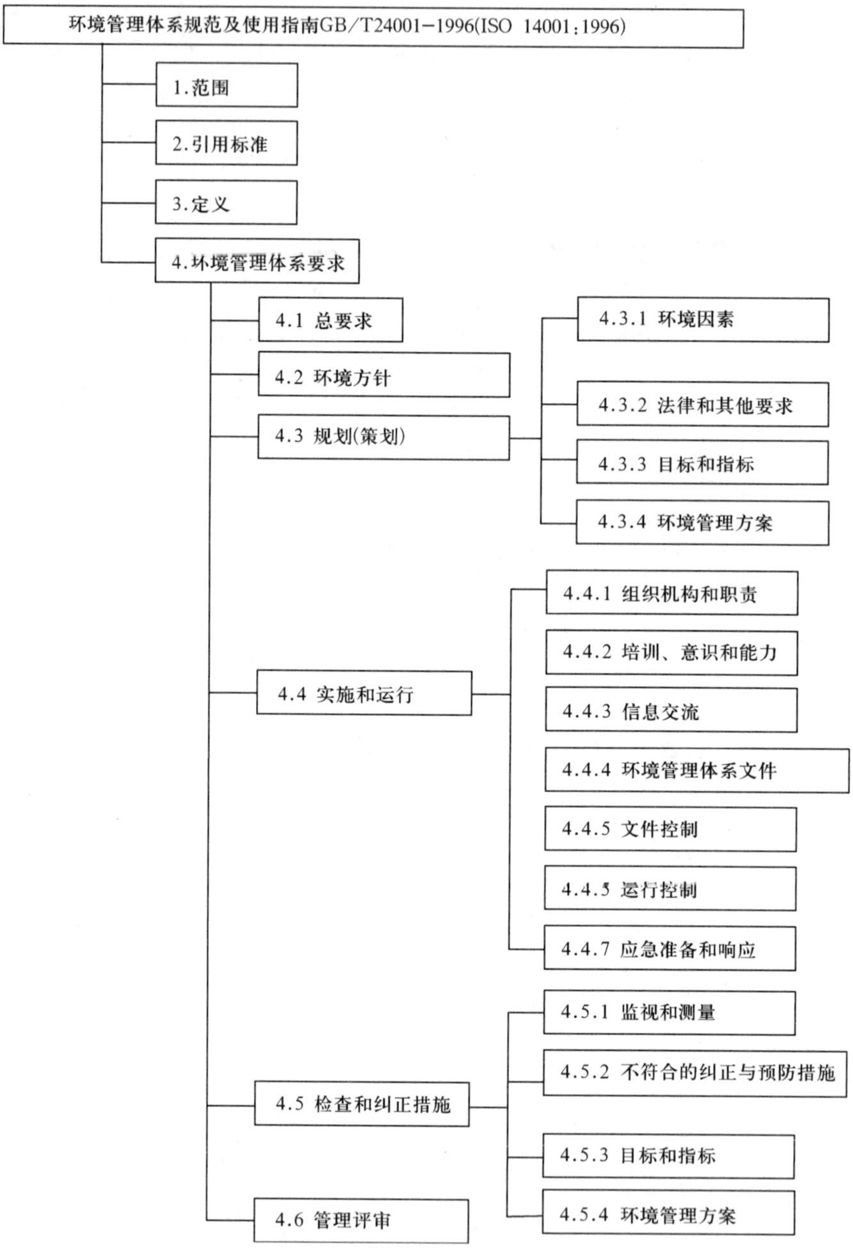

图 10-5 《环境管理体系规范及使用指南》总体结构图

环境管理体系中的要素相互联系、相互作用,共同构成了环境管理体系的整体,这些要素之间的相互联系如图 10-6 所示。

要素设置的目的和意图表述如下:

(1)环境方针

①制定环境方针是最高管理者的责任;

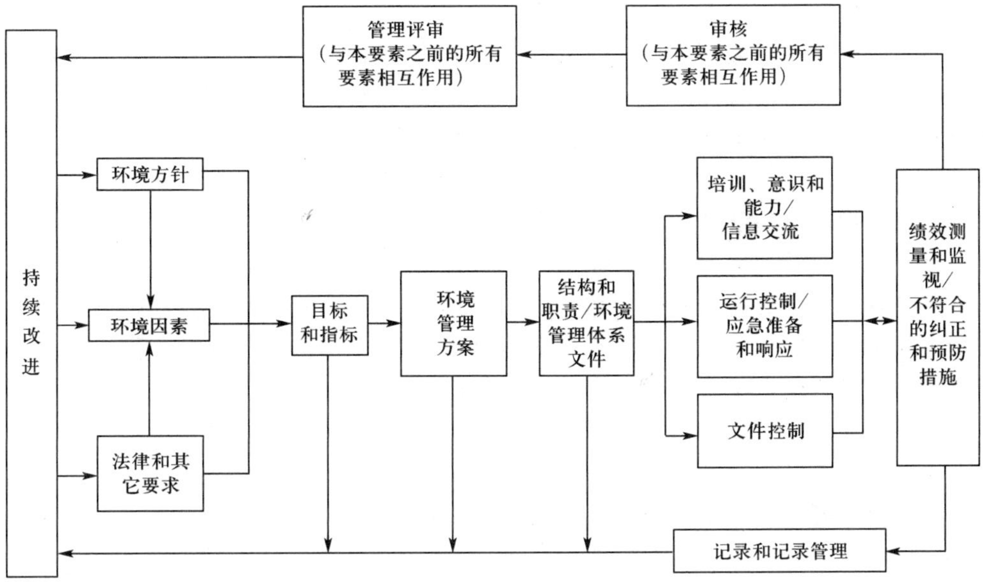

图 10-6　环境管理体系要素关系图

②环境方针的内容必须包括对遵守法律及其他要求、持续改进和污染预防的承诺，并作为制定与评审环境目标和指标的框架；

③环境方针应适合组织的规模、行业特点，要有个性；

④环境方针在管理上要求形成文件，便于员工理解和相关方获取。

(2)环境因素

①识别和评价环境因素，以确定组织的环境因素和重要环境因素；

②识别环境因素时要考虑到“三种状态”(正常、异常、紧急)、“三种时态”(过去、现在、将来)、向大气排放、向水体排放、废弃物处理、土地污染、原材料和自然资源的利用、其他当地环境问题；

③应及时更新环境方面的信息，以确保环境因素识别的充分性和重要环境因素评价的科学性。

(3)法律和其他要求

①组织应建立并保持程序，以保证活动、产品或服务中环境因素遵守法律和其他要求；

②组织还应建立获得相关法律和其他要求的渠道，包括对变动信息的跟踪。

(4)目标和指标

①组织内部各管理层次、各有关部门和岗位在一定时期内均应有相应的目标和指标，并用文本表示；

②组织在建立和评审目标时，应考虑的因素主要有环境影响因素、遵守法律法规和其他要求的承诺、相关方要求等；

③目标和指标应与环境方针中的承诺相呼应。

(5)环境管理方案

①组织应制定一个或多个环境管理方案,其作用是保证环境目标和指标的实现;

②方案的内容一般可以有:组织的目标、指标的分解落实情况,使各相关层次与职能在环境管理方案与其所承担的目标、指标相对应,并应规定实现目标、指标的职责、方法和时间表等;

③环境管理方案应随情况变化及时做相应修订。

(6)组织结构和职责

①环境管理体系的有效实施要靠组织的所有部门承担相关的环境职责;

②必须对每一层次的任务、职责、权限做出明确规定,形成文件并给予传达;

③最高管理者应指定管理者代表并明确其任务、职责、权限;

④管理者代表应做到:对环境管理体系建立、实施、保持负责,并向最高管理者报告环境管理体系运行情况;

⑤最高管理者应为环境管理体系的实施提供各种必要的资源。

(7)培训、意识和能力

①组织应明确培训要求和需要特殊培训的工作岗位和人员;

②建立培训程序,明确培训应达到的效果;

③对可能产生重大影响的工作,要有必要的教育、培训、工作经验、能力方面的要求,以保证他们能胜任所负担的工作。

(8)信息交流

①组织应建立对内对外双向信息交流的程序,其功能是:能在组织的各层次和职能间交流有关环境因素和管理体系的信息,以及外部相关方信息的接收、成文、答复;

②特别注意涉及重要环境因素的外部信息的处理并记录其决定。

(9)环境管理体系文件

①环境管理体系文件应充分描述环境管理体系的核心要素及其相互作用;

②应给出查询相关文件的途径,明确查找的方法,使相关人员易于获取有效版本。

(10)文件控制

①组织应建立并保持有效的控制程序,保证所有文件的实施;

②环境管理文件应注明日期(包括发布和修订日期),字迹清楚、标志明确,妥善保管并在规定期间予以保留;还应及时从发放和使用场所收回失效文件,防止误用;

③应建立并保持有关制定和修改各类文件的程序;

④环境管理体系重在运行和对环境因素的有效控制,应避免文件过于烦琐,以利于建立良好的控制系统。

(11)运行控制

①运行控制是对组织环境管理体系实施控制的过程,其目的是实现组织方针和目标指标,其对象是与环境因素有关的运行与活动,其手段是编制控制程序;

②组织的方针、目标和指标及重要环境因素有关的运行和活动,应确保它们在程序的控制下运行;当某些活动有关标准已有具体规定时,程序可予以引用;

③对缺乏程序指导可能偏离方针、目标、指标的运行应建立运行控制程序，但并不要求所有的活动和过程都建立相应的运行控制程序；

④应识别组织使用的产品或服务中的重要环境因素，并建立和保持相应的文件程序，将有关程序与要求通报供方和承包方，以促使他们提供的产品或服务符合组织的要求。

(12)应急准备和响应

①组织应建立并保持一套程序，使之能有效确定潜在的事故或紧急情况，并在其发生前予以预防，减少可能伴随的环境影响；一旦紧急情况发生及时做出响应，尽可能减少由此造成的环境影响；

②组织应考虑可能会有的潜在事故和紧急情况(如组织在识别和评审重要环境因素时，就应包括这些方面的内容)，采取预防和纠正的措施应针对潜在的和发生的原因；

③必要时，特别是在事故或紧急情况发生后，应对程序予以评审和修订，确保其切实可行；

④可行时，按程序有关规定定期进行实验或演练。

(13)绩效测量和监视

①对环境管理体系进行例行测量和监视，既是对体系运行状况的监督手段，又是发现问题及时采取纠正措施，实施有效运行控制的首要环节；

②组织应建立文件程序，其对象是：对可能具有重大环境影响的运行与活动的关键特性进行测量和监视，保证监测活动按规定进行；

③测量和监视的内容通常包括：组织的环境绩效(如组织采取污染预防措施收到的效果，节省资源和能源的效果，对重大环境因素控制的结果等)，有关的运行控制(对运行加以控制，监测其执行程序及其运行结果是否偏离目标和指标)，目标、指标和环境管理方案的实现程度，为组织评价环境管理体系的有效性提供充分的客观依据；

④对监测活动，在程序中应明确规定：如何进行例行监测，如何使用、维护、保管监测设备，如何记录和如何保管记录，如何参照标准进行评价，什么时候向谁报告监测结果和发现的问题等；

⑤组织应建立评价程序，定期检查有关法律法规的持续遵循情况，以判断环境方针有关承诺的符合性。

(14)不符合的纠正与预防措施

①组织应建立并保持文件程序，用来规定有关的职责和权限，对不符合进行处理与调查，采取措施减少由此产生的影响，采取纠正与预防措施并予以完成；

②对于旨在消除已存在和潜在不符合所采取的纠正或预防措施，应分析原因并与该问题的严重性和伴随的环境影响相适应；

③对于纠正与预防措施所引起对程序文件的任何更改，组织均应遵照实施并予以记录。

(15)记录和记录管理

①组织应建立对记录进行管理的程序，明确对环境管理的标识、保存、处置的要求；

②程序应规定记录的内容；

③对记录本身的质量要求是字迹清楚、标识清楚、可追溯。

(16)环境管理体系的审核

①本条款的"审核"是指环境管理内部审核；

②组织应制定、保持定期开展环境管理体系内部审核的程序、方案；

③审核程序和方案的目的，是判定其是否满足符合性(即环境管理体系是否符合对环境管理工作的预定安排和规范要求)和有效性(即环境管理体系是否得到正确实施和保持)，向管理者报告管理结果；

④对审核方案的编制依据和内容要求，应立足于所涉及活动的环境的重要性和以前审核的结果；

⑤审核的具体内容，应规定审核的范围、频次、方法，对审核组的要求，审核报告的要求等。

(17)管理评审

①管理评审是组织最高管理者的职责；

②应按规定的时间间隔进行，评审过程要记录，结果要形成文件；

③评审的对象是环境管理体系，目的是保证环境管理体系的持续适用性、充分性和有效性；

④评审前要收集充分必要信息，作为评审依据。

10.5 安全与环境管理体系的建立与运行

10.5.1 职业健康安全管理和环境管理体系的建立流程

职业健康安全管理体系和环境管理体系的建立流程是：

(1)策划与准备阶段，包括：领导决策与准备；人员培训；初始评审；制定方针、目标及职业健康安全管理和环境管理方案；体系文件策划。

(2)职业健康安全管理和环境管理体系文件编写阶段。

(3)职业健康安全管理和环境管理体系文件试运行阶段，包括：体系试运行；内审及管理评审；模拟审核。

(4)第三方审核认证阶段，包括：认证审核准备；认证审核；颁发证书。

10.5.2 职业健康安全管理和环境管理体系的运行

为适应现代职业健康安全和创建文明施工环境的需要，GB/T28001《职业健康安全管理体系规范》和GB/T24001(ISO14001)《环境管理体系规范及使用指南》在确定职业健康安全管理体系(和环境管理体系)模式时，强调按系统理论管理相关事务，以达到预期目的。其运行模式采用了系统化的戴明模型，即通过计划(Plan)、行动(Do)、检查(Check)

和改进(Act)4个环节构成一个动态循环并螺旋上升的系统化管理模式。职业健康安全管理体系(和环境管理体系)运行模式如图10-7所示。

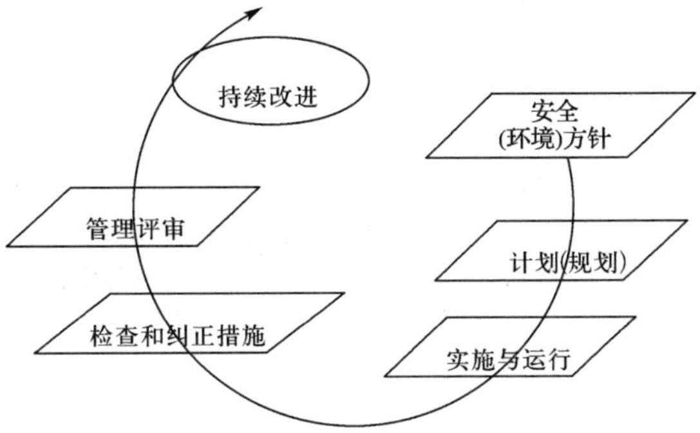

图10-7　职业健康安全管理(或环境管理)体系运行模式

思考题

1. 简述安全管理的概念与工作程序。
2. 为了防止安全事故的发生,如何在施工现场建立完整的安全生产组织保证体系?
3. 工程项目施工现场的安全管理规章制度包括哪些?
4. 简述安全教育制度及其内容。
5. 简述工程项目施工现场常见安全事故种类与预防重点项目。
6. 简述工程项目施工现场安全检查的形式及主要内容。
7. 简述我国建筑工程安全事故等级分类及其标准。
8. 简述工程项目施工现场安全检查的方法。
9. 发生工程项目施工现场安全事故时,怎样进行处理?
10. 简述危险性较大的分部分项工程安全管理方法。
11. 工程项目施工现场防治大气污染的主要措施有哪些?
12. 工程项目施工现场的水污染如何防治?
13. 如何对工程项目施工现场的固体废弃物进行处理?
14. 工程项目施工现场进行噪音控制的主要方法有哪些?
15. 简述职业健康安全管理体系的总体结构。
16. 简述职业健康安全管理体系中构成要素及其相互关系。
17. 简述环境管理体系的总体结构。
18. 简述环境管理体系中构成要素及其相互关系。
19. 简述工程项目安全与环境管理体系的建立流程与运行模式。

第11章 工程项目竣工验收

11.1 概　述

11.1.1 工程项目竣工与竣工验收的概念

工程项目竣工是指施工单位按照设计施工图纸和承包合同的规定，完成工程项目建设的全部施工活动，并且达到建设单位的使用要求。它标志着工程建设任务的全面完成。

工程项目竣工验收是指施工单位将竣工的工程项目及与该项目有关的资料移交给建设单位，并接受由建设单位组织的对工程建设质量和技术资料的一系列检验和接收工作的总称。竣工验收合格后，建设单位应在规定时间内将工程竣工验收报告和有关文件，报建设行政主管部门备案。

工程项目竣工验收是检验施工单位项目管理水平和目标实现程度的关键阶段，是建筑施工与管理的最后环节，也是工程项目从实施到投入运行使用的衔接转换阶段。此项工作结束，即表示施工单位工程管理工作的最后完成，与建筑单位签订的施工承包合同结束。

11.1.2 工程项目竣工验收的意义

从宏观上看，工程项目竣工验收是国家全面考核项目建设成果，检验项目决策、设计、施工、设备制造、管理水平，总结工程项目建设经验的重要环节。项目竣工验收，标志着项目投资已转化为能产生经济效益的固定资产，能否取得预想的宏观效益，需经国家权威性的管理部门按照技术规范和技术标准组织验收确认。

从投资者角度看，工程项目竣工验收是投资者全面检验项目目标实现程度、投资效果，并就工程投资、工程进度和工程质量进行审查和认可的关键环节。它不仅关系到投资者在项目建设周期的经济利益，也关系到项目投产后的运营效果。因此，投资者非常重视并集中力量组织验收，督促承包者抓紧收尾工程，通过验收发现隐患，消除隐患，为项目达到设计能力和使用要求创造良好的条件。

从承包商角度看，工程项目通过竣工验收之后，就标志着承包商已全面履行了合同义务。承包商应对所承担的工程项目接受投资者全面检查，积极主动配合投资者组织好试生产，将技术经济资料整理归档，办理工程移交手续，同时按完成的工程量收取工程价款。

由于工程项目竣工验收有大量的检验、签证和协作配合，容易产生利益上的冲突，故应严格管理。国家规定：已具备竣工验收和投产条件的项目，3个月内不办理验收手续的，取消建设单位和主管部门（或地方）的基建试车收入分成，由银行监督全部上缴财政，并由银行冻结其基建贷款或停止贷款。如3个月内办理验收和移交固定资产手续确有困难，经验收主管部门批准，期限可适当延长。竣工验收对促进工程项目及时投入生产、产生经济效益、总结建设经验有着重要作用。

11.1.3　工程项目竣工验收的依据

（1）《建筑工程施工质量验收统一标准》和相关专业工程施工质量验收规范的规定。

（2）工程勘察、设计文件（含设计图纸、图集和设计变更单等）的要求。

（3）建设单位与施工单位签订的工程施工承包合同。

（4）国家现行的工程施工与验收规范、建筑工程质量验收统一标准以及各省市规定的技术规程。

（5）工程项目可行性研究报告，城市建设规划部门批准的建设工程规划许可证。

11.2　工程项目竣工质量验收

11.2.1　单位（子单位）工程竣工质量验收

单位（子单位）工程竣工质量验收是工程项目投入使用前的最后一次验收，也是最重要的一次验收，在施工单位自行质量检查与评定的基础上，参与建设活动的有关单位共同对检验批、分项、分部、单位工程的质量进行抽样复查，根据相关标准以书面形式对工程质量达到合格与否做出确认。单位（子单位）工程竣工质量验收合格应符合下列规定：

（1）单位（子单位）工程所含分部（子分部）工程的质量均应验收合格

①各分部（子分部）工程均按规定通过了合格质量验收。

②各分部（子分部）工程验收记录表内容完整，填写正确，收集齐全。

（2）质量控制资料应完整

单位工程验收时，应对所有分部工程资料的系统性和完整性进行一次全面的核查，重点核查有无需要拾遗补阙的，从而达到完整无缺的要求。

质量控制资料核查的具体内容按表11-1的要求进行。

表 11-1　　　　单位(子单位)工程质量控制资料核查记录

工程名称			施工单位		
序号	项目	资料名称	份数	核查意见	核查人
1	建筑与结构	图纸会审、设计变更、洽商记录			
2		工程定位测量、方线记录			
3		原材料出厂证书及进场检(试)验报告			
4		施工试验报告及见证检测报告			
5		隐蔽工程验收记录			
6		施工记录			
7		预制构件、预拌混凝土合格证			
8		地基基础、主体结构检验及抽样检测资料			
9		分项、分部工程质量验收记录			
10		工程质量事故及事故调查处理资料			
11		新材料、新工艺施工记录			
12					
1	给排水与采暖	图纸会审、设计变更、洽商记录			
2		材料、配件出厂合格证书及进场检(试)验报告			
3		管道、设备强度试验、严密性试验记录			
4		隐蔽工程验收记录			
5		系统清洗、灌水、通水、通球试验记录			
6		施工记录			
7		分项、分部工程质量验收记录			
8					
1	建筑电气	图纸会审、设计变更、洽商记录			
2		材料、设备出厂合格证书及进场检(试)验报告			
3		设备调试记录			
4		接地、绝缘电阻测试记录			
5		隐蔽工程验收记录			
6		施工记录			
7		分项、分部工程质量验收记录			
8					
1	通风与空调	图纸会审、设计变更、洽商记录			
2		材料、设备出厂合格证书及进场检(试)验报告			
3		制冷、空调、水管道强度试验、严密性试验记录			
4		隐蔽工程验收记录			
5		制冷设备运行调试记录			
6		通风、空调系统调试记录			
7		施工记录			
8		分项、分部工程质量验收记录			
9		隐蔽工程验收记录			

（续表）

工程名称			施工单位		
序号	项目	资料名称	份数	核查意见	核查人
1	电梯	土建布置图纸会审、设计变更、洽商记录			
2		设备出厂合格证书及开箱检验记录			
3		隐蔽工程验收记录			
4		施工记录			
5		接地、绝缘电阻测试记录			
6		负荷试验、安全装置检查记录			
7		分项、分部工程质量验收记录			
8					
1	建筑智能化	图纸会审、设计变更、洽商记录、竣工图及设计说明			
2		材料、设备出厂合格证及技术文件及进场检(试)验报告			
3		隐蔽工程验收记录			
4		系统功能测定及设备调试记录			
5		系统技术、操作和维护手册			
6		系统管理、操作人员培训记录			
7		系统检测报告			
8		分项、分部工程质量验收报告			

结论：

总监理工程师

施工单位项目经理　　年　月　日　　（建设单位项目负责人）　　年　月　日

（3）单位（子单位）工程所含分部工程有关安全和功能的检测资料应完整

检查的内容按表11-2的要求进行。其中大部分项目在施工过程中或分部工程验收时已作了测试，但也有部分需单位工程完工后才能进行。在单位工程验收时对这部分检测资料进行检查，是对原有检测资料所作的一次延续性的补充、修正和完善。

表11-2　单位(子单位)工程安全和功能检验资料核查及主要功能抽查记录

工程名称				施工单位		
序号	项目	安全和功能检查项目	份数	核查意见	抽查结果	核查(抽查)人
1	建筑与结构	屋面淋水试验记录				
2		地下室防水效果检查记录				
3		有防水要求的地面蓄水试验记录				
4		建筑物垂直度、标度、全高测量记录				
5		抽气(见)道检查记录				
6		幕墙及外窗气密性、水密性、耐风压检测报告				
7		建筑物沉降观测测量记录				
8		节能、保温测试记录				
9		室内环境检测报告				
10						

（续表）

工程名称				施工单位		
序号	项目	安全和功能检查项目	份数	核查意见	抽查结果	核查（抽查）人
1	给排水与采暖	给水管道通水试验记录				
2		暖气管道、散热器压力试验记录				
3		卫生器具满水试验记录				
4		消防管道、燃气管道压力试验记录				
5		排水干管通球试验记录				
6						
1	电气	照明全负荷试验记录				
2		大型灯具牢固性试验				
3		避雷接地电阻测试记录				
4		线路、插座、开关接地检验记录				
5						
1	通风与空调	通风、空调系统试运行记录				
2		风量、温度测试记录				
3		洁净室洁净度测试记录				
4		制冷机组试运行调试记录				
5						
1	电梯	电梯运行记录				
2		电梯安全装置检测报告				
3						
1	智能建筑	系统运行记录				
2		系统电源及接地检测报告				
3						

结论：

总监理工程师

施工单位项目经理　　　年　月　日　　　（建设单位项目负责人）　　　年　月　日

注：抽查项目由验收组协商确定。

（4）主要功能项目的抽查结果应符合相关专业质量验收规范的规定

这项检查可选择在当地容易发生质量问题或施工单位质量控制比较薄弱的项目和部位进行抽查。

（5）观感质量应符合要求

单位（子单位）工程观感质量验收的检查内容见表 11-3。凡在工程上出现的项目，均应进行检查，并逐项填写“好”“一般”或“差”的质量评价。

观感质量验收不单纯是对工程外表质量进行检查，同时也是对部分使用功能和使用安全所做的一次宏观检查。

表 11-3　　单位(子单位)工程观感质量检查记录

工程名称								施工单位							
序号	项目		抽查质量状况										质量评价		
													好	一般	差
1	建筑与结构	室外墙面													
2		变形缝													
3		水落管													
4		室内墙面													
5		室内顶面													
6		室内地面													
7		楼梯、踏步、护栏													
8		门窗													
1	给排水与采暖	管道接口、坡度、支架													
2		卫生器具、支架、阀门													
3		检查口、扫除口、地漏													
4		散热器、支架													
1	电气	配电箱、盘、板、接线盒													
2		设备器具、开关、插座													
3		防雷、接地													
1	通风与空调	风管、支架													
2		风口、风阀													
3		风机、空调设备													
4		阀门、支架													
5		水泵、冷却塔													
6		绝热													
1	电梯	运行、平层、开关门													
2		层门、信号系统													
3		机房													
1	智能建筑	机房设备安装及布局													
2		现场设备安装													
3															
观感质量综合评价															
检查结论	施工单位项目经理　年　月　日　　总监理工程师（建设单位项目负责人）　年　月　日														

单位(子单位)工程质量验收完成后，按表 11-4 要求填写工程质量验收记录。其中验收记录由施工单位填写，综合验收结论由参加验收各方共同商定，建设单位填写，并对工程质量是否符合设计和规范要求及总体质量水平做出评价。

表 11-4　　单位(子单位)工程质量竣工验收记录

<table>
<tr><td>工程名称</td><td></td><td>结构类型</td><td></td><td>层数/建筑面积</td><td></td></tr>
<tr><td>施工单位</td><td></td><td>技术负责人</td><td></td><td>开工日期</td><td></td></tr>
<tr><td>项目经理</td><td></td><td>项目技术负责人</td><td></td><td>竣工日期</td><td></td></tr>
<tr><td>序号</td><td>项目</td><td colspan="2">验收记录</td><td colspan="2">验收结论</td></tr>
<tr><td>1</td><td>分部工程</td><td colspan="2">共　　分部，经查　　分部
符合标准及设计要求　　分部</td><td colspan="2"></td></tr>
<tr><td>2</td><td>质量控制资料核查</td><td colspan="2">共　　项，经审查符合要求　　项
经核定符合规范要求</td><td colspan="2"></td></tr>
<tr><td>3</td><td>安全和主要使用功能核查及抽查结果</td><td colspan="2">共检查　　项，符合要求　　项，
共抽查　　项，符合要求　　项
经返工处理符合要求　　项</td><td colspan="2"></td></tr>
<tr><td>4</td><td>观感质量验收</td><td colspan="2">共抽查　　项，符合要求　　项
不符合要求　　项</td><td colspan="2"></td></tr>
<tr><td>5</td><td>综合验收结论</td><td colspan="2"></td><td colspan="2"></td></tr>
<tr><td rowspan="2">参加验收单位</td><td>建设单位</td><td>监理单位</td><td>施工单位</td><td colspan="2">设计单位</td></tr>
<tr><td>(公章)
单位(项目)负责人
年　月　日</td><td>(公章)
总监理工程师
年　月　日</td><td>(公章)
单位负责人
年　月　日</td><td colspan="2">(公章)
单位(项目)负责人
年　月　日</td></tr>
</table>

注：质量评价为差的项目，应进行返修。

11.2.2　对工程项目质量不符合要求时的处理规定

(1)经返工重做或更换器具、设备的检验批，应重新进行验收。

(2)经有资质的检测单位检测鉴定能够达到设计要求的检验批，应予以验收。

(3)经有资质的检测单位检测鉴定达不到设计要求，但经原设计单位核算认可，能够满足结构安全和使用功能的检验批，予以验收。

(4)经返修或加固处理的分项、分部工程，虽改变外形尺寸但仍能满足安全使用要求，可按技术处理方案和协商文件进行验收。

(5)通过返修或加固仍不能满足安全使用要求的分部工程、单位(子单位)工程，严禁验收。

11.3　工程项目竣工验收程序

11.3.1　工程项目竣工验收应具备的条件

1. 施工项目竣工验收应具备的条件

(1)完成建设工程设计和合同约定的各项内容。

(2)有完整的技术档案和施工管理资料。

(3)有工程使用的主要建筑材料、建筑构配件和设备的进场试验报告。

(4)有勘察、设计、工程监理等单位分别签署的质量合格文件。

(5)工程达到窗明、地净、水通、灯亮,室内上下水、采暖通风、电气照明及线路安装敷设工程经试验达到设计与使用要求,与竣工验收项目相关的室外管线工程施工完毕并达到设计要求。

(6)工业建筑设备安装工程(包括其中的土建工程)施工完毕,经调试、试运转达到设计与质量要求。

(7)有施工单位签署的工程质量保修书。

(8)建设行政主管部门及其委托的建设工程质量监督机构等有关部门要求整改的质量问题全部整改完毕。

2. 建设项目竣工验收应具备的条件

(1)有完整的工程项目建设全过程竣工档案资料。

(2)规划行政主管部门对工程是否符合规划要求进行了检查,并出具认可文件。

(3)有公安消防、环保等部门出具的认可文件或准许使用文件。

(4)建设单位已按合同约定支付了工程款,有工程款支付证明。

工程造价在150万元以下的、面积在1 000平方米的建筑工程,竣工验收条件可根据工程实际情况简化。

11.3.2　工程项目竣工验收程序

1. 工程项目竣工预验收

(1)当施工单位施工的工程项目完工并达到竣工验收条件后,按表11-1至11-3的内容自查自评,逐项填写。

(2)自查合格后向监理单位提交《验收申请报告》。负责该项工程的总监理工程师应组织各专业监理工程师对竣工资料及各专业工程的质量情况进行预验收,对竣工资料进行审查,对工程实体质量进行逐项检查,确认是否已完成工程设计和合同约定的各项内容,是否达到竣工标准,对存在的问题,应及时要求施工单位进行整改。当确认工程质量符合法律、法规和工程建设强制性标准规定,符合设计文件和合同要求后,监理单位应按有关规定在施工单位的质量验收记录和试验、检测资料即表11-1至表11-3上签字认可，并签署质量评估报告，提交建设单位。

(3)监理单位签字确认后，由施工单位填写《工程竣工质量验收报告》，见表11-5，上报建设单位。

表11-5　　工程竣工质量验收报告

<table>
<tr><td>单位工程名称</td><td colspan="3"></td></tr>
<tr><td>建筑面积</td><td></td><td>结构类型、层数</td><td></td></tr>
<tr><td>施工单位名称</td><td colspan="3"></td></tr>
<tr><td>施工单位地址</td><td colspan="3"></td></tr>
<tr><td>施工单位邮编</td><td></td><td>联系电话</td><td></td></tr>
<tr><td colspan="4">质量验收意见：(应包含下述参考内容)
填写要求：
1. 施工单位质量责任行为履行情况；
2. 本工程是否已按要求完成工程设计和合同约定的各项内容；
3. 在施工过程中，执行强制性标准和强制性条文的情况；
4. 施工过程中对监理提出的要求整改的质量问题是否确已改正，并得到监理单位认可；
5. 工程完工后，企业自查是否确认工程达到竣工标准，满足结构安全和使用功能要求；
6. 工程质量保证资料(包括检测报告的功能试验资料)基本齐全且已按要求装订成册；
7. 建筑物沉降观测结果和倾斜率情况；
8. 其他需说明的情况。</td></tr>
</table>

<table>
<tr><td>项目经理：</td><td>年　　月　　日</td><td rowspan="4">施工单位公章</td></tr>
<tr><td>企业负责人：
(质量科长)</td><td>年　　月　　日</td></tr>
<tr><td>企业技术负责人：
(总工程师)</td><td>年　　月　　日</td></tr>
<tr><td>企业法人代表：</td><td>年　　月　　日</td></tr>
</table>

2. 工程项目竣工正式验收

(1)竣工验收组织

建设单位负责工程项目竣工验收，质量监督机构对工程项目竣工验收实施监督。

当建设单位收到勘察、设计、施工、监理等质量合格证明，即《施工单位工程竣工质量验收报告》《勘察、设计单位工程竣工质量检查报告》《监理单位工程质量评估报告》，工程具备竣工验收条件后，组织成立竣工验收小组，制订验收方案，向质量监督机构提交《建设单位竣工验收通知单》，质量监督机构审查验收组成员资质、验收内容、竣工验收条件，合格后建设单位向质量监督机构申领《建设工程竣工验收备案表》及《建设工程竣工验收报告》，确定竣工验收时间。

(2)竣工验收人员

由建设单位负责组织竣工验收小组。竣工验收组组长由建设单位法人代表或其委托的负责人担任。成员由建设单位该项目负责人、现场管理人员及勘察、设计、施工、监理单位成员组成，也可邀请有关专家参加验收小组。验收组中土建及水电安装专业人员应配备齐全。

(3)竣工验收的实施

①由竣工验收组组长主持竣工验收。

②建设、施工、监理、勘察、设计单位分别书面汇报工程项目建设质量状况、合同履约及执行国家法律、法规和工程建设强制性标准情况。

③验收内容分为三部分，分别验收：

a.实地查验工程实体质量情况。

b.检查施工单位提供的竣工验收档案资料。

c.对建筑的使用功能进行抽查、试验。如水池盛水试验，通水、通电试验，接地电阻、漏电、跳闸测试等。

④对竣工验收情况进行汇总讨论，并听取质量监督机构对该工程质量监督情况。

⑤形成竣工验收意见，填写《单位(子单位)工程质量竣工验收记录》中的综合验收结论，填写《工程竣工验收备案表》和《建设工程竣工验收报告》，验收小组人员分别签字，建设单位盖章。

⑥当竣工验收过程中发现严重问题，达不到竣工验收标准时，验收小组应责成责任单位立即整改，并宣布本次竣工无效，重新确定时间组织竣工验收。

⑦当竣工验收过程中发现一般需整改的质量问题，验收小组可形成初步意见，填写有关表格，有关人员签字，但需整改完毕并经建设单位复查合格后，加盖建设单位公章。

⑧在竣工验收时，对某些剩余工程和缺欠工程，在不影响交付使用的前提下，经建设单位、设计单位、施工单位和监理单位协商，施工单位应在竣工验收后的限定时间内完成。

⑨建设单位竣工验收结论必须明确是否符合国家质量标准，能否同意使用。

参加验收各方对工程质量验收意见不一致时，可请当地建设行政主管部门或工程质量监督机构协商处理。

(4)《建设工程竣工验收备案表》和《建设工程竣工验收报告》的内容

《建设工程竣工验收备案表》的内容包括：工程名称，备案日期，竣工验收日期，工程质量监督机构名称，勘察、设计、施工、监理、建设单位竣工验收意见，工程竣工验收文件目录，备案意见，备案机关盖章。

《建设工程竣工验收报告》的内容包括：工程概况，建设单位执行基本建设程序情况，对工程勘察、设计、施工、监理等方面的评价，工程竣工验收时间、程序、内容和组织形式，验收小组人员签署的竣工验收意见等内容。

11.3.3　竣工验收流程图

为了保证工程项目竣工验收工作的顺利进行，通常按图11-1所示的程序来进行竣工验收。

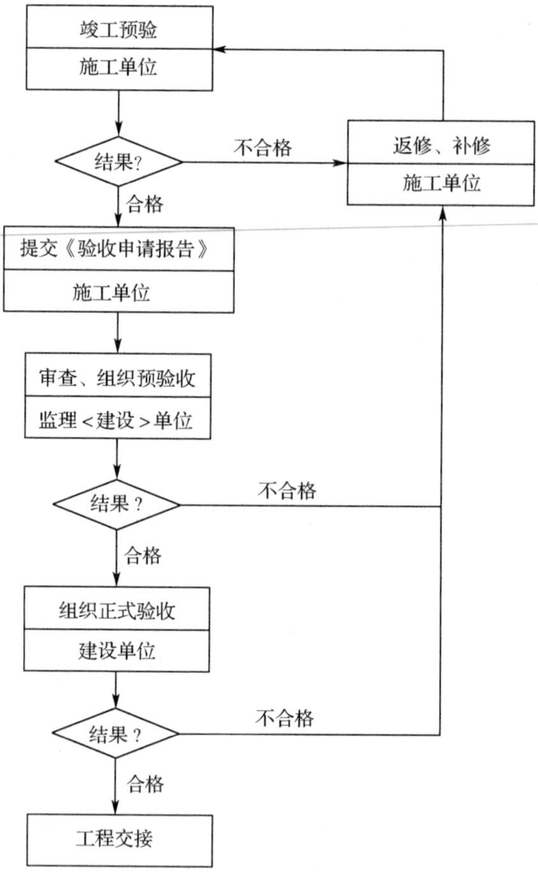

图 11-1　工程项目竣工验收工作流程图

11.4　工程项目交付使用与档案移交

11.4.1　工程档案资料的验收与移交

工程档案资料是在项目建设中，逐步积累起来的大量的文字、图纸资料，经过整理、编目形成的反映项目建设过程的全套资料。它是建设工程的永久性技术文件，是对施工项目进行质量复查，进行维修、改建、扩建的重要依据。因此必须充分重视并搞好工程档案资料的收集、整理和归档工作。凡列入工程项目档案的技术文件、资料必须经有关技术负责人正式审定。所有的资料文件都必须如实反映情况，不得擅自修改、伪造或事后补作。

工程竣工后，这些资料经过整理，移交给技术档案管理部门汇集、复印，立案存档。

11.4.2 工程档案资料的主要内容

工程技术档案的内容包括建设项目报建及前期资料、施工指导性文件、施工过程中形成的资料、竣工文件、工程保修回访资料等5个方面。

1. 建设项目报建及施工前期资料

(1)立项、行政主管部门批准文件。

(2)可行性研究、方案论证材料。

(3)征用土地、拆迁、补偿等文件。

(4)初步设计及规划、消防、环保、劳动等部门审批文件。

(5)地质勘探资料。

(6)承发包合同、协议书、招投标文件。

(7)地下管线埋设的实际坐标,标高资料。

2. 施工指导性文件

(1)施工组织设计和施工方案。

(2)施工准备工作计划。

(3)施工作业计划。

(4)技术交底。

3. 施工过程中形成的资料

(1)开工报告。

(2)工程测量及定位记录。

(3)洽商记录。包括图纸会审记录、施工中的设计变更通知单、技术核定通知单、材料代用通知单、工程变更洽商单等。

(4)建筑材料质保、试验记录,施工试验记录,包括各种成品、半成品的试验记录,各种半成品、构件的出厂证明书。

(5)地基处理、基础工程施工文件资料。

(6)水、电、气、暖等设备安装施工记录。

(7)隐蔽工程检查验收记录、预检复核记录、结构检查验收证明。

(8)工程质量事故处理报告及处理记录。

(9)沉降观测记录、垂直度观测记录。

(10)单位工程施工日志。

(11)分部分项工程质量评定记录及单位工程质量综合评定表。

(12)竣工报告。

4. 质量竣工验收资料

(1)建设工程竣工验收报告、建设工程竣工验收备案表、工程竣工质量验收记录。

(2)竣工决算及审核文件。

(3)竣工验收会议文件、会议决定。

(4)工程竣工质量验收记录、功能检验资料核查及主要功能抽查记录。

(5)工程建设总结。

(6)有关照片、录音、录像等。

(7)竣工图等。

11.4.3 竣工图的绘制

竣工图是真实记录各种地下、地上建筑物等详细情况的技术文件,也是使用单位长期保存的技术资料,是工程项目竣工验收、投产交付使用的维修、改建、扩建的依据。按照现行规定绘制好竣工图是竣工验收的条件之一,在竣工验收前不能完成的,应在验收时明确商定补交竣工图的期限内完成。竣工图的要求如下:

(1)当按设计图纸施工没有变动时,由施工单位在原施工图上加盖"竣工图"标志后,即作为竣工图。

(2)凡在施工中,虽有一般性设计变更,但能将原施工图加以修改、补充作为竣工图的,可以不重新绘制,由施工单位负责在原施工图(必须是蓝图)上注明修改部分,并附以设计变更通知单和施工说明,加盖"竣工图"标志后,即作为竣工图。

(3)凡结构形式改变、工艺改变、平面布置改变及有其他重大改变,不宜在原施工图上修改补充者,应重新绘制改变后的竣工图。因设计原因造成的,由设计单位负责重新绘图;因施工原因造成的,由施工单位负责重新绘图;由其他原因造成的由建设单位自行绘图或委托设计单位绘图,施工单位负责在新图上加盖"竣工图"标志,并附以有关记录和说明,作为竣工图。

(4)各项基本建设工程,特别是基础、地下建筑物、管线及设备安装等隐蔽部位都要绘制竣工图。

(5)竣工图一定要与实际情况相符,并经过承担施工的技术负责人审核签认。竣工图的数量视其工程的重要程度而定,但至少具备一套,并将其移交生产使用单位保管。

11.4.4 工程保修与回访

为使工程项目在竣工验收后达到最佳使用条件和最长使用寿命,施工单位在工程移交时必须向建设单位提出建筑物使用要求,并在用户使用后,实行回访和保修制度。

工程质量保修和回访属于项目竣工后的管理工作。这时,项目经理部已经解体,一般由承包企业建立施工项目交工后的回访与保修制度,并责成企业的工程管理部门具体负责。

1. 工程质量保修

工程质量保修是指施工单位对房屋建筑工程竣工验收后,在保修期限内出现的质量不符合工程建设强制性标准以及合同的约定等质量缺陷，予以修复。

施工单位应当在保修期内，履行与建设单位约定的关于保修期限、保修范围和保修责任等义务。

(1)保修期限

在正常使用条件下，房屋建筑工程的保修期应从工程竣工验收合格之日起计算，其最低保修期限为：

①基础设施工程、房屋建筑的地基基础工程和主体结构工程，为设计文件规定的该工程的合理使用年限。

②屋面防水工程、有防水要求的卫生间、房间和外墙面的防渗漏为5年。

③建筑物的供热及供冷系统为2个采暖期及供冷期。

④电气管线、给排水管道、设备安装和装修工程为2年。

⑤住宅小区内的给排水设施、道路等配套工程及其他项目的保修期由建设单位和施工单位约定。

(2)保修范围及其经济责任

对各种类型的建筑工程及其各个部位，施工单位应按照有关规定履行保修义务。保修范围及其经济责任的具体规定如下：

①施工单位未按国家有关规范、标准和设计要求施工造成的质量缺陷，由施工单位负责返修并承担经济责任。

②因建筑材料、构配件和设备质量不合格引起的缺陷，属于施工单位采购的或经其验收同意的，由施工单位承担经济责任；属于建设单位采购的，由建设单位承担经济责任。

③因使用单位使用不当造成的质量缺陷，由使用单位自行负责。

(3)保修方法

①发送保修证书(房屋保修卡)。在工程竣工验收后一周内，施工单位向建设单位发送《建筑安装工程保修证书》。主要内容有：保修范围和保修内容、保修时间、保修说明、保修情况记录。此外，还附有保修单位(施工单位)名称、地址、联系人等。

②检查修理和验收。在保修期内，建设单位或用户发现由于施工单位质量而影响使用者，应通知施工单位。施工单位自接到保修通知书之日起，必须在两周内到达现场，与建设单位明确责任，商议返修内容。修理完毕，在保修书上作保修记录，并经建设单位验收签字。

2. 工程回访

工程回访一般由施工单位的领导组织生产、技术、质量等有关方面的人员参加。回访时，察看建筑物和设备的运转情况，并应做出回访记录。

回访的方式一般有3种：一是季节性回访。大多是雨季回访屋面、墙面的防水情况，冬季回访锅炉房及采暖系统运行情况，发现问题及时解决和返修。二是技术性回访。主要了解在工程施工过程中所采用的新材料、新技术、新工艺、新设备等的技术性能和使用后的效果，发现问题及时加以补救和解决，同时也便于总结经验，获取科学依据，并为不断改进、完善与进一步推广创造条件。三是保修期结束前的回访。这种回访一般是在保修期即将结束前进行回访。

11.5 工程项目总结与综合评价

一个工程项目完成，通过竣工验收后，施工单位要认真做好总结。就承包合同执行情况，工程技术、经济方面的经验、教训进行分析总结，以利于不断提高技术水平和管理水平。

11.5.1 工程项目经验总结

工程项目经验总结的主要内容包括：

1. 工程技术经验总结

主要总结工程项目所采用的新技术、新材料、新工艺等方面的情况，以及为保证施工项目质量和降低施工项目成本所采取的技术组织措施情况。

2. 工程经济经验总结

通过计算工程项目各项经济指标，与同类工程进行比较，从而总结其经验教训。此项经验总结的内容主要包括：工程项目承包合同履行情况、工程报价、成本降低率、全员劳动生产率、设备完好率和利用率以及工程质量和施工安全状况。

3. 管理经验总结

主要总结工程项目在管理方面所采取的措施和不足。其中包括项目的目标管理、施工管理、内业管理等方面，为今后的工程项目实施总结经验。

在认真总结的基础上，写出文字材料。总结应该实事求是，简明扼要，用数据、事实说话，力求系统地、概括地全面总结出本工程项目实施过程中较有价值的成功经验和失败的教训，以利于在后续工程项目中加以借鉴。

11.5.2 工程项目综合评价

随着改革开放的深入发展，社会需求的不断变化，过去对工程项目以质量为主要目标的单一评价方法往往不能适应形势的要求，也不符合实际情况。这就要求对工程项目进行全面考核、综合评价。

一般工程项目可用 10 项指标对其进行综合评价。

1. 工期

工程工期是从工程开工到竣工验收的全部时间。工期的考核评价应以国家规定的工期定额为标准，以合同工期为依据。随着建设投资主体的多元化，合理地缩短建设工期的意义更为重要。虽然缩短工期要耗用赶工费，但是由于合理地缩短工期，使工程项目早日建成投产，产生的效益更大。具体指标可用工期提前率来表示。它反映了工程项目实际工期与国家统一制定的定额工期或与确定的计划工期的偏离程度。其计算公式为

$$工程项目定额工期率=\frac{工程项目实际工期-定额工期}{工程项目定额(计划)工期}\times 100\% \tag{11-1}$$

2. 质量

工程项目质量是指建筑安装工程产品的优劣程度，是衡量工程项目生产、技术和管理水平高低的重要标志。提高工程项目质量，不但可以降低工程的返修率，延长其使用寿命，而且还可以为企业节省资金。因此，不断提高产品质量，保证生产出优良的建筑产品是至关重要的。具体可用实际工程合格品率来表示。计算公式为

$$实际工程合格产品率=\frac{实际单位工程(一次)合格品数量}{竣工验收的单位工程总数}\times 100\% \tag{11-2}$$

3. 利润水平

利润是施工企业在某工程项目上，收入大于支出的差额部分，也是工程项目管理质量的一项综合性经济指标。所以，利润可以从资金价值上很好地反映工程项目的效果。可用产值利润率、实际建设成本变化率、实际投资利润反映被评价对象的利润水平。其计算公式为

$$产值利润率=\frac{工程项目实现的利润总额}{工程项目完成的总产值}\times 100\% \tag{11-3}$$

4. 施工均衡度

施工均衡度是衡量建筑安装工程施工是否连续、均衡、紧凑的指标。工程项目在实施过程中，应合理地安排施工进度计划，以避免或尽量减少施工过程中的人员窝工和机械闲置。施工均衡度的计算公式为

$$施工均衡度=\frac{建设期内施工高峰人数}{建设期内施工平均人数} \tag{11-4}$$

5. 机械效率

机械效率是反映机械利用率和完好率的指标。机械化施工可以使人们从繁重的体力劳动中解放出来，加快工程进度，提高质量，降低成本。机械效率的计算公式为

$$机械效率=\frac{建设期机械实际作业台班数}{建设期机械定额台班数} \tag{11-5}$$

6. 劳动生产率

劳动生产率是指投入工程项目的每名员工，在一定时期内完成的产值，即工作量。它反映了劳动者劳动的熟练程度、企业的科学和技术发展水平及其在工艺上的应用程度、生产组织和劳动组织、生产资料的规模效能及自然条件等。劳动生产率的计算公式为

$$劳动生产率(元/人\cdot年)=\frac{建设期自行完成建筑安装总工作量(元)}{年平均人数} \tag{11-6}$$

7. 实物消耗节约率

实物消耗节约率即为实物消耗量的节约程度。一般主要考虑主要材料的节约率。其

计算公式为

$$实际消耗节约率=\frac{预算定额物耗费-实际物耗费}{预算定额物耗费}\times 100\% \tag{11-7}$$

8. 能源消耗

一个工程项目的能源消耗主要有电、燃油、煤、水等。在保证能源供应的条件下，采取一系列技术措施，节约能耗。

9. 管理现代化水平

管理现代化水平反映了员工和领导者自身素质和水平，企业和项目管理方法、手段和工作效率等。管理现代化水平的定量计算可采用专家打分与权重乘积后求和的方法。

10. 伤亡强度

伤亡强度表示每单位劳动量因伤亡事故而损失的劳动量。反映了施工期间内发生伤亡事故而造成损失的程度。伤亡强度的计算公式为

$$伤亡强度=\frac{建设期内因伤亡事故而损失的劳动量}{建设期内总劳动量}\times 100\% \tag{11-8}$$

工程项目以施工效果为总目标，以工期、质量、利润水平为重要指标，以其余的七项指标为基本指标进行综合评价，全面提高施工企业适应市场的能力，提高企业技术和管理水平。

工程项目的综合评价涉及的因素很多，随着工程项目各异，评价指标也略有不同，但都是以各种指标进行综合评价的，其每类指标的权重可由专家结合实际情况给出。

思考题

1. 简述单位工程质量验收合格应符合哪些规定。
2. 简述当工程项目质量不符合要求时应如何处理。
3. 简述工程项目竣工验收应具备哪些条件。
4. 简述单位工程质量验收依据。
5. 简述国家对工程项目保修期的规定。
6. 简述工程项目竣工验收程序。

参考文献

[1] 齐宝库. 工程项目管理. 3 版. 大连:大连理工大学出版社,2007
[2] 成虎. 工程项目管理. 北京:高等教育出版社,2004
[3] 任宏,张巍. 工程项目管理. 北京:高等教育出版社,2005
[4] 丛培经. 工程项目管理. 北京:中国建筑工业出版社,1997
[5] 百思俊. 现代项目管理. 北京:机械工业出版社,2006
[6] 王雪青. 国际工程项目管理. 北京:中国建筑工业出版社,2000
[7] 刘长滨. 建筑工程技术经济学. 北京:中国建筑工业出版社,1992
[8] 李忠富. 建筑施工组织与管理. 北京:机械工业出版社,2004
[9] 齐宝库. 建设工程项目管理的内涵研究. 沈阳建筑工程学院学报, 1998(2)
[10] 王立信. 建筑工程技术资料应用指南. 北京:中国建筑工业出版社,2003
[11] 吴松勤. 建筑工程施工质量验收规范应用讲座. 北京:中国建筑工业出版社,2002
[12] 邬晓光. 工程质量控制与管理. 北京:人民交通出版社,2005
[13] 宋俊岳, 周芹. 项目管理与建设监理. 北京:企业管理出版社,1990
[14] 斯坦利・伯特尼. 如何做好项目管理. 宁俊, 韩燕, 等, 译. 北京:企业管理出版社,2001
[15] Gido J, Clements J P. 成功的项目管理. 张金成, 等, 译. 北京:机械工业出版社,1999
[16] 田振玉. 工程项目管理实用手册. 北京:中国建筑工业出版社,1990
[17] 郑石林. 建筑工程安全监理实务. 北京:机械工业出版社,2005
[18] 孙济生,齐宝库. 建筑施工组织与项目管理. 北京:中国建筑工业出版社,1997
[19] 杜训,陆惠民. 建筑企业施工现场管理. 北京:中国建筑工业出版社,1996
[20] 彭圣浩. 建筑工程施工组织设计实例应用手册. 北京:中国建筑工业出版社,1989
[21] 全国造价工程师考试培训教材编审委员会. 工程造价管理基础理论与相关法规. 北京:中国计划出版社,2009
[22] 建筑施工手册编写组. 建筑施工手册. 4 版. 北京:中国建筑工业出版社,2003
[23] 全国一级建造师执业资格考试用书编写委员会. 建设工程项目管理. 北京:中国建筑工业出版社,2004
[24] 全国建筑施工企业项目经理培训教材编写委员会. 施工项目管理概论. 北京:中国建筑工业出版社,1995
[25] 建筑工程施工质量验收统一标准(GB50300-2001). 北京:中国建筑工业出版社,2002
[26] 建筑工程质量管理条例. 北京:中国城市出版社,2000
[27] 建设工程项目管理规范(GB/T50326—2006). 北京:中国建筑工业出版社,2006